国家哲学社会科学成果文库
NATIONAL ACHIEVEMENTS LIBRARY
OF PHILOSOPHY AND SOCIAL SCIENCES

《永乐大典》小学书辑佚与研究

丁治民　著

丁治民 1969年生。苏州大学教授,南京大学博士,浙江大学博士后。主要从事汉语语音史、方音史和敦煌文献研究工作。主持多项国家和省部级社科基金项目。主要论著:《〈汉隶分韵〉成书时代及作者考》(《中国语文》2007年第3期)、《从〈韵会定正〉论〈洪武正韵〉的得失》(《语言科学》2009年第5期)、《麻遮分韵时代考》(《语言研究》2013年第3期)、《〈集篆古文韵海〉校补》(中华书局2013年)。

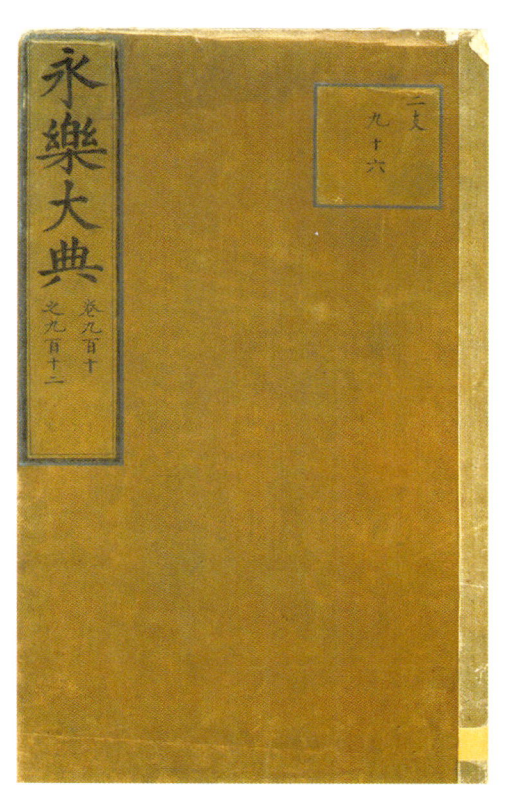

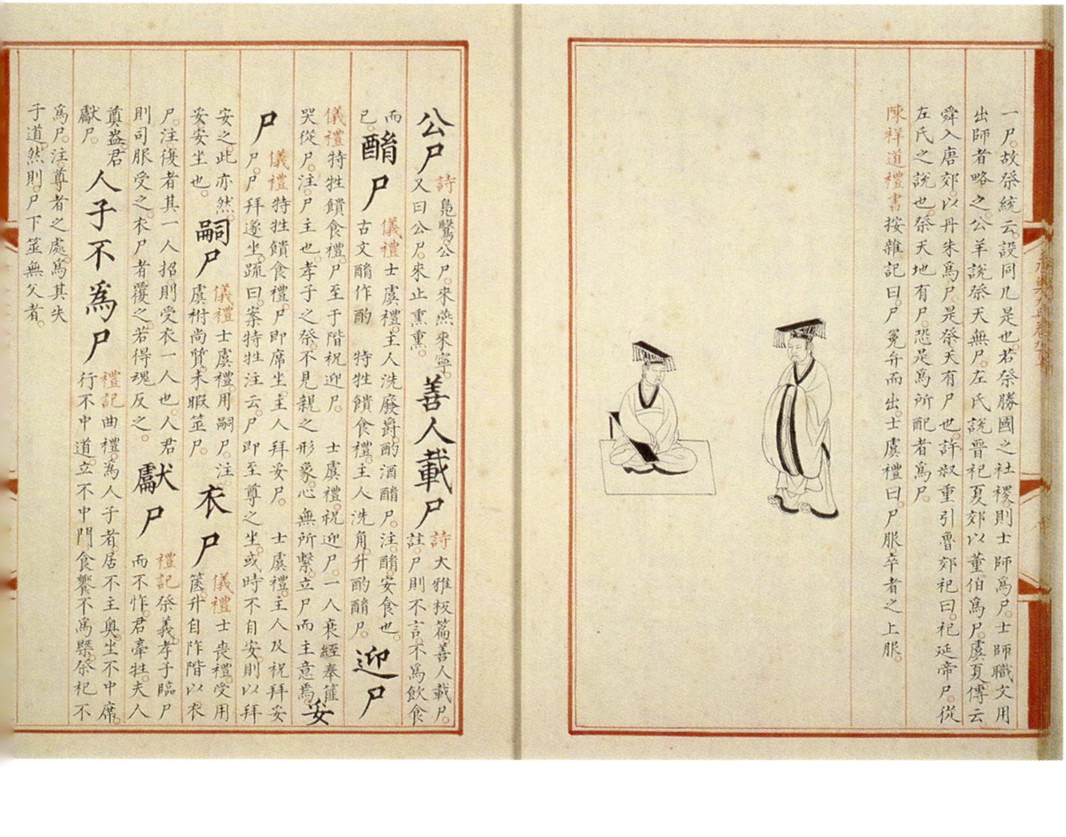

一尸故祭統云諸同几是也若祭勝國之社樓則士師為尸士師職大用出師者略之公羊說祭天無尸左氏說晉祀夏郊以董伯為尸慶夏傳云舜入唐郊以丹朱為尸是祭天有尸也許叔重引晉郊祀曰祀延帝尸從左氏之說也祭天地有尸恐是為所配者為尸

陳祥道禮書按雜記曰尸覓弁而出士虞禮曰尸服卒者之上服

公尸
詩鳧鷖公尸來燕來寧又曰公尸來止熏熏

善人載尸
詩板篇善人載尸註尸則不言不為飲食

醛尸
儀禮主人洗廢爵酌醛尸

古文醛作酳已

迎尸
儀禮特牲饋食禮尸至于階祝迎尸士虞禮祝迎尸一人哀經奉篚哭從尸注尸主也孝子之祭不見親之形象心無所繫立尸而主意焉尸

安尸
儀禮特牲饋食禮尸即席生主人拜安尸士虞禮主人及祝拜安尸尸拜遂坐蹲曰荼特牲注云尸即至尊之坐或時不自安也以拜安之此亦然

嗣尸
儀禮士虞禮用嗣尸注嗣將尚賓未服笄也

衣尸
禮記祭義君子臨尸而不怍君韋居不中席

獻尸
儀禮士虞禮受衣尸司服待尚賓之若得現反之

眞盛君尸
尸注俊者其一人招則受衣主人也

人子不為尸
禮記曲禮為人子者居不主奧坐不中席行不中道立不中門食饗不為槩祭祀不為尸注尊者之處為其失于道然則尸下莖無父者

為尸

據北之尸 山海經
奢北之尸 山海經

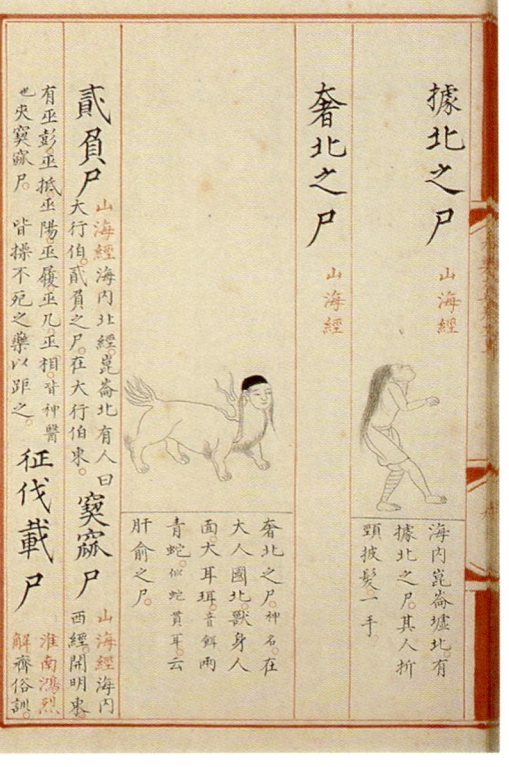

海內崑崙墟北有據北之尸其人折頸披髮一手

奢北之尸神名在大人國北曳此身人面犬耳珥兩青蛇佩蛇肝俞之尸

貳負尸 山海經
窫窳尸

有巫彭巫抵巫陽巫履巫凡巫相音神醫也夾窫窳尸皆操不死之藥以距之

征伐戴尸

山海經海內北經曰鯊北有人曰大行伯把戈貳負之尸在大行伯東西經開明東淮南鴻烈解齋俗訓

零星之尸 淮南鴻烈解

武王代紂載尸而行

公尸宴飲在宗載考厭厭玄默而吉祥受福尸不言語故曰守官者視載尸雖能剝狗燒亂弗能治尸事不萬也俎豆之列後雖知弗教也弗能無害尸朱子語續錄雜之禮宴為尸實尸以賓客之禮宴為尸音聲

庖人代尸 淮南鴻烈解

處尊如尸 訓處尊位者如尸

寂寞為尸 揚雄解難蓋脣廉焉率寂寞為尸

希

公黃閣憲報曰庖人代尸五代薛史俊唐張憲傳卸崇黯將其征蜀以書告憲曰中避事久矢交命西征己奏還代尸所謂非吾事也

抱朴子雜應篇若徒有信道之心而無益之業或求之陽無所不用其極年命在孤虛之下體有損傷之危則三尸因其喪月危日入絕命病鄉之時昭呼邪氣妄延鬼魅來作祟其六厄並會三刑同方者其災必大其尚盛者則生諸疾病先有疹患者則令動發又內

設主立尸 紫陽崇言炳蕭灌皇或為聖人之制祭祀設主立尸

寳尸 訓處尊位者如尸

寂寞為尸

目中出青氣於是三氣相絞合為一以覆身盡見外洞徹如光之照也久乃叩齒四十通畢而嚥液之謂鍊此蟲之法火行之佳也又法常以七月十六日去手爪甲常以寅日去足爪甲曉作厭服之即自滅又法凡經曰常念心中出赤氣心上行通喉髓化意開之不止三尸長生久視之道也一名不死之紫蘩也之氣去三尸法又得絕跡之不丘候真書訣之凡修上清之道兆身心常存三尸當去此紫蘩也出自愛蒙經曰紫書訣云存三尸當去此紫蘩也世上冗古兆去母得絕跡之道也練祝苑龐法紫一兩緣身於九天之上得頃洗手面水一斛氣玄一兩授水中復南向瞻水上仰五斗天池中五練朱二女髮思玉女七人盤盪水以灌洗手面清也玉童三人化五化光水以灌洗手面清也女九嶔飛體之丸更為化成神人如此受神水洗之畢變受形氏天上九年得景云岳王清人上天化真人三塗五苦萬劫不盟陰咒日天氣三清人上天化真人三塗五苦萬劫不玄女寵舞曰天氣三清人上天化真人三塗五苦萬劫不又廢窺鬼運向帝庭如此七人得身王清人名玄一起廢窺鬼運向帝庭如此七人得形身天上變金玉宮其法妙於八七祖父母得開鬼宮制三尸文待見此文勿輕洩用安傳授八七祖父母長閑魔官制三尸文待見此文勿輕洩用安傳授八七祖父母長閑魔官制三尸原因撾明科七百年有眞者聽傳制三尸符神名彭琚好半馬水脈彭

寳好飲食彭矯好色慾此性與人身同生能與三業欲人速死令上告天曹言人罪過皆言也每遇庚申日中尸名白姑好於五臟蠕動至庚申日與身中上言人罪過其人職也每遇庚申日白姑伐人五臟蠕動至庚申日與身中上言人罪過其人職也按經修真之士不欲三尸得

上尸符 水八金八畫

中尸符

下尸符

諸天曹能制尸鬼註曰三尸人罪過非篇中言之諸書難自制彭蹻竟然設用上李晉齡註曰三尸人罪過非篇中言之諸書難亦虞故以割除以制尸鬼感應篇註三尸神在人身每到庚申日可割指甲午日可割脚毛此三尸夫妻同室寢食可慎之尸凡甲寅庚申之日是尸魂精神爭不可與矣制三尸日神者八月甲子日庚午日夫婦共寢食務在清淨則三尸自滅呼名念之大吉見甲子庚申中切忌夫妻共寢食務在清淨則三尸自滅上尸名彭踞中尸名彭喬下尸名彭蹻亦代人多思欲兇慾喜媛善忘其職也每至庚申日與身中上當足能令人躭慾好色好味蹿走行諸伎樂中尸主五臟令人多思欲兇慾喜媛善忘其職也每至庚申日與身中上當代人上尸主人腦能令人嗜飲食惡穢吐腥五臭亦能令人名天曹言人罪過其血姑伐人腹胃命下尸名白姑主人腸能令人嗜飲食惡穢吐腥五臭亦能令人三尸伏七守庚申三尸滅守而不寐也不欲三尸得絕去一云三守庚申三尸伏七守庚申三尸滅守而不寐也不欲三尸得

《国家哲学社会科学成果文库》
出版说明

  为充分发挥哲学社会科学研究优秀成果和优秀人才的示范带动作用，促进我国哲学社会科学繁荣发展，全国哲学社会科学规划领导小组决定自 2010 年始，设立《国家哲学社会科学成果文库》，每年评审一次。入选成果经过了同行专家严格评审，代表当前相关领域学术研究的前沿水平，体现我国哲学社会科学界的学术创造力，按照"统一标识、统一封面、统一版式、统一标准"的总体要求组织出版。

全国哲学社会科学规划办公室
2011 年 3 月

不意戴震之后复有丁治民
——丁治民《〈永乐大典〉小学书辑佚与研究》序

鲁国尧

一

开宗明义,我对这本《〈永乐大典〉小学书辑佚与研究》的评价是:

这本《〈永乐大典〉小学书辑佚与研究》至少对下列两个学科都有重要意义:中国语言学、中国文献学。甚至对历史学(如"通鉴学")、艺术学(如"书法艺术"与"篆刻学")等也会产生影响。

这本《〈永乐大典〉小学书辑佚与研究》是中国语言学和中国文献学近年的重大成果。

这本《〈永乐大典〉小学书辑佚与研究》必将持续地促进有关学术的发展。

二

文字,是人类社会进入文明时代的标志之一。有了文字,也就为产生书籍准备了条件。书籍是人类对自然、对社会的接触、体察、认识、思考、应对、斗争、协调的记录,沾泽后人,促进发展,是人类极为珍贵的物质遗产。

季羡林先生说:"在世界所有古代语言中,梵语文献的数量仅次于汉语,远远超过希腊语和拉丁语。"[①]在文明古国里,中国的书籍最多,中国书籍有两三

[①] 见《中国大百科全书·语言文字卷》,中国大百科全书出版社,1988年,第75页。

千年的悠久历史,成语"汗牛充栋"岂足以形容?"浩如烟海"方近之。①

　　书籍的历史是前进、发展的历史,人人都会这样认为的。但是依我之见,在中国,书籍史不是"一帆风顺"直线上升的历史,而是一个不断反复的上升—下降—上升的曲折发展的历史。何以言之?当社会处于承平时期,经济的发达、文化的繁荣使得书籍得以持续地撰作、书写、印行,数量必然持续增长,然而逢到社会秩序紊乱、发生动乱甚至战争的时代,"城门失火,殃及池鱼",书籍跟着遭灾。《永乐大典》的编纂及其不幸的灾难历程就是中国书籍史的部分缩影。

　　在元末大乱之后,明初洪武年间的三十一年,全国统一,经济恢复并迅速增长,也给书籍史带来了"复苏""生长"时期。燕王朱棣"靖难之役",三年内战,攻取南京,于1402年六月即皇帝位,是为明成祖。次年改元永乐,七月即谕臣下:"天下古今事物散载诸书,篇帙浩穰,不易检阅。朕欲悉采各书所载事物类聚之,而统之以韵,庶几考索之便,如探囊取物耳。尝观《韵府》《回溪》二书,事虽有统,而采摘不广,记载太略。尔等其如朕意,凡书契以来,经史子集,百家之书,至于天文、地理、阴阳、医卜、僧道、技艺之言,备辑为一书,毋嫌浩繁。"②朱棣编书的这一举措给后世留下了一笔极其宝贵的文化遗产。③ 永乐元年(1403)七月启动,永乐二年(1404)十一月成书,赐名《文献大成》。但是皇帝对其不够浩繁甚为不满,于是下诏重修,永乐三年(1405)元月始,永乐五年(1407)十一月成,赐名《永乐大典》。据《进永乐大典表》,全书缮写成 22877 卷,目录 60 卷,分装成 11095 册。从书籍史的角度看,《永乐大典》的编纂及其成就可以视作十四世纪与十五世纪之交中国书籍发展史的一座高峰。

三

　　《永乐大典》距今已有六百年有余,此书编成之后,即藏于深宫,史无朱棣本人翻阅的记载,明代近三百年,历十余帝,只有弘治帝、嘉靖帝对《永乐大典》

---

①　刘国钧著、郑如斯订补《中国书史简编》:"在我国,图书的历史至少有三千五百多年之久"(书目文献出版社,1982年,第7页)来新夏《中国图书事业史》:"正式图书出现于春秋时期。"(上海人民出版社,2009年,第9页)

②　《明实录·太宗实录》,台湾"中央研究院历史语言研究所",1963年,第266页。

③　朱棣编纂《永乐大典》的动机,学界有不同的观点,我拟提出第三种,他日专文叙述。

感兴趣。关于《永乐大典》，在清代和当代，形成了一门比较热的学问。依我之见，对《永乐大典》的研究论著不外两类：一可谓之"本体研究"，如编纂缘起、过程、体例、文本，等等，而最吸引人的话题则是正本的蒸发之谜，副本的悲惨经历。另一是"应用研究"，即《永乐大典》的辑佚，此最令学人瞩目，不仅为人文学科、社会学科的学者所十分关心，即数学、地理、医学、农学、工技等学科的古史研究者亦然。

《永乐大典》之所以为学术界所特别重视，就在于它保存的明初以前的书籍，其中很多后来由于多种原因佚失了，于是《永乐大典》被视作辑佚的渊薮。在清代，《四库全书》编纂前已经有少数学者如全祖望等利用《永乐大典》，做了一些辑佚工作，可谓之"先行"。到乾隆修《四库全书》时，《永乐大典》辑佚极为四库馆重视。① 当时掀起了一股《永乐大典》辑佚的热潮，收获甚钜，戴震、邵晋涵、周永年等人名标书史。嘉庆时开全唐文馆，再次利用内府所藏的《永乐大典》予以辑佚，馆臣也辑了若干唐文以外的书籍，成果亦颇可观，徐松是代表人物。此后《永乐大典》不断被窃，数量剧减，虽仍有缪荃孙、文廷式等人辑佚，然而比起四库馆和全唐文馆时期的辑佚来，弗如远甚矣。至民国，《大典》所剩无几，赵万里等虽勤于辑佚，但由于资源不足，因而规模和成果都欠理想。共和国时期，陈智超、栾贵明等对《永乐大典》的辑佚工作亦有贡献。

这里补叙一下晚清《永乐大典》的灾难史。《永乐大典》原有 11095 册，至乾隆五十九年（1794），《大典》实存数 9881 册（不含目录 60 册）。咸丰以还，由于清政府的日益腐败导致被窃"指数""强劲攀升"，至光绪元年（1875）不及 5000 册。翌年（1876）只剩下 3000 余册。光绪十八年（1892）存 870 册。次年存 600 余册。光绪二十六年（1900）义和团—八国联军之役，翰林院被焚，《永乐大典》遭殃。"据目前所知，尚有 400 册左右的《大典》残本留存于世，星散于十九个国家和地区，其中近 800 卷《大典》于 1986 年由中华书局影印出版"，2003 年上海辞书出版社出版了《海外新发现〈永乐大典〉十七卷》。（张著第 46 页）②

---

① 《四库全书总目》卷首有"开列办理四库全书在事诸臣职名"，中有"校勘永乐大典纂修兼分校官"39 人的名，这 39 人是四库馆"编辑部"的骨干。从他们的职衔可见对永乐大典辑佚工作的重视程度何等之高。

② 因引录频繁，故将张升《〈永乐大典〉流传与辑佚研究》一书代以"张著"，对史广超《〈永乐大典〉辑佚述稿》一书代以"史著"。按，中华书局 1986 年影印出版的《永乐大典》十册计 797 卷。加上 2003 年上海影印的 17 卷，共计 813 卷。

四

近年新出版了两本研究《永乐大典》辑佚的专书，它们既吸收了前此的研究成果，又对这一辑佚工程作了更全面更深入的研究。2014年夏，2015年初我两次拜读，获益良深。

一是张升《〈永乐大典〉流传与辑佚研究》（北京师范大学出版社，2010年），另一是史广超《〈永乐大典〉辑佚述稿》（中州古籍出版社，2009年）。前者有一节"《四库》大典本录副本"，在此我向学界推荐，这一节值得读，因为一般的文献学论著可读性很差，引不起人们的兴趣（尧按，专业工作者除外），而这一节却很吸引人。书中说："随着《四库》修书的进行，出现了普遍的私家录副现象，如孔继涵、翁方纲、戴震、邵晋涵等均抄录了大量的四库馆书。"（张著第167页）。校勘《永乐大典》纂修兼分校官戴震，他为在外地的朋友和学生屈曾发、段玉裁录副过不少书，如《九章算术》《海岛算经》《水经注》等（张著第168—169页）。"当时馆臣录副，固然有时是他们自己誊抄，但更多的时候是雇抄手抄录，故当时馆臣家中活跃着众多抄手的身影。据《复初斋文集》卷七《周先生传》载：'（周永年）借馆上书属予为《四部考》，佣书工十人，日抄数十纸，盛夏烧灯校治。'"（张著第169页）又引丁杰信云："又有一胡公，向在东原先生家抄书。"（张书第169页）尧按，东原先生即戴震。"《四库》开馆，吸引着全国许多士子来北京投机，而馆臣则乘机延致士子于家中以助校勘。馆臣得士子襄助，而士子亦得间接参与修书之事。这种情况在当时非常普遍。"如戴震请丁杰助校，周永年请桂馥助校（张著第190页），尧按，丁杰是校勘家，桂馥是《说文义证》的作者。戴震的亲家翁孔继涵对戴震录副的《海岛算经》等书进行整理，刊入其《微波榭丛书》中（张著第174页）。读读这些记载，会激发我们的想象力，乾隆中后期四库开馆，《永乐大典》辑佚，当时的一批读书人是何等的兴奋，纷纷进京，车船络绎于道。对于身居高层的纂修官而言，自是大饱眼福、大显身手的良机；不得进四库馆的文士，如桂馥、丁杰之流，成了纂修官的得力帮手，因缘际会得窥奇书奥编；基层的书工必有几千人，多数为"皇帝工程"服务，但是也有许多受雇于私家，"盛夏烧灯校治"，多么热闹的场景！于此亦可见乾隆年间的北京盛夏夜晚温度不会如今之高吧。这项文化盛事也带来了经济效益,用当下的时尚用语,《永乐大典》的辑佚工程提供了至少几千个就业机会。

"四库馆臣从《大典》签出的佚书远较《四库》收入的五百余种为多,约有一千一百余种(其中明确知道书名的有 928 种),而且这一千余种佚书的佚文一般来说,应该是被辑录出来了。从这个意义上说,我们认为当时从《大典》中辑出佚书也应一千一百余种。"(张著第 140 页)。"《四库》收入大典本 516 种","其中收入《四库》者 388 种,存目 128 种"(张著第 140、134 页)。

五

请看史广超《〈永乐大典〉辑佚述稿》附录四"四库馆《大典》辑佚书目",我据之制一简表如下:

	著录	存目	凡
经部	70	9	79
史部	41	38	79
子部	102	71	173
集部	175	10	185
计	388	128	516

而"小学书"居"经部"之末,是名副其实的"附庸",仅有下列 4 种,不足百分之一。

《方言》十三卷,戴震辑佚

《切韵指掌图》二卷,附检例一卷

《蒙古译语》一卷

《华夷译语》一卷①

按照上表的体例,前二书为"著录",后二书为"存目"。

《方言》,《四库全书总目》于书名卷数下题"永乐大典本",提要又云:"其书世有刊本,然文字古奥,训义深隐,校雠者猝不易详,故断烂讹脱,几不可

---

① 后来发现《方言》《切韵指掌图》均有宋本,我请教元史专家刘迎胜教授,他说《蒙古译语》存于元本《事林广记》中,《华夷译语》的明洪武本、永乐本亦被发现。

读。……惟《永乐大典》所收,犹为完善。"其后言取永乐大典本与近本相校,改正若干字,删衍文若干字,补脱文若干字,"神明焕然,顿还旧观"。①《四库全书简明目录》:"刻本传讹,殆不可读。今以《永乐大典》所载本校刊,始复其旧。"②

《切韵指掌图》,《四库全书总目》云:"传本久绝,今惟《永乐大典》尚有完本,谨详为校正,俾复见于世。"《四库全书简明目录》:"原本久佚,今从《永乐大典》录出。"

《蒙古译语》《华夷译语》并见于《四库全书总目》存目类一,书名卷数后并写明"《永乐大典》本"。

四库馆从《永乐大典》辑出的"小学书"如此而已,岂有他哉! 四库馆之后,《永乐大典》的辑佚工作并没有中断。有没有小学类的书辑出来呢? 史广超《〈永乐大典〉辑佚述稿》有四个附录颇有价值:《四库馆前〈大典〉辑佚书目》《四库馆〈大典〉辑佚书目》《全唐文馆〈大典〉辑佚书目》《全唐文馆后〈大典〉辑佚书目》,将 2005 年前的《永乐大典》辑佚成果全部展现出来。我遍读之后发现,除了四库馆的上述《方言》《切韵指掌图》《蒙古译语》《华夷译语》外,只发现在第四表《全唐文馆后〈大典〉辑佚书目》中列有《说文续释》,乃清末文廷式(1856—1904 年)所辑。我跟踪查了文氏的《纯常子枝语》,他从《永乐大典》辑得元代吾邱衍《说文续释》:源自《永乐大典》卷 13345 的一条计 46 字,卷 4972 的一条 27 字,卷 6038 的一条 112 字,卷 4843 的 15 字,总共四条 200 字。③ 多乎哉? 不多也。这点零星材料,借用理工科学人的口头禅,"可以忽略不计"。

而其他学科,如经学、历史、方志、诗文等,从《永乐大典》辑得的书,比小学类多得太多。还让我们注意的是,上述第四表中,有前人辑得的很为专门性质的书如《大元毡罽工物记》《梓人遗制》等。

"《永乐大典》辑佚",我称它为"工程",是一个延续几个世纪的工程。功绩卓著的名家可以列举一串,如乾隆时期的戴震、邵晋涵、周永年,嘉庆时期的徐松,最为著称,他们辑出了许多书。

---

① 《四库全书总目》,中华书局,1965 年。
② 《四库全书简明目录》,华东师范大学出版社,2012 年。
③ 文廷式《纯常子枝语》卷七第十六—十七页(江苏广陵古籍刻印社影印本,1990 年)。

而"小学"即语言文字学,应该铭感的辑佚者只有戴震一人而已,戴震是中国史上著名的思想家、经学家、古算学专家,他同时也是语言文字学的一位"大国手"。① 史广超《〈永乐大典〉辑佚述稿》列戴震所辑书 17 种(史著第 119—123 页),除了礼学书若干种、古算学书若干种、《水经注》、《项氏家说》外,便是《方言》,本文上已叙述。戴震还从《永乐大典》里辑得一本宋代音韵书,即杨倓《韵谱》。② 戴震《答段若膺论韵书(丙申)》:"上年于《永乐大典》内得宋淳熙初杨倓《韵谱》,校正一过。其书亦即呼等之说,于旧有入者不改,旧无入者悉以入隶之,与江先生《四声切韵表》合。"③ "上年"即乙未年(1775年),戴震辑得杨倓《韵谱》。令我辈感到十二分遗憾的是,这失而复得的《韵谱》竟得而复失!此后迄今芳踪杳然。这个《韵谱》若能流传下来,对我们研究切韵图史该有多么重大的意义啊。不解的是,戴震既然辑出,何以不传?理应收入《四库全书》,至少也应在"存目"中列一提要。再次佚失,这是一个谜!抄录杨倓《韵谱》的那一册《永乐大典》也在戴震之后亡佚了!作为音韵学工作者,每思及此,未尝不"茫然太息"。

　　史广超的《全唐文馆后〈大典〉辑佚书目》所列诸书直至 2005 年为止。2005 年后如何呢?就我所知,有下列新的"辑佚"成果三项:张健《从新发现〈永乐大典〉本看〈诗话总龟〉的版本及增补问题》(作者利用了 2003 年出版的《海外新发现〈永乐大典〉十七卷》)、陈萍、王继宗《〈永乐大典〉久未人知的〈舆地纪胜〉4800 字佚文考》,陈娟娟、张如青《据现存〈永乐大典〉辑校〈肘后备急方〉》。三者所涉,是文学、地理、医学。

　　"众里寻他千百度",仍然不见与语言文字学有涉的书籍的踪迹!

　　戴震辑《方言》《韵谱》,距今已两百余年。戴震殁后,自《永乐大典》辑佚所得书逾千卷,如《宋会要辑稿》《中兴礼书》,等等,然竟无一册语言文字学类书籍。

　　戴震之后,竟无后来人!竟无后来人?

---

　　① 因为现在"大师"名号太滥,所以我管戴震叫"大国手",段玉裁《戴东原先生年谱》之末记录戴震的"先生言"35 条,其第 19 条为"大国手门下,不出大国手;二国手、三国手门下,教得出大国手。"见《戴震集》第 489 页,上海古籍出版社,2009 年。

　　② 戴震从《永乐大典》中所辑佚的书,史广超大著列十七种,现我据段玉裁《戴东原先生年谱》补充两种:《张邱建算经》《蒙斋中庸讲义》,见《戴震集》第 476、477 页(上海古籍出版社,2009 年)。

　　③ 《戴震集》第 85 页。

六

不意戴震之后复有丁治民！

如今喜讯传来,苏州大学丁治民教授的《〈永乐大典〉小学书辑佚与研究》即将于今年春季问世,煌煌五十余万字。治民教授十年磨一剑,霜刃堪削铁,他从残存的 813 卷《永乐大典》中辑得唐宋元明语言文字学书籍廿五种,请看下表：

书　名	辑得条数
顾野王玉篇	429
陆法言切韵	346
孙愐唐韵	49
孙氏字说	28
郑之秀精明韵	10
张子敬经史字源韵略	10
李玺存古正字	22
魏柔克正字韵纲	32
五十先生韵宝	5
广韵总	1
王柏正始音	8
李肩吾字通	13
倪镗六书类释	25
字潨博义	383
赵谦声音文字通	328
孙吾与韵会定正	325
杜从古集篆古文韵海	348
姚敦临二十体篆	15
高勉斋学书韵总	42
释道泰韵选	1
洪迈汉隶分韵	100
杨益隶韵	1
草书集韵	293
赵完璧通鉴源委	29（章）
洪武正韵	420
计 25 种	3263

任何一个学人（即使不是治语言文字学的学人）看了这张书单，都会惊诧不已。治民教授的这项辑佚工程，可用时下新词"井喷"做比喻，方足以尽其意蕴。其中有许多书名为我辈闻所未闻，有些虽然听说过但不知其面目。如今统统展现在我们面前，能不欢呼？能不雀跃？这是中国语言文字学的重大收获！

这25种书籍，3263条，约30万字，这么一个蕴藏量特大级油田被发现，这就是丁治民教授对中国语言学、中国文献学的重大贡献，功昭学史。

关于《永乐大典》实用研究，有一点可以注意：辑佚出的成品是资料，资料要起资料的作用，比如戴震自《永乐大典》辑得《方言》，后自著《方言疏证》。不过，多数资料，辑佚者本人并未利用。我常常痴想，如果戴震辑得杨倓《韵谱》后，撰作一篇论文或一本著作，必定成为切韵学的经典，即使原书再次亡佚，人们也可借此论著以窥原书一斑，泽惠后人多矣，可是事实却让我们失望。

治民教授的治学有其过人之处：他从《永乐大典》中辑得如许丰赡的资料后，乘胜追击，逐个击破，作了深入的研究，发表了多篇论文，刳发了这些重见天日的古籍的奥义深旨，这是他对学术的又一重大贡献。现在他将这些研究成果汇聚于这本《〈永乐大典〉小学书辑佚与研究》巨著之中，以飨同道。现将治民教授的研究成果撮述于下：

南朝梁代顾野王著《玉篇》，至唐高宗上元年间孙强增字减注，学界一直认为这上元本《玉篇》已佚。治民教授从《永乐大典》辑出上元本《玉篇》429条，这对研究"玉篇系"字书的衍变史大有帮助。[①]

《永乐大典》引抄唐代韵书《陆法言广韵》，治民辑得346字，经研究后发现此《陆法言广韵》不同于现存的多种唐五代韵书，而与《大宋重修广韵》很是接近，因此推论《大宋重修广韵》可能脱胎于《陆法言广韵》。

治民教授由《永乐大典》中辑出《孙愐唐韵》49条，经比对以后，发现与蒋斧藏本《唐韵》（残卷）、大徐本《说文解字》所引《唐韵》音切均有一定差别，推测这是《唐韵》的又一个本子。若将《陆法言广韵》与《孙愐唐韵》两部韵书的注音、释义的内容相加，竟然大多数与《大宋重修广韵》相同或接近！此颇令人震惊。

治民从《永乐大典》辑得《字溍博义》383条，这是一部按义类编排的字书，从其注音可见该书与丁度《集韵》、韩道昭《五音类聚》、《五音集韵》关系密切。

《永乐大典》引用赵谦《声音文字通》328例，经考证，与传世的三十卷本不同，此当为一百卷本，此本从语言学的角度看，应是韵图韵书合编型辞书。

[①] "玉篇系字书"是我仿"切韵系韵书"造的新术语。"玉篇系字书"与"切韵系韵书"配套，而有"篇韵"，中国历史上有三代"篇韵"，详见拙文《卢宗迈切韵法述论》。

从《永乐大典》残本中辑得孙吾与在元代所编的《韵会定正》324字,治民进而考证出《韵会定正》音系29个声类(注意,其声类是个存浊系统),37个韵类。此书独为明太祖所认可,治民教授据之揣测明太祖心目中的"中原雅音",是受中原雅音影响比较大,但又带有吴语特征的"南方中原雅音"。此说至少有"引玉"作用,我很希望学界就此争鸣。

治民从《永乐大典》中发现传抄的字体书数种:杜从古《集篆古文韵海》、姚敦临《二十体篆》、高勉斋《学书韵总》("学书"之"书"为篆书)、洪迈《汉隶分韵》(隶体字书)、《草书集韵》(金人张天锡《草书韵会》的增补本)。治民认为《汉隶分韵》按一百零八韵编排,这在韵书史上具有相当的意义,我认为这一点值得注意,故特表出。

现存的《永乐大典》残本引用了420条《洪武正韵》,其中有63条与今存八十韵《洪武正韵》在注释上不同,差异近15%。治民教授因而提出一个观点:《永乐大典》所据的《洪武正韵》为洪武十二年刊行的八十韵本的校正本。这一校正本可能未及刊行,或许仅为写本。

治民又辑出元代音义书赵完璧《通鉴源委》近一万八千字。而世人所知的《通鉴》注家只有史炤(著《通鉴释文》)、胡三省(著《通鉴释文辨误》《资治通鉴音注》),如今复得赵完璧,鼎足而三矣。这一重大发现对"通鉴学"的推进当有较大影响,必为史学界所重视。

以上乃略叙治民教授研究成果的梗概,足可谓洋洋大观。治民自《永乐大典》辑得的语言文字古籍及其研究成果使得半部中国音韵学史、中国语言文字学史需要增补、改写。何谓'半部'?唐宋元明史也。

七

我一直在思考,丁治民何以能在《永乐大典》辑佚工程中取得如此丰硕的成果?亦即乾嘉诸名家(包括戴震),这些在中国学术史上都称得上第一流专家,何以没有注意到丁治民所发现、所开采的这块超大型油田?

这要从源头上说起,《永乐大典》编排的原则是:"用韵以统字,用字以系事"。所谓"用韵以统字",即首先以《洪武正韵》的八十韵本的韵字次第为依据列"字",在"字"下胪陈东汉许慎《说文解字》以下直至明初的几十种辞书(含字书、韵书、音义书等)的字音、字义、字体的说解。然后"系事",所谓"事",即将前代古籍中的以该字为末字的"关键词"展列,而该"关键词"所统率的整句、整篇甚至整部的古籍都抄进,因而包罗万象。任何事物都不可能是无源之水,无本之木,皆有其渊源在。此种编排法,今人不熟悉,或不以为然,然而它却有所本,是某种传统的继承,此种编排法为宋元时代通俗的常识类书籍所常用。明太祖、成祖父子文化程度都偏低,他们由于在征战中、在统治中需要学习文化,而他们所熟悉的是元人殷时夫的《韵府群玉》、宋人钱讽的《回溪先生史韵》这类通俗读物(尧按,高等文士解缙颇鄙视之),因此命令臣下也按这种体例编书,不过编的是超大型书籍。清代乾隆开四库馆,馆臣们眼睛盯着的是"用字以系事"的"事",彼此互动,从中辑得了大量佚书。他们却轻视或忽视了"用韵以统字"里的"字"下的一大堆字书、韵书、字体书。依我之见,这里也有深层次的文化根源,千百年来士人重视的是统治民众的指导思想儒家的经典以及史书、正宗诗文,"四库馆臣"这个群体大多数是翰林院中的人物,而科举时代中进士,点翰林的学士,其攻习的学问是经学、史学、文学创作,同时也精研"小学"的为数甚少。旧时"小学"是经学的"附庸",四库馆臣们的教育背景与学术思想使得他们忽视了这一富矿。

丁治民教授是语言学家,又曾整理、点校过好几本古籍,颇有文献学实践,可谓是"双料专家",或"跨学科专家",这种学术素养使他能"乘虚而入","人弃我取",在乾嘉诸老所不措意的领域,辛勤耕耘十载,取得了前贤所难及的大丰收。我曾"胡思乱想",如果治民早生两百余年,四库开馆时,能像戴震一样,走"特事特办""破格越级提拔"的途径担当"校勘《永乐大典》纂修兼分校官",他必能从当时的9881册中,而不是现在的813卷中,去辑录语言文字学古籍,那成果必然比今日大得不知多少倍!

八

本文开篇说:"这本《〈永乐大典〉小学书辑佚与研究》必将持续地引领有关学术的发展。"现在略略申述几句。

《永乐大典》专家张升先生专著《〈永乐大典〉流传与辑佚研究》附录三特制《永乐大典待访卷目表》,列六十余卷(张著第256—260页),他的信念很令我感动。他说:"笔者坚信:世上仍应有一些《大典》残卷未公之于众,有待我们进一步去探寻。"(张著第46页)

现在公之于世的《永乐大典》813卷,不足原书的4%,丁治民教授即从中辑出语言文字学书25种,3263条,约30万字。相信今后随着"待访"的行动不断被落实,丁治民本人或后来的学者如果持续下去,可以想见,会有更多的亡佚的语言文字学古籍重见天日。

我还想象,近几年内,《永乐大典》专家张升先生、史广超先生的大著会出增补本。

　　宁继福先生的《中国韵书史·明代卷》是丰碑式的著作,饮誉海内外,随着《永乐大典》辑佚的多种明代韵书的出现,宁先生大著必将出增订本。

　　新著《中国音韵学史》《中国语言文字学史》也必在姹紫嫣红的中国语言学的学坛上独领风骚。

　　丁治民这本《〈永乐大典〉小学书辑佚与研究》的出版必将带起后续的补充型、拓展型、争鸣型的研究论著不断涌现。

　　谓予不信,拭目以待。

2015 年初春于南京

目　　录

绪　论 ·· 1

上编　辑佚

一　顾野王《玉篇》（上元本） ··· 13
二　《陆法言广韵》 ·· 35
三　孙愐《唐韵》 ·· 58
四　《孙氏字说》 ·· 62
五　郑之秀《精明韵》 ·· 66
六　张子敬《经史字源韵略》 ·· 68
七　倪镗《六书类释》 ·· 70
八　李玺《存古正字》 ·· 74
九　魏柔克《正字韵纲》 ·· 77
十　五十先生《韵宝》 ·· 81
十一　《广韵总》 ·· 82
十二　王柏《正始音》 ·· 83
十三　李肩吾《字通》 ·· 85
十四　《字潆博义》 ·· 87

十五	赵谦《声音文字通》	109
十六	孙吾与《韵会定正》	140
十七	杜从古《集篆古文韵海》	164
十八	姚敦临《二十体篆》	191
十九	高勉斋《学书韵总》	193
二十	释道泰《韵选》	198
二十一	洪迈《汉隶分韵》	199
二十二	杨益《隶韵》	209
二十三	《草书集韵》	211
二十四	赵完璧《通鉴源委》	229
二十五	《洪武正韵》	247

下编 问学

一	顾野王《玉篇》孙强增字本考	277
二	新发现切韵系韵书（一）：《陆法言广韵》——兼论《大宋重修广韵》的底本	295
三	新发现切韵系韵书（二）：孙愐《唐韵》——兼论《大宋重修广韵》所据孙愐《唐韵》的写本	319
四	《字瀇博义》及其失误记略	327
五	赵谦《声音文字通》卷数及性质考辨	343
六	从《韵会定正》论《洪武正韵》的得失——兼论明太祖"中原雅音"的性质	349
七	宛委别藏《集篆古文韵海》为删节本考	373
八	新发现集篆写本：姚敦临《二十体篆》 附：历代书体、艺术篆体资料汇编	423 / 433
九	《学书韵总》作者及性质考辨	438
十	《汉隶分韵》成书时代及作者考	446

十一 《草书集韵》为《草书韵会》的增补本及辑佚 …………………… 454
十二 《通鉴》音义新发现:赵完璧《通鉴源委》 …………………… 473
十三 八十韵本《洪武正韵》校正本考 …………………………… 480

参考文献 ………………………………………………………… 490
后　记 …………………………………………………………… 497

Contents

Introduction ··· 1

The Former part   Compilation

1. *Yu Pian* by Gu Yewang(Shangyuan version) ················ 13
2. *Guang Yun* by Lu Fayan ····································· 35
3. *Tang Yun* by Sun Mian ······································ 58
4. *Sunshi Zi Shuo* ··· 62
5. *Jing Ming Yun* by Zheng Zhixiu ···························· 66
6. *Jing Shi Zi Yuan Yun Lue* by Zhang Zijing ················ 68
7. *Liu Shu Lei Shi* by Ni Cheng ······························· 70
8. *Cun Gu Zheng Zi* by Li Jun ································· 74
9. *Zheng Zi Yun Gang* by Wei Kerou ·························· 77
10. *Yun Bao* by Mr Wushi ······································· 81
11. *Guang Yun Zong* ·· 82
12. *Zheng Shi Yin* by Wang Bo ································· 83
13. *Zi Tong* Li Jianwu ·· 85
14. *Zi Wan Bo Yi* ·· 87
15. *Sheng Yin Wen Zi Tong* by Zhao Qian ···················· 109

16. *Yun Hui Ding Zheng* by Sun Wuyu ·· 140
17. *Ji Zhuan Gu Wen Yun Hai* by Du Conggu ··· 164
18. *Er Shi Ti Zhuan* Yao Dunlin ··· 191
19. *Xue Shu Yun Zong* by Gao Mianzhai ·· 193
20. *Yun Xuan* by Shi Daotai ·· 198
21. *Han Li Fen Yun* by Hong Mai ·· 199
22. *Li Yun* by Yang Yi ··· 209
23. *Cao Shu Ji Yun* ··· 211
24. *Tong Jian Yuan Wei* by Zhao Wanbi ·· 229
25. *Hong Wu Zheng Yun* ··· 247

The Latter Part　Research

1. The textual research of Sun Qiang's enlarged vertion of
　　Yu Pian by Gu Yewang ··· 277
2. The new discovery of rhyme books in Qieyun system(1):*Guang Yun*
　　by Lu Fayan —— and source text of A Revised Version of
　　Guang Yun in Song Dynasty ··· 295
3. The new discovery of rhyme books in Qieyun system(2):*Tang Yun*
　　by Sun Mian —— and manuscript of A Revised Version of
　　Guang Yun in Song Dynasty based on *Tang Yun* by Sun Mian ········· 319
4. *Zi Wan Bo Yi* and its errors ·· 327
5. The reseach of number of volumes and nature of *Sheng Yin*
　　Wen Zi Tong by Zhao Qian ··· 343
6. On the advantage and disadvantage of *Hong Wu Zheng Yun* based on
　　Yun Hui Ding Zheng —— and the nature of *Zhong Yuan*
　　Ya Yin by Ming Taizu ·· 349
7. The research of abridgment vertion of *Ji Zhuan Gu Wen*

    Yun Hai in Wanweibiecang ·· 373
8. The new discovery collection of Chinese seal character: *Er Shi*
    Ti Zhuan by Yao Dunlin ·· 423
    Appendix: The compilation of chirography and artistic
    characters of all dynasties ·· 433
9. The research of author and nature of *Xue Shu Yun Zong* ··············· 438
10. The research of accomplish period and author of *Han Li Fen Yun* ··· 446
11. The enlarged version of *Cao Shu Yun Hui* based on
    Cao Shu Ji Yun ·· 454
12. The new discovery of pronunciation and meaning of *Tong Jian*:
    Tong Jian Yuan Wei by Zhao Wanbi ································ 473
13. The research of revised *Hong Wu Zheng Yun* in eighty
    rhymes version ··· 480

Bibliography ·· 490
Acknowledgements ··· 497

绪　　论

《永乐大典》修纂于明成祖（朱棣）永乐年间，它是我国文化遗产中规模最为弘大、卷帙最为浩繁的一部大型百科全书，保存了十四世纪以前大量的文学、历史、哲学、宗教和应用科学等方面的丰富资料。

明成祖命令解缙、胡俨、杨士奇等负责编纂一部大型类书，并交待了编纂宗旨：

"天下古今事物散载诸书，篇帙浩穰，不易检阅。朕欲悉采各书所载事物聚之，而统之以韵，庶几考索之便，如探囊取物尔。尝观《韵府》《回溪》二书，事虽有统而采摘不广，记载太略。尔等其如朕意：凡书契以来，经史子集百家之书，至于天文、地志、阴阳、医卜、僧道、技艺之言，各缉为一书，毋厌浩繁。"（《明太宗实录》卷二十一）[①]

明成祖所指的《韵府》为宋人阴时夫的《韵府群玉》，《回溪》为元人钱讽的《回溪史韵》，均仅有二十余卷。明成祖认为这两部书"采摘不广，记载太略"，故要求新纂类书，要把天下古今各类典籍，不厌浩繁，熔铸于一书之中。

《永乐大典》修纂之时，贯彻了明成祖"凡书契以来，经史子集百家之书，至于天文、地志、阴阳、医卜、僧道、技艺之言，各辑为一书，毋厌浩繁"的雄伟目标，将上自先秦，下迄明初的各种书籍一并辑入；并制定凡例，全书依照《洪武正韵》八十韵本的韵目，以"用韵以统字，用字以系事"的编辑方法，将自古以来

[①] 《明实录·太宗实录》，台湾"中央研究院历史语言研究所"，1963年，第266页。

书籍中的有关资料整段整篇、甚至整部地抄入。据不完全统计,当时辑入的图书包括经、史、子、集、释藏、道经、北剧、南戏、平话、工技、农艺、医学、志乘等多达七八千种。永乐五年(1407),《永乐大典》定稿,姚广孝撰写《永乐大典表》进呈。明成祖审阅后非常满意,亲自撰写序言,赞扬《大典》"上自古初,迄于当世,旁搜博采,汇聚群书,著为奥典",并正式定名为《永乐大典》。

《永乐大典》的最大贡献在于保存了我国明初以前各种学科的文献资料。陈红彦先生(2009)指出:《大典》保存了大量的佚文秘籍。从知识门类上讲,则"经史子集百家之书"包括阴阳、医卜、僧道,技艺等杂家之言,真可谓包罗万象;从辑录范围上讲,则"上自古初,迄于当世……包括宇宙之广大,统汇古今之异用"都被网罗无遗;以数字而言,则辑录图书七八千种,将明朝皇家图书馆——文渊阁藏书囊括净尽。但是,文渊阁所藏图书,到万历间重修书目时,就已"十不存一",清康熙时徐健庵修一统志时,更是"寥寥无几"①。因此,《大典》就成了保存这些佚书的独一无二的宝库。

《大典》在文献保存方面的巨大价值,在修《四库全书》时充分体现出来。当时,安徽学政朱筠奏请从《大典》内辑录佚书,共辑出"经部66种、史部41种、子部103种、集部175种。"尽管如此,袁同礼先生指出:"宋元以来所亡之书,虽赖得传,然当时编校者,遗漏之处尚多。"从后人时有辑佚的事实看,袁先生的批评是中肯的。

从《大典》辑出的佚书,不仅种数甚多,而且大都具有极高的文献价值。其中如北宋薛居正所撰《旧五代史》,主要依据五代诸帝各朝实录,史料价值极高。所以"司马光作《通鉴》,胡三省作《通鉴注》,皆专据薛史而不取欧史(欧阳修《新五代史》)"。但元、明以后,传本湮没,幸赖邵晋涵等从《大典》录出原文,仍按原书卷数,勒成一编,才使二十四史无有缺遗。再如《宋会要辑稿》,是宋代几种会要的辑佚本。宋代很重视编撰会要,前后共十余次,但多未刊行。元灭南宋后,稿本北运,成为修《宋史》各志的依据。《大典》将明初残存的《宋会要》所载史事,分隶各韵,后由清嘉庆间全唐文提调总纂官徐松辑出,总366卷。其中所存史料,见于《宋史》各志的不过十之一、二,遂使《辑稿》成为研究宋代典章制度案头必备的工具书。其他如《建炎以来系年要录》《东观汉记》

---

① 陈红彦《永乐大典》六百年,《光明日报》9月17日,2009年。

《大元海运记》《农桑辑要》《水经注》《永徽法经》《续资治通鉴长编》《算经十书》《登科记考》等，都是脍炙人口的名著，也都或由《大典》辑出，或经《大典》校补。《大典》在文献保存方面的价值，由此可见一斑了。

如果把《大典》与《四库全书》略加比较，更可以看出《大典》的宝贵。虽然两者都号称"悉载"历代典籍，但《大典》的收录范围显然更为广泛。仅以"戏文"为例，《全书》以为有乖雅正，全部摒弃，《大典》则收罗甚广，仅卷13965—13991就收有戏文33种，卷20737—20757又收杂剧90种（赵万里1929）。其他如农学、科技、手工业、民俗文学、释藏道经等等，在四库馆臣的眼中，也都是不值一顾的。乾隆曾指摘《大典》"滥引缁流，逞其猥琐之识，雅俗并陈……无当于古柱下史藏书之意。"其实，这正是《大典》的优点。正因为有了《大典》，我国的一些"杂家"之言才得以保存。

对《大典》的利用，明代就开始了。弘治帝从中校录部分禁方，这是所见最早对《大典》的利用。迨清初，朝廷纂修《大清一统志》，学者提倡并实践从中辑录佚书。特别是雍、乾之际，李绂、全祖望与《三礼》馆臣、四库馆臣发挥《大典》保存佚文坠简之功。雍正年间开三礼书局，李绂和全祖望在翰林院得到阅读《永乐大典》的机会，发现其中许多是"世所未见之书"，"或可以补人间之缺本，或可以证后世之伪书……不可谓非宇宙之鸿宝"。之后利用《永乐大典》作辑佚工作的学者不乏其人，如戴震、邵晋涵、周永年、徐松、杭世骏、文廷式和缪荃孙等，历来学者视《永乐大典》为辑佚之渊薮。学者在利用《大典》校录文献，纂辑佚书之余，有意识考证文献的时代、作者等。至道光年间，徐松利用《大典》的方志文献研究唐代科举及唐代两京的情况，极大地拓展了《大典》的利用范畴，扩大了《大典》的利用价值。清末以降，在传统利用《大典》外，《大典》编纂流传等问题得到学者们广泛重视，发表了一系列研究论文。1949年以后，随着《大典》残卷的调查和公布，对《大典》的研究更深更广，成果也异常丰富。学界对研究成果有统计：顾力仁《〈永乐大典〉研究之资料与论文索引并提要》、李小文、张志清《〈永乐大典〉研究论文论著分类索引》、张升《〈永乐大典〉研究资料及论著索引》三家。研究涉及《大典》编纂流传、残卷访求、声题、书目索引、校雠辑佚等方面。

《永乐大典》征引的书籍，都是根据明代南京文渊阁所藏的宋、金、元精本摹写，据研究，其中还有一些是唐代的写本，与现存通行本相校勘，《大典》本大多文从字顺，足可订正今本文字之讹误。

《明实录·太宗实录》永乐五年十一月乙丑：

"太子少师姚广孝等进《重修文献大成》，书凡二万二千二百一十一卷，一万一千九百五本，更赐名《永乐大典》。上亲制序以冠之，其文曰：'昔者圣王之治天下也……始于元年之秋，而成于五年之冬。总二万二千九百三十七卷，名之曰《永乐大典》。'"

《永乐大典》应有二万二千九百三十七卷，一万一千九百五本。因功费浩繁，从未刊刻。明时原有正副两本，后正本不知去向，副本流传至清初，已佚二千余卷。因清代统治者保管不善，官吏偷盗，逐渐亡散。光绪二十六年（1900），八国联军侵入北京。翰林院坐落在东交民巷，与使馆区相接，该区沦为战场，存放《永乐大典》的敬一亭被毁，该书绝大部分为兵火所焚。今存于世仅八百一十四卷，其中七百九十七卷由中华书局于 1986 年出版，分为十册（第十册为目录），另十七卷由上海辞书出版社于 2003 年出版。

语言文字学在古代称为"小学"，"小学"一词，原本是中国教育史上的制度。《大戴礼记·保傅篇》：

"及太子少长，知妃色，则入于小学；小学者，所学之宫也……古者八岁，而出就外舍，学小艺焉，履小节焉。"[1]

《周礼·周官·保氏》：

"保氏掌谏王恶，而养国子以道。乃教之六艺：一曰五礼，二曰六乐，三曰五射，四曰五驭，五曰六书，六曰九数；乃教之六仪：一曰祭祀之容，二曰宾客之容，三曰朝庭之容，四曰丧纪之容，五曰军旅之容，六曰车马之容。凡祭祀、宾客、会同、丧纪、军旅，王举则从。听治亦如之。使其属守王闱。"[2]

---

[1] ［清］王聘珍《大戴礼记解诂》，中华书局，1983 年，第 216 页。
[2] 阮元校刻《十三经注疏·周礼》，中华书局，1980 年，第 458 页。

周官保氏所说"六艺""六仪"就是保傅所谓"小艺""小节",也就是"小学"所学内容。

至汉代,入"小学"的不限于"太子""国子"之流。贾思勰《齐民要术·杂说》引记为年中行事:

> (正月)农事未起,命成童以上入太学,学五经。砚冰释,命幼童入小学,学篇章。
> (八月)暑退,命幼童入小学,如正月焉。
> (十一月)砚冰冻,命幼童读《孝经》《论语》篇章,入小学。①

这里的"小学"为幼童就学之所;"篇章",贾思勰云:"谓六甲,九九,急就,三仓之属"。但至班固《汉书·艺文志》把《孝经》《论语》各自独立为一类,始创标出"小学"一类,有"史籀 八体六技 苍颉李斯 爰历赵高 博学胡毋敬 凡将司马相如 急就史游 元尚李长 训纂扬雄 别字 苍颉篇 扬雄苍颉训纂 杜林苍颉训纂 杜林苍颉故",专属六书,因而"小学"就有了专门的意义。《汉书·杜邺传》:

> "初,邺从张吉学,吉子竦又幼孤,从邺学问,亦著于世,尤长小学。邺子林,清静好古……其正文字过于邺、竦,故世言小学者由杜公。"②

唐颜师古注曰:"小学,谓文字之学"。"小学"最初之义是指文字之学。班固《汉书·艺文志》把《孝经》以外的《尔雅》《小尔雅》《古今字》《弟子识》都附在"孝经家";《隋书·经籍志》的"小学"分为"体势"和"音韵",但又把《尔雅》《广雅》《小尔雅》《方言》《释名》附在《论语》之后;《旧唐书·经籍志》始将《尔雅》一类列为诂训,并入"小学"。"小学"在汉代仅指文字而言,至唐代又包括音韵,至宋范围扩大至训诂。因此唐宋时代,"小学"就可以指"文字之学"、"训诂之学"和"音韵之学"。唐宋之后,我国的文字、音韵、训诂之学又有了很大的发展,清人谢启昆《小学考》把"小学"分为四类,除了文字、音韵、训诂之外,还有

---

① 贾思勰著,缪启榆译注《齐民要术译注》,上海古籍出版社,2009年,第175页。
② 班固《汉书》,中华书局,1975年,第3227页。

音义一类。就目前所知,较早提出以"语言文字"这一概念指称"小学"的应是戴震,戴震在段注《说文解字·序》云:

> "训诂音声相为表里,训诂明,六经乃可明。后儒语言文字未知,而轻凭臆解以诬圣乱经。"①

戴震所说的"语言文字"应是指"音韵"、"训诂"和"文字",戴震的段注《说文解字·序》写于乾隆丁酉孟春月,即公元 1777 年。至 1906 年,章太炎发表《论语言文字之学》建议将"小学"改为"语言文字之学",这一名称一直沿用至今。

《永乐大典》是以八十韵本《洪武正韵》为纲(宁忌浮 2003),采取按韵与分类两者相结合的"用韵以统字,用字以系事"的编辑方法。但《永乐大典》收字要多于《洪武正韵》,所以《永乐大典》首先依照《洪武正韵》所收字分列(《洪武正韵》所收字,《永乐大典》在该字下首列《洪武正韵》),然后再分列《洪武正韵》所未收字。每一个字详注其音韵、训释和它的篆、隶、楷、草各种书体,再依次把有关天文、地理、人事、名物以至奇文异见、诗文词曲等随文收载。明成祖称赞这种编辑方法是"揭其纲而目毕张,振其始而末具举"。

《永乐大典·凡例》云:

> "音韵训释诸家之说,详略不同,互有得失,唯国朝《洪武正韵》一以《中原雅音》而无偏驳之失,今以《正韵》为主,先翻切次训义,诸家之说并附于下如徐锴通释、丁度集韵之类,或一字有数音而训释有数义,如数去声、数入声,令平、令去,长平、长上之类,各详其音释。其《五音集韵》及《篇海》诸书所增诸字并收于后。
>
> 字书体例古今不一,如钟鼎盘杅铸刻及虫鱼科斗篆隶散在各书,难于辩识,今皆不拘同异随字备收,而锺王以后诸家行、草诸书亦备其体。"②

《永乐大典》既然要对每个字详注其音韵、训释和它的篆、隶、楷、草各种书

---

① 许慎著,段玉裁注《说文解字注》,上海古籍出版社,1988 年,第 801 页。
② [明]解缙等《永乐大典》(第十册),中华书局,1986,第 2 页。

体,就必然引用大量的小学辞书,也就是文字学、训诂学和音韵学的著作。事实上,《永乐大典》除《洪武正韵》之外,还引用了《尔雅》、《方言》、《说文解字》、《释名》、顾野王《玉篇》、陆法言《广韵》、孙愐《唐韵》、张参《五经文字》等三十多种辞书。这些辞书有一些流传至今,但有一部分已失传,不仅其内容已不为人所知,就是其书名也未见著录。对仅保存于《永乐大典》中的这些"小学"辞书,语言学界的研究尚未涉及。

《洪武正韵》共有二千二百二十个小韵(宁忌浮 2003),现存《永乐大典》共收有九十七个小韵(限于有反切注音的),收字完整或较为完整的计有五十三个小韵。在五十三小韵中,收字最少的为"仓尊切",有四个韵字;收字最多的为"卢谷切",有七十五个韵字。关于《永乐大典》所收韵字的排列次序,现以"千刚切"小韵为例,加以说明。在每个韵字下仅开列《永乐大典》首列辞书名称及内容。

  卷之七千五百六　十八阳 p3342
  仓　洪武正韵千刚切,藏谷廪……
  卷之七千五百十八　十八阳 p3482
  苍　洪武正韵千刚切,深青色……
  沧　洪武正韵千刚切,水名……
  鸧　洪武正韵千刚切,鸧鹒,鸟名……
  匨　千刚切。许慎说文古器也……
  嵢　千刚切。顾野王玉篇千郎切,山势也……
  蒼　千刚切。顾野王玉篇七羊切,竹名……
  滄　千刚切。陆法言广韵寒貌……
  牄　千刚切。丁度集韵牛名……
  玱　千刚切。丁度集韵玉色……
  抢　千刚切。丁度集韵抢搪,锯也……
  锵　千刚切。丁度集韵食也……
  伧　千刚切。丁度集韵伧囊,乱貌……
  郶　千刚切。韩道昭五音类聚音仓。
  頟　千刚切。韩道昭五音类聚音仓。

  穅 千刚切。韩道昭五音类聚仓茫、仓官二切。

  从"千刚切"小韵所收十六个韵字可以看出,除"仓、苍、沧、鸧"为《洪武正韵》所收字外,其他的韵字就是按该字首次出现于哪本辞书、再按辞书的成书时间先后排列。

  《永乐大典》对每一字详注其音韵、训释及字形,注释的内容为《永乐大典》之前的"小学"辞书,辞书的排列次序按成书时间的先后,但后一种辞书必须提供前一种辞书所没有或不相同的内容,即后引用的与已引用的相比要有新的信息。现以卷之一万四千三百八十四四霁小韵吉诣切之"冀"p6307为例:

  冀 洪武正韵吉诣切,说文北方也,徐曰北方之州也。尔雅两河间曰冀州,五代改大名府,又秦钜鹿郡地,魏置北冀州,又姓,又欲也。许慎说文冀,从北异声,几利切。刘熙释名冀州,亦取地以为名也,其地有险有易,帝王所都,乱则冀治,弱则冀强,荒则冀丰也。陆法言广韵冀,九州名,㠸,上同,见经典省。孙愐唐韵居致切,北方州名,故从北。唐玄度九经字样冀,㠸北方州也,尧所都,异于徐州,故从北从异,上说文,下隶省。徐锴通释讫示反。宋重修广韵续汉书安平国故信都郡,光武师蓟,南行太守任光开出迎,今州城是;又姓,左传晋大夫冀芮。丁度集韵州名。张有复古编冀别作㠸,非。毛晃礼部韵略望也,亦作䵖、幾。戴侗六书故冀,北方州也。借为冀望之冀,与覬通。欧阳德隆押韵释疑左传见㠸缺㰅,注㠸,晋邑也,然其字从两点,韵上无,梁㠸,同。郭守正紫云韵汉梁㠸,晋陈郡《与王导书》:中兴可㠸。郭子仪传中兴之功,日月可㠸;又此冀字,广韵云字本作㠸,经典省,作冀,押者当依韵押,此是此㠸字。郑之秀精明韵地名。释行均龙龛手鉴䨩,俗,冀,正;又讬也。杨桓六书统见母,㠸,统声,冀,隶,㠸,讹。熊忠韵会举要角清音,周魏州,唐改冀州,舜以南北阔大,分卫以西为并州,燕以北为幽州。字溁博义吉器切。赵谦声音文字通冀,见意切;又强直貌;又狠也;作懻,非,汉地志赵俗懻忮,薛瓒曰今北土谓强直为懻,中俗字。韵会定正字切见计,见经坚冀。

  从上例可以看出:对单字的注释是按辞书成书的时间先后排列。

文学、史学、科技等学科充分利用《永乐大典》，辑佚资料，并加分析研究，取得了丰硕的成果，而语言学相对滞后，尚未有人对其中有关语言的语料加以考察。我们尝试利用这份宝贵的资源，以期推动汉语史研究的进一步深入。

我们首先从《永乐大典》中辑佚语料，辑佚语料的排列依照大典的次序先列音韵和训释辞书、再列篆、隶、楷、草各种书体，同一类辞书再按成书时间先后排列。这些语料是首次公布；其次是对语料本身加以研究，为汉语史研究提供史料，利用文献，对这些"小学"辞书断定时代、体制及规模，考证其作者生平，以期恢复历史的若干面貌；再次利用原始语料及研究成果，解决一些相关的历史问题；最后利用《永乐大典》所引的辞书与现存通行本相校勘，以期解决通行本中所存在的疑难问题。

上　编

辑佚

一

顾野王《玉篇》(上元本)

卷之四百八十九　一东

1. 终 p42 洪武正韵……顾野王玉篇之戎切，𣅟、宛并古文。陆法言广韵……

卷之四百九十　一东

2. 螽 p60 洪武正韵……顾野王玉篇蠡，古文，螺，之戎切，蝗也，亦作螽。郭忠恕佩觿集……

卷之五百四十　一东

3. 颂 p81 洪武正韵……顾野王玉篇颂，与恭切，形容，似用切，歌颂。丁度集韵……

4. 溶 p82 洪武正韵……顾野王玉篇俞种切，又音容。丁度集韵……

卷之五百四十一　一东

5. 庸 p96 洪武正韵……顾野王玉篇庸，余恭切，㒷，余钟切，今作庸。陆法言广韵……

卷之六百六十一　一东

6. 灉 p184 洪武正韵……顾野王玉篇灉，纡用切，水自河出，又音雍，滟、滩，并同上。张参五经文字……

卷之六百六十二　一东

7. 廱 p185 洪武正韵……顾野王玉篇雍，同上。陆法言广韵……

8. 饔 p195 洪武正韵……顾野王玉篇於恭切。张参五经文字……

9. 壅 p196 洪武正韵……顾野王玉篇亦作臅、䪻，头也。陆法言广韵……

10. 癰 p196 洪武正韵……顾野王玉篇於恭切，疽疮也。徐锴通释……

11. 瑢 p198 於容切。顾野王玉篇於龙切，玉器也。丁度集韵……

12. 雍 p198 於容切。顾野王玉篇音邕,似猨,八子也。丁度集韵……

13. 确 p198 於容切。顾野王玉篇於宫切,又音雍。丁度集韵……

卷之二千二百十七　六模

14. 泸 p623 洪武正韵……顾野王玉篇力吴切。宋重修广韵……

卷之二千二百五十四　六模

15. 壶 p668 洪武正韵……顾野王玉篇户徒切,盛饮器也,瓦鼓也,壺,篆文,弗,籀文。颜元孙干禄字……

卷之二千二百五十九　六模

16. 瑚 p722 洪武正韵……顾野王玉篇河孤切,或作瑚。徐锴通释……

17. 餬 p724 洪武正韵……顾野王玉篇餬,或作糊、粘、飴,同上。徐锴通释……

18. 弧 p725 洪武正韵……顾野王玉篇户都切。张参五经文字……

19. 箶 p726 洪武正韵……顾野王玉篇护都切,竹名也。宋重修广韵……

卷之二千二百六十　六模

20. 湖 p726 洪武正韵……顾野王玉篇户徒切。徐锴通释……

卷之二千三百四十四　六模

21. 鄐 p1015 洪武正韵……顾野王玉篇午姑切,鲁下邑也。陆法言广韵……

22. (鼯)p1016 洪武正韵……顾野王玉篇鼯,午胡切,鼯鼠飞生,或为䶉。陆法言广韵……

23. 浯 p1016 洪武正韵……顾野王玉篇牛都切。陆法言广韵……

24. 荶 p1016 讹胡切……顾野王玉篇五都切,草似艾,莫,五姑切,莫草也。徐锴通释……

25. 峿 p1016 讹胡切。顾野王玉篇五乎切,岖峿,山也。丁度集韵……

26. 艅 p1016 讹胡切。顾野王玉篇五姑切,船名。宋重修广韵……

27. 瓶 p1016 讹胡切。顾野王玉篇五姑切,瓯也。杨桓六书统……

28. 頶 p1016 讹胡切。顾野王玉篇五孤切,大头也。杨桓六书统……

29. 鯃 p1016 讹胡切。顾野王玉篇五姑切,神名。韩道昭五音集韵……

30. 蜈 p1016 讹胡切。顾野王玉篇五乎切,蜈蚣。丁度集韵……

31. 䓰 p1017 讹胡切。顾野王玉篇吾姑切,竹名也。丁度集韵……

32. 蕮 p1017 讹胡切。顾野王玉篇余胡切,草似蕨,生水中。

33. 禑 p1017 讹胡切。顾野王玉篇音吴,福也。杨桓六书统……

34. 祦 p1017 讹胡切。顾野王玉篇音吴,福也。宋重修广韵……

35. 麤 p1017 洪武正韵……顾野王玉篇七胡切,或作麁,麤,同上,麆,千胡切,本作麤。陆法言广韵……

36. 皵 p1019 仓胡切。顾野王玉篇千胡切,皱皵,今作麁。陆法言广韵……

卷之二千三百四十五　六模

37. 乌 p1021 洪武正韵……顾野王玉篇乌,於乎切,又语辞,𢿨,古文。张参五经文字……

卷之二千三百四十七　六模

38. 洿 p1050 洪武正韵……顾野王玉篇於徒切,潦水也,污,同上,又一故切。徐错(错误,当作锴)通释……

39. 圬 p1051 洪武正韵……顾野王玉篇於沽切,泥镘,一作杇。张参五经文字……

40. 鸣 p1053 洪武正韵……顾野王玉篇於胡切,叹词也。宋重修广韵……

41. 歍 p1053 汪胡切。顾野王玉篇屋徒切,口相聚也。徐锴通释……

42. 弙 p1053 汪胡切。顾野王玉篇弙,於孤、口孤二切,弓满也,持也,指麾也,引也,张也,亦作弩。徐锴通释……

43. 螐 p1053 汪胡切。顾野王玉篇於胡切。陆法言广韵……

44. 鍋 p1053 汪胡切。顾野王玉篇於胡切,小釜也。宋重修广韵……

45. 扝 p1053 汪胡切。顾野王玉篇於乎、口孤二切,投也,亦作弙。

46. 鶌 p1053 汪胡切。顾野王玉篇音乌,楚人呼虎为乌菟,俗从虎。释行均龙龛手鉴……

47. 瑦 p1053 汪胡切。顾野王玉篇屋姑切,江名,项羽渡船处。孙愐唐韵……

48. 蔦 p1053 汪胡切。顾野王玉篇音乌,乌蓝,即获也。宋重修广韵……

卷之二千四百五　六模

49. 穌 p1123 洪武正韵……顾野王玉篇先乎切。丁度集韵……

50. 𪎭 p1123 洪武正韵……顾野王玉篇息胡切。陆法言广韵……

51. 瘯 p1126 孙租切。顾野王玉篇桑孤切,病也。杨桓六书统……

卷之二千四百六　六模

52. 犓 p1138 楚锄切……顾野王玉篇测俱切,养牛羊也,今作刍。陆法言广韵……

卷之二千四百七　六模

53. 蔬 p1139 洪武正韵……顾野王玉篇所居切。丁度集韵……

54. 梳 p1144 洪武正韵……顾野王玉篇所於切,可理发具也。丁度集韵……

卷之二千四百八　六模

55. 踈 p1146 洪武正韵……顾野王玉篇色鱼切,慢也,不密也。宋重修广韵……

56. 疏 p1146 洪武正韵……顾野王玉篇所居切,稀也,阔也,理也,亲也,又所去切,检书也,疋,山於切,今作疏。陆法言广韵……

57. 練 p1151 洪武正韵……顾野王玉篇所於切,纺䴸丝。陆法言广韵……

58. 疋 p1152 洪武正韵……顾野王玉篇山居、山虑二切。陆法言广韵……

59. 䟽 p1152 山锄切……顾野王玉篇山於切,门户青疏窗也。丁度集韵……

60. 綖 p1152 山锄切。顾野王玉篇所除、所去二切,亦疏字。陆法言广韵……

卷之二千七百五十五　八灰

61. 羆 p1415 洪武正韵……顾野王玉篇鄙为切,䑄、嫛,并古文。徐锴通释……

62. 罷 p1416 洪武正韵……顾野王玉篇补为、彼为二切。徐锴通释……

卷之二千八百六　八灰

63. 卑 p1417 洪武正韵……顾野王玉篇下也。孙愐唐韵……

64. 裨 p1429 洪武正韵……顾野王玉篇补移切,又婢移切,副将也,亦姓,或作椑。陆法言广韵……

65. 錍 p1430 洪武正韵……顾野王玉篇匹迷切,斧也,又音卑。徐锴通释……

66. 鑼 p1430 晡回切……顾野王玉篇彼皮切。徐锴通释……

67. 䫌 p1431 晡回切……顾野王玉篇方皮切,类云髯貌。徐锴通释……

68. 襬 p1431 晡回切……顾野王玉篇彼皮切,关东人呼裙。丁度集韵……

69. 㽡 p1431 晡回切。顾野王玉篇音碑,㽡田也。丁度集韵……

卷之二千八百七　八灰

70. 丕 p1433 洪武正韵……顾野王玉篇普邳切。陆法言广韵……

71. 胚 p1433 洪武正韵……顾野王玉篇匹尤、普回二切。陆法言广韵……

72. 衃 p1433 洪武正韵……顾野王玉篇匹尤、匹才二切。徐锴通释……

73. 坏 p1434 洪武正韵……顾野王玉篇普梅切,又作坯。宋重修广韵……

74. 醅 p1434 洪武正韵……顾野王玉篇匹才切,未䤃酒也。宋重修广韵……

一　顾野王《玉篇》（上元本）　17

75. 怀 p1435 洪武正韵……顾野王玉篇匹眉切。徐锴通释……

76. 駓 p1435 洪武正韵……顾野王玉篇普悲、步悲二切，马黄白色，骍，同上。张参五经文字……

77. 狉 p1435 洪武正韵……顾野王玉篇倍悲切，狸属也。宋重修广韵……

78. 鈚 p1436 洪武正韵……顾野王玉篇匹眉切。宋重修广韵……

79. 悂 p1436 洪武正韵……顾野王玉篇孚悲切，恐也。丁度集韵……

80. 邳 p1436 洪武正韵……顾野王玉篇蒲悲切。陆法言广韵……

81. 披 p1439 洪武正韵……顾野王玉篇普皮切，张也，亦作披。陆法言广韵……

82. 旇 p1439 洪武正韵……顾野王玉篇普皮。徐锴通释……

83. 耚 p1439 洪武正韵……顾野王玉篇匹皮切，亦作畩，小高也，又普皮切，耕外地。宋重修广韵……

84. 剕 p1439 洪武正韵……顾野王玉篇剕，匹迷切，又劓，匹奚切，斫也，又方蔑切。陆法言广韵……

85. 硾 p1440 洪武正韵……顾野王玉篇砒，房脂、扶迷、普兮三切，石也。陆法言广韵……

86. 痞 p1440 铺杯切。顾野王玉篇补回切，症结痛也。韩道昭五音类聚……

87. 苤 p1440 铺杯切。顾野王玉篇花盛也。司马光类篇……

88. 頾 p1440 铺杯切。顾野王玉篇普眉切。宋重修广韵……

89. 鬛 p1440 铺杯切。顾野王玉篇普悲切，被髲走貌。陆法言广韵……

90. 瘔 p1441 铺杯切。顾野王玉篇匹杯切，痴也，疮也。陆法言广韵……

91. 歧 p1441 铺杯切。顾野王玉篇匹之、皮美二切，器破也。陆法言广韵……

92. 剕 p1441 铺杯切。顾野王玉篇符碑切，剥也。司马光类篇……

93. 悂 p1441 铺杯切。顾野王玉篇普皮切，恐也。韩道昭五音类聚……

94. 鎞 p1441 铺杯切。顾野王玉篇方皮切，锄也。丁度集韵……

95. 啡 p1441 铺杯切。顾野王玉篇普梅切，唾声。丁度集韵……

卷之二千八百八　八灰

96. 梅 p1447 洪武正韵……顾野王玉篇莫回切。张参五经文字……

卷之二千九百五十五　九真

18　上编　辑佚

97. 魊 p1604 而真切……顾野王玉篇始人切，山神也。陆法言广韵……

卷之三千五百七十九　　九真

98. 村 p2077 洪武正韵……顾野王玉篇邨，自孙切，又音豚。徐锴通释……

卷之三千五百八十一　　九真

99. 潭 p2103 仓尊切。顾野王玉篇七昆切，水名也。丁度集韵……

100. 邨 p2103 仓尊切。顾野王玉篇且孙切，乡名。丁度集韵……

卷之三千五百八十二　　九真

101. 尊 p2103 洪武正韵……顾野王玉篇子昆切，亦作僔。陆法言广韵……

卷之三千五百八十五　　九真

102. 嶟 p2149 租昆切。顾野王玉篇子昆切，山长也。宋重修广韵……

卷之三千五百八十六　　九真

103. 遵 p2150 洪武正韵……顾野王玉篇遵，子伦切，遆，古文。徐锴通释……

104. 啍 p2151 洪武正韵……顾野王玉篇徒孙切，㪍，同上。徐锴通释……

105. 焞 p2151 洪武正韵……顾野王玉篇徒门切，又他雷切，焞焞，盛也，又他门切。丁度集韵……

106. 吞 p2152 洪武正韵……顾野王玉篇他恩切。陆法言广韵……

107. 陯 p2153 他昆切。顾野王玉篇它根切，多合貌。杨桓六书统……

108. 蠢 p2153 他昆切。顾野王玉篇他敦切，蠢蜗。丁度集韵……

109. 腯 p2153 他昆切。顾野王玉篇他敦切，月光也。丁度集韵……

110. 黗 p2153 他昆切。顾野王玉篇他孙切，黄浊色也。陆法言广韵……

卷之三千五百八十七　　九真

111. 忳 p2171 洪武正韵……顾野王玉篇徒昆切。张参五经文字……

112. 軘 p2171 洪武正韵……顾野王玉篇徒昆切。张参五经文字……

卷之五千二百四十四　　十三萧

113. 辽 p2319 洪武正韵……顾野王玉篇力条切。徐锴通释……

卷之五千二百六十八　　十三萧

114. 祅 p2402 洪武正韵……顾野王玉篇祅，於骄切，天反时为灾，地反物为祅，说文作䄏。徐锴通释……

115. 禑 p2406 伊尧切。顾野王玉篇乌消切，禑襟也。宋重修广韵……

116. 蜵 p2407 伊尧切。顾野王玉篇於招切，毒蛇名。宋重修广韵……

117. 橇 p2408 洪武正韵……顾野王玉篇橇,丘乔切,亦作鞽,又子绝切。孙愐唐韵……

　　118. 趫 p2408 洪武正韵……顾野王玉篇去娇切,缘木工也。陆法言广韵……

　　119. 毃 p2418 丘妖切……顾野王玉篇公幺、公的二切,击也。陆法言广韵……

　　120. 繑 p2419 丘妖切……顾野王玉篇幧,口袄切,裤幧也。宋重修广韵……

　　121. 顤 p2419 丘妖切……顾野王玉篇又火幺切,头大。陆法言广韵……

　　122. 趬 p2419 丘妖切……顾野王玉篇又丘照切,起也。丁度集韵……

　　123. 鄡 p2419 丘妖切……顾野王玉篇苦幺切,豫章鄡阳县,鄥,轻雕切,县名,在钜鹿。陆法言广韵……

　　124. 獢 p2419 丘妖切。顾野王玉篇去尧切,引也。丁度集韵……

　　125. 熽 p2419 丘妖切。顾野王玉篇去尧切,火行也。司马光类篇……

　　126. 鏒 p2420 洪武正韵……顾野王玉篇七消切,铧鏒,甹也,鐰,同上,又才刀切,铁刚折。陆法言广韵……

　　127. 幧 p2420 洪武正韵……顾野王玉篇七消切,幧,同上。陆法言广韵……

　　卷之六千五百二十三　十八阳

　　128. 妆 p2590 洪武正韵……顾野王玉篇阻良切,糚,侧床切,亦作妆,音庄,画妆。陆法言广韵……

　　129. 装 p2593 洪武正韵……顾野王玉篇俎良切,束也。陆法言广韵……

　　卷之六千五百二十四　十八阳

　　130. 樁 p2596 洪武正韵……顾野王玉篇陟江切,橛也,又书容切,橦也。孙愐唐韵……

　　131. 庄 p2602 侧霜切。顾野王玉篇作郎切,壮立貌。

　　132. 奘 p2603 侧霜切。顾野王玉篇阻良、阻亮二切,狂犬也。陆法言广韵……

　　卷之七千五百六　十八阳

　　133. 仓 p3342 洪武正韵……顾野王玉篇且郎切,仓庚,贮也。仝、㟧,并古文仓字,又聪将切。宋重修广韵……

　　卷之七千五百十八　十八阳

　　134. 苍 p3482 洪武正韵……顾野王玉篇七狼切,青也。陆法言广韵……

　　135. 沧 p3483 洪武正韵……顾野王玉篇七郎切,滄,古文。宋重修广韵……

136. 鸽 p3484 洪武正韵……顾野王玉篇千唐切,鸽鸹,亦作鵤。徐锴通释……

137. 匩 p3485 千刚切。顾野王玉篇此郎切,古器谓之也。徐锴通释……

138. 嵼 p3485 千刚切。顾野王玉篇千郎切,山势也。杨桓六书统……

139. 簹 p3485 千刚切。顾野王玉篇七羊切,竹名。丁度集韵……

卷之七千八百八十九　十九庚

140. 汀 p3607 洪武正韵……顾野王玉篇水际,平沙也,洲也。丁度集韵……

卷之七千八百九十五　十九庚

141. 䩞 p3675 洪武正韵……顾野王玉篇他丁切,皮带鞢。司马光类篇……

142. 桯 p3675 他经切……顾野王玉篇又户经切。陆法言广韵……

143. 订 p3676 他经切。顾野王玉篇他丁、唐顶二切,平议也。陆法言广韵……

144. 汀 p3676 他经切。顾野王玉篇他丁切,又庐打切。

145. 軒 p3676 他经切。顾野王玉篇剔铃(铃为铃误)切,车失也。

146. 豜 p3676 他经切。顾野王玉篇他丁、他定二切,豕貌。司马光类篇……

147. 庁 p3676 他经切。顾野王玉篇他丁切,平也。陆法言广韵……

卷之七千九百六十　十九庚

148. 馨 p3678 洪武正韵……顾野王玉篇虚廷切。陆法言广韵……

149. 兴 p3680 洪武正韵……顾野王玉篇虚凝切,又许应切,托事。陆法言广韵……

卷之八千二十一　十九庚

150. 烝 p3738 洪武正韵……顾野王玉篇之冰切,又音震。徐锴通释……

151. 脀 p3740 洪武正韵……顾野王玉篇之仍切,胘,之丞切,俎实也。陆法言广韵……

152. 湞 p3741 诸成切……顾野王玉篇音贞,又水名。宋重修广韵……

153. 陙 p3741 诸成切……顾野王玉篇知京切。徐锴通释……

154. 佂 p3741 诸成切……顾野王玉篇之成切,佂忪,惧也。陆法言广韵……

155. 怔 p3741 诸成切。顾野王玉篇之成切,怔忪,惧貌。宋重修广韵……

156. 眐 p3741 诸成切。顾野王玉篇之盈切,独视貌。宋重修广韵……

157. 荵 p3741 诸成切。顾野王玉篇之承切,菹也。宋重修广韵……

158. 䇸 p3741 诸成切。顾野王玉篇之升切,竹也。宋重修广韵……

159. 䛼 p3741 诸成切。顾野王玉篇知盈、直盈二切，地名。陆法言广韵……

160. 損 p3741 诸成切。顾野王玉篇知盈切，引也。释行均龙龛手鉴……

161. 徎 p3741 诸成切。顾野王玉篇诸膺切，行不正也。释行均龙龛手鉴……

162. 斻 p3741 诸成切。顾野王玉篇陟陵、丑善二切，旌旗杠貌。陆法言广韵……

卷之八千二百七十五　十九庚

163. 兵 p3856 洪武正韵……顾野王玉篇彼荣切，从斤，斤，兵也。陆法言广韵……

卷之八千五百二十六　十九庚

164. 精 p3946 洪武正韵……顾野王玉篇精细不粗也。陆法言广韵……

卷之八千七百六　十九庚

165. 僧 p4017 洪武正韵……顾野王玉篇悉层切，师僧也。陆法言广韵……

卷之八千八百四十一　二十尤

166. 油 p4032 洪武正韵……顾野王玉篇水名，又麻子汁。徐锴通释……

167. 莸 p4038 洪武正韵……顾野王玉篇与周切。陆法言广韵……

168. 逌 p4040 洪武正韵……顾野王玉篇余周切。孙愐唐韵……

169. 斿 p4040 洪武正韵……顾野王玉篇弋周切，作游。徐锴通释……

卷之八千八百四十二　二十尤

170. 游 p4041 洪武正韵……顾野王玉篇浮也。陆法言广韵……

卷之八千八百四十四　二十尤

171. 遊 p4061 洪武正韵……顾野王玉篇余周切，遨游，与游同，逰，古文。丁度集韵……

卷之九千七百六十二　二十二覃

172. 鹹 p4181 洪武正韵……顾野王玉篇乎缄切，又醎，音感，俗鹹字。陆法言广韵……

173. 函 p4181 洪武正韵……顾野王玉篇胡耽切，铠也；胡缄切，函书。陆法言广韵……

174. 涵 p4185 洪武正韵……顾野王玉篇涌，户男切，或作涵，涵，同上，又下滔切，没也。孙愐唐韵……

175.（衔）p4186 洪武正韵……顾野王玉篇下监切，马口铁也。丁度集韵……

176. 嗛 p4188 洪武正韵……顾野王玉篇乎甘切,乳也。丁度集韵……

177. 瑊 p4188 胡嵒切。顾野王玉篇音咸,县名。陆法言广韵……

178. 蒾 p4188 胡嵒切。顾野王玉篇胡监切,草名也。丁度集韵……

卷之九千七百六十三　二十二覃

179. 嵒 p4189 洪武正韵……顾野王玉篇宜咸切。郭忠恕佩觿集……

180. 巖 p4190 洪武正韵……顾野王玉篇午衫切,积石貌,峰也,礊礏岩。徐错通释……

卷之一万三百九　二纸

181. 死 p4300 洪武正韵……顾野王玉篇神尽也,歺古文。张参五经文字……

卷之一万八百七十六　六姥

182. 虏 p4458 洪武正韵……顾野王玉篇力古切,战获俘虏也。唐玄度九经字样……

卷之一万八百七十七　六姥

183. 卤 p4482 洪武正韵……顾野王玉篇力古切,咸也,车驾出,有卤薄。张参五经文字……

184. 滷 p4482 洪武正韵……顾野王玉篇音鲁,咸也,塾沙也。陆法言广韵……

185. 櫓 p4483 洪武正韵……顾野王玉篇力睹切,城楼也;樐,力古切,彭排也,又同上。陆法言广韵……

186. 虏 p4485 郎古切。许慎说文……顾野王玉篇力古切,府也,庵也。陆法言广韵……

187. 鏀 p4485 郎古切。许慎说文……顾野王玉篇力古切,釜属。徐错通释……

188. 蕗 p4485 郎古切。许慎说文……顾野王玉篇来五切,杜蕗似葵香。陆法言广韵……

189. 噜 p4485 郎古切。顾野王玉篇力睹切,语也。司马光类篇……

190. 圙 p4485 郎古切。顾野王玉篇力古切,卤同,又匋也。司马光类篇……

191. 簵 p4485 郎古切。顾野王玉篇竹也。丁度集韵……

卷之一万一千七十六　八贿

192. 厽 p4603 鲁猥切。许慎说文……顾野王玉篇厽,力捶切,古为参字,七贪切,又音累。司马光类篇……

一　顾野王《玉篇》（上元本）　23

193. 纍 p4604 鲁猥切。许慎说文……顾野王玉篇縈，力罪切，山形，又力水切，累同上，又靀，山也，蘲，同上。陆法言广韵……

194. 灅 p4604 鲁猥切。许慎说文……顾野王玉篇力水切，水出浚靡县。陆法言广韵……

195. 鑸 p4604 鲁猥切。许慎说文……顾野王玉篇鑸，力罪切，或作礧，同。释行均龙龛手鉴……

196. 儽 p4604 鲁猥切。许慎说文……顾野王玉篇力罪切，力追切，病也，㑤，同上。张参五经文字……

197. 陯 p4604 鲁猥切。许慎说文……顾野王玉篇力罪切。陆法言广韵……

198. 蕾 p4604 鲁猥切。顾野王玉篇落猥切，蓓蕾，花绽貌。丁度集韵……

199. 䐜 p4604 鲁猥切。顾野王玉篇力贿切，䐜䏶，肿貌。杨桓六书统……

200. 瘣 p4604 鲁猥切。顾野王玉篇力罪切，瘣瘣，皮起病。陆法言广韵……

201. 遹 p4604 鲁猥切。顾野王玉篇力罪切，行急也。

202. 絫 p4604 鲁猥切。顾野王玉篇力委切，法也。丁度集韵……

203. 磈 p4606 洪武正韵……顾野王玉篇口罪切，礧磈，石也。丁度集韵……

204. 藬 p4606 洪武正韵……顾野王玉篇丘非、丘诔二切，大苊古草，㩉，古文。丁度集韵……

205. 尯 p4606 苦猥切。顾野王玉篇丘委切，允立貌。

206. 䫩 p4606 苦猥切。顾野王玉篇口罪切，多也。陆法言广韵……

207. 餧 p4607 洪武正韵……顾野王玉篇餧，饥饿也；腇，乃罪切，鱼腇，又他罪切，脮腇。张参五经文字……

208. 颰 p4609 奴罪切。顾野王玉篇奴罪切，风动也。丁度集韵……

209. 瓾 p4609 奴罪切。顾野王玉篇乃罪切，伤熟瓜也。丁度集韵……

210. 桵 p4610 洪武正韵……顾野王玉篇之櫫、市委二切。张参五经文字……

211. 烞 p4611 主藁切。许慎说文……顾野王玉篇之水切。孙愐唐韵……

212. 笍 p4611 主藁切。顾野王玉篇知委切，竹生笋也。

卷之一万一千七十七　八贿

213. 纂 p4613 洪武正韵……顾野王玉篇聚也。张参五经文字……

214. 蘂 p4613 洪武正韵……顾野王玉篇蕊，草木实，节节生。堪法书（疑误）广韵……

215. 甤 p4617 洪武正韵……顾野王玉篇今作蕤,又儒佳切。孙愐唐韵……

216. 蕊 p4617 如累切……顾野王玉篇又桑果切。陆法言广韵……

217. 楾 p4617 如累切。顾野王玉篇木名。司马光类篇……

218. 蕊 p4617 如累切。顾野王玉篇女委切,笋初生也。丁度集韵……

219. 髓 p4618 洪武正韵……顾野王玉篇先委切,又膸,相觜切,骨膸,本从骨。陆法言广韵……

220. 瀡 p4622 洪武正韵……顾野王玉篇息觜切。宋重修广韵……

221. 靃 p4622 洪武正韵……顾野王玉篇霍也,又呼廓切。陆法言广韵……

222. 蕇 p4623 息委切。顾野王玉篇息觜切,草名也。韩道昭五音类聚……

223. 觜 p4623 洪武正韵……顾野王玉篇觜,子累切,觜,鸟喙也,又作喍,同觜。陆法言广韵……

224. 嗺 p4625 即委切。顾野王玉篇子罪切,山林崇积貌。丁度集韵……

225. 觜 p4625 即委切。顾野王玉篇鬼名。字㴆博义……

226. 嶊 p4625 即委切。顾野王玉篇子诔切,崣嶊也。丁度集韵……

227. 越 p4626 洪武正韵……顾野王玉篇且水切。陆法言广韵……

228. 跬 p4626 洪武正韵……顾野王玉篇䟸,羌捶切,举一足行也,頍(《宋本玉篇》作頍)、䞨,同上,与踓字同。(《篆隶万象名义》頍:千丁反)郭忠恕佩觽集……

229. 踓 p4627 犬蘂切。顾野王玉篇去弭切,步足开貌。陆法言广韵……

230. 煪 p4627 犬蘂切。顾野王玉篇去弭切,火貌。杨桓六书统……

卷之一万一千三百十三 十罕

231. 疳 p4825 洪武正韵……顾野王玉篇作癏,公玩切。张参五经文字……

232. 脘 p4826 古缓切。许慎说文……顾野王玉篇脘,胃脘也,肮,同上,又人阴异呼也。丁度集韵……

233. 裩 p4826 古缓切。顾野王玉篇公缓切,裤襱也。丁度集韵……

234. 蜳 p4826 古缓切。顾野王玉篇雨下虫名。司马光类篇……

卷之一万一千六百二 十四巧

235. 藻 p4896 洪武正韵……顾野王玉篇藻,水中菜也,薻,同上。颜元孙干禄字……

卷之一万一千六百十五 十四巧

236. 老 p4919 洪武正韵……顾野王玉篇耂,力捣切,古文老。陆法言广韵……

卷之一万一千九百五十一　十九梗

237. 顶 p5034 洪武正韵……顾野王玉篇顶，丁领切，䫀，都冷切，今作顶。陆法言广韵……

卷之一万一千九百五十六　十九梗

238. 鼎 p5068 洪武正韵……顾野王玉篇鼎，丁冷切，所以熟食器也。张参五经文字……

卷之一万二千十五　二十有

239. 友 p5156 洪武正韵……顾野王玉篇𠬛，于九切，朋友，今作友。颜元孙干禄字……

卷之一万二千一百四十八　二十有

240. 傁 p5240 洪武正韵……顾野王玉篇傁，思口切，老也，与叟同，说文作傁。扬雄方言……

241. 瞍 p5240 洪武正韵……顾野王玉篇睃，苏走切，瞍，同上。陆法言广韵……

242. 薮 p5240 洪武正韵……顾野王玉篇桑后切。张参五经文字……

243. 籔 p5243 洪武正韵……顾野王玉篇籔，先后切，箸、篓并同上。扬雄方言……

244. 嗾 p5243 洪武正韵……顾野王玉篇苏走、先奏二切。陆法言广韵……

245. 瞍 p5243 苏偶切。顾野王玉篇先口切，聪揔名，瞍，同上。宋重修广韵……

246. 鞇 p5245 此苟切。顾野王玉篇初九切，鞇，束也，鞠，同上。丁度集韵……

247. 瓿 p5245 此苟切。顾野王玉篇丑口切，瓶也。杨桓六书统……

248. 趣 p5245 此苟切。顾野王玉篇丁后切，走也，又七庾切。韩道昭五音集韵……

249. 走 p5245 洪武正韵……顾野王玉篇子后切，去也，奔也，仆也，又音奏。颜元孙干禄字……

卷之一万三千八十二　一送

250. 动 p5637 洪武正韵……顾野王玉篇徒孔切，振也，逋，徒董切，古文动字。陆法言广韵……

卷之一万三千八十三　一送

251.恸 p5646 洪武正韵……顾野王玉篇徒贡切，哀极也。吴棫韵补……

252.戙 p5647 徒弄切。顾野王玉篇船板木。陆法言广韵……

253.胴 p5647 徒弄切。顾野王玉篇徒栋切，大肠也。杨桓六书统……

254.䥇 p5647 徒弄切。顾野王玉篇徒栋切，钟声。

255.弄 p5648 洪武正韵……顾野王玉篇良栋切。徐锴通释……

256.哢 p5649 洪武正韵……顾野王玉篇咔，力冻切，言咔也。释行均龙龛手鉴……

257.洓 p5649 庐贡切。顾野王玉篇力冻切，水也。孙愐唐韵……

258.毅 p5649 庐贡切。顾野王玉篇力综切，绞也。

259.䂅 p5649 庐贡切。顾野王玉篇良用切，贫也，又龙貌。司马光类篇……

260.龓 p5649 庐贡切。顾野王玉篇良用切，龓冲，行不正，又用（疑误）用切。

卷之一万三千八十四　一送

261.哄 p5650 洪武正韵……顾野王玉篇喧市人。丁度集韵……

262.汞 p5658 洪武正韵……顾野王玉篇户孔切，铅汞，水银滓。郭忠恕佩觿集……

263.矒 p5660 呼贡切。顾野王玉篇火贡切，瞢瞢，不明。杨桓六书统……

264.悾 p5661 洪武正韵……顾野王玉篇口贡切，悾偬，穷困也。释行均龙龛手鉴……

265.誇 p5661 洪武正韵……顾野王玉篇㖃《集韵》㖃通作誇，去凤切，问罪也。丁度集韵……

266.𡰤 p5661 苦贡切。顾野王玉篇去仲切，小貌。丁度集韵……

267.焢 p5661 苦贡切。顾野王玉篇丘仲切，尽也，干也。陆法言广韵……

268.蒏 p5662 苦贡切。顾野王玉篇去用切，蒏，蘭薚也。丁度集韵……

269.羫 p5662 苦贡切。顾野王玉篇口弄、口江二切，羊也。丁度集韵……

卷之一万三千一百九十四　一送

270.种 p5720 洪武正韵……顾野王玉篇穌，古文种字。张参五经文字……

271.湩 p5730 洪武正韵……顾野王玉篇又都贡切，江南呼乳云。陆法言广韵……

272. 偅 p5730 之仲切。顾野王玉篇章用切。陆法言广韵……

卷之一万三千四百九十五　二寘

273. 置 p5799 洪武正韵……顾野王玉篇竹利切，又安置，猪吏切。颜元孙干禄字……

卷之一万三千四百九十六　二寘

274. 制 p5805 洪武正韵……顾野王玉篇之世切，作也，古作制。陆法言广韵……

卷之一万三千八百七十二　三未

275. 贲 p5931 洪武正韵……顾野王玉篇彼寄切，又布门切，虎贲，勇士，扶非切，人姓。陆法言广韵……

卷之一万三千八百七十六　三未

276. 赑 p5995 必忌切……顾野王玉篇悲伪切，益也。司马光类篇……

277. 萉 p5995 必忌切……顾野王玉篇音祕，地名，萉，同上文，鄙冀切。陆法言广韵……

卷之一万三千八百七十七　三未

278. 痹 p5995 必忌切……顾野王玉篇卑利切。陆法言广韵……

卷之一万三千八百八十　三未

279. 眱 p6040 必忌切……顾野王玉篇鄙利、莫八二切。陆法言广韵……

280. 妼 p6040 必忌切。顾野王玉篇必媚切，女名也。司马光类篇……

281. 棴 p6040 必忌切。顾野王玉篇布计切，木名。宋重修广韵……

282. 俾 p6040 必忌切。顾野王玉篇方示切，使也，与禅字同。丁度集韵……

283. 鈚 p6041 必忌切。顾野王玉篇音祕。张参五经文字……

284. 薜 p6041 必忌切。顾野王玉篇必至切，禅婢切，莞草也。陆法言广韵……

卷之一万三千九百九十二　三未

285. 憙 p6073 洪武正韵……顾野王玉篇乐也。丁度集韵……

286. 爔 p6077 洪武正韵……顾野王玉篇许气切，燎除旁草也。陆法言广韵……

287. 戯 p6077 洪武正韵……顾野王玉篇又虚岂切。陆法言广韵……

288. 墟 p6077 洪武正韵……顾野王玉篇虚既切，又音洎。张参五经文字……

289. 咥 p6077 洪武正韵……顾野王玉篇虚记、虚吉二切，又音迭。徐锴通释……

290.屓 p6078 洪武正韵……顾野王玉篇屓,虚器切,贔屓。丁度集韵……

291.呬 p6078 许意切。许慎说文……顾野王玉篇火利切,息也。陆法言广韵……

292.齂 p6078 许意切。许慎说文……顾野王玉篇火利切。释行均龙龛手鉴……

293.忥 p6078 许意切。许慎说文……顾野王玉篇许气切,痴也。陆法言广韵……

294.鑷 p6079 许意切。许慎说文……顾野王玉篇许气切。丁度集韵……

295.餼 p6079 许意切。顾野王玉篇餼,许气切,亦作䊠,又去毅切,食怒也。司马光类篇……

296.騎 p6079 许意切。顾野王玉篇音呹,马走。宋重修广韵……

297.豷 p6079 许意切。顾野王玉篇许气切,豕壮大。陆法言广韵……

298.觑 p6079 许意切。顾野王玉篇许记切,好角也。字漾博义……

299.慦 p6079 许意切。顾野王玉篇许气切,古文忥字。陆法言广韵……

300.欯 p6079 许意切。顾野王玉篇呼世切,欥欯,笑意也。孙愐唐韵……

301.㒨 p6079 许意切。顾野王玉篇许气切,怒㒨也。司马光类篇……

卷之一万三千九百九十三　三未

302.系 p6081 洪武正韵……顾野王玉篇下计切。陆法言广韵……

303.係 p6086 洪武正韵……顾野王玉篇何计切,继也,又音计。陆法言广韵……

304.禊 p6086 洪武正韵……顾野王玉篇胡契切,史记汉武禊霸上。颜元孙干禄字……

305.媐 p6090 洪武正韵……顾野王玉篇胡计切,又音害,嬉,同上。戴侗六书故……

306.類 p6090 胡戏切……顾野王玉篇下计切,又音挈。徐锴通释……

307.稧 p6090 胡戏切。顾野王玉篇羌计切,禾秆也。陆法言广韵……

308.閔 p6090 胡戏切。顾野王玉篇门扇,又胡介切。宋重修广韵……

卷之一万四千五百四十四　五御

309.閏 p6422 昌据切。顾野王玉篇丑注切,直开也。孙愐唐韵……

310. 凯 p6422 昌据切。顾野王玉篇昌御切，正也。

卷之一万四千五百四十五　五御

311. 薯 p6433 洪武正韵……顾野王玉篇之庶切。陆法言广韵……

卷之一万四千九百十二　六暮

312. 鬴 p6699 洪武正韵……顾野王玉篇扶甫切。丁度集韵韵……

313. 釜 p6700 洪武正韵……顾野王玉篇扶甫切，镬属，亦作鬴。陆法言广韵……

314. 滏 p6704 洪武正韵……顾野王玉篇扶甫切。陆法言广韵……

315. 辅 p6704 洪武正韵……顾野王玉篇毗辅，相助也。陆法言广韵……

卷之一万五千七十五　七泰

316. 𢾭 p6791 洪武正韵……顾野王玉篇居薤切，疾也，节也。徐锴通释……

317. 介 p6791 洪武正韵……顾野王玉篇居薤切，绍也。陆法言广韵……

318. 价 p6800 洪武正韵……顾野王玉篇居薤切。张参五经文字……

卷之一万五千一百四十　八队

319. 队 p6823 洪武正韵……顾野王玉篇他类切，落也，众也。司马光类篇……

320. 兑 p6828 洪武正韵……顾野王玉篇徒外切。陆法言广韵……

卷之一万五千一百四十三　八队

321. 薱 p6874 洪武正韵……顾野王玉篇达溃切，草木茂之称。丁度集韵……

322. 镦 p6875 洪武正韵……顾野王玉篇鐓，大对切，鐏也，錞，同上，又市钧切。丁度集韵……

323. 鞁 p6876 洪武正韵……顾野王玉篇徒外切，补具饰。宋重修广韵……

324. 碓 p6876 杜对切。许慎说文……顾野王玉篇墜也。陆法言广韵……

325. 壣 p6876 杜对切。许慎说文……顾野王玉篇唐对切，菡萏也。丁度集韵……

326. 靆 p6876 杜对切。顾野王玉篇丁对切，黑云行貌也。丁度集韵……

327. 颭 p6877 杜对切。顾野王玉篇徒会切，风入也。丁度集韵……

328. 𡾰 p6877 杜对切。顾野王玉篇徒对切，山貌。司马光类篇……

329. 陮 p6877 杜对切。顾野王玉篇徒罪切，陮隗，不平也。陆法言广韵……

330. 崔 p6877 杜对切。顾野王玉篇徒罪切，高也，亦作㠑。丁度集韵……

331. 薱 p6877 杜对切。顾野王玉篇徒罪切,薱,草也。陆法言广韵……

332. 靐 p6877 杜对切。顾野王玉篇徒罪切,云貌。韩道昭五音类聚……

333. 濧 p6877 杜对切。顾野王玉篇大内切,清也,濡也。宋重修广韵……

334. 峗 p6877 杜对切。顾野王玉篇徒外切,山也。陆法言广韵……

335. 糩 p6877 杜对切。顾野王玉篇徒类切,米粖税也。丁度集韵……

336. 骸 p6877 杜对切。顾野王玉篇徒对切,骨也。陆法言广韵……

卷之一万九千四百十六　二十二勘

337. 蘸 p7189 洪武正韵……顾野王玉篇侧陷切,以物内水谓之蘸。杨桓六书统……

338. 灡 p7189 庄陷切。顾野王玉篇阻忏切,水也。

339. 鹻 p7189 庄陷切。顾野王玉篇竹减切,咸也。陆法言广韵……

340. 齛 p7189 庄陷切。顾野王玉篇丁陷切,剔齿。司马光类篇……

卷之一万九千四百二十六　二十二勘

341. 賺 p7296 洪武正韵……顾野王玉篇賺,又徒陷切。戴侗六书故……

342. 湛 p7296 洪武正韵……顾野王玉篇又直斩切,水貌,又直林切,瀹,古文。宋重修广韵……

343. 偡 p7297 直陷切。顾野王玉篇丈减切,齐整貌。陆法言广韵……

344. 甑 p7297 直陷切。顾野王玉篇又初鉴切。陆法言广韵……

345. 剡 p7298 所鉴切。顾野王玉篇刀剡。陆法言广韵……

346. 釤 p7298 所鉴切。顾野王玉篇山鉴切,大镰也。陆法言广韵……

卷之一万九千六百三十六　一屋

347. 沐 p7300 洪武正韵……顾野王玉篇斩树枝也。陆法言广韵……

348. 霂 p7305 洪武正韵……顾野王玉篇音木。徐锴通释……

349. 棃 p7305 洪武正韵……顾野王玉篇音木。张参五经文字……

350. 蚞 p7306 洪武正韵……顾野王玉篇螇蚞子。陆法言广韵……

351. 目 p7306 洪武正韵……顾野王玉篇眼目。张参五经文字……

卷之一万九千七百四十三　一屋

352. 逯 p7370 庐谷切……顾野王玉篇力谷、切(切为力之误)属二切,行也。宋重修广韵……

353. 樚 p7371 庐谷切……顾野王玉篇力木切。陆法言广韵……

354. 磟 p7371 庐谷切……顾野王玉篇力木切,俗作𥖦。陆法言广韵……

355. 蔍 p7371 庐谷切。顾野王玉篇郎谷切,草名,蔍葱也。陆法言广韵……

356. 轆 p7371 庐谷切。顾野王玉篇力谷切,车声也。释行均龙龛手鉴……

357. 霦 p7372 庐谷切。顾野王玉篇力谷切,大雨也。丁度集韵……

358. 艌 p7372 庐谷切。顾野王玉篇力木切,舟名。丁度集韵……

359. 顟 p7372 庐谷切。顾野王玉篇力笃切,项也。韩道昭五音类聚……

360. 廘 p7372 庐谷切。顾野王玉篇力木切,庾也,仓也。陆法言广韵……

361. 樕 p7372 庐谷切。顾野王玉篇力笃切,木名。杨桓六书统……

362. 甋 p7372 庐谷切。顾野王玉篇力木切,甋,砖甓也。丁度集韵……

363. 蹘 p7372 庐谷切。顾野王玉篇力谷、力玉二切,行也,踛,同上。陆法言广韵……

364. 敖 p7372 庐谷切。顾野王玉篇力谷、力玉二切,摇也。陆法言广韵……

365. 睩 p7372 庐谷切。顾野王玉篇力木切。陆法言广韵……

366. 蝝 p7372 庐谷切。顾野王玉篇音禄。丁度集韵……

367. 㖺 p7372 庐谷切。顾野王玉篇力笃切,笑也。丁度集韵……

卷之一万九千七百八十二　一屋

368. 跼 p7400 洪武正韵……顾野王玉篇渠足切。陆法言广韵……

369. 鞠 p7401 渠玉切。顾野王玉篇巨竹切,裹也。

370. 毱 p7401 渠玉切。顾野王玉篇巨六切。陆法言广韵……

371. 𦓃 p7401 渠玉切。顾野王玉篇渠录切,耕麦地也。丁度集韵……

372. 軲 p7401 渠玉切。顾野王玉篇惧玉切,纺车也。

373. 傑 p7401 渠玉切。顾野王玉篇渠肉切,傑俗,骂也。

374. 鵦 p7401 渠玉切。顾野王玉篇渠六切。陆法言广韵……

卷之一万九千七百八十三　一屋

375. 伏 p7403 洪武正韵……顾野王玉篇扶腹切。陆法言广韵……

卷之一万九千七百八十四　一屋

376. 虙 p7423 洪武正韵……顾野王玉篇浮福切。张参五经文字……

卷之一万九千七百八十五　一屋

377. 服 p7425 洪武正韵……顾野王玉篇舩,音伏,古文,舟人也,般,同上。张参五经文字……

卷之二万三百九　二质

378. 壹 p7592 洪武正韵……顾野王玉篇伊日切，聚也。宋重修广韵……

379. 乙 p7593 洪武正韵……顾野王玉篇猗室切，又于秩切，玄鸟。郭忠恕佩觿集……

380. 㜷 p7595 益悉切。顾野王玉篇於吉切，㜷嫕也。宋重修广韵……

381. 𡚁 p7595 益悉切。顾野王玉篇倚袂（当为秩）、於既二切，贪也。宋重修广韵……

卷之二万三百十　二质

382. 疾 p7597 洪武正韵……顾野王玉篇才栗切。张参五经文字……

卷之二万三百五十三　二质

383. 席 p7630 洪武正韵……顾野王玉篇似赤切，草席也。吴棫韵补……

卷之二万三百五十四　二质

384. 夕 p7630 洪武正韵……顾野王玉篇词积切，亦作夃。宋重修广韵……

卷之二万四百七十八　二质

385. 职 p7711 洪武正韵……顾野王玉篇支力切。孙愐唐韵……

卷之二万八百五十　二质

386. 檄 p7769 洪武正韵……顾野王玉篇户狄切，符檄。郭忠恕佩觿集……

卷之二万二千一百八十　八陌

387. 陌 p7848 洪武正韵……顾野王玉篇莫百切，阡陌也。吴棫韵补……

388. 貊 p7851 洪武正韵……顾野王玉篇盲百切，蛮貊也。吴棫韵补……

389. 貉 p7851 洪武正韵……顾野王玉篇莫格切，蛮貉，又貊，同。陆法言广韵……

390. 駐 p7852 洪武正韵……顾野王玉篇莫百切。陆法言广韵……

391. 貘 p7852 洪武正韵……顾野王玉篇莫格切。陆法言广韵……

卷之二万二千一百八十一　八陌

392. 麦 p7854 洪武正韵……顾野王玉篇莫革切，有芒谷，秋种夏熟，麦，俗。郭忠恕佩觿集……

卷九百九　二支

393. 郝 p8608 洪武正韵……顾野王玉篇式时切，任城有郝亭。张参五经文字……

一　顾野王《玉篇》(上元本)　33

卷之九百十三　二支

394. 尸 p8636 洪武正韵……顾野王玉篇弛祇切。司马光类篇……

卷之四千九百八　十二銑

395. 煙 p8797 洪武正韵……顾野王玉篇於贤切,烟,同上,又音因,黰,籀文,窴,于田切,古文煙字。颜元孙干禄字……

396. 燕 p8801 洪武正韵……顾野王玉篇於田切。陆法言广韵……

卷之七千七百五十七　十九庚

397. 侀 p9009 洪武正韵……顾野王玉篇侀音刑。张参五经文字……

卷之八千二十二　十九庚

398. 成 p9010 洪武正韵……顾野王玉篇市征切。陆法言广韵……

卷之一万三千三百四十　二寘

399. 蒔 p9130 洪武正韵……顾野王玉篇石至切,又音时,亦作秲。丁度集韵……

卷之一万三千三百四十一　二寘

400. 豉 p9131 洪武正韵……顾野王玉篇市寘切,豆豉,亦作䜴,充义切,苦李作䜴。宋重修广韵……

401. 䜴 p9131 洪武正韵……顾野王玉篇市寘切,以调五味,今作豉。丁度集韵……

402. 嗜 p9135 洪武正韵……顾野王玉篇食例切。丁度集韵……

卷之一万四千一百二十四　四霁

403. 蔕 p9160 洪武正韵……顾野王玉篇草木缀实本也。徐锴通释……

404. 蝃 p9161 洪武正韵……顾野王玉篇蝃、蜥,并同上。丁度集韵……

405. 揥 p9161 丁计切……顾野王玉篇取也。陆法言广韵……

406. 趆 p9161 丁计切……顾野王玉篇都替反。陆法言广韵……

407. 迡 p9161 丁计切……顾野王玉篇惊不进也。释行均龙龛手鉴……

408. 偙 p9161 丁计切。顾野王玉篇都计切,偙儶,又儶俊也,与偙同。宋重修广韵……

409. 衼 p9161 丁计切。顾野王玉篇又丁奚切,大也。杨桓六书统……

410. 怟 p9161 丁计切。顾野王玉篇都替切,闷也。释行均龙龛手鉴……

411. 靮 p9161 丁计切。顾野王玉篇都计切,靮,鞋也。陆法言广韵……

412. 舣 p9161 丁计切。顾野王玉篇舣艦,战船也。宋重修广韵……

413. 脰 p9161 丁计切。顾野王玉篇多计、徒黎二切,脰胵。陆法言广韵……

414. 嚏 p9161 丁计切。顾野王玉篇都计切,鼻喷气齅,同上,本作嚏。丁度集韵……

415. 骶 p9161 丁计切。顾野王玉篇背曰骶,又臀也。释行均龙龛手鉴……

416. 疷 p9162 丁计切。顾野王玉篇丁戾切,疷蹋也。陆法言广韵……

417. 替 p9163 洪武正韵……顾野王玉篇吐丽切。唐玄度九经字样……

卷之一万四千一百二十五　四霁

418. 鬀 p9173 洪武正韵……顾野王玉篇削发也,又作剃,除发也。司马光类篇……

419. 涕 p9182 洪武正韵……顾野王玉篇耻礼切,目汁出也,鶨,鼻鶨,本作涕。陆法言广韵……

420. 襧 p9186 洪武正韵……顾野王玉篇楠,敕细切。司马光类篇……

421. 鬄 p9186 洪武正韵……顾野王玉篇鬄,又先历切;髢,达计切,发髢也。陆法言广韵……

422. 殢 p9186 洪武正韵……顾野王玉篇殢,喘也,殢殗,困极也。司马光类篇……

423. 睇 p9186 他计切。许慎说文……顾野王玉篇土系、徒奚二切,迎视也。杨桓六书统……

424. 达 p9186 他计切。顾野王玉篇迭也,足滑也。丁度集韵……

425. 嚔 p9187 他计切。顾野王玉篇他市切,嚔,谓不嚼菜。司马光类篇……

426. 笶 p9187 他计切。顾野王玉篇车节也。司马光类篇……

卷之一万九千八百六十五　一屋

427. 竹 p9278 洪武正韵……顾野王玉篇知六切,竹木也。宋重修广韵……

卷之一万一百十二　二纸

428. 砥 p294 洪武正韵……顾野王玉篇之视切,磨石。陆法言广韵……

429. 轵 p314 洪武正韵……顾野王玉篇之尒切,车轴小穿也。陆法言广韵……

二

《陆法言广韵》

卷之四百八十九　一东

1. 终 p42 洪武正韵……顾野王玉篇……陆法言广韵陟弓切,竟也。宋重修广韵又姓,汉有济南终军;又汉复姓二氏,东观汉记有终利恭;何氏姓苑云今下邳人也,左传殷人七族,有终葵氏。丁度集韵……

卷之五百四十一　一东

2. 庸 p96 洪武正韵……顾野王玉篇……陆法言广韵功也,次也,易也。颜元孙干禄字……宋重修广韵又姓,汉有庸光。丁度集韵……

卷之六百六十一　一东

3. 雛 p178 洪武正韵……陆法言广韵雛,上同。徐锴通释……

卷之六百六十二　一东

4. 廱 p185 洪武正韵……顾野王玉篇……陆法言广韵辟廱,天子教宫。唐玄度九经字样……

5. 壅 p196 洪武正韵……顾野王玉篇……陆法言广韵又音勇。丁度集韵……

6. 瓮 p198 洪武正韵……陆法言广韵汲器。丁度集韵……

7. 雍 p198 於容切。陆法言广韵雍㩱,多貌。丁度集韵……

卷之二千二百五十九　六模

8. 瓠 p718 洪武正韵……陆法言广韵瓠壚。宋重修广韵户吴切。丁度集韵……

卷之二千三百四十四　六模

9. 鄌 p1015 洪武正韵……顾野王玉篇……陆法言广韵乡名。司马光类篇……

10. (鼯) p1016 洪武正韵……顾野王玉篇……陆法言广韵鼯,似鼠,亦作鹋、蜈。丁度集韵……

11. 浯 p1016 洪武正韵……顾野王玉篇……陆法言广韵水名。戴侗六书故……

12. 峿 p1016 洪武正韵……陆法言广韵又音语。宋重修广韵五乎切。丁度集韵……

13. 麌 p1017 讹胡切。陆法言广韵牡麂也，又音俣。宋重修广韵五乎切。丁度集韵……

14. 娪 p1017 讹胡切。陆法言广韵美女。宋重修广韵五乎切。韩道昭五音类聚……

15. 捂 p1017 讹胡切。陆法言广韵猿属。宋重修广韵五乎切。丁度集韵……

16. 麤 p1017 洪武正韵……顾野王玉篇……陆法言广韵又字统云警防也，鹿之性相背而食，虑人兽之害也，故以三鹿。颜元孙干禄字……

17. 皳 p1019 仓胡切。顾野王玉篇……陆法言广韵皮皳恶也。丁度集韵……

18. 粗 p1019 仓胡切。陆法言广韵米不精也。韩道昭五音集韵……

卷之二千三百四十七　六模

19. 恶 p1050 洪武正韵……陆法言广韵安也。宋重修广韵哀都切。丁度集韵……

20. 杇 p1051 洪武正韵……陆法言广韵泥镘。郭忠恕佩觿……

21. 於 p1052 洪武正韵……陆法言广韵古作於戏，今作呜呼。唐玄度九经字样……

22. 蝺 p1053 汪胡切。顾野王玉篇……陆法言广韵蚍蝺，蠋虫也，大如指，白色。丁度集韵……

23. 瑦 p1054 汪胡切。陆法言广韵美石。宋重修广韵哀都切。丁度集韵……

24. 楆 p1054 汪胡切。陆法言广韵楆椑，青柿。宋重修广韵哀都切。司马光类篇……

25. 鹀 p1054 汪胡切。陆法言广韵鹀鹦，鹈鹕别名，俗谓之掬向也。宋重修广韵哀都切。丁度集韵……

26. 扝 p1054 汪胡切。陆法言广韵引也。宋重修广韵哀都切。韩道昭五音类聚……

27. 鰞 p1054 汪胡切。陆法言广韵鰞鲗鱼，月令塞乌入水，化为乌鲗鱼。宋重修广韵哀都切。释行均龙龛手鉴……

28. 邬 p1054 汪胡切。陆法言广韵又音坞。宋重修广韵哀都切。丁度集韵……

卷之二千四百五　六模

29. 麻 p1123 洪武正韵……顾野王玉篇……陆法言广韵又䴢麻酒,元日饮之,可除瘟气。宋重修广韵素沽切。释行均龙龛手鉴……

卷之二千四百六　六模

30. 刍 p1133 洪武正韵……陆法言广韵楚居切。孙愐唐韵……

31. 犓 p1138 楚俎切,许慎说文……顾野王玉篇……陆法言广韵楚居切。徐锴通释……

32. 噈 p1138 楚俎切。陆法言广韵楚居切,呵叱人也。韩道昭五音类聚……

卷之二千四百八　六模

33. 疏 p1146 洪武正韵……顾野王玉篇……陆法言广韵除也,俗作疎,又所助切。颜元孙干禄字……

34. 練 p1151 洪武正韵……顾野王玉篇……陆法言广韵練葛。丁度集韵山於切……

35. 醨 p1152 洪武正韵……陆法言广韵所菹切。䰢,上同。丁度集韵……

36. 疋 p1152 洪武正韵……顾野王玉篇……陆法言广韵古为雅字。丁度集韵……

37. 紌 p1152 山俎切。顾野王玉篇……陆法言广韵所菹切,紌继。司马光类篇……

卷之二千七百五十五　八灰

38. 诐 p1416 洪武正韵……陆法言广韵音必。宋重修广韵彼为切。丁度集韵……

卷之二千八百六　八灰

39. 庳 p1429 洪武正韵……陆法言广韵下也,又音婢。宋重修广韵庳府移切。丁度集韵……

40. 裨 p1429 洪武正韵……顾野王玉篇……陆法言广韵增也,与也,付也,助也,又音陴。张参五经文字……

41. 鞞 p1430 洪武正韵……陆法言广韵又蒲迷、捕鼎二切。宋重修广韵府移切。丁度集韵……

42. 犪 p1431 晡回切，尔雅……陆法言广韵下小牛也，又音皮。张参五经文字……宋重修广韵犪符羁切，亦作犤，又彼为切。丁度集韵……

43. 鏺 p1431 晡回切。陆法言广韵锯锄。宋重修广韵彼为切。丁度集韵……

44. 岬 p1431 晡回切。陆法言广韵冕也。宋重修广韵府移切。司马光类篇……

45. 䲗 p1431 晡回切。陆法言广韵䲗鸥鸟，又音匹。宋重修广韵府移切。丁度集韵……

卷之二千八百七　八灰

46. 丕 p1433 洪武正韵……顾野王玉篇……陆法言广韵铺回切，㔻，上同。颜元孙干禄字……宋重修广韵左传晋大夫丕郑。丁度集韵……

47. 胚 p1433 洪武正韵……顾野王玉篇……陆法言广韵铺回切。孙愐唐韵……徐锴通释……

48. 邳 p1436 洪武正韵……顾野王玉篇……陆法言广韵铺回切。徐锴通释……宋重修广韵县名，在泗州，又姓，风俗通云奚仲为夏车正，自薛封邳，其后为氏，后汉有信都邳彤，符悲切。司马光类篇……

49. 岥 p1439 洪武正韵……顾野王玉篇……陆法言广韵羽张之貌。宋重修广韵敷羁切。丁度集韵……

50. 破 p1439 洪武正韵……陆法言广韵又匹靡切。宋重修广韵敷羁切。丁度集韵……

51. 刾 p1439 洪武正韵……顾野王玉篇……陆法言广韵刾斫。丁度集韵……

52. 磇 p1440 洪武正韵……顾野王玉篇……陆法言广韵石药，出道书。孙愐唐韵……宋重修广韵匹迷切。丁度集韵……

53. 鈹 p1440 洪武正韵……陆法言广韵鈹斧，又方支切。宋重修广韵匹迷切。丁度集韵……

54. 頿 p1440 铺杯切。许慎说文……陆法言广韵铺回切。徐锴通释……

55. 魾 p1440 铺杯切。许慎说文……陆法言广韵鱼魾。徐锴通释……

56. 髬 p1440 铺杯切。顾野王玉篇……陆法言广韵髬髵，猛兽奋鬣貌。宋重修广韵敷悲切。丁度集韵……

57. 痞 p1441 铺杯切。顾野王玉篇……陆法言广韵弱也。宋重修广韵芳胚

二 《陆法言广韵》 39

切。丁度集韵……

58. 岐 p1441 铺杯切。顾野王玉篇……陆法言广韵器破而未离。宋重修广韵岐，敷羁切。司马光类篇……

59. 鴀 p1441 铺杯切。陆法言广韵鴀也。宋重修广韵符悲切。丁度集韵……

60. 瓿 p1441 铺杯切。陆法言广韵瓜瓿。丁度集韵……宋重修广韵芳胚切。杨桓六书统……

61. 抔 p1441 铺杯切。陆法言广韵披抔。宋重修广韵芳胚切。丁度集韵……

62. 娝 p1441 铺杯切。陆法言广韵普雷切，好色貌，又普才切。丁度集韵……

63. 狓 p1441 铺杯切。陆法言广韵狓猖貌。宋重修广韵敷羁切。丁度集韵……

64. 秛 p1441 铺杯切。陆法言广韵禾租。宋重修广韵敷羁切。司马光类篇……

65. 岥 p1441 铺杯切。陆法言广韵又芳髲切。宋重修广韵敷羁切。丁度集韵……

66. 魾 p1441 铺杯切。陆法言广韵鱼名。宋重修广韵芳胚切。丁度集韵……

67. 枚 p1442 洪武正韵……陆法言广韵枝也，亦姓也……宋重修广韵亦姓，汉有淮南枚乘。丁度集韵……

卷之二千九百五十五　九真

68. 魖 p1604 而真切。许慎说文……顾野王玉篇……陆法言广韵升人切，山海经青要山魖也。徐锴通释……

卷之三千五百八十二　九真

69. 尊 p2103 洪武正韵……顾野王玉篇……陆法言广韵敬也，君父之称也。颜元孙干禄字……宋重修广韵亦姓，风俗通云尊卢氏之后。丁度集韵……

卷之三千五百八十六　九真

70. 跧 p2151 洪武正韵……陆法言广韵将伦切，蹙也，又阻圆切。司马光类篇……

71. 吞 p2152 洪武正韵……顾野王玉篇……陆法言广韵吐根切，又音天。徐锴通释……

72. 涒 p2153 他昆切。许慎说文……陆法言广韵涒滩，岁在申也。徐锴通释……

73. 魨 p2153 他昆切。顾野王玉篇……陆法言广韵黄黑色。司马光类篇……

74. 燉 p2153 他昆切。陆法言广韵燉，火色。司马光类篇……

卷之五千二百六十八　十三萧

75. 枖 p2402 洪武正韵……陆法言广韵木盛貌，本亦作夭。唐玄度九经字样……

76. 夭 p2403 洪武正韵……陆法言广韵和舒之貌，又乞矫切。宋重修广韵於乔切。司马光类篇……

77. 鮡 p2407 伊尧切。陆法言广韵鱼名。宋重修广韵於尧切。丁度集韵……

78. 鷕 p2407 伊尧切。陆法言广韵鸟名。宋重修广韵於宵切，似山鸡而长尾。丁度集韵……

79. 訞 p2407 伊尧切。陆法言广韵巧言貌。丁度集韵……

80. 趫 p2408 洪武正韵……顾野王玉篇……陆法言广韵善走，又缘木也，又巨桥切；陆法言广韵又祈乔切，又去遥切。孙愐唐韵起嚣切。宋重修广韵又巨娇切。司马光类篇……

81. 蹺 p2408 洪武正韵……陆法言广韵揭足。孙愐唐韵……

82. 骹 p2418 丘妖切……顾野王玉篇……陆法言广韵又古尧切。徐锴通释……宋重修广韵苦幺切。丁度集韵……

83. 顤 p2419 丘妖切……顾野王玉篇……陆法言广韵额大貌，吁骄切，又去遥切。孙愐唐韵又许骄切。丁度集韵……

84. 鄡 p2419 丘妖切……顾野王玉篇……陆法言广韵鄡，坚尧切。宋重修广韵又姓，出何氏姓苑，在巨鹿郡。丁度集韵……

85. 墽 p2419 丘妖切。陆法言广韵地名，说文硗也。宋重修广韵苦幺切。杨桓六书统……

86. 髐 p2419 丘妖切。陆法言广韵髐寥，空也。宋重修广韵苦幺切。丁度集韵……

87. 鍫 p2420 洪武正韵……顾野王玉篇……陆法言广韵鍫，亦作鍬。张参五经文字……

88. 幧 p2420 洪武正韵……顾野王玉篇……陆法言广韵七刀切，所以裛髻也。司马光类篇……

89. 䅹 p2420 此遥切。陆法言广韵抄饭匙。宋重修广韵七遥切。丁度集

二 《陆法言广韵》　41

韵……

　　90. 鬵 p2420 此遥切。陆法言广韵生麻。宋重修广韵七遥切。丁度集韵……

　　卷之六千五百二十三　　十八阳

　　91. 妆 p2590 洪武正韵……顾野王玉篇……陆法言广韵女子粧粉饰。徐锴通释……

　　92. 装 p2593 洪武正韵……顾野王玉篇……陆法言广韵装束，又则亮切。徐锴通释侧良切。宋重修广韵又侧亮切。戴侗六书故……

　　卷之六千五百二十四　　十八阳

　　93. 滰 p2602 侧霜切。陆法言广韵深水立滰。宋重修广韵都江切。司马光类篇……

　　94. 奘 p2603 侧霜切。顾野王玉篇……陆法言广韵妄强犬也，又徂朗切。……宋重修广韵在郎切。丁度集韵……

　　卷之七千五百一十八　　十八阳

　　95. 苍 p3482 洪武正韵……顾野王玉篇……陆法言广韵苍色。徐锴通释……宋重修广韵又姓，汉江夏太守苍英。丁度集韵……

　　96. 沧 p3485 千刚切。陆法言广韵寒貌。宋重修广韵七冈切。丁度集韵……

　　卷之七千八百九十五　　十九庚

　　97. 桯 p3675 他经切。许慎说文……顾野王玉篇……陆法言广韵碓桯，又奚经切，床前长几，又音厅。丁度集韵……

　　98. 苧 p3676 他经切。许慎说文……陆法言广韵草名。宋重修广韵他丁切。司马光类篇……

　　99. 订 p3676 他经切。顾野王玉篇……陆法言广韵又徒顶、他顶二切。张参五经文字……

　　100. 庁 p3676 他经切。顾野王玉篇……陆法言广韵平庁。丁度集韵……

　　101. 町 p3676 他经切。陆法言广韵他丁切，田处，又徒顶切。丁度集韵……

　　102.（甼）p3676 他经切。陆法言广韵他丁切，罟也。丁度集韵……

　　卷之七千九百六十　　十九庚

　　103. 馨 p3678 洪武正韵……顾野王玉篇……陆法言广韵香也。戴侗六书故……

　　104. 兴 p3680 洪武正韵……顾野王玉篇……陆法言广韵盛也、善也……宋重修广韵亦州名，战国时为白马氏之地，汉置武都郡，魏立东益州，梁为兴州，因武兴山而名。吴棫韵补……

卷之八千二十一　十九庚

105. 胥 p3740 洪武正韵……顾野王玉篇……陆法言广韵胥，痴貌；脥，熟也。张参五经文字升肉于鼎也，见礼记。宋重修广韵袁仍切。丁度集韵……

106. 佂 p3741 诸成切……顾野王玉篇……陆法言广韵佂伀，遽行貌。宋重修广韵诸盈切。释行均龙龛手鉴……

107. 郑 p3741 诸成切。顾野王玉篇……陆法言广韵又直贞切。孙愐唐韵音贞。宋重修广韵陟盈切。司马光类篇……

108. 斻 p3741 诸成切。顾野王玉篇……陆法言广韵旌旗柱也……宋重修广韵陟陵切。杨桓六书统……

109. 袸 p3741 诸成切。陆法言广韵袸裀，小儿衣。宋重修广韵诸盈切。司马光类篇……

卷之八千二百七十五　十九庚

110. 兵 p3856 洪武正韵……顾野王玉篇……陆法言广韵戎也，世本曰蚩尤以金作兵器。孙愐唐韵甫明切。宋重修广韵周礼有司兵，掌五兵五盾。丁度集韵……

卷之八千五百二十六　十九庚

111. 精 p3946 洪武正韵……顾野王玉篇……陆法言广韵明也，正也，善也，好也。丁度集韵……

卷之八千七百六　十九庚

112. 僧 p4017 洪武正韵……顾野王玉篇……陆法言广韵梵音云僧伽。熊忠韵会举要……

卷之八千八百四十一　二十尤

113. 莸 p4038 洪武正韵……顾野王玉篇……陆法言广韵水莸草。丁度集韵……

114. 扰 p4039 洪武正韵……陆法言广韵揄，上同，又音俞。宋重修广韵舀，以周切。丁度集韵……

115. 鲰 p4040 洪武正韵……陆法言广韵鲉，鲰鲉，小鱼；鲰，上同。宋重修广韵以周切。丁度集韵……

　　卷之八千八百四十二　二十尤

　　116. 游 p4041 洪武正韵……顾野王玉篇……陆法言广韵放也；遊，上同……宋重修广韵又姓，出冯翊广平，前燕慕容廆以广平游邃为股肱。吴棫韵补……

　　卷之九千七百六十二　二十二覃

　　117. 鹹 p4181 洪武正韵……顾野王玉篇……陆法言广韵鹹，不淡。徐锴通释……

　　118. 函 p4181 洪武正韵……顾野王玉篇……陆法言广韵又音含。颜元孙干禄字函函，上通下正。宋重修广韵胡谗切，亦姓，汉有豫章太守函熙；又汉复姓，汉末有黄门侍郎函治子觉。丁度集韵……

　　119. 鋡 p4186 洪武正韵……陆法言广韵铠别名。宋重修广韵胡男切，孟子曰矢人岂不仁于函人哉，矢人惟恐不伤人，函人惟恐伤人。丁度集韵……

　　120. 涵 p4188 胡岊切……陆法言广韵寒貌。徐锴通释……

　　121. 諴 p4188 胡岊切。顾野王玉篇……陆法言广韵諴驪，古县名，汉书只作咸。宋重修广韵胡谗切。释行均龙龛手鉴……

　　122. 甂 p4188 胡岊切。陆法言广韵干瓦屋也。宋重修广韵户监切。丁度集韵……

　　123. 稴 p4188 胡岊切。陆法言广韵不作稻也。宋重修广韵胡谗切。杨桓六书统……

　　卷之一万八百七十七　六姥

　　124. 澟 p4482 洪武正韵……顾野王玉篇……陆法言广韵鹹澟。司马光类篇……

　　125. 橹 p4483 洪武正韵……顾野王玉篇……陆法言广韵城上守御望楼。郭忠恕佩觹集……

　　126. 膴 p4485 郎古切。许慎说文……顾野王玉篇……陆法言广韵庵舍。徐锴通释……

　　127. 蒢 p4485 郎古切。许慎说文……顾野王玉篇……陆法言广韵杜衡别名。徐锴通释……

　　128. 摛 p4485 郎古切。陆法言广韵摇动。郭忠恕佩觹集……

129. 栳 p4485 郎古切。陆法言广韵木名,可染缯。郭忠恕佩觿集……

130. 㧌 p4485 郎古切。陆法言广韵房掠,或从手。司马光类篇……

卷之一万一千七十六　八贿

131. 㹎 p4603 洪武正韵……陆法言广韵㹎似猴,仰鼻而尾长,尾端有岐,说文云惟季切,又音柚;又㹎,上同,㹎意。丁度集韵……

132. 獬 p4603 洪武正韵……陆法言广韵獬,飞獬;又鸓,飞生鸟名,飞且乳,一曰鼺鼠,毛紫赤色,似蝙蝠而长。丁度集韵……

133. 崣 p4604 鲁猥切。许慎说文……顾野王玉篇……陆法言广韵崣崔,山状;又崣,崣崔,山貌。丁度集韵……

134. 灅 p4604 鲁猥切。许慎说文……顾野王玉篇……陆法言广韵作㶍,水出雁门;又灅,水名。丁度集韵……

135. 㒹 p4604 鲁猥切。许慎说文……顾野王玉篇……陆法言广韵㒹䐔,实果垂,又力追切。释行均龙龛手鉴……

136. 瘣 p4604 鲁猥切。顾野王玉篇……陆法言广韵瘨瘣,皮外小起。释行均龙龛手鉴……

137. 轠 p4605 鲁猥切。陆法言广韵轠轳,车属。杨桓六书统……

138. 耒 p4605 鲁猥切。陆法言广韵耒阳,乡名。丁度集韵……

139. 磥 p4605 鲁猥切。陆法言广韵磥磈,不平。字潫博义……

140. 頛 p4605 鲁猥切。陆法言广韵头不正貌。释行均龙龛手鉴……

141. 峛 p4606 洪武正韵……陆法言广韵峛然,高峻。孙愐广韵(当为唐韵)……

142. 纗 p4606 苦猥切。顾野王玉篇……陆法言广韵纗纗,多貌。司马光类篇……

143. 䭹 p4606 苦猥切。陆法言广韵大头,说文头不正。徐铉五音韵谱……

144. 䯊 p4606 苦猥切。陆法言广韵首大骨,又口瓦切。丁度集韵……

145. 浽 p4609 弩垒切。陆法言广韵浽溞。丁度集韵……

146. 媆 p4609 弩垒切。陆法言广韵媆媆。丁度集韵……

147. 骓 p4611 主蕊切。许慎说文……陆法言广韵又子垂切。徐锴通释……

148. 篅 p4612 主蕊切。陆法言广韵小卮。丁度集韵……

149. 髻 p4612 主蕊切。陆法言广韵陟贿切,假发髻也。郑樵六书略……

卷之一万一千七十七　八贿

150. 蘂 p4613 洪武正韵……顾野王玉篇……堪法书（疑为陆法言误）广韵花外曰萼，花心曰蘂。丁度集韵……

151. 藣 p4617 洪武正韵……陆法言广韵燋燧用荆藣之类。孙愐广韵（当为唐韵）时髓切。丁度集韵……

152. 蕊 p4617 如累切。许慎说文……顾野王玉篇……陆法言广韵才捶切。丁度集韵……

153. 婎 p4617 如累切。陆法言广韵不悦。司马光类篇……

154. 髓 p4618 洪武正韵……顾野王玉篇……陆法言广韵骨中膏也。徐锴通释相累反……

155. 虆 p4622 洪武正韵……顾野王玉篇……陆法言广韵草木貌。司马光类篇……

156. 餚 p4622 息委切……陆法言广韵饈餚，方言云饼也。丁度集韵……

157. 獢 p4623 息委切。陆法言广韵牸豚，或作獢。孙愐唐韵……

158. 觜 p4623 洪武正韵……顾野王玉篇……陆法言广韵觜，吸也；㗱，上同。丁度集韵……

159. 濢 p4625 即委切。陆法言广韵濢渍。孙愐唐韵遵诔切。宋重修广韵汁渍也。丁度集韵……

160. 赼 p4626 洪武正韵……顾野王玉篇……陆法言广韵又鲁地名。徐锴通释……

161. 䄺 p4626 千水切。陆法言广韵细计。韩道昭五音类聚……

162. 頯 p4627 洪武正韵……陆法言广韵小头，又巨追切。丁度集韵……

163. 跬 p4627 犬蕊切。顾野王玉篇……陆法言广韵跬踽，开足之貌。丁度集韵……

卷之一万一千三百十三　十旱

164. 悎 p4826 洪武正韵……陆法言广韵悥悥，忧无告，诗传云悥悥，无所依，又音灌，主驾官，又音官。丁度集韵……

卷之一万一千六百十五　十四巧

165. 老 p4919 洪武正韵……顾野王玉篇……陆法言广韵鲁皓切，耆老。颜元孙干禄字……宋重修广韵亦姓，左传宋有老佐。郑樵六书略……

卷之一万一千九百五十一　十九梗

166. 顶 p5034 洪武正韵……顾野王玉篇……陆法言广韵顶顙，头上；頂，上同。徐锴通释……

卷之一万二千一百四十八　二十有

167. 瞍 p5240 洪武正韵……顾野王玉篇……陆法言广韵瞽瞍，舜父。丁度集韵……

168. 椒 p5243 洪武正韵……陆法言广韵新也，榮也，又侧沟切。宋重修广韵苏后切；又七屡切。丁度集韵……

169. 嗾 p5243 洪武正韵……顾野王玉篇……陆法言广韵噈，上同。张参五经文字……

170. 騪 p5244 苏偶切。陆法言广韵马摇衔走，又思陇切。宋重修广韵苏后切。丁度集韵……

171. 槮 p5244 苏偶切。陆法言广韵车毂中空。宋重修广韵苏后切。丁度集韵……

172. 擞 p5244 苏偶切。陆法言广韵抖擞，举也。宋重修广韵苏后切。丁度集韵……

173. 謏 p5244 苏偶切。陆法言广韵謏诛，诱辞。宋重修广韵苏后切。戴侗六书故……

174. 趣 p5244 洪武正韵……陆法言广韵书传趣马，掌马之官。孙愐唐韵仓苟切，又七虑切。宋重修广韵七屡切。丁度集韵……

175. 取 p5244 洪武正韵……陆法言广韵又此庾切。孙愐唐韵又上（上字疑误）庾切。戴侗六书故……

卷之一万三千八十二　一送

176. 动 p5637 洪武正韵……顾野王玉篇……陆法言广韵躁也，出也。郭忠恕佩觿集……

卷之一万三千八十三　一送

177. 迵 p5647 徒弄切。许慎说文……陆法言广韵过也。徐锴通释……

178. 䀳 p5647 徒弄切。许慎说文……陆法言广韵䀳，转目。徐锴通释……

179. 駉 p5647 徒弄切。许慎说文……陆法言广韵马急走貌。徐锴通释……

180. 戙 p5647 徒弄切。顾野王玉篇……陆法言广韵船缆所系。丁度集韵……

二 《陆法言广韵》 47

181. 哃 p5647 徒弄切。陆法言广韵大歌声，又户冬、户宋二切，又曰大声。释行均龙龛手鉴……

182. 洞 p5647 徒弄切。陆法言广韵冷也。韩道昭五音类聚……

183. 䥝 p5647 徒弄切。陆法言广韵钟声也。司马光类篇……

184. 㛐 p5649 卢贡切。许慎说文……陆法言广韵㛐栋，古县名。徐锴通释……

185. 躘 p5649 卢贡切。陆法言广韵躘踵。丁度集韵……

186. 恅 p5649 卢贡切。陆法言广韵恅憦，愚也。丁度集韵……

187. 屏 p5649 卢贡切。陆法言广韵屏屏。司马光类篇……

卷之一万三千八十四　一送

188. 鬨 p5650 洪武正韵……陆法言广韵兵鬭也，俗作閧。徐锴通释……

189. 橫 p5651 洪武正韵……陆法言广韵非理来。孙愐唐韵又音宏。丁度集韵……

190. 蝗 p5658 洪武正韵……陆法言广韵虫名，孙愐唐韵……丁度集韵……

191. 蕻 p5659 胡贡切。陆法言广韵草菜心长。司马光类篇……

192. 轰 p5659 洪武正韵……陆法言广韵车声；輷，上同。孙愐唐韵……

193. 碹 p5660 呼贡切。陆法言广韵呼宋切，石声。丁度集韵……

194. 鞚 p5660 洪武正韵……（阙释义）陆法言广韵口贡切。杨桓六书统……

195. 悾 p5661 洪武正韵……陆法言广韵诚心，又苦红切。杨桓六书统……

196. 空 p5661 洪武正韵……陆法言广韵又苦红切。丁度集韵……

197. 控 p5661 洪武正韵……陆法言广韵使役。丁度集韵……

198. 焢 p5661 苦贡切。顾野王玉篇……陆法言广韵去仲切，火干物也。释行均龙龛手鉴……

199. 崆 p5662 苦贡切。陆法言广韵穿垣。司马光类篇……

卷之一万三千一百九十四　一送

200. 中 p5718 洪武正韵……陆法言广韵又陟冲切。毛晃礼部韵略……

201. 衷 p5720 洪武正韵……陆法言广韵又陟冲切。宋重修广韵又陟中切。欧阳德隆押韵释疑……

202. 涒 p5730 洪武正韵……顾野王玉篇……陆法言广韵巨蒐氏取牛马涒以洗穆天子之足。孙愐唐韵竹用切。丁度集韵……

203. 偅 p5730 之仲切。顾野王玉篇……陆法言广韵儱偅，不遇貌。丁度集韵……

204. 諥 p5730 之仲切。陆法言广韵言相触也。司马光类篇……

205. 堹 p5730 之仲切。陆法言广韵池塘塍埂。司马光类篇……

卷之一万三千三百四十五 二寘

206. 谥 p5739 洪武正韵……陆法言广韵易名，又申也，说文作謚。张参五经文字……

卷之一万三千四百九十六 二寘

207. 制 p5805 洪武正韵……顾野王玉篇……陆法言广韵禁制，又制作，法制，亦作利。张参五经文字……

卷之一万三千八百七十二 三未

208. 贲 p5931 洪武正韵……顾野王玉篇……陆法言广韵又肥、坟、奔三音。郭忠恕佩觿集……宋重修广韵亦姓，汉有贲赫。戴侗六书故……

卷之一万三千八百七十六 三未

209. 佖 p5994 洪武正韵……陆法言广韵好貌。徐锴通释……

210. 棐 p5995 必忌切。许慎说文……顾野王玉篇……陆法言广韵鲁东郊地名。丁度集韵……

卷之一万三千八百七十七 三未

211. 痹 p5995 必忌切。许慎说文……顾野王玉篇……陆法言广韵毗意切，脚冷。司马光类篇……

卷之一万三千八百八十 三未

212. 眦 p6040 必忌切。许慎说文……顾野王玉篇……陆法言广韵直视貌。徐锴通释……

213. 萆 p6041 必忌切。顾野王玉篇……陆法言广韵鼠莞，可为席。张参五经文字……

214. 祕 p6041 必忌切。陆法言广韵以豚祠司命也。宋重修广韵必至切，又毗至切。丁度集韵……

卷之一万三千九百九十二 三未

215. 黖 p6076 洪武正韵……陆法言广韵黖菲，黑也。司马光类篇……

216. 忾 p6076 洪武正韵……陆法言广韵又苦爱切。张参五经文字……

217. 熂 p6077 洪武正韵……顾野王玉篇……陆法言广韵燹火也。宋重修

二　《陆法言广韵》　49

广韵许既切。司马光类篇……

218. 飊 p6077 洪武正韵……顾野王玉篇……陆法言广韵飂飊，云状也。宋重修广韵许既切。司马光类篇……

219. 齂 p6077 洪武正韵……陆法言广韵鼻息。孙愐唐韵虚器切。徐锴通释……

220. 穓 p6078 洪武正韵……陆法言广韵夏后氏有浇穓，寒浞子名。张参五经文字……

221. 呬 p6078 许意切。许慎说文……顾野王玉篇……陆法言广韵又丑致切，阴知也。徐锴通释……

222. 忥 p6078 许意切。许慎说文……顾野王玉篇……陆法言广韵又气静也。丁度集韵……

223. 㹑 p6079 许意切。顾野王玉篇……陆法言广韵豕息也。宋重修广韵许既切。杨桓六书统……

224. 㕧 p6079 许意切。顾野王玉篇……陆法言广韵息也。丁度集韵……

225. 燹 p6079 许意切。陆法言广韵野火也，又音铣，上声。杨桓六书统……

226. 犔 p6079 许意切。陆法言广韵牛病也。宋重修广韵许既切。丁度集韵……

227. 呬 p6079 许意切。陆法言广韵呻也，又火尸切。丁度集韵……

卷之一万三千九百九十三　三未

228. 系 p6081 洪武正韵……顾野王玉篇……陆法言广韵又姓。郭忠恕佩觿集……宋重修广韵又姓，楚有系益。丁度集韵……

229. 繫 p6085 洪武正韵……陆法言广韵易之繫辞。颜元孙干禄字……

230. 係 p6086 洪武正韵……顾野王玉篇……陆法言广韵连系。(张参)五经文字……

231. 盻 p6086 洪武正韵……陆法言广韵又下戾切。郭忠恕佩觿集……

232. 禊 p6090 胡戏切。顾野王玉篇……陆法言广韵禊事祓除。颜元孙干禄字……

233. 蒵 p6090 胡戏切。陆法言广韵胡计切，黬蒵也。丁度集韵……

234. 膌 p6090 胡戏切。陆法言广韵喉脈（疑为脉形似而误）；腴，上同。宋重修广韵胡计切，丁度集韵……

235. 傒 p6090 胡戏切。陆法言广韵恨足。宋重修广韵胡计切。丁度集韵……

236. 㩱 p6090 胡戏切。陆法言广韵㩱换。宋重修广韵胡计切。丁度集韵……

卷之一万四千三百八十四　四霁

237. 冀 p6307 洪武正韵……陆法言广韵冀，九州名；兾，见上同，经典省。孙愐唐韵……宋重修广韵续汉书安平国，故信都郡，光武师蓟，南行太守任光开出迎，今州城是；又姓，左传晋大夫冀芮。丁度集韵……

卷之一万四千四百六十四　五御

238. 语 p6385 洪武正韵……陆法言广韵又鱼巨切。孙愐唐韵……宋重修广韵牛倨切。欧阳德隆押韵释疑……

卷之一万四千五百三十六　五御

239. 树 p6386 洪武正韵……陆法言广韵木总名也，立也；𣐄，上同……宋重修广韵又姓，姓苑云云（后字疑衍）江东有之，后魏官氏志，树洛干氏，后改为树氏。丁度集韵……

卷之一万四千五百四十四　五御

240. 处 p6408 洪武正韵……陆法言广韵处所也，又音杵。徐锴通释……

241. 絮 p6422 洪武正韵……陆法言广韵和调食也。孙愐唐韵……

242. 㒞 p6422 昌据切。陆法言广韵憛㒞，忧也。丁度集韵……

243. 瘵 p6422 昌据切。陆法言广韵痴瘵，不达。宋重修广韵抽据切。

卷之一万四千五百四十五　五御

244. 著 p6423 洪武正韵……陆法言广韵处也，宜也，补也，成也，定也，又张略、长略二切。颜元孙干禄字……

245. 蓍 p6433 洪武正韵……顾野王玉篇……陆法言广韵蠹，或作蓍。徐锴通释……

卷之一万四千五百七十四　六暮

246. 铺 p6435 洪武正韵……陆法言广韵又普胡切。杨桓六书统……

卷之一万四千五百七十六　六暮

247. 瘄 p6474 普故切。陆法言广韵瘄瘯，痞病，又音步、怖。宋重修广韵又

二 《陆法言广韵》 51

薄故切。丁度集韵……

卷之一万四千九百十二　六暮

248. 釜 p6700 洪武正韵……顾野王玉篇……陆法言广韵古史考云黄帝始造釜。吴棫韵补……

249. 滏 p6704 洪武正韵……顾野王玉篇……陆法言广韵水名,山海经云神囷之山,滏水出焉。宋重修广韵水名,在邺。戴侗六书故……

250. 辅 p6704 洪武正韵……顾野王玉篇……陆法言广韵䩉,同上。孙愐唐韵……宋重修广韵亦姓,左传晋大夫辅跞,又智果以智伯必亡其宗,改为辅氏。丁度集韵……

卷之一万五千七十五　七泰

251. 介 p6791 洪武正韵……顾野王玉篇……陆法言广韵介,分画也,俗作分。徐锴通释……

卷之一万五千一百三十九　七泰

252. 率 p6821 洪武正韵……陆法言广韵鸟网也,又所律切。丁度集韵……

卷之一万五千一百四十　八队

253. 兑 p6828 洪武正韵……顾野王玉篇……陆法言广韵突也,又姓也。颜元孙干禄字……

卷之一万五千一百四十三　八队

254. 錞 p6875 洪武正韵……陆法言广韵杜罪切,或作镦。孙愐唐韵徒猥切。张参五经文字……

255. 锐 p6876 洪武正韵……陆法言广韵又戈(弋之误)税切。宋重修广韵杜外切。丁度集韵……

256. 碌 p6876 洪武正韵……许慎说文……顾野王玉篇……陆法言广韵礧碌,物坠也。张有复古编……

257. 䃘 p6877 杜对切。顾野王玉篇……陆法言广韵䃘䃟,不平状。徐锴通释……

258. 薱 p6877 杜对切。顾野王玉篇……陆法言广韵草名。司马光类篇……

259. 峆 p6877 杜对切。顾野王玉篇……陆法言广韵山名。宋重修广韵杜外切。丁度集韵……

260. 骰 p6877 杜对切。顾野王玉篇……陆法言广韵骰骰，愚人也。丁度集韵……

261. 錞 p6877 杜对切。陆法言广韵錬錞，车辖。丁度集韵……

262. 漊 p6877 杜对切。陆法言广韵漊沱，水泛沙动。丁度集韵……

263. 挩 p6877 杜对切。陆法言广韵细纴。宋重修广韵杜外切。释行均龙龛手鉴……

卷之一万九千四百十六　二十二勘

264. 觇 p7189 庄陷切。顾野王玉篇……陆法言广韵陟陷切，咸多也。杨桓六书统照母。

265. 霥 p7189 庄陷切。陆法言广韵子鉴切，以物内水中，出音谱。杨桓六书统……

266. 覱 p7189 庄陷切。陆法言广韵子鉴切。司马光类篇……

267. 䫍 p7189 庄陷切。陆法言广韵子鉴切，长面貌，又昨三切。杨桓六书统……

268. 汜 p7189 庄陷切。陆法言广韵陟陷切，江岸上地名也。宋重修广韵地名，出活州记。杨桓六书统……

269. 站 p7189 庄陷切。陆法言广韵陟陷切，俗言独立，又作颭。丁度集韵……

卷之一万九千四百二十六　二十二勘

270. 谗 p7297 洪武正韵……陆法言广韵又七衫切。丁度集韵……

271. 钁 p7297 洪武正韵……陆法言广韵又士咸切。丁度集韵……

272. 韂 p7297 洪武正韵……陆法言广韵韂鞳，鞳之短也。宋重修广韵又仕陷切。杨桓六书统……

273. 偡 p7297 直陷切。顾野王玉篇……陆法言广韵偡然，齐整。宋重修广韵又直心切。丁度集韵……

274. 甐 p7297 直陷切。顾野王玉篇……陆法言广韵楚鉴切，罂属。丁度集韵……

275. 鷩 p7297 直陷切。陆法言广韵又士忏切，似雕而斑白也，出音语。杨桓六书统……

276. 臔 p7297 直陷切。陆法言广韵又士忏切，水门，又作臕。丁度集韵……

二 《陆法言广韵》 53

277. 詀 p7297 直陷切。陆法言广韵被诳。丁度集韵……

278. 艬 p7297 直陷切。陆法言广韵又士忏切，艬船。丁度集韵……

279. 隐 p7298 直陷切。陆法言广韵陷也。丁度集韵……

280. 钐 p7298 所鉴切。顾野王玉篇……陆法言广韵士忏切。杨桓六书统……

281. 肣 p7298 所鉴切。陆法言广韵士忏切，暂见也。杨桓六书统……

282. 彡 p7298 所鉴切。陆法言广韵士忏切，相接物也，又利也，出字諟。杨桓六书统……

卷之一万九千六百三十六　一屋

283. 沐 p7300 洪武正韵……顾野王玉篇……陆法言广韵沐浴，礼记头有创则沐。徐锴通释……宋重修广韵又姓，风俗通曰汉有东平太守沐宠，又汉复姓，有沐简氏；何氏姓苑云今任城人。娄机广干禄字……

284. 鹜 p7305 洪武正韵……陆法言广韵凫属。徐铉五音韵谱……

285. 蚞 p7306 洪武正韵……顾野王玉篇……陆法言广韵蠛蚞，虫一。丁度集韵……

卷之一万九千七百四十三　一屋

286. （用）p7369 洪武正韵……陆法言广韵又音觉。郭忠恕佩觿集……

287. 录 p7370 卢谷切。许慎说文……陆法言广韵本也。郭忠恕佩觿集……

288. 蠦 p7371 卢谷切。尔雅……顾野王玉篇……陆法言广韵蠛蠦虫，螅蚗也。宋重修广韵……

289. 鏕 p7371 卢谷切。刘熙释名……顾野王玉篇……陆法言广韵巨鏕，郡名，按汉书只作鹿。丁度集韵……

290. 蔍 p7371 卢谷切。顾野王玉篇……陆法言广韵蔍葱，草。丁度集韵……

291. 廘 p7372 卢谷切。顾野王玉篇……陆法言广韵贾逵曰廘庾也。杨桓六书统……

292. 踛 p7372 卢谷切。顾野王玉篇……陆法言广韵踛，恭踛也。丁度集韵……

293. 敊 p7372 卢谷切。顾野王玉篇……陆法言广韵敊声，又剥敊，又声敊。丁度集韵……

294. 瞝 p7372 卢谷切。顾野王玉篇……陆法言广韵瞝听，似蜥蜴，居树上，下啮人,上树垂头,闻器(疑哭误)声乃去,字林。丁度集韵……

295. 摝 p7372 卢谷切。陆法言广韵地名。释行均龙龛手鉴……

296. 渌 p7372 卢谷切。陆法言广韵卢毒切,水名,在齐,又力各切,齐鲁间水名,又音朴。徐铉五音韵谱……

297. 矑 p7372 卢谷切。陆法言广韵矑矑,眼羊也。宋重修广韵矑,眼净也。丁度集韵……

298. 䍡 p7372 卢谷切。陆法言广韵捕鱼具也。释行均龙龛手鉴……

299. 鹿 p7372 卢谷切。陆法言广韵吴王孙休三子名。韩道昭五音类聚……

300. 录 p7373 卢谷切。陆法言广韵讁也。宋重修广韵力玉切。丁度集韵……

301. 䴞 p7373 卢谷切。陆法言广韵水上飞也。丁度集韵……

302. 鱳 p7373 卢谷切。陆法言广韵东方音。丁度集韵……

303. 祿 p7373 卢谷切。陆法言广韵祭也。丁度集韵……

304. 麗 p7373 卢谷切。陆法言广韵白兽。释行均龙龛手鉴……

卷之一万九千七百八十二 一屋

305. 跼 p7400 洪武正韵……顾野王玉篇……陆法言广韵俛也,促也。司马光类篇……

306. 驧 p7401 渠玉切。许慎说文……六(疑为陆误)法言广韵又居六切,马跳跃也;駶,同上。孙愐唐韵渠竹切。徐锴通释……

307. 毱 p7401 渠玉切。顾野王玉篇……陆法言广韵皮毛丸也;一曰蹋鞠,以革为之,今通谓之球子,又菊、鞠二音。丁度集韵……

308. 谷 p7401 渠玉切。顾野王玉篇……陆法言广韵谷名,在上艾。司马光类篇……

309. 犨 p7401 渠玉切。陆法言广韵渠六切,牛也。韩道昭五音集韵……

310. 偋 p7401 渠玉切。陆法言广韵局促,短小。司马光类篇……

311. 騎 p7401 渠玉切。陆法言广韵马立不定。丁度集韵……

卷之一万九千七百八十三 一屋

312. 伏 p7403 洪武正韵……顾野王玉篇……陆法言广韵匿藏也,又历也。宋重修广韵又姓,出平昌,本自伏羲之后,汉有伏胜,文帝蒲轮征不至。司马光类篇……

二 《陆法言广韵》 55

卷之二万三百九　二质

313. 馭 p7595 洪武正韵……陆法言广韵象形，本乌辖切。徐锴说文通释……宋重修广韵於笔切。娄机广干禄字……

卷之二万二千一百八十　八陌

314. 佰 p7851 洪武正韵……陆法言广韵一百为一佰也。丁度集韵……

315. 貊 p7851 洪武正韵……顾野王玉篇……陆法言广韵北方兽。张参五经文字……

316. 貀 p7852 洪武正韵……顾野王玉篇……陆法言广韵犰狖，亦作駄貀。丁度集韵……

317. 貘 p7852 洪武正韵……顾野王玉篇……陆法言广韵食铁兽。徐锴通释……

318. 驀 p7853 洪武正韵……陆法言广韵驀，骑驀。徐锴通释……

卷之四千九百八　十二先

319. 燕 p8801 洪武正韵……顾野王玉篇……陆法言广韵又於荐切。徐锴通释……宋重修广韵又姓，邵公奭封燕，为秦所灭，子孙以国为氏，汉有燕仓。司马光类篇……

卷之八千二十二　十九庚

320. 成 p9010 洪武正韵……顾野王玉篇……陆法言广韵持征切。宋重修广韵亦州名，古西戎地，州南八十里有仇池山，晋改为仇池郡，后为南秦州，梁废帝改为成州；又姓，出上谷、东郡二望，本自周文二字（"二字"疑为"王子"之误）成伯之后；又汉复姓十五氏，庄子有务成子、广成子、颜成子游，伯成子高，韩子有容成子，列子有考成子，国语晋郄犨食菜苦成，后因以为氏；世本曰宋有大夫老成方，盆成括仕于齐，晋有英成僖子，汉有广汉太守古成云，古音枯，高祖功臣有阳成延，后汉有密县上成公白日升天，晋戈己校尉敦煌车成将，古成氏之后，史记有形成氏。丁度集韵……

卷之一万三千三百四十　二寘

321. 寺 p9128 洪武正韵……陆法言广韵阉人。丁度集韵……

卷之一万四千一百二十四　四霁

322. 嚏 p9159 洪武正韵……陆法言广韵鼻气也，嚏，俗。张参五经文字……

323. 柢 p9159 洪武正韵……陆法言广韵木根柢也。丁度集韵……

324. 扻 p9161 丁计切。许慎说文……顾野王玉篇……陆法言广韵搥也。徐锴通释……

325. 赿 p9161 丁计切。许慎说文……顾野王玉篇……陆法言广韵趍走貌。徐锴通释……

326. 靳 p9161 丁计切。顾野王玉篇……陆法言广韵补履下也。丁度集韵……

327. 腣 p9161 丁计切。顾野王玉篇……陆法言广韵朡腹貌，又当兮切。丁度集韵……

328. 跮 p9162 丁计切。顾野王玉篇……陆法言广韵温也。释行均龙龛手鉴……

329. 瓭 p9162 丁计切。陆法言广韵瓭甖，大瓮。释行均龙龛手鉴……

330. 螏 p9162 丁计切。陆法言广韵寒蝉，又音啼。丁度集韵……

331. 渧 p9162 丁计切。陆法言广韵渧㵑，漉也。丁度集韵……

332. 媂 p9162 丁计切。陆法言广韵妇人安祥之容貌，又啼、是二音。丁度集韵……

卷之一万四千一百二十五　四霁

333. 棣 p9182 洪武正韵……陆法言广韵棣枝，整发钗也。丁度集韵……

334. 洟 p9182 洪武正韵……顾野王玉篇……陆法言广韵洟，鼻洟。张参五经文字……

335. 鬀 p9186 洪武正韵……顾野王玉篇……陆法言广韵发也。张参五经文字鬀、髢二同，并徒计反。宋重修广韵特计切。丁度集韵……

336. 屟 p9186 洪武正韵……陆法言广韵亦作屧、屈。宋重修广韵……

337. 欹 p9187 他计切。陆法言广韵唾声。释行均龙龛手鉴……

338. 怢 p9187 他计切。陆法言广韵宁怢，心安。杨桓六书统……

339. 袾 p9187 他计切。陆法言广韵补也。释行均龙龛手鉴……

340. 穊 p9187 他计切。陆法言广韵不耕而种。丁度集韵……

卷之一万一百十二　二纸

341. 咫 p292 洪武正韵……陆法言广韵咫尺。丁度集韵……

342. 砥 p294 洪武正韵……顾野王玉篇……陆法言广韵直也，砺石也，书传曰砥细于砺，皆磨石也。丁度集韵……

343. 厎 p298 洪武正韵……陆法言广韵平也。孙愐唐韵……

344. 坻 p300 洪武正韵……陆法言广韵陇坂也,又直尼、当礼二切。杨桓六书统……

345. 柢 p300 洪武正韵……陆法言广韵木名,又居纸切。郭忠恕佩觿集……

346. 軹 p314 洪武正韵……陆法言广韵县名,又字书云车轮之穿为道。徐锴通释……

三

孙愐《唐韵》

卷之二千三百三十七　六模

1. 梧 p943 洪武正韵……孙愐唐韵又姓。徐锴通释……

卷之二千三百四十七　六模

2. 湓 p1053 汪胡切。顾野王玉篇……孙愐唐韵盘湓，旋流也；又忧俱切。宋重修广韵……

卷之二千四百六　六模

3. 刍 p1133 洪武正韵……陆法言广韵……孙愐唐韵测隅切。颜元孙干禄字……

卷之二千八百六　八灰

4. 卑 p1417 洪武正韵……顾野王玉篇……孙愐唐韵府移切，亦姓。颜元孙干禄字……

卷之二千八百七　八灰

5. 肧 p1433 洪武正韵……顾野王玉篇……陆法言广韵……孙愐唐韵芳杯切。徐锴通释……

6. 磓 p1440 洪武正韵……顾野王玉篇……陆法言广韵……孙愐唐韵匹支切。宋重修广韵……

7. 鈈 p1440 铺杯切。许慎说文……孙愐唐韵又音丕。丁度集韵……

卷之三千五百八十五　九真

8. 鹑 p2149 洪武正韵……孙愐唐韵将伦切。丁度集韵……

卷之五千二百六十八　十三萧

9. 橇 p2408 洪武正韵……顾野王玉篇……孙愐唐韵橇蹋摘行；又禹所乘也。丁度集韵……

10. 趌 p2408 洪武正韵……顾野王玉篇……陆法言广韵……孙愐唐韵起器切。宋重修广韵……

11. 蹻 p2408 洪武正韵……陆法言广韵……孙愐唐韵去遥切,举足高也;又其略切。丁度集韵……

12. 頯 p2419 丘妖切。许慎说文……顾野王玉篇……陆法言广韵……孙愐唐韵又许骄切。丁度集韵……

卷之六千五百二十四　十八阳

13. 樁 p2596 洪武正韵……顾野王玉篇……孙愐唐韵都江切。郭忠恕佩觿集……

卷之八千二十一　十九庚

14. 鄭 p3741 诸成切。顾野王玉篇……陆法言广韵……孙愐唐韵音贞。宋重修广韵……

卷之八千二百七十五　十九庚

15. 兵 p3856 洪武正韵……顾野王玉篇……陆法言广韵……孙愐唐韵甫明切。宋重修广韵……

卷之八千八百四十一　二十尤

16. 逌 p4040 洪武正韵……顾野王玉篇……孙愐唐韵卤,或作逌。徐锴通释……

卷之九千七百六十二　二十二覃

17. 涵 p4185 洪武正韵……顾野王玉篇……孙愐唐韵涵洗。徐锴通释……

卷之一万一千七十六　八贿

18. 宄 p4606 洪武正韵……陆法言广韵……孙愐广韵丘轨切。丁度集韵……

19. 冰 p4611 主藁切。许慎说文……顾野王玉篇……孙愐唐韵又音资。丁度集韵……

卷之一万一千七十七　八贿

20. 甤 p4617 洪武正韵……顾野王玉篇……孙愐唐韵又人佳切。韩道昭五音类聚……

21. 葦 p4617 洪武正韵……陆法言广韵……孙愐广韵时髓切。丁度集韵……

22. 瀡 p4623 息委切。陆法言广韵……孙愐唐韵随婢切。丁度集韵……

23. 濢 p4625 即委切。陆法言广韵……孙愐唐韵遵诔切。宋重修广韵……

24. 沵 p4625 即委切。孙愐唐韵说文雷震沵沵,本作代切。丁度集韵……

卷之一万二千一百四十八　二十有

25. 庱 p5244 苏偶切。孙愐唐韵限也。宋重修广韵……

26. 趣 p5244 洪武正韵……陆法言广韵……孙愐唐韵仓苟切；又七虑切。宋重修广韵……

27. 取 p5244 洪武正韵……陆法言广韵……孙愐唐韵又上（上字疑误）庾切。戴侗六书故……

卷之一万三千八十三　一送

28. 澒 p5649 卢贡切。顾野王玉篇……孙愐唐韵水名。杨桓六书统……

卷之一万三千八十四　一送

29. 泽 p5651 洪武正韵……孙愐唐韵水流不遵道。欧阳德隆押韵释疑……

30. 横 p5651 洪武正韵……陆法言广韵……孙愐唐韵又音宏。丁度集韵……

31. 蝗 p5658 洪武正韵……陆法言广韵……孙愐唐韵又音皇。丁度集韵……

32. 烘 p5659 洪武正韵……孙愐唐韵火貌。杨桓六书统……

33. 轰 p5659 洪武正韵……陆法言广韵……孙愐唐韵呼进切；又呼宏切。杨桓六书统……

卷之一万三千一百九十四　一送

34. 湩 p5730 洪武正韵……许慎说文……顾野王玉篇……陆法言广韵……孙愐唐韵竹用切。丁度集韵……

卷之一万三千九百九十二　三未

35. 欯 p6073 洪武正韵……许慎说文……孙愐唐韵许既切。徐锴通释……

36. 齂 p6077 洪武正韵……许慎说文……陆法言广韵……孙愐唐韵虚器切。徐锴通释……

37. 欷 p6079 许意切。顾野王玉篇……孙愐唐韵呼计切,气越名。丁度集韵……

卷之一万四千三百八十四　四霁

38. 冀 p6307 洪武正韵……陆法言广韵……孙愐唐韵居致切,北方州名,故从北。唐玄度九经字样……

卷之一万四千四百六十四　五御

39. 语 p6385 洪武正韵……陆法言广韵……孙愐唐韵说也,告也。宋重修广韵……

卷之一万四千五百四十四　五御

40. 絮 p6422 洪武正韵……陆法言广韵……孙愐唐韵抽据切。丁度集韵……

41. 閏 p6422 昌据切。顾野王玉篇……孙愐唐韵丑注切。郭忠恕佩觿集……

42. 楚 p6422 昌据切。孙愐唐韵创据切，楚利，又木名；又疮所切。宋重修广韵……

43. 僜 p6422 昌据切。孙愐唐韵不滑也。宋重修广韵……

卷之一万四千九百十二　六暮

44. 辅 p6704 洪武正韵……顾野王玉篇……陆法言广韵……孙愐唐韵扶古切。宋重修广韵……

卷之一万五千一百四十三　八队

45. 靄 p6874 洪武正韵……孙愐唐韵䨴靄，云状。郭守正紫云韵……

46. 鐓 p6875 洪武正韵……许慎说文……陆法言广韵……孙愐唐韵徒猥切。张参五经文字……

卷之一万九千七百八十二　一屋

47. 驧 p7401 渠玉切。许慎说文……六（疑为陆误）法言广韵……孙愐唐韵渠竹切。徐锴通释……

卷之二万四百七十八　二质

48. 职 p7711 洪武正韵……许慎说文……顾野王玉篇……孙愐唐韵之翼切，博雅云业也；又姓，周礼有职方氏，其后因官为姓，汉有山阳令职洪。张参五经文字……

卷之一万一百十二　二纸

49. 厎 p298 洪武正韵……陆法言广韵……孙愐唐韵又厎柱也。郭忠恕佩觿集……

四

《孙氏字说》[1]

卷之二千三百四十四　六模

1. 郶 p1015 洪武正韵……韩道昭五音集韵……孙氏字说以郶、吴为俣。杨桓六书统……

卷之二千四百八　六模

2. 疏 p1146 洪武正韵……戴侗六书故……孙氏字说律历志罢去尤疏远者,七十家,疏与踈同,王吉传布衣疏食,疏与蔬同。杨桓六书统……

卷之二千八百六　八灰

3. 裈 p1429 洪武正韵……韩道昭五音类聚……孙氏字说礼记裈冕,荀子礼论作卑挽,与裈冕同。杨桓六书统……

4. 郫 p1431 晡回切。丁度集韵……孙氏字说以郫、波为卑,杨桓六书统……

卷之二千八百七　八灰

5. 被 p1439 洪武正韵……丁度集韵……孙氏字说杨雄传亡春风被离 被读曰披。杨桓六书统……

6. 翍 p1439 洪武正韵……释行均龙龛手鉴……孙氏字说杨雄传翍桂椒郁移扬,翍,古披字。杨桓六书统……

卷之五千二百六十八　十三萧

7. 抭 p2402 洪武正韵……韩道昭五音集韵……孙氏字说汉文帝纪有訞言

---

[1] [明]杨士奇《文渊阁书目·辰字号第一厨》:《孙氏字说》一部一册,文渊阁四库全书,上海古籍出版社,2003年,第475页。

之罪，律历志作袄言，并读作袄，以祇、妖为夭。杨桓六书统……

卷之八千八百四十一　二十尤

8. 扰 p4039 洪武正韵……韩道昭五音类聚……孙氏字说或舂或舀，今作揄。杨桓六书统……

9. 遒 p4040 洪武正韵……韩道昭五音类聚……孙氏字说书九畴攸序作遒，韦贤传万国遒乎。杨桓六书统……

卷之一万三千三百四十五　二寘

10. 谥 p5739 洪武正韵……韩道昭五音集韵……孙氏字说谥近谧，音示。杨桓六书统……

卷之一万三千四百九十五　二寘

11. 緻 p5790 洪武正韵……韩道昭五音类聚……孙氏字说以緻、稚为致。杨桓六书统……

卷之一万三千九百九十二　三未

12. 呬 p6078 许意切……司马光类篇……孙是（疑为氏）字说今作㕧。杨桓六书统……

卷之一万三千九百九十三　三未

13. 系 p6081 洪武正韵……韩道昭五音类聚……孙氏字说系近系，音係。杨桓六书统……

14. 禊 p6086 洪武正韵……郭守正紫云韵……孙是（氏）字说以禊、系为契。杨桓六书统……

卷之一万四千五百四十五　五御

15. 薯 p6433 洪武正韵……释行均龙龛手鉴……孙氏字说以薯注为蒫。杨桓六书统……

卷之一万九千六百三十六　一屋

16. 沐 p7300 洪武正韵……戴侗六书故……孙氏字说沐近沭，音术，水也。杨桓六书统……

17. 罢 p7305 洪武正韵……释行均龙龛手鉴……孙氏字说又以罢为翼。杨桓六书统……

18. 目 p7306 洪武正韵……韩道昭五音类聚……孙氏字说兆眹之眹，眼睑之睑，皆从目，而俗从月。杨桓六书统……

卷之一万九千七百四十三　一屋

19. (甪)p7369 洪武正韵……韩道昭五音类聚……孙氏字说甪近角，音禄。杨桓六书统……

卷之一万九千七百八十四　一屋

20. 宓 p7423 洪武正韵……孙氏字说律历志宓义氏之所顺天地，宓与伏同，相如传青琴虙，读作伏。千字姓……

卷之一万九千七百八十五　一屋

21. 服 p7425 洪武正韵……韩道昭五音集韵……孙氏字说下武昭哉嗣服，事也，论语有事弟子服其劳，用也；又以服事殷，服，事也；诗无思不服，畏也；贾谊传服飞入谊舍，读作鵩；书弼成五服，又彰施于五采，作服衣也。杨桓六书统……

卷之二万二千一百八十　八陌

22. 莫 p7852 洪武正韵……郭守正紫云韵……孙氏字说乐记诗云莫其德音莫武白反臣工维莫音暮之春。杨桓六书统……

卷之九百九　二支

23. 邿 p8608 洪武正韵……戴侗六书故……孙氏字说以邿、诗为寺。杨桓六书统……

卷之一万四千一百二十四　四霁

24. 蒂 p9160 洪武正韵……郭守正紫云韵……孙氏字说芥蒂之蒂，读当曰蛋，俗曰帝。杨桓六书统……

卷之一万一百十二　二纸

25. 只 p291 洪武正韵……释行均龙龛手鉴……孙氏字说只字，韵书皆音之移、之尒二切，语亦辞也，俗读作质者，讹也，杜诗只益丹心苦、只想竹林眠、寒花只带香、虚怀只爱身、闺中只独看、亿渠愁只睡，皆当读作止。杨桓六书统……

26. 砥 p294 洪武正韵……韩道昭五音类聚……孙氏字说以砥、枳为柢。杨桓六书统……

27. 底 p298 洪武正韵……韩道昭五音类聚……孙氏字说又永底烝民之生，致也，梅福传爵禄天下之底石，与砥同。字溔博义……

28.厎 p298 洪武正韵……韩道昭五音类聚……孙氏字说字音之讹,甚于乐音之讹久矣,学者之病乎此也,如厎定之厎上无点,与旨同音,俗乎为底,见济韵,有点,正也、下也、滞也;又周道如砥,万章下律历志作如厎。杨桓六书统……

五

郑之秀《精明韵》[①]

卷之二千四百六　六模

1. 凫 p1133 洪武正韵……郭守正紫云韵……郑之秀精明韵飞凫輓粟。释行均龙龛手鉴……

卷之六千五百二十四　十八阳

2. 椿 p2596 洪武正韵……欧阳德隆……郑之秀精明韵唐封椿库。杨桓六书统……

卷之七千五百十八　十八阳

3. 鸧 p3484 洪武正韵……徐锴通释切阳反。郑之秀精明韵又七羊切,和也,诗八鸾鸧鸧。释行均龙龛手鉴……

卷之九千七百六十二　二十二覃

4. (衒)p4186 洪武正韵……戴侗六书故……郑之秀精明韵啣、衒,非。杨桓六书统……

卷之九千七百六十三　二十二覃

5. 喦 p4189 洪武正韵……郑樵六书略……郑之秀精明韵作岩,非。释行均龙龛手鉴……

卷之一万二千一百四十八　二十有

6. 嗾 p5243 洪武正韵……娄机广干录字……郑之秀精明韵嗾獒。释行均龙龛手鉴……

---

① [明]杨士奇《文渊阁书目·辰字号第二厨》:《精明韵》一部一册,上海古籍出版社,2003年,第476页。

7. 走 p5245 洪武正韵……王柏正始音……郑之秀精明韵曳兵而走。诗音奏。释行均龙龛手鉴……

卷之一万四千三百八十四　四霁

8. 冀 p6307 洪武正韵……郭守正紫云韵……郑之秀精明韵地名。释行均龙龛手鉴……

卷之一万四千五百四十四　五御

9. 处 p6408 洪武正韵……王柏正始音……郑之秀精明韵置诸安处。杨桓六书统……

卷之二万二千一百八十　八陌

10. 百 p7853 洪武正韵……郭守正紫云韵……郑之秀精明韵音陌。熊忠韵会举要……

六

张子敬《经史字源韵略》[1]

卷之一万七千七十六　八贿

1.揣 p4612 主蘂切……五十先生韵宝……张子敬经史字源韵略说文量也，试也，度也，又丁果切。篆书……

卷之一万一千七十七　八贿

2.搥 p4617 如累切……杨桓六书统……张子敬经史字源韵略又主蘂切。篆书……

卷之一万一千三百三十三　十罕

3.瘤 p4825 洪武正韵……张子敬经史字源韵略古满切。韵会定正字切……

卷之一万二千一百四十八　二十二有

4.取 p5244 洪武正韵……熊忠韵会举要……张子敬经史字源韵略仓苟切，又七庾切。赵谦声音文字通……

卷之一万三千九百九十二　三未

5.懑 p6073 洪武正韵……熊忠韵会举要……张子敬经史字源韵略谷梁陈侯懑猎好也。赵谦声音文字通……

卷之一万三千九百九十三　三未

6.撃 p6085 洪武正韵……张子敬经史字源韵略缚撃、易撃於金柅。赵谦声音文字通……

---

[1] [明]黄虞稷《千顷堂书目》，上海古籍出版社，2003年，第377页。卷三：张子敬《经史字源》。《经史字源》与《经史字源韵略》是否为同一种，待考。

卷一万九千四百二十六　二十二勘

7. 韈 p7297 洪武正韵……熊忠韵会举要……张子敬经史字源韵略又仕忏切,鞲也;又仕衔切。

卷之九百九　二支

8. 邿 p8608 洪武正韵……熊忠韵会举要……张子敬经史字源韵略春秋取邿,国名。韵会定正字切……

卷之一万三千三百四十　二寘

9. 寺 p9128 洪武正韵……周伯琦六书正讹……张子敬经史字源韵略侍吏切,周礼有寺人,诗寺人之令,内小臣也。李玺存古正字……

卷之一万一百十二　二纸

10. 厎 p298 洪武正韵……周伯琦六书正讹……张子敬经史字源韵略待也、止也。李玺存古正字……

七

倪镗《六书类释》[①]

卷之五百四十　一东

1. 颂 p81 洪武正韵……李肩吾字通……倪镗六书类释作頟，借为雅颂之颂，似用切，借义夺正，故颂与容两用。周伯琦六书正讹……

卷之六百六十二　一东

2. 廱 p185 洪武正韵……熊忠韵会举要……倪镗六书类释廱，本作邕。赵谦声音文字通……

卷之二千三百四十七　六模

3. 洿 p1050 洪武正韵……熊忠韵会举要……倪镗六书类释又乌故切，染污也，因之为贪污，或作汙。周伯琦六书正讹……

卷之二千四百五　六模

4. 酥 p1123 洪武正韵……熊忠韵会举要……倪镗六书类释酉谐穌省。韵会定正……

卷之二千四百八　六模

5. 疋 p1152 洪武正韵……熊忠韵会举要……倪镗六书类释按所引弟子职乃足字大疋，则大胥小胥也，胥疏皆以疋为声。周伯琦六书正讹……

[①] 于成龙《中国地方志集成》，凤凰出版社，2009年，第436页。《同治安仁县志》：倪镗著述尚有《六书类释》、《广成笔记》等，惜皆不传。其中《六书类释》由廑相山作序称："艾繁举缺为三百六十六部。始于契，契以记数成文，故以数居首，次二曰天，次三曰地，次四曰人，次五曰动物，次六曰植物。次七曰工事，缀疑以从类，存废以博考，七者备矣。有不可强收者归于杂，次八曰杂，次九曰举正辨伪……共三十六卷，为字九千八百有奇"。

6. 䶪 p1152 山鉏切……杨桓六书统……倪镗六书类释囪谐疋声。周伯琦六书正讹……

卷之二千八百六　八灰

7. 椑 p1430 洪武正韵……熊忠韵会举要……倪镗六书类释椑、柿同类，柿实赤而椑乌绿，故谓乌椑；又名绿柿；又部觅切，亲身之棺曰椑，记君即位而为椑，郑氏曰谓柧棺亲身者；又部迷切，考工记句兵椑，郑司农曰读若羆，康成曰齐人谓斧柯为椑，则椑隋圆也。赵谦声音文字通……

卷之二千八百八　八灰

8. 梅 p1447 洪武正韵……熊忠韵会举要……倪镗六书类释按槑、呆皆象形，口在木下为杏，反杏为呆，酸甘不同也。周伯琦六书正讹……

卷之六千五百二十三　十八阳

9. 妆 p2590 洪武正韵……熊忠韵会举要……倪镗六书类释装见衣部。周伯琦六书正讹……

卷之七千五百六　十八阳

10. 仓 p3342 洪武正韵……熊忠韵会举要……倪镗六书类释指事。字潒博义……

卷之七千五百十八　十八阳

11. 鸧 p3484 洪武正韵……熊忠韵会举要……倪镗六书类释颜师古曰山西呼为鸹鹿；又借义倏革，有鸧，毛氏曰言有法度，郑氏曰金释貌；又八鸶鸧鸧，毛氏曰声，郑氏曰声之和也。魏柔克正字韵纲……

卷之八千二十一　十九庚

12. 烝 p3638 洪武正韵……熊忠韵会举要……倪镗六书类释诗侯薪侯烝，别作蒸，加艹。周伯琦六书正讹……

卷之八千五百二十六　十九庚

13. 精 p3946 洪武正韵……熊忠韵会举要……倪镗（六书）类释精则纯一不杂，易精气为物，引之为精神、精诚、精妙；又天无云曰精，汉书作晶，今文睛。魏柔克正字韵纲……

卷之九千七百六十二　二十二覃

14. 涵 p4185 洪武正韵……熊忠韵会举要……倪镗六书类释水涵，浸也，或作涵、洿；又作涵，从夊无义。赵谦声音文字通……

　　卷之一万八百七十七　　六姥

15. 鹵 p4482 洪武正韵……熊忠韵会举要……倪镗六书类释象形，旧说从西省，非。周伯琦说文字原……

　　卷之一万二千一百四十八　　二十有

16. 薮 p5240 洪武正韵……熊忠韵会举要……倪镗六书类释又窭薮，汉东方朔曰著树为寄生，盆下为窭薮，杨恽曰鼠不客穴衔窭薮；又所主切。魏柔克正字韵纲……

　　卷之一万三千八十四　　一送

17. 閧 p5650 洪武正韵……熊忠韵会举要……倪镗六书类释丁贡切。李玺存古正字……

　　卷之一万三千九百九十二　　三未

18. 饩 p6074 洪武正韵……熊忠韵会举要……倪镗六书类释气，又作䊠，详见气下。周伯琦六书正讹……

　　卷之一万九千七百四十三　　一屋

19. (甩)p7369 洪武正韵……熊忠韵会举要……倪镗六书类释禹象形，类篇又有鯀，非。李玺存古正字……

20. 摝 p7370 洪武正韵……阴时夫韵府群玉……倪镗六书类释微振也。字溁博义……

　　卷之一万九千七百四十三　　一屋

21. 渿 p7372 洪武正韵……熊忠韵会举要……倪镗六书类释桓十八年，公会齐侯于渿，杜氏曰水在济南，历城县西北，南丰曾氏曰齐多甘泉，盖皆渿水之旁出，水之伏流，地中围多有之。赵谦声音文字通……

　　卷之一万九千七百八十五　　一屋

22. 服 p7425 洪武正韵……熊忠韵会举要……倪镗六书类释又弼力切，舟，古文，卜声，按服，小舟附大舟者，引之为马之服辕；又作箙；又引之为衣服，为弓矢之服，凡言服者皆亲附服从之，如衣服之在躬，故为柔服、服从、服事之义。周伯琦六书正讹……

　　卷之二万二千一百八十　　八陌

23. 陌 p7848 洪武正韵……熊忠韵会举要……倪镗六书类释陌之言百也，

遂洫纵而径,涂亦纵,则遂间百亩,洫间百夫,而径涂为陌矣,广韵莫北切。字瀿博义……

卷之九百十　二支

24. 尸 p8608 洪武正韵……许慎说文……倪镗六书类释尸人之疑人卧为尸。郑樵曰……

卷之八千二十二　十九庚

25. 成 p9010 洪武正韵……熊忠韵会举要……倪镗六书类释成从丁,古文作戚,从午,午与丁皆中,未详。赵谦声音文字通……

卷之一万四千一百二十四　四霁

26. 蒂 p9160 洪武正韵……熊忠韵会举要……倪镗六书类释蒂本作帝。赵谦声音文字通……

八

李玺《存古正字》[①]

卷之五百四十一　一东

1.庸 p96 洪武正韵……周伯琦六书正讹……李玺存古正字𩫢、庸，从庐从用，俗作庸，非。赵谦声音文字通……

卷之六百六十一　一东

2.雝 p178 洪武正韵……周伯琦六书正讹……李玺存古正字𩀌，雝，本鸟名，借为雝和字，俗作雍，非。赵谦声音文字通……

卷之二千三百四十四　六模

3.粗 p1018 洪武正韵……杨桓六书统……李玺存古正字精粗字，如三鹿，注行袒远，意义全非。赵谦声音文字通……

卷之二千二百四十五　六模

4.乌 p1021 洪武正韵……熊忠韵会举要……李玺存古正字𦏵，乌非。魏柔克正字韵纲……

卷之二千三百四十七　六模

5.於 p1052 洪武正韵……魏柔克正字韵纲……（李玺）存古正字云，本古文乌字，借作於，从方非。字溇博义……

卷之二千四百八　六模

6.疏 p1146 洪武正韵……周伯琦六书正讹……李玺存古正字疏，不从足，

---

① ［元］陶宗仪《陶宗仪集》，浙江古籍出版社，2014 年，第 362 页。《书史会要·补遗》："李玺，字仲和，号竹山，溧水人。宋进士，官至无为军节制官，入朝不仕。能书，有所撰。《稽古韵》及《存古正字》编传于世。"元吴澄为李玺《存古正字》作序，该序保存在《吴文正集》（台湾商务印书馆，1986 年）卷二十一。［明］杨士奇《文渊阁书目》上海古籍出版社，2003 年，第 475 页,《辰字号第二厨》:《存古正字》一部一册。

俗作疏、踈,非。字㴇博义……

卷之二千八百六　八灰

7. 卑 p1417 洪武正韵……周伯琦六书正讹……李玺存古正字子算而中卑。赵谦声音文字通……

卷之二千八百七　八灰

8. 枚 p1442 洪武正韵……熊忠韵会举要……李玺存古正字枚,与玫瑰同,从攵,它无。韵会定正……

卷之七千九百六十　十九庚

9. 兴 p3680 洪武正韵……熊忠韵会举要……李玺存古正字兴俗作興,非。魏柔克正字韵纲……

卷之八千二百七十五　十九庚

10. 兵 p3856 洪武正韵……熊忠韵会举要……李玺存古正字俗作兵,非。字㴇博义……

卷之八千八百四十二　二十尤

11. 游 p4041 洪武正韵……熊忠韵会举要……李玺存古正字游,作斿,非。赵谦声音文字通……

卷之一万八百七十七　六姥

12. 卤 p4482 洪武正韵……周伯琦说文字原……李玺存古正字加水,非。赵谦声音文字通……

卷之一万一千七十七　八贿

13. 𮕵 p4613 洪武正韵……熊忠韵会举要……李玺存古正𮕵,垂貌,又华弓也。韵会定正字切……

卷之一万三千八十四　一送

14. 闃 p5650 洪武正韵……倪镗六书类释……李玺存古正字俗作閴,从門非。赵谦声音文字通……

卷之一万三千一百九十四　一送

15. 种 p5720 洪武正韵……熊忠韵会举要……李玺存古正字之陇切,谷子也。魏柔克正字韵纲……

卷之一万四千九百十二　六暮

16. 䰙 p6699 洪武正韵……熊忠韵会举要……李玺存古正字俗作釜,非。赵谦声音文字通……

卷一万九千六百三十六　一屋

　　17.沐 p7300 洪武正韵……熊忠韵会举要……李壄存古正字沐，加点非。韵会定正字切……

　　卷之一万九千七百四十三　一屋

　　18.（角）p7369 洪武正韵……倪镗六书类释……李壄存古正字角作角、角，非。赵谦声音文字通……

　　卷之二万三百五十四　二质

　　19.夕 p7630 洪武正韵……熊忠韵会举要……李壄存古正字夕，作夕，非。赵谦声音文字通……

　　卷九百十　二支

　　20.尸 p8609 洪武正韵……熊忠韵会举要……李壄存古正字尸，作尸，非。字溁博义……

　　卷之一万三千三百四十　二寘

　　21.寺 p9128 洪武正韵……张子敬经史字源略……李壄存古正字寺，监官所也，从土从寸，有法度也；又阉寺也，作寺，非。字溁博义……

　　卷之一万一百十二　二纸

　　22.厎 p298 洪武正韵……周伯琦六书正讹……李壄存古正字职氏切，厎从厂，柔石，与砥通。魏柔克正字韵纲……

九

魏柔克《正字韵纲》[①]

卷之二千二百四十五　六模

1. 乌 p1021 洪武正韵……李玺存古正字……魏柔克正字韵纲又乌故切,叹伤也。赵谦声音文字通……

卷之二千三百四十七　六模

2. 於 p1052 洪武正韵……周伯琦六书正讹……魏柔克正字韵纲又衣虚切,居也、住也;又代也。(李玺)存古正字……

卷之二千八百六　八灰

3. 錍 p1430 洪武正韵……熊忠韵会举要……魏柔克正字韵纲篇迷切。赵谦声音文字通……

卷之二千八百七　八灰

4. 玻 p1439 洪武正韵……熊忠韵会举要……魏柔克正字韵纲普麋切,折也。字㴇博义……

卷之三千五百八十六　九真

5. 焞 p2151 洪武正韵……熊忠韵会举要……魏柔克正字韵纲又殊伦切,作焞俗。赵谦声音文字通……

卷之五千二百六十八　十三萧

6. 鏊 p2420 洪武正韵……周伯琦六书正讹……魏柔克正字韵纲胹,复古编

[①] 杨士奇《文渊阁书目》,上海古籍出版社,2003年,第476页,《辰字号第一厨》:《正字韵纲》一部五册。[明]黄虞稷《千顷堂书目》,上海古籍出版社,2003年,第378页。卷三:魏温甫《正字韵纲》四卷。官广东金宪。凡字之讹谬者,以小篆古体正之。

云别作鏊,非。赵谦声音文字通……

卷之七千五百十八　十八阳

7. 鸧 p3484 洪武正韵……倪镗六书类释……魏柔克正字韵纲又千羊切,义同。赵谦声音文字通……

卷之七千九百六十　十九庚

8. 兴 p3680 洪武正韵……李玺存古正字……魏柔克正字韵纲又比兴。字瀁博义……

卷之八千五百二十六　十九庚

9. 精 p3946 洪武正韵……熊忠韵会举要……魏柔克正字韵纲又此静切,目不悦貌。字瀁博义……

卷之九千七百六十二　二十二覃

10. 㗲 p4188 洪武正韵……熊忠韵会举要……魏柔克正字韵纲又埳韵,苦簟切,义同。赵谦声音文字通……

11. 嵶 p4188 胡嵒切……熊忠韵会举要……魏柔克正字韵纲作嵶,俗。韵会定正字切……

卷之一万二千一百四十八　二十有

12. 籔 p5240 洪武正韵……倪镗六书类释……魏柔克正字韵纲又爽主切,戴器也。赵谦声音文字通……

13. 籔 p5243 洪武正韵……熊忠韵会举要……魏柔克正字韵纲藪,又爽主切;又窭籔,四足几也。赵谦声音文字通……

14. 趣 p5244 洪武正韵……熊忠韵会举要……魏柔克正字韵纲又逡遇切,疾也;趋玉切,迫也。字瀁博义……

15. 走 p5245 洪武正韵……周伯琦六书正讹……魏柔克正字韵纲则候切,义同。字瀁博义……

卷之一万三千八十四　一送

16. 控 p5660 洪武正韵……熊忠韵会举要……魏柔克正字韵纲又枯江切,打也;又克讲切,义同。赵谦声音文字通……

17. 偏 p5661 苦贡切……熊忠韵会举要……魏柔克正字韵㤗,作偏,俗字。字瀁博义……

九　魏柔克《正字韵纲》　79

　　卷一万三千一百九十四　一送

18. 种 p5720 洪武正韵……李玺存古正字……魏柔克正字韵纲又主勇切，类也，作种非。字溁博义……

　　卷一万三千四百九十六　二寘

19. 制 p5805 洪武正韵……周伯琦六书正讹……魏柔克正字韵纲又陟列切，义同。广韵总……

　　卷一万三千八百七十二　三未

20. 贲 p5931 洪武正韵……熊忠韵会举要……魏柔克正字韵纲又逋昆切，勇而疾走曰虎贲；又地名，符分切，大也。字溁博义……

　　卷之一万三千九百九十二　三未

21. 䬆 p6077 洪武正韵……熊忠韵会举要……魏柔克正字韵纲又於既切，义同。

22. 伆 p6080 许意切……杨桓六书统……魏柔克正字韵纲又忽械切，又寂也。

　　卷一万五千七十五　七泰

23. 介 p6791 洪武正韵……熊忠韵会举要……魏柔克正字韵纲又讫黠切，特也。字溁博义……

　　卷之一万五千一百四十三　八队

24. 錞 p6875 洪武正韵……熊忠韵会举要……魏柔克正字韵纲真韵殊伦切，金器錞于也；贿韵徒罪切。赵谦声音文字通……

25. 剫 p6876 洪武正韵……熊忠韵会举要……魏柔克正字韵纲吐外切。韵会定正字切……

26. 靹 p6876 洪武正韵……熊忠韵会举要……魏柔克正字韵纲吐外切。字溁博义……

　　卷之一万九千六百三十六　一屋

27. 鹜 p7305 洪武正韵……熊忠韵会举要……魏柔克正字韵纲或作鶩。赵谦声音文字通……

　　卷之一万九千七百八十三　一屋

28. 伏 p7403 洪武正韵……五十先生韵宝……魏柔克正字韵纲鸟抱子也。字溁博义……

卷之一万三千三百四十　二寘

29. 莳 p9130 洪武正韵……倪镗六书类释……魏柔克正字韵纲莳,别作峙、畤、莳、並非。赵谦声音文字通……

卷之一万四千一百二十五　四霁

30. 薙 p9186 洪武正韵……杨桓六书统……魏柔克正字韵纲又丈几切,义同。赵谦声音文字通……

卷之一万一百十二　二纸

31. 只 p291 洪武正韵……周伯琦说文字原……魏柔克正字韵纲又职日切。赵谦声音文字通……

32. 厎 p298 洪武正韵……李玺存古正字……魏柔克正字韵纲又掌氏切,义同;又蒸夷切,磨石。赵谦声音文字通……

十

五十先生《韵宝》①

卷之一万七千七百七十六　八贿

1. 瑰 p4606 洪武正韵……杨桓六书统……五十先生韵宝又於鬼切，山险貌。字潆博义……

2. 揣 p4612 主蘂切……杨桓六书统……五十先生韵宝揣摩。张子敬经史字源韵略……

卷之一万九千七百八十三　一屋

3. 伏 p7403 洪武正韵……熊忠韵会举要……五十先生韵宝伏作伏，非，伏，徒盖切，正作慮。魏柔克正字韵纲……

卷之二万二千一百八十　八陌

4. 駋 p7852 洪武正韵……熊忠韵会举要……五十先生韵宝骆駋。韵会定正字切……

卷之一万三千三百四十一　二真

5. 彀 p9131 洪武正韵……熊忠韵会举要……五十先生韵宝彀作彀，非，彀，充句切。韵会定正字切……

---

① 杨士奇《文渊阁书目》，上海古籍出版社，2003 年，第 476 页，《辰字号第一厨》：《韵宝》一部一册。[明]方以智《通雅》，中国书店，1990 年。卷九："《韵宝》曰淮南子至阴飋飋，与肃肃同。"第 116 页；卷三十二："《韵宝》引唐诗吴松一帧。"第 387 页。

十一

《广韵总》①

卷一万三千四百九十六　二寘

1. 制 p5805 洪武正韵……魏柔克正字韵纲……广韵总征利切。字㴖博义……

---

① ［清］陈大章《诗传名物集览》，《四库全书》，上海古籍出版社，1987年，第283页。《广韵总》，书目文献未见，但《诗传名物集览》卷五有与之相近的名称。《虫飞薨薨》云："《六书故》音直中切，蠢动跂行，翾飞之属，皆从虫。虫与蚘，蟲之省文，非有二义也。《备考》及《广韵总要》、《正字通》并同。"《广韵总要》与《广韵总》不知是否有关联？但从时间上看，可能性不大。《备考》可能是王应电《同文备考》的简称，《同文备考》和《正字通》均为明中后期的作品，因此，《广韵总要》成书时间应与上述二书相距不远。按《永乐大典》的引书体例，《广韵总》列于《字㴖博义》之前，而《字㴖博义》成书于元末明初。因此，《广韵总》成书时间应在《字㴖博义》之前。存疑待考。

十二

王柏《正始音》[①]

卷之二千八百六　八灰

1. 卑 p1417 洪武正韵……郭守正紫云韵……王柏正始音卑,补支切,下对高;又部止切,下之。杨桓六书统……

卷之七千九百六十　十九庚

2. 兴 p3680 洪武正韵……欧阳德隆押韵释疑……王柏正始音虚凌切,举也;又许应切,举物寓意。李肩吾字通……

卷之八千二十一　十九庚

3. 烝 p3738 洪武正韵……郭守正紫云韵……王柏正始音烝章升切,气嘘也;之胜切,谓气嘘而泽。释行均龙龛手鉴……

卷之一万一千九百三　十八养

4. 广 p5010 洪武正韵……欧阳德隆押韵释疑……王柏正始音字音清浊辩古党切,阔也,对狭,古旷切,量广几许。杨桓六书统……

卷之一万二千一百四十八　二十有

5. 走 p5245 洪武正韵……欧阳德隆押韵释疑……王柏正始音臧苟切,趋也;臧候切,趋向。郑之秀精明韵……

[①] 程端礼《程氏家塾读书分年日程》,商务印书馆,1936年,第127页。卷三为"旁证"资料,录有王柏《正始之音序》《正始之音》,郑樵《假借序》,朱熹《学校贡举私议》《朱子调息箴》及《集庆路江东书院讲义》《存存斋铭》等。"盖儒者别项工夫多,故习字止如此用笔之法。双钩悬腕,让左侧右,虚掌实指,意前笔后。此口诀也。欲考字,看《说文》《字林》《六书略》《切韵指掌图》《正始音》《韵会》等书,以求音义偏傍点画六书之正。"

卷之一万三千九百九十三　三未

6. 繄 p6085 洪武正韵……丁度集韵……王柏正始音属也,古诣切;属而有所著,胡计切。郭守正紫云……

卷之八千二十二　十九庚

7. 成 p9010 洪武正韵……戴侗六书故……王柏正始音又谥法,解安民立政成政以安定。杨桓六书统……

卷之一万四千一百二十五　四霁

8. 涕 p9182 洪武正韵……欧阳德隆押韵释疑……王柏正始音虏启切;又音弟,鼻汁也,杨桓六书统……

十三

李肩吾《字通》[①]

卷之四百八十九　一东

1. 终 p42 洪武正韵……欧阳德隆押韵释疑……李肩吾字通兂、冎字从此，取其四周帀也。释行均龙龛手鉴……

卷之五百四十　一东

2. 颂 p81 洪武正韵……戴侗六书故……李肩吾字通颂今为雅颂之颂，形容字乃从容，容乃容受之容。倪镗六书类释……

卷之六百六十一　一东

3. 雝 p178 洪武正韵……戴侗六书故……李肩吾字通雝，从隹邕声。释行均龙龛手鉴……

卷之二千二百五十四　六模

4. 壶 p668 洪武正韵……郭守正紫云韵……李肩吾字通壶、壶等字从此。释行均龙龛手鉴……

卷之二千三百四十五　六模

5. 乌 p1021 洪武正韵……戴侗六书故……李肩吾字通絵，古文，乌转借为絵字，今书同作方。韩道昭五音类聚……

卷之二千三百四十七　六模

6. 於 p1052 洪武正韵……欧阳德隆押韵释疑……李肩吾字通孔子曰乌

[①] 周密《绝妙好词笺》，上海古籍出版社，1984年，第136页。卷四："肩吾字子我，号蟂洲，眉州人，精六书之学，尝著字通，为魏鹤山之客虞，集字通序云：李君在魏文靖公门下，有师友之道焉。"

盱,呼也,取其助气,故为乌呼,今以为於是之於,说文别出乌字。韩道昭五音类聚……

卷之二千四百七　六模

7. 疏 p1139 洪武正韵……熊忠韵会举要……(李肩吾)字通云正与足似之而非。赵谦声音文字通……

卷之七千九百六十　十九庚

8. 兴 p3680 洪武正韵……王柏正始音……李肩吾字通䠋字亦作𣎆。释行均龙龛手鉴……

卷之一万三千九百九十三　三未

9. 系 p6081 洪武正韵……郭守正紫云韵……李肩吾字通乎计切,繇、縣等字从此。韩道昭五音类聚……

卷之一万九千六百三十六　一屋

10. 目 p7306 洪武正韵……戴侗六书故……李肩吾字通睘、罘等字从此,罢、蜀等字亦如此作,义异。韩道昭五音篇海……

卷之二万三百九　二质

11. 乙 p7593 洪武正韵……戴侗六书故……李肩吾字通乁、儿,尤先尺㞕㞬,並从此楷隶,不复推本矣。韩道昭五音类聚……

卷之二万三百五十四　二质

12. 夕 p7630 洪武正韵……戴侗六书故……李肩吾字通夗、外等字从此。韩道昭五音类聚……

卷之一万一百十二　二纸

13. 氐 p298 洪武正韵……郭守正紫云韵……李肩吾字通今以为氐至之氐,说文别出砥字。释行均龙龛手鉴……

十四

《字濬博义》

卷之四百八十九　一东

1. 终 p42 洪武正韵……周伯琦六书正讹……字濬博义古作冬。赵谦声音文字通……

卷之四百九十　一东

2. 众 p62 洪武正韵……熊忠韵会举要……字濬博义众，职戎切，蒸，同上。赵谦声音文字通……

卷之五百四十　一东

3. 蓉 p82 洪武正韵……熊忠韵会举要……字濬博义说文芙蓉峰在衡山，李诗青天削出金芙蓉。赵谦声音文字通……

卷之六百六十二　一东

4. 雝 p198 於容切……杨桓六书统……字濬博义貆，同上。

5. 悒 p199 於容切。字濬博义於宫切，忧也。

6. 罋 p199 於容切。字濬博义於恭切，长颈瓶也，出类聚。

7. 覅 p199 於容切。字濬博义正作之貌，出类聚。

卷之二千二百五十四　六模

8. 壶 p668 洪武正韵……熊忠韵会举要……字濬博义弸，音壶，古器也，出类聚。赵谦声音文字通……

卷之二千二百五十九　六模

9. 瑚 p722 洪武正韵……熊忠韵会举要……字濬博义胡、钴，同上。赵谦声音文字通……

10. 餬 p724 洪武正韵……熊忠韵会举要……字濬博义餰，同上。赵谦声音文字通……

11.箶 p726 洪武正韵……熊忠韵会举要……字瀠博义鞠,同上。韵会定正字切……

卷之二千二百六十　六模

12.湖 p726 洪武正韵……熊忠韵会举要……字瀠博义弘孤切。赵谦声音文字通……

卷之二千三百四十四　六模

13.郚 p1015 洪武正韵……熊忠韵会举要……字瀠博义语鱼切。赵谦声音文字通……

14.瓳 p1016 讹胡切……杨桓六书统……字瀠博义音吾。

15.魱 p1016 讹胡切……韩道昭五音集韵……字瀠博义五乎切。

16.褖 p1017 讹胡切……宋重修广韵……字瀠博义禑,同上。

17.俉 p1017 讹胡切……杨桓六书统……字瀠博义五乎切。

18.浯 p1017 讹胡切。韩道昭五音集韵……字瀠博义五乎切,音吾。

19.鏏 p1017 讹胡切。字瀠博义户孤切,音吴,山名。

20.麤 p1017 洪武正韵……熊忠韵会举要……字瀠博义䎪、䎫,同上,通作糐、䴢、䴡、麤;又姥韵,坐五切。赵谦声音文字通……

21.䀹 p1019 仓胡切……杨桓六书统……字瀠博义音麤,斔,同上;又姥韵,采古切。

卷之二千三百四十七　六模

22.恶 p1050 洪武正韵……熊忠韵会举要……字瀠博义又双雏切,惊叹辞也。韵会定正……

23.於 p1052 洪武正韵……魏柔克正字韵纲……字瀠博义商於,地名。赵谦声音文字通……

24.螐 p1053 汪胡切……杨桓六书统……字瀠博义哀都切,音乌。

25.剭 p1054 汪胡切……杨桓六书统……字瀠博义哀都切。

26.鴮 p1054 汪胡切……杨桓六书统……字瀠博义哀都切。

27.趶 p1054 汪胡切……杨桓六书统……字瀠博义哀都切。

28.䃶 p1054 汪胡切……司马光类篇……字瀠博义哀都切,山崎也。

卷之二千四百五　　六模

29. 麻 p1123 洪武正韵……熊忠韵会举要……字濚博义酒名也,酥、䑋、䣷、撕,同上。韵会定正字切……

30. 撕 p1126 孙租切……杨桓六书统……字濚博义三孤切。

31. 㹂 p1126 孙租切……杨桓六书统……字濚博义素姑切。

32. 龏 p1126 孙租切……释行均龙龛手鉴……字濚博义先呼切,和也。

33. 筿 p1126 孙租切。字濚博义先乌切,细竹也。

卷之二千四百八　　六模

34. 疎 p1146 洪武正韵……郭守正紫云韵……字濚博义说文窻也,梁冀传楝疎青琐；又麤也,通作疏、㐾；千家姓又姓。

35. 疏 p1146 洪武正韵……李壄存古正字……字濚博义通作䟽、䟽、䟽、䟽。赵谦声音文字通……

36. 楝 p1151 洪武正韵……熊忠韵会举要……字濚博义山模切,又音初。赵谦声音文字通……

37. 朒 p1152 山锄切……韩道昭五音类聚……字濚博义音疎,青色也。

卷之二千七百五十五　　八灰

38. 蘢 p1416 洪武正韵……熊忠韵会举要……字濚博义音陂,又薄蟹切。赵谦声音文字通……

39. 籠 p1416 洪武正韵……杨桓六书统……字濚博义波为切,又逋眉切。

40. 诐 p1416 洪武正韵……熊忠韵会举要……字濚博义彼义切。

卷之二千八百六　　八灰

41. 裨 p1429 洪武正韵……熊忠韵会举要……字濚博义通作埤。赵谦声音文字通……

42. 埤 p1430 洪武正韵……熊忠韵会举要……字濚博义篇夷切,附也；埤、陴、裨,同上。

43. 箄 p1430 洪武正韵……熊忠韵会举要……字濚博义必匙切,江东呼小笼为箄；又必是切。赵谦声音文字通……

44. 頯 p1431 晡回切……杨桓六书统……字濚博义音卑,发白也。赵谦声音文字通……

45. 㾦 p1431 晡回切……杨桓六书统……字濚博义波为切,又音陂。

46. 鯡 p1431 晡回切……杨桓六书统……字溦博义俯移切,音卑。

47. 俾 p1432 晡回切……杨桓六书统……字溦博义俯移切,音卑。

48. 萆 p1432 晡回切……杨桓六书统……字溦博义萆,房脂切。赵谦声音文字通……

49. 彼 p1432 晡回切。字溦博义班縻切,辩论也。

50. 鮍 p1432 晡回切。字溦博义俯移切,横角谓之鮍。

卷之二千八百七　八灰

51. 肧 p1433 洪武正韵……熊忠韵会举要……字溦博义文字注通作伾。赵谦声音文字通……

52. 伾 p1435 洪武正韵……熊忠韵会举要……字溦博义通作伓、岯,走貌。赵谦声音文字通……

53. 秠 p1435 洪武正韵……熊忠韵会举要……字溦博义通作秕;又普弥切;又部癸切。赵谦声音文字通……

54. 铍 p1435 洪武正韵……熊忠韵会举要……字溦博义鈚,同上。韵会定正字切……

55. 岯 p1438 洪武正韵……杨桓六书统……字溦博义尚书至于大岯,注再重曰英,一重曰邳;括地理志云大邳山,今名黎阳东山;又曰青坛山,在卫州黎阳也。韵会定正字切……

56. 破 p1439 洪武正韵……魏柔克正字韵纲……字溦博义篇夷切。韵会定正字切……

57. 旇 p1439 洪武正韵……熊忠韵会举要……字溦博义又平祕切。赵谦声音文字通……

58. 䎱 p1439 洪武正韵……熊忠韵会举要……字溦博义篇宜切。韵会定正字切……

59. 錍 p1440 洪武正韵……熊忠韵会举要……字溦博义篇夷切,说文鉴錍也;博雅錍谓之铭。

60. 髬 p1440 铺杯切……杨桓六书统……字溦博义敷(敷)羁切,䰇,同上。

61. 剺 p1441 铺杯切……杨桓六书统……字溦博义敷羁切,又音被。

62. 恢 p1441 铺杯切……韩道昭五音类聚……字溦博义敷羁切,音披。

63. 啡 p1441 铺杯切……杨桓六书统……字溦博义芳杯切,音杯。

64. 姯 p1441 铺杯切……杨桓六书统……字潫博义芳杯切，妚，同上；又方九切。

65. 埲 p1441 铺杯切……杨桓六书统……字潫博义芳杯切。

66. 髺 p1441 铺杯切……杨桓六书统……字潫博义芳杯切。

67. 䍦 p1442 铺杯切……杨桓六书统……字潫博义敷羁切，音披。

68. 陫 p1442 铺杯切。字潫博义方回切，小阜也。

69. 剆 p1442 铺杯切。字潫博义孚圭切，握也。

卷之二千八百八　八灰

70. 梅 p1447 洪武正韵……周伯琦六书正讹……字潫博义花于冬、实于春、黄熟于夏之果。赵谦声音文字通……

卷之二千九百五十五　九真

71. 魌 p1604 而真切……杨桓六书统……字潫博义士臻切。

卷之三千五百八十六　九真

72. 遵 p2150 洪武正韵……熊忠韵会举要……字潫博义古作䙴。赵谦声音文字通……

73. 踆 p2151 洪武正韵……熊忠韵会举要……字潫博义祖昆切。

74. 䭑 p2151 洪武正韵……韩道昭五音类聚……字潫博义将伦切。

75. 陼 p2153 他昆切……杨桓六书统……字潫博义吐根切，歄，同上。

76. 䐉 p2153 他昆切……杨桓六书统……字潫博义䐉，同上。

77. 黗 p2153 他昆切……杨桓六书统……字潫博义黗，同上。

卷之五千二百六十八　十三萧

78. 祩 p2402 洪武正韵……周伯琦六书正讹……字潫博义灾也。赵谦声音文字通……

79. 枖 p2402 洪武正韵……熊忠韵会举要……字潫博义夭、祅、祆，同上。赵谦声音文字通……

80. 褑 p2406 伊尧切……熊忠韵会举要……字潫博义音要，缏绳也。韵会定正……

81. 蠑 p2407 伊尧切……杨桓六书统……字潫博义音要。

82. 皀 p2407 伊尧切……杨桓六书统……字潫博义於宵切。

83. 吆 p2407 伊尧切……杨桓六书统……字潫博义於宵切。

84. 官 p2407 伊尧切……杨桓六书统……字瀿博义於宵切。

85. 聇 p2407 伊尧切……杨桓六书统……字瀿博义於宵切。

86. 颂 p2407 伊尧切……杨桓六书统……字瀿博义音幺。

87. 櫻 p2407 伊尧切……杨桓六书统……字瀿博义音要。

88. 鵶 p2408 伊尧切……杨桓六书统……字瀿博义音妖。

89. 饕 p2408 伊尧切……杨桓六书统……字瀿博义饕,音妖。

90. 敲 p2418 丘奴(疑为妖)切……杨桓六书统……字瀿博义又五交切,打也。赵谦声音文字通……

91. 頍 p2419 丘妖切……杨桓六书统……字瀿博义起嚻切。

92. 趫 p2419 丘妖切……杨桓六书统……字瀿博义又音骄,捷也。

93. 獢 p2419 丘妖切……杨桓六书统……字瀿博义起嚻切。

94. 墽 p2419 丘妖切……杨桓六书统……字瀿博义起嚻切,又音乔。

95. 撽 p2419 丘妖切……杨桓六书统……字瀿博义去遥切。

96. 儌 p2419 丘奴(当为妖)切……杨桓六书统……字瀿博义去遥切。

97. 乔 p2419 丘妖切……杨桓六书统……字瀿博义起嚻切。

98. 栗 p2420 此遥切……杨桓六书统……字瀿博义音鏊。

99. 鄡 p2420 此遥切……杨桓六书统……字瀿博义七遥切,音鏊。

100. 摻 p2420 此遥切……杨桓六书统……字瀿博义七遥切。

101. 摷 p2421 此遥切……杨桓六书统……字瀿博义七遥切。

卷之六千五百二十三　十八阳

102. 装 p2593 洪武正韵……熊忠韵会举要……字瀿博义通作裵、襄。赵谦声音文字通……

卷之六千五百二十四　十八阳

103. 椿 p2596 洪武正韵……熊忠韵会举要……字瀿博义音庄,橛也。赵谦声音文字通……

卷之七千五百六　十八阳

104. 仓 p3342 洪武正韵……倪镗六书类释……字瀿博义通作苍。赵谦声音文字通……

卷之七千五百十八　十八阳

105. 匡 p3485 千刚切……杨桓六书统……字瀿博义音仓。赵谦声音文字通……

　　106. 簹 p3485 千刚切……杨桓六书统……字㴑博义七冈切，又丁羊切，通作箐。

　　107. 淐 p3485 千刚切……杨桓六书统……字㴑博义佺、泾，同上，通作浪。赵谦声音文字通……

　　108. 𪊨 p3485 千刚切……杨桓六书统……字㴑博义音仓。

　　109. 伧 p3485 千刚切……杨桓六书统……字㴑博义七刚切。

　　卷之七千八百八十九　十九庚

　　110. 汀 p3607 洪武正韵……熊忠韵会举要……字㴑博义特丁切。赵谦声音文字通……

　　卷之七千八百九十五　十九庚

　　111. 𨋕 p3675 洪武正韵……熊忠韵会举要……字㴑博义音厅。韵会定正字切……

　　112. 朾 p3675 洪武正韵……熊忠韵会举要……字㴑博义汤丁切。韵会定正字切……

　　113. 芏 p3676 他经切……杨桓六书统……字㴑博义又五到切。赵谦声音文字通……

　　114. 𥝐 p3676 他经切……杨桓六书统……字㴑博义音汀。

　　115.（罤）p3676 他经切……杨桓六书统……字㴑博义又。

　　116. 𦓐 p3676 他经切……杨桓六书统……字㴑博义耕也。

　　117. 𦙫 p3676 他经切……杨桓六书统……字㴑博义音汀。

　　118. 艇 p3676 他经切……杨桓六书统……字㴑博义又音廷。

　　119. 耵 p3676 他经切……杨桓六书统……字㴑博义音汀。

　　卷之七千九百六十　十九庚

　　120. 馨 p3678 洪武正韵……熊忠韵会举要……字㴑博义通作馫。赵谦声音文字通……

　　121. 兴 p3680 洪武正韵……魏柔克正字韵纲……字㴑博义悦也，通作嬹。赵谦声音文字通……

　　卷之八千二十一　十九庚

　　122. 伷 p3741 诸成切……杨桓六书统……字㴑博义通作䎻。

123. 乘 p3741 诸成切……释行均龙龛手鉴……字濚博义煮仍切。

124. 扴 p3741 诸成切……杨桓六书统……字濚博义音征。

125. 瘗 p3742 诸成切……韩道昭五音类聚……字濚博义攴废切,病也。

卷之八千二百七十五　十九庚

126. 兵 p3856 洪武正韵……熊忠韵会举要……字濚博义兵,戎也。赵谦声音文字通……

卷之八千五百二十六　十九庚

127. 精 p3946 洪武正韵……魏柔克正字韵纲……字濚博义米熟也。赵谦声音文字通……

卷之八千八百四十一　二十尤

128. 油 p4032 洪武正韵……熊忠韵会举要……字濚博义脂油也。赵谦声音文字通……

129. 扰 p4039 洪武正韵……熊忠韵会举要……字濚博义通作舀;又笑韵,弋照切。赵谦声音文字通……

130. 迶 p4040 洪武正韵……周伯琦六书正讹……字濚博义于救切,音由,循也。赵谦声音文字通……

卷之九千七百六十二　二十二覃

131. 鹹 p4181 洪武正韵……熊忠韵会举要……字濚博义通作咁。赵谦声音文字通……

132. 函 p4181 洪武正韵……熊忠韵会举要……字濚博义说文匣也,谓可容一剑也。赵谦声音文字通……

133. 锎 p4186 洪武正韵……熊忠韵会举要……字濚博义锎,同上。韵会定正字切……

134. 菡 p4188 胡喦切……杨桓六书统……字濚博义居咸切,又音堪。

135. 翢 p4188 胡喦切……杨桓六书统……字濚博义音咸。

136. 濂 p4188 胡喦切……杨桓六书统……字濚博义胡逸切。

137. 鹴 p4188 胡喦切。韩道昭五音类聚……字濚博义胡逸切,鸟也。

卷之九千七百六十三　二十二覃

138. 喦 p4189 洪武正韵……周伯琦六书正讹……字濚博义疑咸切,咸韵,音岩,又鲁音切。赵谦声音文字通……

139. 岩 p4190 洪武正韵……熊忠韵会举要……字溁博义疑嘶切,通作㕙;又疑盐切,嵌岩,山险也。巗嶄巗,山高貌,岩,山峰也。赵谦声音文字通……

卷之一万八百七十七　六姥

140. 澫 p4482 洪武正韵……韩道昭五音类聚……字溁博义磡、壨,同上。

141. 㭭 p4485 郎古切……杨桓六书统……字溁博义他胡切。

142. 鬊 p4485 郎古切……杨桓六书统……字溁博义音鲁,发也。

卷之一万一千七十六　八贿

143. 臘 p4604 鲁猥切……杨桓六书统……字溁博义落猥切,又音礧,磈,同上。

144. 瘰 p4604 鲁猥切……杨桓六书统……字溁博义落猥切,瘰,痱也,臘,同上。

145. 㘰 p4605 鲁猥切……陆法言广韵……字溁博义落猥切,音磊。

146. 頛 p4605 鲁猥切……杨桓六书统……字溁博义落猥切,音累,頪,同上。

147. 腺 p4605 鲁猥切……杨桓六书统……字溁博义力轨切。

148. 雷 p4605 鲁猥切……杨桓六书统……字溁博义力轨切。赵谦声音文字通……

149. 畾 p4605 鲁猥切……杨桓六书统……字溁博义音壨。

150. 瓡 p4605 鲁猥切……杨桓六书统……字溁博义落猥切。

151. 魁 p4606 洪武正韵……杨桓六书统……字溁博义口猥切,又音傀。赵谦声音文字通……

152. 瘣 p4606 洪武正韵……五十先生韵宝……字溁博义乌贿切,通作磈、磈、崴。韵会定正字切……

153. 傀 p4606 洪武正韵……杨桓六书统……字溁博义口猥切。赵谦声音文字通……

154. 𩑺 p4606 苦猥切……杨桓六书统……字溁博义口猥切。

155. 䐆 p4607 苦猥切……杨桓六书统……字溁博义口猥切,又音傀。

156. 傀 p4607 苦猥切……杨桓六书统……字溁博义又口猥切。

157. 㔲 p4607 苦猥切……杨桓六书统……字溁博义丘轨切。

158. 頮 p4607 苦猥切……杨桓六书统……字溁博义頮,音轨,小头也。

159. 畾 p4607 苦猥切。韩道昭五音类聚……字溁博义畾,丘愧切,地名,在

160. 鮾 p4608 洪武正韵……字漾博义弩罪切,鰀、脮、䐈,同上。

161. 㛋 p4609 弩垒切……杨桓六书统……字漾博义奴罪切。

162. 毪 p4609 弩垒切……杨桓六书统……字漾博义奴罪切。

163. 俀 p4609 弩垒切……杨桓六书统……字漾博义奴罪切,㾹、脮、俀、瘣,同上。

164. 錘 p4611 洪武正韵……熊忠韵会举要……字漾博义錘炉烹物,成物之具也;又之瑞切。赵谦声音文字通……

165. 膞 p4612 主蕊切……杨桓六书统……字漾博义又音捶、𩪘;又符遇切。

166. 㒔 p4612 主蕊切……杨桓六书统……字漾博义式轨切;又音水。

167. 䐈 p4612 主蕊切……杨桓六书统……字漾博义之累切。

168. 𧮫 p4612 主蕊切。韩道昭五音类聚……字漾博义执轨切。

卷之一万一千七十七　八贿

169. 蕊 p4613 洪武正韵……熊忠韵会举要……字漾博义通作𦽈、橤、蕋、𦱊、𦸂。韵会定正字切……

170. 𡛷 p4617 如累切……杨桓六书统……字漾博义时髓切,又音蕋,又於避切。

171. 𦲽 p4617 如累切……杨桓六书统……字漾博义音蕊。

172. 𠝏 p4617 如累切……杨桓六书统……字漾博义𠝏,音橤。

173. 𥰢 p4617 如累切……张子敬经史字源韵略……字漾博义说文杖也。

174. 穮 p4617 如累切……杨桓六书统……字漾博义时髓切,又将伪切。

175. 藗 p4622 洪武正韵……熊忠韵会举要……字漾博义又草木弱貌。赵谦声音文字通……

176. 寯 p4622 洪武正韵……熊忠韵会举要……字漾博义音髓。赵谦声音文字通……

177. 䯝 p4623 息委切……韩道昭五音集韵……字漾博义胥里切。

178. 摧 p4625 即委切……司马光类篇……字漾博义嶊,同上。

179. 觜 p4625 即委切。顾野王玉篇……字漾博义又音觜。

180. 𥩱 p4625 即委切……杨桓六书统……字漾博义又音觜。

181. 蒌 p4625 即委切……杨桓六书统……字漾博义子罪切,又音摧,又

十四 《字溍博义》

音诈。

182. 嶊 p4625 即委切……杨桓六书统……字溍博义子罪切,口嶊,颓颓也;又灰韵,藏回切。

183. 偗 p4626 即委切……韩道昭五音类聚……字溍博义作隓,子委切;又音唯,相欲伏也。

184. 趡 p4626 洪武正韵……熊忠韵会举要……字溍博义又睢氏切。赵谦声音文字通……

185. 髡 p4626 千水切。字溍博义初委切,发好也。

186. 頍 p4627 洪武正韵……熊忠韵会举要……字溍博义丘轨切,又音跪,厚也。韵会定正字切……

187. 踤 p4627 犬蘂切……杨桓六书统……字溍博义丘癸切,通作跙。

188. 煃 p4627 犬蘂切……杨桓六书统……字溍博义丘癸切,又音跬。

189. 挋 p4627 犬蘂切……杨桓六书统……字溍博义丘轨切,又音启。

卷之一万一千三百十三　十罕

190. 鄻 p4826 古缓切。字溍博义音管,县名。

卷之一万一千六百十五　十四巧

191. 老 p4919 洪武正韵……周伯琦六书正讹……字溍博义通作耂。赵谦声音文字通……

卷之一万一千九百五十一　十九梗

192. 顶 p5034 洪武正韵……熊忠韵会举要……字溍博义顁,通作靪,山巅也。赵谦声音文字通……

卷之一万二千一百四十八　二十有

193. 椒 p5243 洪武正韵……杨桓六书统……字溍博义仓苟切;又则构、仕垢二切。

194. 謏 p5244 苏偶切……杨桓六书统心母䜔,详见筱韵,謏误。字溍博义謏,同上,又先了切;又所六切。

195. 謏 p5244 苏偶切。字溍博义初九切,高声也,出类聚。

196. 趣 p5244 洪武正韵……魏柔克正字韵纲……字溍博义趣,通作歪。赵谦声音文字通……

197. 趣 p5245 此苟切……韩道昭五音集韵……字溍博义仓苟切。

198. 姁 p5245 此苟切……杨桓六书统……字濮博义仓苟切。

199. 勪 p5245 此苟切……杨桓六书统……字濮博义仓苟切。

200. 韵 p5245 此苟切……杨桓六书统……字濮博义仓苟切。

201. 走 p5245 洪武正韵……魏柔克正字韵纲……字濮博义走，通作迯、企、歪、歪。赵谦声音文字通……

卷之一万三千八十三 一送

202. 迵 p5647 徒弄切……倪镗六书类释……字濮博义音洞。赵谦声音文字通……

203. 侗 p5647 徒弄切……杨桓六书统……字濮博义音洞。

204. 霝 p5647 徒弄切。韩道昭五音集韵水浪急也，徐寅黄河赋云霝霝写铁围之比也。字濮博义音洞，添也。

205. 㡆 p5647 徒弄切。杨桓六书统……字濮博义又昌容切。

206. 徟 p5648 徒弄切。字濮博义多动切，儱徟，直行貌。

207. 弄 p5648 洪武正韵……熊忠韵会举要……字濮博义古作（原阙）。赵谦声音文字通……

208. 襱 p5649 卢贡切……杨桓六书统……字濮博义良用切。

209. 驡 p5650 卢贡切……杨桓六书统……字濮博义良用切。

210. 癃 p5650 卢贡切……杨桓六书统……字濮博义癃，同上。

卷之一万三千八十四 一送

211. 哢 p5659 胡贡切。字濮博义胡孔切，哢哢，鸟声也，㗅，同上。

212. 硿 p5660 呼贡切……杨桓六书统……字濮博义呼宋切，䃡、硔，同上。

213. 控 p5661 洪武正韵……熊忠韵会举要……字濮博义苦送切。赵谦声音文字通……

214. 倥 p5661 洪武正韵……熊忠韵会举要……字濮博义苦动切，音孔，倥偬，事多也。韵会定正字切……

215. 箜 p5661 洪武正韵……熊忠韵会举要……字濮博义呫，又丘玉切。

216. 鞚 p5661 苦贡切……魏柔克正字韵纲……字濮博义居用切。韵会定正字切……

217. 羫 p5662 苦贡切……杨桓六书统……字濮博义古送切；又羊腔也，通作羫、腔；又驱羊切；又江韵枯江切。

218. 矼 p5662 苦贡切……杨桓六书统……字濂博义苦孟切。

219. 矼 p5662 苦贡切。韩道昭五音集韵……字濂博义，切同上。

卷之一万三千一百九十四　一送

220. 种 p5720 洪武正韵……魏柔克正字韵纲……字濂博义通作穜,古作稑。赵谦声音文字通……

221. 甄 p5730 洪武正韵……杨桓六书统……字濂博义音众。

222. 諥 p5730 之仲切……杨桓六书统……字濂博义知用切。

223. 妐 p5730 之仲切……杨桓六书统……字濂博义又陟中切。

卷之一万三千四百九十五　二寘

224. 緻 p5790 洪武正韵……熊忠韵会举要……字濂博义知义切。赵谦声音文字通……

225. 致 p5790 洪武正韵……周伯琦六书正讹……字濂博义知义切。赵谦声音文字通……

卷之一万三千四百九十六　二寘

226. 制 p5805 洪武正韵……广韵緫……字濂博义古作劕。赵谦声音文字通……

卷之一万三千八百七十二　三未

227. 贲 p5931 洪武正韵……魏柔克正字韵纲……字濂博义必辔切。赵谦声音文字通……

卷之一万三千八百七十六　三未

228. 邲 p5994 必忌切……倪镗六书类释……字濂博义彼义切,音祕。赵谦声音文字通……

卷之一万三千八百八十　三未

229. 奜 p6040 必忌切……杨桓六书统……字濂博义彼义切。

230. 禆 p6040 必忌切……杨桓六书统……字濂博义音痹,止行人也,汉书出称警,入言趯,警者戒肃,趯者,止行人,霍光传道上称趯,汉仪法皇帝辇动,左右侍帷者称警出殿,则传禆止人清道,譁,同上;又质韵。

231. 秘 p6041 必忌切……杨桓六书统……字濂博义彼义切。

232. 疵 p6041 必忌切……杨桓六书统……字濂博义彼义切,音贲。

233. 舭 p6041 必忌切……杨桓六书统……字濂博义彼义切。

234. 氁 p6042 必忌切……杨桓六书统……字溠博义又删韵，布还切。

235. 紴 p6042 必忌切……杨桓六书统……字溠博义将计切，音闭。

236. 枈 p6042 必忌切……杨桓六书统……字溠博义彼义切。

237. 妽 p6042 必忌切。字溠博义必至切，丑也。

卷之一万三千九百九十二　三未

238. 嬉 p6073 洪武正韵……熊忠韵会举要……字溠博义又虚宜切，愽雅戏也，游也，美也；通作娭，相如赋吾欲往乎南娭。韵会定正字切……

239. 欷 p6073 洪武正韵……熊忠韵会举要……字溠博义香义切。赵谦声音文字通……

240. 唏 p6073 洪武正韵……杨桓六书统……字溠博义啼鸣也。

241. 黖 p6076 洪武正韵……熊忠韵会举要……字溠博义於既切，音壑。韵会定正字切……

242. 摡 p6077 洪武正韵……熊忠韵会举要……字溠博义於既切，音戏。赵谦声音文字通……

243. 咥 p6077 洪武正韵……熊忠韵会举要……字溠博义又知义切，音知、寘，同上。赵谦声音文字通……

244. 㺑 p6078 洪武正韵……熊忠韵会举要……字溠博义香义切，音戏。赵谦声音文字通……

245. 呬 p6078 许意切……杨桓六书统……字溠博义又丑利切。赵谦声音文字通……

246. 䬣 p6079 许意切……杨桓六书统……字溠博义饩，同上。

247. 䤈 p6079 许意切……字溠博义香义切，音戏，䤈，同上。

248. 叱 p6079 许意切……杨桓六书统……字溠博义香义切。

249. 嚱 p6079 许意切……杨桓六书统……字溠博义香义切，音戏。

250. 嘻 p6079 许意切……杨桓六书统……字溠博义熺香义切，音戏。

251. 譆 p6080 许意切……杨桓六书统……字溠博义香戏切，音戏。

252. 瘄 p6080 许意切……杨桓六书统……字溠博义许既切。

253. 㧁 p6080 许意切……杨桓六书统……字溠博义㧁，音欷。

254. 㩦 p6080 许意切……杨桓六书统……字溠博义香义切。

255. 娞 p6080 许意切……杨桓六书统……字溠博义呼计切。

十四 《字瀿博义》 101

256. 㐫 p6080 许意切……杨桓六书统……字瀿博义呼计切,又霁韵,欺慢之貌。

257. 䎤 p6080 许意切……杨桓六书统……字瀿博义虚义切。

258. 恞 p6080 许意切……杨桓六书统……字瀿博义火季切。

259. 諹 p6080 许意切。韩道昭五音集韵……字瀿博义许既切,音欯。

260. 欥 p6080 许意切。韩道昭五音集韵……字瀿博义香义切,音戏,虚也。

261. 僛 p6080 许意切。字瀿博义许未切,废也。

卷之一万三千九百九十三　三未

262. 系 p6081 洪武正韵……周伯琦说文字原……字瀿博义筋也。赵谦声音文字通……

263. 禊 p6086 洪武正韵……熊忠韵会举要……字瀿博义又古辖切。赵谦声音文字通……

264. 樨 p6090 胡戏切……杨桓六书统……字瀿博义胡计切,又胡鸡切。

265. 嫇 p6090 胡戏切……杨桓六书统……字瀿博义胡计切。

266. 褉 p6090 胡戏切……杨桓六书统……字瀿博义音系。

267. 劋 p6091 胡戏切。韩道昭五音类聚……字瀿博义音携,劋,同上。

卷之一万四千三百八十四　四霁

268. 冀 p6307 洪武正韵……熊忠韵会举要……字瀿博义吉器切。赵谦声音文字通……

卷之一万四千五百四十四　五御

269. 悇 p6422 昌摅切……杨桓六书统……字瀿博义音絮,又怀忧也。

270. 楚 p6422 昌摅切……杨桓六书统……字瀿博义心利切。

卷之一万四千五百七十四　六暮

271. 铺 p6435 洪武正韵……熊忠韵会举要……字瀿博义箸门铺首也,从金甫声,所以衔环者,作龟蛇之形,以铜为之,故名金铺;又虞韵,滂模切。赵谦声音文字通……

卷之一万四千九百一十二　六暮

272. 釜 p6700 洪武正韵……杨桓六书统……字瀿博义扶古切。赵谦声音文字通……

273. 辅 p6704 洪武正韵……熊忠韵会举要……字瀿博义四辅,官名,左辅、

102　上编　辑佚

右弼、前疑、后丞，通作𦗒、𦖞。赵谦声音文字通……

卷之一万五千七十三　七泰

274. 诫 p6779 洪武正韵……熊忠韵会举要……字溑博义居隘切。赵谦声音文字通……

卷之一万五千七十五　七泰

275. 介 p6791 洪武正韵……魏柔克正字韵纲……字溑博义古隘切，细微也，楚曰僪、晋曰絓、秦曰挈，物无耦曰特、兽无耦曰介，傅曰逢泽有介麇，飞鸟双鹰曰桀，出方言。赵谦声音文字通……

276. 价 p6800 洪武正韵……熊忠韵会举要……字溑博义通作𥚓、概、紛。赵谦声音文字通……

卷之一万五千一百四十三　八对

277. 镦 p6875 洪武正韵……熊忠韵会举要……字溑博义又都回切，铁也。韵会定正……

278. 夺 p6876 洪武正韵……熊忠韵会举要……字溑博义奴带切。韵会定正字切……

279. 靾 p6876 洪武正韵……魏柔克正字韵纲……字溑博义又补靴也。韵会定正字切……

280. 鋭 p6876 洪武正韵……熊忠韵会举要……字溑博义徒会切，又以芮切。韵会定正字切……

281. 颰 p6877 杜对切……杨桓六书统……字溑博义杜外切。

282. 嶍 p6877 杜对切……杨桓六书统……字溑博义𡐦，同上。

283. 𡽀 p6877 杜对切……杨桓六书统……字溑博义徒猥切。

284. 薩 p6877 杜对切……杨桓六书统……字溑博义徒猥切。

285. 峴 p6877 杜对切……杨桓六书统……字溑博义戈税切。

286. 𥝠 p6877 杜对切……杨桓六书统……字溑博义杜外切，屑米也。

287. 鑐 p6877 杜对切……韩道昭五音集韵……字溑博义徒猥切。

288. 隧 p6877 杜对切……韩道昭五音集韵……字溑博义徒猥切。

289. 䧯 p6877 杜对切……杨桓六书统……字溑博义音濆。

290. 瘨 p6878 杜对切……杨桓六书统……字溑博义徒对切，下部病也。

十四 《字汇博义》 103

卷之一万九千四百十六 二十二勘

291. 鮨 p7189 庄陷切……杨桓六书统……字汇博义鰤,同上。

292. 霵 p7189 庄陷切……杨桓六书统……字汇博义阻懴切。

293. 站 p7189 庄陷切……杨桓六书统……字汇博义𡊄,竹感切,坐立不动貌。

卷之一万九千四百二十六 二十二勘

294. 譙 p7295 庄陷切……杨桓六书统……字汇博义又子鉴切,音覽。

295. 蘸 p7295 庄陷切……杨桓六书统……字汇博义蘸,又子鉴切,音蘸。

296. 湛 p7296 洪武正韵……熊忠韵会举要……字汇博义丈陷切;又丑甚切;又长琰切。赵谦声音文字通……

297. 譛 p7297 洪武正韵……熊忠韵会举要……字汇博义又士陷切,言也;又士衫切,又轻言也;又以言毁人也,僭,同上。赵谦声音文字通……

298. 偒 p7297 洪武正韵……熊忠韵会举要……字汇博义又芳万切,匹偶也。韵会定正……

299. 甑 p7297 直陷切……杨桓六书统……字汇博义音諺;又士陷切。

300、詀 p7297 直陷切……熊忠韵会举要……字汇博义又陟陷切,通作谦。韵会定正字切……

301. 艬 p7297 直陷切……杨桓六书统……字汇博义又士陷切,音儳,船也。

302. 槧 p7298 直陷切……杨桓六书统……字汇博义藏濫切;又子斩切,鏨,同上。

303. 蹔 p7298 直陷切……杨桓六书统……字汇博义又士陷切。

304. 湸 p7298 直陷切……杨桓六书统……字汇博义藏濫切,水深貌;又士陷切。

305. 隒 p7298 直陷切……杨桓六书统……字汇博义又士陷切。

306. 犩 p7298 直陷切……杨桓六书统……字汇博义又士陷切。

307. 儢 p7298 直陷切。释行均龙龛手鉴……字汇博义通作魘,同上义。

308. 撏 p7298 洪武正韵……熊忠韵会举要……字汇博义士陷切;又慈染切,琰韵,除也;又初陷切。

卷之一万九千六百三十六 一屋

309. 目 p7306 洪武正韵……熊忠韵会举要……字汇博义通作苜、目,古作期。赵谦声音文字通……

卷之一万九千七百四十三　一屋

310. 㩥 p7370 洪武正韵……倪镗六书类释……字滙博义音六。韵会定正字切……

311. 逯 p7370 卢谷切……熊忠韵会举要……字滙博义行谨皃；又龙玉切。赵谦声音文字通……

312. 鯥 p7371 卢谷切……杨桓六书统……字滙博义音禄。赵谦声音文字通……

313. 樉 p7372 卢谷切……杨桓六书统……字滙博义音禄。

314. 螰 p7372 卢谷切……杨桓六书统……字滙博义虚谷切，𧎾，同上。

315. 誎 p7373 卢谷切……杨桓六书统……字滙博义力足切。

316. 騄 p7373 卢谷切……杨桓六书统……字滙博义飞也。

317. 褬 p7373 卢谷切……杨桓六书统……字滙博义又作襡。

318. (𦞦) p7373 卢谷切……杨桓六书统……字滙博义又食牛也。

319. 𪎌 p7373 卢谷切……杨桓六书统……字滙博义通作䅚。

320. 祿 p7373 卢谷切……杨桓六书统……字滙博义力玉切。

321. 朧 p7373 卢谷切……杨桓六书统……字滙博义音六。

322. 蕗 p7373 卢谷切……杨桓六书统……字滙博义蕗葱，草名，蔍，同上。

323. 趗 p7374 卢谷切……杨桓六书统……字滙博义音禄，趗趗，兽走声。

324. 甪 p7375 卢谷切。字滙博义兽名。

325. 荦 p7375 卢谷切。字滙博义音蟉，草也。

卷之一万九千七百八十二　一屋

326. 跼 p7400 洪武正韵……熊忠韵会举要……字滙博义曲身貌，又从也。韵会定正字切……

327. 匑 p7400 渠玉切……杨桓六书统……字滙博义匑，同上。赵谦声音文字通……

328. 裾 p7401 渠玉切……杨桓六书统……字滙博义裾，同上。

329. 鼜 p7401 渠玉切……韩道昭五音集韵……字滙博义渠竹切。

330. 偈 p7401 渠玉切……杨桓六书统……字滙博义偈，同上。

331. 駶 p7401 渠玉切……杨桓六书统……字滙博义駶，音局。

332. 拲 p7401 渠玉切……杨桓六书统……字溁博义渠竹切。

333. 窝 p7401 渠玉切……杨桓六书统……字溁博义窝音局。

334. 鶪 p7401 渠玉切……杨桓六书统……字溁博义通作局,诗予髪曲局。

335. 梂 p7401 渠玉切……杨桓六书统……字溁博义渠竹切,木实也,梂,同上;又渠求切。

336. 梂 p7402 渠玉切。字溁博义渠竹切,木实也,梂,同上;又尤韵,渠求切。

337. 趜 p7402 渠玉切。字溁博义趜,音局,行促也。

338. 蘜 p7402 渠玉切。字溁博义其目切,你蘜,倒也。

卷之一万九千七百八十三 一屋

339. 伏 p7403 洪武正韵……魏柔克正字韵纲……字溁博义郁,同上。赵谦声音文字通……

卷之一万九千七百八十五 一屋

340. 服 p7425 洪武正韵……周伯琦六书正讹……字溁博义又房九切。赵谦声音文字通……

卷之二万三百九 二质

341. 壹 p7592 洪武正韵……周伯琦说文字原……字溁博义单也;又皆也。赵谦声音文字通……

342. 嬄 p7595 益悉切……杨桓六书统……字溁博义於悉切。

343. 乚 p7595 益悉切……杨桓六书统……字溁博义乚,音乙。

344. 叺 p7596 益悉切……杨桓六书统……字溁笔(误,当为博)义於笔切。

345. 辟 p7596 益悉切。字溁博义以吉切,去也。

卷之二万四百七十八 二质

346. 职 p7711 洪武正韵……周伯琦六书正讹……字溁博义职,亟爱也,东齐海岱谓之亟,诈欺也,出方言,自关而西秦晋之间,凡相敬爱谓之亟,吴越间谓之怜职。赵谦声音文字通……

卷之二万二千一百八十 八陌

347. 陌 p7848 洪武正韵……倪镗六书类释……字溁博义通作百。韵会定正字切……

348. 佰 p7851 洪武正韵……熊忠韵会举要……字溁博义汉志仟佰之得,仟谓千钱,佰谓百钱,言数多相去,或彼一此百,或此一彼百也。赵谦声音文字通……

349. 貈 p7851 洪武正韵……熊忠韵会举要……字瀺博义帞,同上。韵会定正……

350. 莫 p7852 洪武正韵……熊忠韵会举要……字瀺博义蔒、蓩,同上。赵谦声音文字通……

卷之九百十　二支

351. 尸 p8609 洪武正韵……熊忠韵会举要……字瀺博义书之切。赵谦声音文字通……

卷之九百十三　二支

352. 屍 p8636 洪武正韵……熊忠韵会举要……字瀺博义商支切。赵谦声音文字通……

卷之四千九百八　十二先

353. 煙 p8797 洪武正韵……熊忠韵会举要……字瀺博义说文烟煴,天地气也,精气也,通作㷠、絪、黫、爡、賈;又啸韵,刀吊切。赵谦声音文字通……

卷之一万三千三百四十　二寘

354. 寺 p9128 洪武正韵……李燾存古正字……字瀺博义又昌志切,守也,又法度所守也。

卷之一万四千一百二十四　四霁

355. 泜 p9160 洪武正韵……熊忠韵会举要……字瀺博义音帝,即陈余死处,汉书斩余泜水上,汦,同上。赵谦声音文字通……

356. 挮 p9161 丁计切……杨桓六书统……字瀺博义絮,音帝。赵谦声音文字通……

357. 赿 p9161 丁计切……杨桓六书统……字瀺博义音帝。赵谦声音文字通……

358. 䟓 p9161 丁计切……韩道昭五音类聚……字瀺博义都计切,骇也。赵谦声音文字通……

359. 骶 p9161 丁计切……杨桓六书统……字瀺博义骶,都计切。

360. 跃 p9162 丁计切……杨桓六书统……字瀺博义跮、跮,同上,并都计切。

361. 蝭 p9162 丁计切……杨桓六书统……字瀺博义都计切;又杜奚切。

362. 渧 p9162 丁计切……杨桓六书统……字瀺博义都计切。

十四 《字漋博义》 107

363. 媂 p9162 丁计切……杨桓六书统……字漋博义又徒里切。

364. 胝 p9162 丁计切……杨桓六书统……字漋博义胝，都计切。

365. 瘝 p9162 丁计切……司马光类篇……字漋博义都计切，下部病也。

366. 掋 p9162 丁计切……杨桓六书统……字漋博义都计切。

367. 嫡 p9162 丁计切……杨桓六书统……字漋博义都计切。

368. 厎 p9162 丁计切……杨桓六书统……字漋博义又知义切，说文致也。

369. 傂 p9162 丁计切……杨桓六书统……字漋博义都计切。

370. 鯑 p9162 丁计切……杨桓六书统……字漋博义都计切。

371. 呧 p9163 丁计切……释行均龙龛手鉴……字漋博义呧，音帝，呵也。

卷之一万四千一百二十五　四霁

372. 梯 p9182 洪武正韵……杨桓六书……字漋博义音替，所以摘发，诗诂云女子着梯于首，男子佩之，诗象之梯也，注疏云以象骨搔首，若今笓儿；揥，同上；又典礼切。韵会定正……

373. 涕 p9182 洪武正韵……熊忠韵会举要……字漋博义通作䐟、鯑、鯑、鯑、洟、鰈、嚔、䃉、嚧、嚱、灖。赵谦声音文字通……

374. 殢 p9186 洪武正韵……熊忠韵会举要……字漋博义歽、歾，同上，并音替。韵会定正字切……

375. 軟 p9187 他计切……杨桓六书统……字漋博义又呼计切，通作欯、歍。

376. 悌 p9187 他计切……杨桓六书统……字漋博义音替。

377. 渧 p9188 他计切。字漋博义音替，水溅也。

卷之一万九千八百六十五　一屋

378. 竹 p9278 洪武正韵……熊忠韵会举要……字漋博义又许竹切。赵谦声音文字通……

卷之一万一百十二　二纸

379. 咫 p292 洪武正韵……熊忠韵会举要……字漋博义诸市切；又掌氏切。赵谦声音文字通……

380. 扺 p293 洪武正韵……熊忠韵会举要……字漋博义音咫。赵谦声音文字通……

381. 底 p298 洪武正韵……孙氏字说……字漋博义诸氏切，通作厎、疧、砥、砥；又音脂；又诸市切，柱也。

382. 坘 p300 洪武正韵……杨桓六书统……字漈博义诸市切，著也。赵谦声音文字通……

383. 疷 p318 洪武正韵……熊忠韵会举要……字漈博义音止，应也，又作也。赵谦声音文字通……

十五

赵谦《声音文字通》

卷之四百八十九　一东

1. 终 p42 洪武正韵……字溁博义……赵谦声音文字通终，照弓切，借尽也，易原始反终；又田制成十为终，汉志里十为终，终十为同，同方百里；又死也，作终、夢、叒，非；又草名，承露也，大茎小叶，华紫黄色，作蔠非，尔雅蔠葵蘩露，俗字；又戎人呼箧也，作篋，非；又木名，作柊，非，方言齐人谓雄为柊楑；俗字卂，裁衣为初，衣成为卂，象衣成形；又綧丝也，亦象缕丝在器上之形。韵会定正……

卷之四百九十　一东

2. 螽 p60 洪武正韵……熊忠韵会举要……赵谦声音文字通螽，照弓切，虫名，蝗类，作螽、蠱，非，今诗五月斯螽动股，六月莎鸡振羽，十月蟋蟀入我床下，一物随时变化而异其名。韵会定正字切……

3. 众 p62 洪武正韵……字溁博义……赵谦声音文字通众，照弓切，见厹声，此方音。韵会定正字切……

4. 霁 p63 洪武正韵……熊忠韵会举要……赵谦声音文字通照弓切。韵会定正字切……

卷之五百四十　一东

5. 颂 p81 洪武正韵……周伯琦六书正讹……赵谦声音文字通谕弓切，苏林曰汉旧仪有二郎为颂貌威仪，俗但借容，转注见贡韵；额，籀文，从容声，俗亦从人，汉妇官有傛华，借傛华嫔名，双音见上声。

6. 溶 p82 洪武正韵……阴时夫韵府群玉……赵谦声音文字通谕弓切，方音上声。韵会定正字切……

7. 蓉 p82 洪武正韵……字溦博义……赵谦声音文字通谕弓切，此续收，古但借容。韵会定正字切……

卷之五百四十一　一东

8. 庸 p96 洪武正韵……李玺存古正字……赵谦声音文字通庸，谕弓切，亦从庚，庚亦钟属，此为形兼意借用也，书若时登庸；又沟也，记祭坊与水庸事也；水名，作㵾，非也，山海经宜苏之山，㵾水出马（疑作焉）；俗字亯，从㐭、从自，自之所臭，可亯食用之意，今但借庸用之，而不知此正训用者。韵会定正字切……

卷之六百六十一　一东

9. 雝 p178 洪武正韵……李玺存古正字……赵谦声音文字通雝灖，鸟名，作鶲，非，俗讹作雍，亦非，凡从之者皆然；诗雝雝喈喈，亦借邕、廱，晋书闺门邕穆，尔雅廱廱优优，和也，九辩雁廱廱而南游，作嗈、嗈、嚱，非；尔雅噰噰，音声和也，俗字借专训咮，书於变时雝；又雝奴窦，转注见去声。韵会定正字切……

10. 灉 p184 洪武正韵……熊忠韵会举要……赵谦声音文字通河灉，水在宋，出曹州，古通借雝，俗讹用维，周礼职方氏兖州其浸庐维，注当读作雷雝，不敢改也，释文庐音雷，维於恭切，以为维字有雝音，则非也，作灉，非，双音见去声。韵会定正字切……

卷之六百六十二　一东

11. 廱 p185 洪武正韵……倪镗六书类释……赵谦声音文字通廱，天子乡饮辟廱，诗於乐辟廱，筑土邕水，外圆如璧，以节观者，亦取和义，故亦借雝，东都赋乃临辟雝记，天子曰辟雍，合正。韵会定正……

12. 饔 p195 洪武正韵……熊忠韵会举要……赵谦声音文字通饔，影弓切，亦借雝，记雍人出鼎，合正，方音，去声。韵会定正字切……

13. 癰 p196 洪武正韵……熊忠韵会举要……赵谦声音文字通癰，影弓切，庄子破癰溃痤者得车一乘，作臃、雝，非。韵会定正字切……

卷之二千二百十七　六模

14. 泸 p623 洪武正韵……熊忠韵会举要……赵谦声音文字通来沽切，古借卢，此续收。韵会定正……

卷之二千二百五十四　六模

15. 壶 p668 洪武正韵……字溦博义……赵谦声音文字通匣沽切，**壶**，上象其盖，下象其形；又投器，借山名；又与瓠同，用一壶千金，盖郎瓠之方音，故亦出瓠而借胡,今俗又讹其声,呼为蒲子,失之远矣。韵会定正字切……

卷之二千二百五十九　　六模

16. 瑚 p722 洪武正韵……字溙博义……赵谦声音文字通亦借胡,左传胡簋之事。韵会定正字切……

17. 醐 p724 洪武正韵……字溙博义……赵谦声音文字通匣沽切,作䈽、餬,非。韵会定正字切……

18. 酤 p724 洪武正韵……熊忠韵会举要……赵谦声音文字通匣姑切,当用胡、醐,此续收,作酤,非。韵会定正字切……

19. 弧 p725 洪武正韵……赵谦声音文字通匣沽切,借往体寡,来体多曰弧。韵会定正字切……

卷之二千二百六十　　六模

20. 湖 p726 洪武正韵……字溙博义……赵谦声音文字通匣沽切;又州名,因水命名。韵会定正……

卷之二千三百三十七　　六模

21. 梧 p943 洪武正韵……熊忠韵会举要……赵谦声音文字通梧,谕沽切;又作捂,读为去声,非;借飞生鼠,状如小狐、似蝙蝠、肉翅,荀子梧鼠五技而穷,作鼯,非,尔雅鼯鼠,夷由,俗字,转音去声。韵会定正字切……

卷之二千三百四十四　　六模

22. 鄅 p1015 洪武正韵……熊忠韵会举要……赵谦声音文字通谕沽切,春秋鄅部。韵会定正字切……

23. 语 p1016 洪武正韵……熊忠韵会举要……赵谦声音文字通谕沽切。韵会定正字切……

24. 䓯 p1016 讹胡切……杨桓六书统……赵谦声音文字通谕沽切。

25. 麤 p1017 洪武正韵……字溙博义……赵谦声音文字通青沽切,从三鹿疾走为意,作麁、麀、䴗、麆,非,借疏也;又略也,远游精气入而麤秽除。韵会定正字切……

26. 粗 p1018 洪武正韵……李壄存古正字……赵谦声音文字通青沽切,见上声,此方音,俗用麤,作䴗,非,公羊传䴗者曰侵,精者曰伐,俗字。

27. 麤 p1018 仓胡切……杨桓六书统……赵谦声音文字通青沽切,作麀非,僅约织履作麀,俗字,用麤通,急就章屝屩絜麤,注麤者麻枲杂履之名也,南楚江淮之间通谓之麤,方音见上声。

卷之二千三百四十五　六模

28. 乌 p1021 洪武正韵……魏柔克韵字正纲……赵谦声音文字通景沽切,因乌鸟色纯黑,故借为黑色也;又姓;又叹词,作呜,非;又安也;亦转恶,语恶乎成名,孟居恶在;又乌乌秦声,李斯传歌呼呜呜,俗字。韵会定正……

卷之二千三百四十七　六模

29. 洿 p1050 洪武正韵……周伯琦六书正讹……赵谦声音文字通景沽切,俗但用污,非,孟子暴君污吏,合乎汙世,今诗薄污我私,合正;借乌名,郭璞曰好群飞,沉水食鱼,故名污泽,尔雅作鸹,非。韵会定正……

30. 杇 p1051 洪武正韵……杨桓六书统……赵谦声音文字通景沽切,所以涂樬器也,作圬、楔,非,左传圬人以时塓馆宫室,俗字,双音见谕音。韵会定正字切……

31. 於 p1052 洪武正韵……字溄博义……赵谦声音文字通景沽切,此象乌反哺飞形,借警异之词;又叹美词,书於变时雝;或转恶,孟恶是何言也;又於戯,虎也,转注见本音,古亦象其飞形,又似从爪柀在上下。韵会定正字切……

32. 欤 p1053 汪胡切……杨桓六书统……赵谦声音文字通景沽切,今但转恶、借於从欠意乌声。

33. 弙 p1053 汪胡切……杨桓六书统……赵谦声音文字通景沽切。

卷之二千四百五　六模

34. 稣 p1123 洪武正韵……周伯琦六书正讹……赵谦声音文字通心沽切,又禾死而更生曰稣,借舒悦也,盖即苏息之义。韵会定正字切……

卷之二千四百六　六模

35. 初 p1127 洪武正韵……熊忠韵会举要……赵谦声音文字通初,穿沽切,说文曰裁衣之始也,从刀近衣为意,作䘽,非,借为凡事之始。韵会定正字切……

36. 刍 p1133 洪武正韵……熊忠韵会举要……赵谦声音文字通穿沽切,草为束也,从二勹,束二中为意,牛羊曰刍,作芻、茿、荟、穁、蒭,非,双音见状音。韵会定正字切……

37. 犓 p1138 楚鉏切……杨桓六书统……赵谦声音文字通穿沽切,俗但用刍,孟犹刍豢之悦我口。

卷之二千四百七　六模

38. 蔬 p1139 洪武正韵……熊忠韵会举要……赵谦声音文字通审沽切,古借疏,此续收,作踈,非,荀子荤菜百踈,俗字。韵会定正字切……

39. 梳 p1144 洪武正韵……熊忠韵会举要……赵谦声音文字通宋沽切,理发栉也,古借疏,苍颉篇靡者为比,龘者为疏;亦转余,史匈奴传比余,一作疎、桄,非,汉匈奴传比踈,俗字。韵会定正字切……

卷之二千四百八

40. 疏 p1146 洪武正韵……字溁博义……赵谦声音文字通宋沽切,亦从㐬,取其通达之意,讹作踈、疎,非,月令其器踈以达,合正;借远也,记情疏貌亲,或用胥苏;又渠疏、杷也,注见渠;又与醧通,方音也,汉沟洫志醧二渠以引河,转注见去声;又从爻,爻有延通之意,俗但用疏,作𥳑,非。韵会定正字切……

41. 練 p1151 洪武正韵……字溁博义……赵谦声音文字通宋沽切,布属,盖布之绤者,织纴为之,后汉祢衡箸練巾,古借疏,此续收。韵会定正字切……

42. 醧 p1152 洪武正韵……熊忠韵会举要……赵谦声音文字通宋沽切,见支韵,此或正音,古多借疏,见疏字注。

43. 疋 p1152 洪武正韵……赵谦声音文字通宋沽切,从止,上指腓肠,转注见哿韵。韵会定正字切……

44. 疋 p1152 山锄切……周伯琦六书正讹……赵谦声音文字通宋沽切,俗用疏。

卷之二千七百五十五　八灰

45. 㹠 p1415 洪武正韵……熊忠韵会举要……赵谦声音文字通书如熊如㹠,借牛名,尔雅作犪,非,注今犎牛;又呼果下牛。韵会定正字切……

46. 籚 p1416 洪武正韵……字溁博义……赵谦声音文字通紺丌切,见立音,方音见去声;又竹名,作籠,非。韵会定正字切……

卷之二千八百六　八灰

47. 卑 p1417 洪武正韵……李壆存古正字……赵谦声音文字通微小称,中本尊反,在甲下,卑小之意,孟位卑而言高,或用庳、坤,扬子库则仪秦靪斯,荀子埤污庸,俗借东胡依鲜卑山为号,转注见吃韵;又去声,庳见几韵,此方音,因与卑同用。韵会定正字切……

48. 裨 p1429 洪武正韵……字溁博义……赵谦声音文字通双音,见立音。

韵会定正字切……

49. 錍 p1430 洪武正韵……魏柔克韵字正纲……赵谦声音文字通紨丌切,作鈚,非,方音如埤不出,双音见晐韵。韵会定正字切……

50. 椑 p1430 洪武正韵……倪镗六书类释……赵谦声音文字通紨丌切,双音见胲、衸二韵……

51. 箄 p1430 洪武正韵……字瀿博义……赵谦声音文字通紨丌切,双音见上声。韵会定正字切……

52. 鑼 p1430 晡回切……杨桓六书统……赵谦声音文字通紨丌切。

53. 頯 p1431 晡回切……字瀿博义……赵谦声音文字通紨丌切。

54. 萆 p1432 晡回切……字瀿博义……赵谦声音文字通紨丌切,作藦,鼠莞,俗字,双音见祈、昏二韵。

卷之二千八百七 八灰

55. 丕 p1433 洪武正韵……熊忠韵会举要……赵谦声音文字通滂丌切,华落也,从㐭在地上,一指地,俗借披;又大也,则从一,意不声;古转不,仁山金氏曰凡诗美词而加不者,皆丕字也,如古祝词曰显大神,谓丕显大神也,说者岂不显乎,於义不通,作平,非;又姓,左传有㔻郑,俗字。韵会定正字切……

56. 肧 p1433 洪武正韵……熊忠韵会举要……赵谦声音文字通肧作妚、胚;又器物朴,当用坏。字切……

57. 岯 p1433 洪武正韵……熊忠韵会举要……赵谦声音文字通即古肧字之义,盖孕一月则血冰,训异而义同。字切……

58. 坏 p1434 洪武正韵……熊忠韵会举要……赵谦声音文字通作坯,非;又瓦未烧者,作瓬,非;又墙也,记坏,墙垣,庄子凿坏而遁,作阫,非,庄曰中冗阫,俗字,或音裒,不出。韵会定正……

59. 伓 p1435 洪武正韵……字瀿博义……赵谦声音文字通滂丌切,又恐惧也,作怌,非,扬子柔则怀,俗字;借山再成曰伓,通用坏,作岯、坯,非,尔雅一成坯,俗字,方音如毗、被。韵会定正……

60. 秠 p1435 洪武正韵……字瀿博义……赵谦声音文字通滂丌切,方音见上声。韵会定正……

61. 駓 p1435 洪武正韵……熊忠韵会举要……赵谦声音文字通滂丌切,借狸子也,作狉,非;又群走貌,作狉,非,柳文鹿豕狉狉,俗字。韵会定正字切……

62.邳 p1436 洪武正韵……熊忠韵会举要……赵谦声音文字通滂丌切,左传商有姺邳。韵会定正字切……

63.披 p1438 洪武正韵……熊忠韵会举要……赵谦声音文字通滂丌切,俗用被、铍,左传被苦盖,方音如帔,不出;又剖,分肉也,作破、攧,非;又耕也,作耚,非;借张羽貌,作翍,非,双音见上声;又迩韵。韵会定正字切……

64.被 p1439 洪武正韵……熊忠韵会举要……赵谦声音文字通滂丌切,楚词何桀纣之昌被兮,注昌被,衣不带之貌,今但用披,双音见几韵。韵会定正字切……

65.旇 p1439 洪武正韵……字瀿博义……赵谦声音文字通滂丌切,麾也,作釟、钚,非,左传以灵姑钚,俗字;又旌示旇靡也,俗但用披。韵会定正字切……

66.鮍 p1440 铺杯切……熊忠韵会举要……赵谦声音文字通滂丌切,互见鱯注。

67.妚 p1440 铺杯切……杨桓六书统……赵谦声音文字通滂傀切,方音见者韵。

68.鮍 p1440 铺杯切……杨桓六书统……赵谦声音文字通滂丌切。

卷之二千八百八　八灰

69.梅 p1447 洪武正韵……字瀿博义……赵谦声音文字通杲从木上,指梅实之形,作枈,非,俗隶讹作某,当作杲,凡从者皆然,转注见有韵;槑,古文,从二木,象两实在上,楳亦更加木,因酸味之义,借训酶也,作醿,非,梅亦从每声,借姓;又梅梅,犹昧昧,玉藻视容瞿瞿梅梅,盖即昧之方音也,作呣,非。韵会定正字切……

卷之三千五百七十九　九真

70.村 p2077 洪武正韵……熊忠韵会举要……赵谦声音文字通邨,清昆切,地名,如云东邨、西邨,聚落也,作村,非。韵会定正字切……

卷之三千五百八十二　九真

71.尊 p2103 洪武正韵……熊忠韵会举要……赵谦声音文字通貧,晶昆切,从収奉酋,酋为意,作蓥、甎、墫,非;借为尊卑、尊重之尊,作嶟,非;又雉名,作鷷,非;尊亦从寸声,或曰寸,尊之法度也,亦会意。韵会定正字切……

卷之三千五百八十五　九真

72.鷷 p2149 洪武正韵……熊忠韵会举要……赵谦声音文字通蹲,晶君切,雉名,亦借尊作鷷,非尔,西方曰鷷,俗字,双音见从音。韵会定正字切……

73. 繜 p2149 租昆切……杨桓六书统……赵谦声音文字通晶昆切,急就章禅衣蔽膝布母繜,注布母繜,状如襜褕,方音见上声。

卷之三千五百八十六　九真

74. 遵 p2150 洪武正韵……字濚博义……赵谦声音文字通晶君切,作奠,非。韵会定正字切……

75. 僎 p2151 洪武正韵……熊忠韵会举要……赵谦声音文字通晶君切,双音见管韵。韵会定正字切……

76. 啍 p2151 洪武正韵……熊忠韵会举要……赵谦声音文字通嚏,否昆切,作嚉,非;又大声,诗大车啍啍,俗音敦,不出。韵会定正字切……

77. 焞 p2151 洪武正韵……魏柔克正字韵纲……赵谦声音文字通燖,否昆切,俗音纯,不出;又日始出貌,作暾、旽非,楚词暾将出兮东方,俗字;又黄色,作𪑜、魨非,檀弓孺子䞣,俗字;又爇契龟也,仪礼楚焞置弓,爇在龟东,谓卜者烧楚木以灼龟也,方音见晖韵,双音见灰韵。韵会定正字切……

78. 吞 p2152 洪武正韵……熊忠韵会举要……赵谦声音文字通否根切,叶音如天,不出,借并力之意。韵会定正字切……

79. 涒 p2153 他昆切……杨桓六书统……赵谦声音文字通杏昆切,又涒邻,水流曲折貌,竝从水意、君声。韵会定正字切……

80. 屯 p2153 洪武正韵……熊忠韵会举要……赵谦声音文字通定昆切,见照音,此转注,用庀作屯,并非;又包束也,或用纯,诗曰茅纯束本,见上声;又忧闷积中也,作忳,非,楚词忳郁邑,俗字;又无知貌,又犀貌,作芚,非。庄圣人愚芚,俗字;又饵也,作饨、魨、䊚,非。韵会定正字切……

卷之三千五百八十七　九真

81. 軘 p2171 洪武正韵……熊忠韵会举要……赵谦声音文字通俗但用屯,汉律勒兵而守曰屯;又阅门也,作閳,非。韵会定正字切……

卷之五千二百四十四　十三萧

82. 辽 p2318 洪武正韵……熊忠韵会举要……赵谦声音文字通来骁切,远也,文选声清以辽,汉明帝置度辽将军。韵会定正字切……

卷之五千二百六十八　十三萧

83. 茮 p2402 洪武正韵……熊忠韵会举要……赵谦声音文字通景娇切,俗

十五 赵谦《声音文字通》 117

混娱，借夭，周礼夭鸟之巢，作祅、妖，非，俗字；又巧言非道，衣服歌言，中木之怪皆曰祆，作祩，非，汉文纪訞言之皋，俗字，二义并得从示定意，二字芺声。韵会定正字切……

84. 枖 p2402 洪武正韵……熊忠韵会举要……赵谦声音文字通景娇切，俗但用夭。韵会定正字切……

85. 夭 p2403 洪武正韵……熊忠韵会举要……赵谦声音文字通景娇切，见杲韵，此转注。韵会定正……

86. 宎 p2406 洪武正韵……熊忠韵会举要……赵谦声音文字通作窔，景骁切，见去声，亦此音，作宎，非。

87. 𣪠 p2418 丘奴（疑为妖）切……字瀿博义……赵谦声音文字通溪骁切。

88. 繑 p2419 丘妖切……杨桓六书统……赵谦声音文字通溪骁切。

89. 鄡 p2419 丘妖切……杨桓六书统……赵谦声音文字通溪骁切，鉅鹿窔；又鄡阳，在鄱阳，作鄥，非。

90. 簌 p2420 洪武正韵……赵谦声音文字通青骁切，见去声，此方音。

91. 鍫 p2420 洪武正韵……魏柔克正字韵纲……赵谦声音文字通青骁切，或音摇，盖方音，双音见告韵；又青高切，或用樔、梟、作斪、舠、鐰、锹、鍫，非，方言畚鍫也，俗字；又匕也，作秉，非，双音见透音。韵会定正字切……

92. 幧 p2420 洪武正韵……杨桓六书统……赵谦声音文字通青骁切，帊头也，此续收，但用帩，自具此义，或用繰、作幓、帤，非。韵会定正字切……

卷之六千五百二十三　十八阳

93. 妆 p2590 洪武正韵……周伯琦六书正讹……赵谦声音文字通照冈切，俗混庄、装，作桩、妛、糚，非。韵会定正字切……

94. 装 p2593 洪武正韵……字瀿博义……赵谦声音文字通照冈切，此乃废字，故从衣，杜林传作裹、装，非，二字壮声。韵会定正字切……

卷之六五百二十四　十八阳

95. 椿 p2596 洪武正韵……字瀿博义……赵谦声音文字通照江切，古用春。韵会定正字切……

卷之七千五百六　十八阳

96. 仓 p3342 洪武正韵……倪镗六书类释……赵谦声音文字通仓，青冈切，从仓省，下象仓形，形兼意；借仓猝，匆遽貌；亦借苍，史记苍颉、苍猝皆用苍，仺,奇字,但象仓屋形。韵会定正字切……

卷之七千五百十八　十八阳

97. 苍 p3482 洪武正韵……熊忠韵会举要……赵谦声音文字通青冈切,草色深青也,古借仓,月令驾仓龙,作笀,非,草色苍然而生,故百姓亦曰苍生;又老苍,老成也;又上苍,天也。韵会定正……

98. 沧 p3483 洪武正韵……熊忠韵会举要……赵谦声音文字通青冈切,亦借仓、苍,作沧、滄,非,本音义见凔。韵会定正字切……

99. 鸧 p3484 洪武正韵……魏柔克正字韵纲……赵谦声音文字通青冈切,又名鹙鸧,又鸧庚也,亦借仓。韵会定正字切……

100. 匡 p3485 千刚切……字潊博义……赵谦声音文字通青冈切。

101. 凔 p3485 千刚切……字潊博义……赵谦声音文字通穿罿切,见去声,此音俗,但用沧怆;又青甽切,见扛韵,此方音,或於此音用苍。

卷之七千八百八十九　十九庚

102. 汀 p3607 洪武正韵……字潊博义……赵谦声音文字通透京切,作渟,非,转注见去声,矴,亦从平为意。韵会定正字切……

卷之七千八百九十五　十九庚

103. 桯 p3675 他经切……杨桓六书统……赵谦声音文字通透京切。

104. 苧 p3676 他经切……字潊博义……赵谦声音文字通苧,透京切,荧胸也,注见胸,俗混杄。

卷之七千九百六十　十九庚

105. 馨 p3678 洪武正韵……字潊博义……赵谦声音文字通晓京切,记合膻芗,当用馨,误用膻,后人不敢改而以膻为馨,非也。韵会定正字切……

106. 兴 p3680 洪武正韵……字潊博义……赵谦声音文字通晓京切,举起也,从同力而舁起为意,作䡴,非;借地名,作郉,非;又芸台,菜名,兴蕖作蕻,非,转注见去声。韵会定正字切……

卷之八千二十一　十九庚

107. 烝 p3738 洪武正韵……周伯琦六书正讹……赵谦声音文字通照京切,俗混蒸;又发语词,诗烝在栗薪;又下婬上曰烝,左传卫宣公烝于夷姜;亦借征,双音见上声,转注见去声。韵会定正……

108. 脀 p3740 洪武正韵……周伯琦六书正讹……赵谦声音文字通照京切,

十五　赵谦《声音文字通》　119

燕礼脯醢无脊,从肉为意,作胚、胚,非;又煮煎鱼肉曰脊,作胚、鲭、䲆,非,西京杂记娄护传会五侯竟致奇膳,护合以为鲭,世为五侯鲭,俗字,双音见禅音;又禅京切。韵会定正……

109. 浈 p3741 诸成切……杨桓六书统……赵谦声音文字通照京切。

110. 隉 p3741 诸成切……杨桓六书统……赵谦声音文字通照京切;又地名,作郞,非。

卷之八千二百七十五　十九庚

111. 兵 p3856 洪武正韵……字溓博义……赵谦声音文字通緷京切,从収持斤为意,叕,籀文,重一画,俜,古文,从人収持干为意。韵会定正字切……

卷之八千五百二十六　十九庚

112. 精 p3946 洪武正韵……魏柔克正字韵纲……赵谦声音文字通晶京切,精择凿米也,因借为凡物之纯至者曰精,不杂也,易男女构精;又目童子也,作睛,非,陈史徐陵目有青睛,聪慧之相,俗字;又精駒,鼠名,作鼱,非,转注见去声。韵会定正……

卷之八千七百六　十九庚

113. 僧 p4017 洪武正韵……阴时夫韵府群玉……赵谦声音文字通学浮屠人也,古无其人,故无其字,但当转曾而用之,或用生,亦通,俗收此;又㒒僧,发乱貌,作䯱,非。韵会定正……

卷之八千八百四十一　二十尤

114. 油 p4032 洪武正韵……字溓博义……赵谦声音文字通谕九切,又博物志积油满万石,自然生火,武帝武库灾,积油所致;又行貌;又和貌。韵会定正……

115. 莸 p4038 洪武正韵……熊忠韵会举要……赵谦声音文字通谕九切,作蕕,非。韵会定正字切……

116. 扰 p4039 洪武正韵……字溓博义……赵谦声音文字通谕九切,厉韵,此方言之音,亦作舀、扰,见正音高、膏二韵,於此作扰,非,或用挑、舀,否高切,抒曰中米,从爪於曰上为意,今但用揉,方音见槁韵。韵会定正字切……

117. 逌 p4040 洪武正韵……字溓博义……赵谦声音文字通卣,谕九切,气转之形,兼声,今但用攸,作逌,非。

118. 鲉 p4040 洪武正韵……熊忠韵会举要……赵谦声音文字通籤,谕九切,庄子鯈鱼出入,作鲰、鮋鮋,非,庄食之鳍鲰,俗字,双音见床音。韵会定正字切……

119. 斿 p4040 洪武正韵……周伯琦六书正讹……赵谦声音文字通谕九切。韵会定正字切……

卷之八千八百四十二　二十尤

120. 游 p4041 洪武正韵……李翱存古正字……赵谦声音文字通左传擎厉游缨,俗音流,非,俗省作㳺、斿,非,周礼行人建常九斿,俗省之也,借敖行也,本用逰,作游、㳺,非,方音见来音。韵会定正字切……

卷之八千八百四十四　二十尤

121. 遊 p4061 洪武正韵……熊忠韵会举要……赵谦声音文字通遊,从辵意,旧误以为游字古文,今正,此字斢用于遨遊之义,尤切;又忧逌,自如也;亦借犹,荀子优犹知足,作斿、游,非,今书慢游是好,合正,周礼八曰斿贡,俗字。韵会定正字切……

卷之九千七百六十二　二十二覃

122. 諴 p4181 洪武正韵……熊忠韵会举要……赵谦声音文字通匣监切;又戏言,作謠,非。韵会定正字切……

123. 鹹 p4181 洪武正韵……字潊博义……赵谦声音文字通匣监切,作醎,非。韵会定正字切……

124. 函 p4181 洪武正韵……字潊博义……赵谦声音文字通圅,匣监切,则又象柜有盖之形,本作械,作椷,非;借毂圅,地名,双音见本音。韵会定正字切……

125. 涵 p4185 洪武正韵……倪镗六书类释……赵谦声音文字通匣监切。韵会定正字切……

126. (衔) p4186 洪武正韵……周伯琦六书正讹……赵谦声音文字通匣监切,马勒口中者,从金於行中为意,作衘、啣,非,今诗出则衔恤,合正;又车声,作鏦,非。韵会定正字切……

127. 鼸 p4188 洪武正韵……魏柔克正字韵纲……赵谦声音文字通匣监切,尔雅寓鼠曰鼸,今但用衔,作咁、衔,非,双音见感韵。韵会定正字切……

128. 涵 p4188 胡岜切……杨桓六书统……赵谦声音文字通匣监切。

卷之九千七百六十三　二十二覃

129. 嵒 p4189 洪武正韵……倪镗六书类释……赵谦声音文字通谕监切,古从品声,古文书顾畏于民嵒,孔安国曰取参差不齐之意;又春秋师于嵒,邑名,俗专以此为嶄,嵒字与口、喦字不同,作嵓,非。韵会定正字切……

130. 礨 p4189 洪武正韵……字溁博义……赵谦声音文字通谕监切,亦从石。韵会定正……

131. 岩 p4190 洪武正韵……字溁博义……赵谦声音文字通谕监切,石山厂也,亦用险巘,或转严,作巌、礹、礷、壧、岩,非,户中歌壧处顷听,俗字,俗音嚴,不出;又谕甘切,通作礹,亦从石。韵会定正……

卷之一万三百九　二纸

132. 死 p4300 洪武正韵……熊忠韵会举要……赵谦声音文字通夶,心子切,人澌殁所以离也,从人歺为意,俗隶作死,非,屍,古文,从人尸为意。韵会定正字切……

卷之一万八百七十七　六姥

133. 卤 p4482 洪武正韵……李壆存古正字……赵谦声音文字通来古切。韵会定正字切……

134. 橹 p4483 洪武正韵……熊忠韵会举要……赵谦声音文字通来古切,似桨而长,今文书误用杵,武成血流漂杵,合正。韵会定正字切……

135. 虜 p4485 郎古切……杨桓六书统……赵谦声音文字通来古切。

136. 鱸 p4485 郎古切……杨桓六书统……赵谦声音文字通来古切。

137. 鐪 p4485 郎古切……杨桓六书统……赵谦声音文字通来古切,作鑪,非。

138. 蓾 p4485 郎古切……杨桓六书统……赵谦声音文字通来古切。

卷之一万一千七十六　八贿

139. 蜼 p4603 洪武正韵……熊忠韵会举要……赵谦声音文字通蜼,从虫隹声,俗混雅,非,方音见去声。

140. 獚 p4603 洪武正韵……熊忠韵会举要……赵谦声音文字通鸓,作獢、蠝、獥、雔,非,𪕏,籀文,从古畾字为声。

141. 厽 p4603 鲁猥切……周伯琦六书正讹……赵谦声音文字通厽,来鬼切,但象自土凷形,垒亦从土意,晶亦从三田,田即土也,积厽三田自土之意也。

142. 垒 p4604 鲁猥切……周伯琦六书正讹……赵谦声音文字通𡎐,来傀切,作垒,非。

143. 灅 p4604 鲁猥切……杨桓六书统……赵谦声音文字通灅，来傀切，方音见本音。

144. 鑸 p4604 鲁猥切……杨桓六书统……赵谦声音文字通来傀切。

145. 儡 p4604 鲁猥切……杨桓六书统……赵谦声音文字通来傀切，又傀儡，木偶戏，作㒍、㰍、㯍、㒍、㒍、㒍，非，唐叚纶使杨思齐造傀儡，大宗怒，削纶，皆俗字；又小肿作㿠、癗、瘰，非，双音见队韵。

146. 䧐 p4604 鲁猥切……杨桓六书统……赵谦声音文字通来傀切。

147. 雷 p4605 鲁猥切……赵谦声音文字通靁见傀韵，此转注，器也，郑康成说礼职金用金石者作枪雷，推樟之属。

148. 鬼 p4606 洪武正韵……字滙博义……赵谦声音文字通溪猥切，亦得从斗为意，双音见平声。

149. 傀 p4606 洪武正韵……赵谦声音文字通傀，溪鍉切，傀儡，壮貌，庄子借魁垒；又傀儡，木偶戏也，见儡字注；借䰜傀，山貌，作嵬、磈、塊、㟪，非，双音见平声。韵会定正……

150. 峗 p4606 洪武正韵……熊忠韵会举要……赵谦声音文字通峗，见平声，此方音，因借山小而众，作峗，非，尔雅小而众峗，俗字。韵会定正字切……

151. 頍 p4606 苦猥切……杨桓六书统……赵谦声音文字通溪鍉切，作頍、䰄非；又多貌，作頯，非，因谓竹高节，作䉺、篹，非，双音见谕音。韵会定正字切……

152. 餧 p4607 洪武正韵……熊忠韵会举要……赵谦声音文字通餧，泥傀切，作餒，非，孟子冻餒其妻子，合正；又鱼败曰餧，语鱼餧而肉败，不食，合正；尔雅鱼谓之餧，注鱼腐自内出，肉烂自外入，俗字，作鲶、鲶、脮，非；又萎餧，作脮，非。韵会定正字切……

153. 捶 p4609 洪武正韵……熊忠韵会举要……赵谦声音文字通捶，俗混用箠，汉景帝定箠令作捶，非，路温舒传棰楚之下，何求而不得，俗字。韵会定正字切……

154. 箠 p4610 洪武正韵……熊忠韵会举要……赵谦声音文字通双音见禅音。韵会定正字切……

155. 锤 p4611 洪武正韵……熊忠韵会举要……赵谦声音文字通锤亦用作椎，方音见去声，又音见平声。韵会定正字切……

卷之一万一千七十七　八贿

156. 董 p4617 洪武正韵……熊忠韵会举要……赵谦声音文字通筀，禅鬼切，荆属，作莙，非，周礼董氏，合正；古转垂，双音见照音，旧失收此字，按偏旁增入。韵会定正字切……

157. 蕊 p4617 如累切……（周伯琦）说文字原……赵谦声音文字通日鬼切，屮木蕚外曰䬦、内曰蕊，象含蕊之形，虽从三心，而又如此说，以见六义之不可泥也，或用甤；亦借蘂，作蕋、蘂、橤、蘃，非，双音见去声。

158. 髓 p4618 洪武正韵……熊忠韵会举要……赵谦声音文字通髓，心鬼切，作髄、骽、䯝，非；借方言齐人谓滑曰髓，作遳，非，记潞澊以滑之，合正。韵会定正字切……

159. 蘃 p4622 洪武正韵……字漾博义……赵谦声音文字通心鬼切，从艹蘱声；亦借蘱，楚词苹中蘱蘼，双音见药韵。韵会定正字切……

160. 蘼 p4622 洪武正韵……熊忠韵会举要……赵谦声音文字通蘱蘼，细弱貌，鸟值雨则重，弱不能飞，故亦得从二隹，在雨中为意，双音见药韵。韵会定正……

161. 寯 p4622 洪武正韵……字漾博义……赵谦声音文字通寯见灰韵，此转注，讹作寯，非，史名为寯，昆明俗字。韵会定正……

162. 伾 p4623 洪武正韵……杨桓六书统……赵谦声音文字通见灰韵，此方音，作伾，非。

163. 觜 p4623 洪武正韵……周伯琦六书正讹……赵谦声音文字通紫，晶鬼切，鸟喙如束者，俗但知用觜，作嘴、嘴、咮，非；借山曲如喙者，作嶉，非。韵会定正字切……

164. 漇 p4625 即委切……杨桓六书统……赵谦声音文字通从翠声。

165. 趡 p4626 洪武正韵……字漾博义……赵谦声音文字通趡，青鬼切，走动也，隹声，作虽，非，方音见谕音。韵会定正字切……

166. 跬 p4626 洪武正韵……熊忠韵会举要……赵谦声音文字通趡或转顷，记顷步而不敢忘孝也，作跬、蹞、顪，非，荀子不积顪步，无以至千里，俗字；借山险貌，作碅，非。字切……

167. 頍 p4627 洪武正韵……熊忠韵会举要……赵谦声音文字通俗混頯，或转缺。韵会定正……

卷之一万一千三百十三　十罕

168. 斡 p4825 洪武正韵……郭守正紫云韵……赵谦声音文字通斡,见筦切,见曷韵,此方音。韵会定正字切……

169. 悇 p4826 洪武正韵……熊忠韵会举要……赵谦声音文字通悇,见筦切,见去声,此方音,作悇、痞,非,今诗四牡痞痞,合正,尔雅痞,病,俗字。韵会定正字切……

170. 脘 p4826 古缓切……杨桓六书统……赵谦声音文字通见筦切。

171. 鞍 p4826 古缓切……杨桓六书统……赵谦声音文字通见筦切。

卷之一万一千六百二　十四巧

172. 藻 p4896 洪武正韵……周伯琦六书正讹……赵谦声音文字通藻,水草也,从艹於水上定意,绣於九章,取其洁也。韵会定正……

卷之一万一千六百十五　十四巧

173. 老 p4919 洪武正韵……字瀿博义……赵谦声音文字通来杲切,人七十曰老,从人从毛从匕,人年高则毛发匕而为白,老之意也;借草老,心乱也,作佬,非;又博雅鬡鬡,黄也,俗字,当借老;又杙器,作栳、荖,非。韵会定正字切……

卷之一万一千九百三　十八养

174. 广 p5010 洪武正韵……熊忠韵会举要……赵谦声音文字通广,见悦切,殿之大屋也,故从广黄声,借为凡事物广大字;又阔也,作獷,非;又姓,作邝,非;转注平、去二声;又盛气充满也,亦用桄,尔雅桄,颎充也;或转横,乐记号以立横,横以立武。韵会定正……

卷之一万一千九百五十一　十九梗

175. 顶 p5034 洪武正韵……字瀿博义……赵谦声音文字通顶,尚景切,山巅亦曰顶,作巔,非,方音见泥音,叶音见去声。韵会定正……

卷之一万一千九百五十六　十九梗

176. 鼎 p5068 洪武正韵……阴时夫韵府群玉……赵谦声音文字通尚景切,鼎董,草名,似蒲而细,尔雅作萧,俗字;又鼎泞,水貌,作瀞、湏,非。韵会定正……

卷之一万二千十五　二十有

177. 友 p5156 洪武正韵……熊忠韵会举要……赵谦声音文字通叏,谕九切,朋友有辅相左右之义,故从二又为意,加点作友,非,習,此亦友之古文也,从习一以别之,朋友讲习之意。韵会定正字切……

卷之一万二千一百四十八　二十有

178. 傁 p5240 洪武正韵……杨桓六书统……赵谦声音文字通俊,心耇切,亦从人,左传赵俊,在后用此。

179. 藪 p5240 洪武正韵……魏柔克正字韵纲……赵谦声音文字通心耇切,有草木鱼鳖以厚养人者,从草举其略也;或用椒,记麒麟皆在郊椒,注聚草也,与薮同,徐音最,非,作蔓,非;又毂中空也,周礼轮人捎其藪,本作操,盖方言音异,借语助声,作擞,非。韵会定正……

180. 籔 p5243 洪武正韵……魏柔克正字韵纲……赵谦声音文字通心耇切,作藉,非,借十六斗也,俗混用薮、蒌。

181. 嗾 p5243 洪武正韵……熊忠韵会举要……赵谦声音文字通心耇切,见去声,此方音。韵会定正字切……

182. 蔌 p5243 洪武正韵……熊忠韵会举要……赵谦声音文字通𧂘,心耇切,见谷韵,此方音,作蔌,非。

183. 瞍 p5243 苏偶切……杨桓六书统……赵谦声音文字通心耇切,无目也,目无眸子,从目叟,亦声,诗蒙瞍奏公,俗音平声。

184. 取 p5244 洪武正韵……字溁博义……赵谦声音文字通趣,青耇切,此转注。韵会定正字切……

185. 取 p5244 洪武正韵……张子敬经史字源韵略……赵谦声音文字通取,青耇切,见语韵,此方音。

186. 走 p5245 洪武正韵……字溁博义……赵谦声音文字通㲅,晶耇切,从止夭声,隶作走,借谦称也,转注见去声。韵会定正……

卷之一万三千八十二　一送

187. 动 p5637 洪武正韵……熊忠韵会举要……赵谦声音文字通定鞏切,此转注。韵会定正字切……

卷之一万三千八十三　一送

188. 恸 p5646 洪武正韵……杨桓六书统……赵谦声音文字通大哭也,当用恸,哀过恸心之义,此续收,作恸,非。韵会定正字切……

189. 迥 p5647 徒弄切……字溁博义……赵谦声音文字通定贡切,迥迭之谓。

190. 䀹 p5647 徒弄切……杨桓六书统……赵谦声音文字通定贡切,方音见上声。

191. 駧 p5647 徒弄切……杨桓六书统……赵谦声音文字通定贡切,急走之名。

192. 弄 p5648 洪武正韵……字漾博义……赵谦声音文字通从収持玉为意,作挊,非,借鸟吟声,作哢,非。韵会定正字切……

193. 栟 p5649 卢贡切……杨桓六书统……赵谦声音文字通木名,借地名,作㳦,非。韵会定正字切……

194. 朧 p5649 卢贡切……释行均龙龛手鉴……赵谦声音文字通龙来贡切,集韵朧,财贪也,躘儱,不能行貌,癃,病也,驡、重、骑皆俗字,当转用此。

卷之一万三千八十四　一送

195. 閧 p5650 洪武正韵……李玺存古正字……赵谦声音文字通匣贡切,孟邹与鲁閧,作哄、嗊,非,唐崔琳传群从冠盖,骑哄相望,俗字,方音见阳韵。韵会定正字切……

196. 澒 p5651 洪武正韵……熊忠韵会举要……赵谦声音文字通匣贡切,见平声,此方音,澒洞当音此,俗混澒。韵会定正……

197. 横 p5651 洪武正韵……熊忠韵会举要……赵谦声音文字通匣孟切,见平声,此转注。韵会定正……

198. 蝗 p5658 洪武正韵……熊忠韵会举要……赵谦声音文字通蝗,匣孟切,见阳韵,此方音。

199. 潢 p5658 洪武正韵……杨桓六书统……赵谦声音文字通匣孟切。

200. 烘 p5659 洪武正韵……熊忠韵会举要……赵谦声音文字通见平声,此方音。韵会定正字切……

201. 控 p5660 洪武正韵……魏柔克正字韵纲……赵谦声音文字通又打也,庄子儒以金椎控其颐,方音,如腔不出。韵会定正字切……

202. 悾 p5661 洪武正韵……字漾博义……赵谦声音文字通溪贡切,诚信之义,此续收,双音见平声。

203. 空 p5661 洪武正韵……熊忠韵会举要……赵谦声音文字通见平、上二声,此转注,缺之也。韵会定正字切……

204. 箜 p5662 苦贡切。赵谦声音文字通溪供切,见东韵,此转注,役使也,作箮、曲,非;又多言;又讯问也,作誇、咄,非。

卷之一万三千一百九十四　一送

205. 中 p5718 洪武正韵……熊忠韵会举要……赵谦声音文字通照贡切,见东韵,此转注。韵会定正字切……

206. 種 p5720 洪武正韵……字瀿博义……赵谦声音文字通种,照供切,俗讹用种,借瓮属,作甄,非,双音见董韵,種,今人但识此是种植種艺字,故重见于此,本音义见东韵。韵会定正……

207. 渾 p5730 洪武正韵……熊忠韵会举要……赵谦声音文字通见收韵,此方音。韵会定正……

卷之一万三千三百四十五　二寘

208. 謚 p5739 洪武正韵……周伯琦六书正讹……赵谦声音文字通謚,凡謚撼其所行之、实諫之,故从言諫而必祭,故从皿,为祭器也,兮声,曲礼已孤暴,贵不为父謚法,自周公始,俗误混书谥,作谥,非。韵会定正字切……

卷之一万三千四百九十五　二寘

209. 緻 p5790 洪武正韵……字瀿博义……赵谦声音文字通密也,故从系,或转用致,或方音,通借,记必工致为上,考工记轮人,注帴均致,郑司农注地官曰膏物,谓杨柳之属,理致且白如膏。韵会定正字切……

210. 致 p5790 洪武正韵……字瀿博义……赵谦声音文字通送诣也,从夊而致为意,借极也,记致中和;又恩致、风致。韵会定正……

211. 置 p5799 洪武正韵……熊忠韵会举要……赵谦声音文字通赦也,直者不当罪而网之,知其直,则致而不问,故从网直为置,与罢同意。因借安,设也,诗致我靴鼓,俗音植,不出;又驿馆也,马遞曰置,步遞曰邮,传舍也。韵会定正字切……

卷之一万三千四百九十六　二寘

212. 制 p5805 洪武正韵……字瀿博义……赵谦声音文字通刜,照剡切,节断之义,从刀所以裁刜,俗隶变作制,凡从皆然;借止也,剬,古文。韵会定正字切……

卷之一万三千八百七十二　三未

213. 赍 p5931 洪武正韵……字瀿博义……赵谦声音文字通赍,以贝饰器物也;又芔,木笔炳也,从芔意、贝声,是为同音并义,借卦名,转注见真韵。韵会定正字切……

卷之一万三千八百七十六　三未

214. 卯 p5994 必忌切……字㵐博义……赵谦声音文字通从卩，所以制也。

215. 畁 p5995 必忌切……熊忠韵会举要……赵谦声音文字通㨷，予也，从贝所予物也，今但用畀。韵会定正字切……

卷之一万三千八百八十　三未

216. 眇 p6040 必忌切……杨桓六书统……赵谦声音文字通方音，见辖韵。

217. 卑 p6042 必忌切。毛晃礼部韵……赵谦声音文字通见平声，此转注，指南曰卑，平声，下也，下之曰卑，去声。

卷之一万三千九百九十二　三未

218. 㐝 p6073 洪武正韵……张子敬经史字源韵略……赵谦声音文字通晓迊切，见上声，专以此为方音，本作喜，作嬉，非。

219. 欯 p6073 洪武正韵……字㵐博义……赵谦声音文字通晓迊切，见平声，此方音，或用唏，汉史丹嘘唏而起。

220. 饩 p6074 洪武正韵……周伯琦六书正讹……赵谦声音文字通气，晓迊切，或用既，中庸既廪称事，借芟草烧之曰气，作燹，非；又䨠气，云貌，作氣，非，亦上声读，转注见溪音；饩，亦加食，䉵，亦从既，既亦声。韵会定正字切……

221. 忔 p6076 洪武正韵……熊忠韵会举要……赵谦声音文字通许迊切；又怒也，左传敌王所忾，而献其功，双音见泰韵。

222. 摡 p6077 洪武正韵……字㵐博义……赵谦声音文字通摡，晓迊切，或借塈，作墍，非，今诗顷筐塈之，作𣂪，非；又物生貌，作㮣，非，吴都赋万物蠢生，芒芒𣂪𣂪，俗字，双音见泰韵。

223. 塈 p6077 洪武正韵……熊忠韵会举要……赵谦声音文字通摡，许迊切，作墍、㞃，非；又止息也，从土与坐同意，既声，今文诗伊余来塈，合正，俗用愒。韵会定正字切……

224. 咥 p6077 洪武正韵……字㵐博义……赵谦声音文字通晓迊切，双音见屑韵，方音质韵。韵会定正……

225. 豷 p6078 洪武正韵……字㵐博义……赵谦声音文字通豷，豕之喘息，故以豕壹声，左传后杼减豷于戈，作獢，非。韵会定正字切……

226. 呬 p6078 许意切……字㵐博义……赵谦声音文字通呬，许迊切，东夷谓息曰呬，谓开张鼻卧息也，齂，亦从鼻隶声，尔雅齂，呬息也，作嚊，非，校猎赋吸嚊潚率，俗字也；眉，亦从尸自为意，人鼻卧息也，借贔贔，壮大貌，一曰作力貌，作贔屃，非，吴都赋巨鳌贔屃，魏都赋巨灵赑屃，俗字，二字方音见泰韵。

227. 䨉 p6078 许意切……杨桓六书统……赵谦声音文字通晓迆切，从䁟，视雨为意。

228. 忥 p6078 许意切……杨桓六书统……赵谦声音文字通晓迆切，方音见质韵。

229. 燹 p6079 许意切……吾衍续释……赵谦声音文字通见铣韵，此方音。

卷之一万三千九百九十三　三未

230. 系 p6081 洪武正韵……字漤博义……赵谦声音文字通系，匣蓟切，丝联属也，从系，上指所连，或曰从爪省，用手联系之意，或丿声，竝通，俗混係，因谓统属，世本曰係，或混擊。韵会定正字切……

231. 繫 p6085 洪武正韵……张子敬经史字源韵略……赵谦声音文字通匣蓟切，本音义在见音，俗与系、係通用。韵会定正字切……

232. 係 p6086 洪武正韵……熊忠韵会举要……赵谦声音文字通匣蓟切，从人受系为意，通用繫；又祓除恶秽，祭上巳，临水祓除不祥，作禊，非，兰亭记脩禊事也，俗字。韵会定正字切……

233. 盻 p6086 洪武正韵……周伯琦六书正讹……赵谦声音文字通匣蓟切，俗音五礼、研计二切，非，误以为匹苋切者，尤非。

234. 禊 p6086 洪武正韵……字漤博义……赵谦声音文字通禊，本音义在见音，俗与系、係累其子弟，苏武传鴈足有系帛书，通用繫，禊，非，兰亭记脩禊事也，俗字，又见餲切。韵会定正字切……

235. 妎 p6090 洪武正韵……熊忠韵会举要……赵谦声音文字通匣蓟切，见本音，一此方音，尔雅苛妎也，如此音。

卷之一万四千三百八十三　四霁

236. 徛 p6305 洪武正韵……熊忠韵会举要……赵谦声音文字通见意切，见丌韵，此方音，作碕，训石矶，非。

卷之一万四千三百八十四　四霁

237. 冀 p6307 洪武正韵……字漤博义……赵谦声音文字通冀，见意切；又强直貌；又狠也，作懻，非，汉地志赵俗懻忮，薛瓒曰今北土谓强直为懻中，俗字。韵会定正字切……

卷之一万四千四六十一　五御

238. 禦 p6337 洪武正韵……熊忠韵会举要……赵谦声音文字通谕据切,见上声,此转注,或用御、圉、衙,互见上声。

卷之一万四千四百六十四　五御

239. 语 p6385 洪武正韵……阴时夫韵府群玉……赵谦声音文字通谕据切,见上声,此转注,告之也,言语则上声,言事告人则去声,吾语女,子语鲁太师之类是也。韵会定正字切……

卷之一万四千五百三十六　五御

240. 树 p6386 洪武正韵……周伯琦六书正讹……赵谦声音文字通禅据切,作毅,非;又种蓺也,从寸尌之以种也,豆声,俗但用树。韵会定正字切……

卷之一万四千五百四十四　五御

241. 处 p6408 洪武正韵……熊忠韵会举要……赵谦声音文字通穿攄切,见上声,此转注,所居之所也,作处、凯,非。韵会定正字切……

242. 絮 p6422 洪武正韵……熊忠韵会举要……赵谦声音文字通穿据切,见心音,此转注,就器中和调食也。韵会定正……

卷之一万四千五百四十五　五御

243. 著 p6423 洪武正韵……熊忠韵会举要……赵谦声音文字通箸,照据切,见床音,此转注,明显也,作著、龆、齒,非;又箸置也;又纪述也,用注通;又朝内列位曰表箸,即宁字方音。韵会定正字切……

244. 翥 p6433 洪武正韵……熊忠韵会举要……赵谦声音文字通照据切,亦加羽作此,作羺,非,俗音上声,亦非;又虫名,鸟飞高举也,从习省为意,上象鸟飞舒翅之形,转注见者韵。韵会定正字切……

卷之一万四千五百七十四　六暮

245. 铺 p6435 洪武正韵……熊忠韵会举要……赵谦声音文字通滂故切,见沽韵,此转注。韵会定正字切……

卷之一万四千九百十二　六暮

246. 䰗 p6699 洪武正韵……熊忠韵会举要……赵谦声音文字通奉古切,亦从禹,周礼人四䰗,用此借禾稃也,作稰、稰,非。韵会定正字切……

247. 釜 p6700 洪武正韵……字溇博义……赵谦声音文字通奉古切,作䥣,非,借水名,作滏,非。

248. 辅 p6704 洪武正韵……字溁博义……赵谦声音文字通奉古切,借助弼也。韵会定正……

卷之一万五千七十三　七泰

249. 诚 p6779 洪武正韵……字溁博义……赵谦声音文字通见隘切。韵会定正字切……

卷之一万五千七十五　七泰

250. 悈 p6791 洪武正韵……熊忠韵会举要……赵谦声音文字通见隘切。韵会定正字切……

251. 介 p6791 洪武正韵……字溁博义……赵谦声音文字通介,见隘切,诗驷介旁旁,是兵甲,借鱼名,比目也,俗曰箬鱼,作䰵,非,吴都赋罩两䰵,俗字;又幁也,作帉,非,转注见辖韵。韵会定正……

252. 价 p6800 洪武正韵……字溁博义……赵谦声音文字通见隘切。韵会定正……

卷之一万五千一百三十九　七泰

253. 率 p6821 洪武正韵……熊忠韵会举要……赵谦声音文字通䍃从切,见骨韵,转同䘽。

卷之一万五千一百四十　八队

254. 队 p6823 洪武正韵……熊忠韵会举要……赵谦声音文字通磙、队,定巛切,并群聚也,又小阵也,方音见上声;又勔磙,愚人作骸,非。韵会定正字切……

255. 兑 p6828 洪武正韵……阴时夫韵府群玉……赵谦声音文字通兑,说也,借卦名;又补也,作鞂,非;又莒地也,亦转夺,记齐庄公袭莒于夺,左传作隧,非;又削也,作刟,非,转注杏从切;又作叴,山间陷泥地,积水处,下象泽形,上象半水,见於面,卦名本用此,今但用兑,双音见罕韵。韵会定正……

卷之一万五千一百四十三　八队

256. 駾 p6874 洪武正韵……熊忠韵会举要……赵谦声音文字通杏(疑为定)巛切,或音台。韵会定正……

257. 翤 p6874 洪武正韵……熊忠韵会举要……赵谦声音文字通定从(疑为巛,形似而误)切,古用队,此续收,作霂、遺、䫇,非,借屮木盛貌;作蔚,非,东京赋翁郁䕷蔚,俗字;又渍也,作澍,非。韵会定正字切……

258. 憨 p6874 洪武正韵……熊忠韵会举要……赵谦声音文字通定巜切；又定傀切，作憞，非。韵会定正字切……

259. 錞 p6875 洪武正韵……魏柔克正字韵纲……赵谦声音文字通定巜切，方音见上声；又如敦，不出，双音见真韵；又定傀切。

260. 磌 p6876 杜对切……杨桓六书统……赵谦声音文字通定巜切，亦从石，汉书薄姬磌巍，用此。

261. 錞 p6876 杜对切……杨桓六书统……赵谦声音文字通定巜切，錞也。作錞、錞，非。

卷之一万九千四百十六　二十二勘

262. 蘸 p7189 洪武正韵……熊忠韵会举要……赵谦声音文字通照监切，以物没水中便出也，此盖俗语用斩通，此续收，且从草，无甚意义，从醮声不谐。韵会定正字切……

卷之一万九千四百二十六　二十二勘

263. 赚 p7296 洪武正韵……熊忠韵会举要……赵谦声音文字通赚，床监切，古用暂，此续收，作赚，非；又被诳也，作詀、谦，非。韵会定正字切……

264. 湛 p7296 洪武正韵……熊忠韵会举要……赵谦声音文字通湛，床监切，此方音；又床减切，诗湛湛露斯，注露貌；又丰厚貌，作䁈，非，郊祀歌群生嘾嘾，俗字，㴱，古文，盖从甚省，而又有炎声。韵会定正字切……

265. 谗 p7297 洪武正韵……字溁博义……赵谦声音文字通床监切，见平声，此方音。

卷之一万九千六百三十六　一屋

266. 鹜 p7305 洪武正韵……魏柔克正字韵纲……赵谦声音文字通野者能飞，家畜者不能飞，俗呼为鸭，左传公膳曰双鸡，饔人窃更之以鹜，亦谓之匹，方音见暮韵；借虫名蝉属，作蚞，非，尔雅蜓蚞蟪蟟，俗字。韵会定正字切……

267. 目 p7306 洪武正韵……字溁博义……赵谦声音文字通借为名目字，语请问其目；又目蓿，草名，可为菜，一名光风，汉书罽宾国多目宿，马所嗜，作苜、苢、莒，非，唐薛令之诗苜蓿长阑干，俗字。韵会定正字切……

卷之一万九千七百四十三　一屋

268.（甪）p7369 洪武正韵……李玺存古正字……赵谦声音文字通甪，见各韵，此方音，董仲舒云传之翼者两其足，与之齿者去其角，作此读，或借绿，丧大记君大夫鬃瓜实于绿中,注四角之处也,俗作甪,以别兽角字,但取俗便不知何义也。韵会定正……

269. 鵤 p7370 卢谷切……杨桓六书统……赵谦声音文字通鵤,来谷切,兽角挺也,古用角,作觮、鯥,非。

270. 录 p7370 卢谷切……周伯琦六书正讹……赵谦声音文字通录来谷切,禾黍采实下垂貌,俗但用穋,今但用録,诗五稑梁稑,注稑历録然文章之貌是也,作辘,非,方言赵魏之间谓轆辘,俗字,二义並象其形,上非从彐,下非从水,俗作录,非,凡从者皆然。

271. 逯 p7370 卢谷切……字漤博义……赵谦声音文字通逯,来谷切,俗但借録球,史平原君传公等録録,因人成事,注循常也,灌夫传帝在郎碌碌,亦借陆、六、鹿,马援传更共陆陆,注犹碌碌也,萧曹赞注犹鹿鹿也;又众也。韵会定正……

272. 鯥 p7371 卢谷切……字漤博义……赵谦声音文字通鯥,来谷切;又鱼貌,讹作鯥。石鼓文帛鱼鯥。

273. 濼 p7372 卢谷切……倪镗六书类释……赵谦声音文字通来谷切,方音见亭韵。

卷之一万九千七百八十二 一屋

274. 匊 p7400 渠玉切……字漤博义……赵谦声音文字通群匊切,曲春也,故从勹,借凡不得伸者皆曰匊,通用局,作跼,非,韩信传骐骥之跼躅,不如驽马之安步,俗字。

275. 騳 p7401 渠玉切……杨桓六书统……赵谦声音文字通群匊切。

卷之一万九千七百八十三 一屋

276. 伏 p7403 洪武正韵……魏柔克正字韵纲……赵谦声音文字通伏,犬伺人隐藏也,从犬伺人旁为意,因借伏日,金气伏藏之日也;又伏地貌,本作匐,亦借服,见正音匐字注;又伏灵,药名,俗用茯,非;古义又梁也,作栿,非;又伏流也,作洑、澓、垘,非,史天官书川塞溪垘,俗字;又姓,汉宣帝受诗於东海澓中翁,俗字,转注见宥韵。韵会定正……

卷之一万九千七百八十四 一屋

277. 虑 p7423 洪武正韵……阴时夫韵府群玉……赵谦声音文字通虑,太皥能驯虑牺牲,故号虑羲,后世因为姓,俗讹用宓,非;又但用伏。韵会定正字切……

　　卷之一万九千七百八十五　一屋

　　278.服 p7425 洪武正韵……字溁博义……赵谦声音文字通服,亦从舟为谐音,俗作服,非,凡从皆然;借鸟名,朱子注似鹘,不祥鸟,训狐也,其名自呼,故因而命之,作鵩、鹏,非,周礼注天鸟若鹘鵩,俗字;又车右騑,诗两服上骧,方音见质韵,转注,又並角切。韵会定正……

　　卷之二万三百九　二质

　　279.壹 p7592 洪武正韵……字溁博义……赵谦声音文字通影吉切,双音见真韵。

　　280.乙 p7593 洪武正韵……周伯琦六书正讹……赵谦声音文字通或曰鱼颊鳃骨。韵会定正……

　　卷之二万三百十　二质

　　281.疾 p7597 洪武正韵……周伯琦六书正讹……赵谦声音文字通作疒,从吉切,人有疾病则倚卧于床,故从床省一声,方音阶韵,不出;又作疾,亦从矢声,或曰此正痰遫之痰,从矢意疒声亦通,但今疾病字皆用疾;借疾藜,艹名,作蒺,非;又柱上构也,作楀,非,尔雅关谓之椷,俗字,亦作疾,古文,重之嫉,籀文从矢,取其遫也,从口出亏,言之遫也,廿声此正痰遫之嫉。韵会定正字切……

　　卷之二万三百五十三　二质

　　282.蕟 p7630 洪武正韵……熊忠韵会举要……赵谦声音文字通邪虱切,艹物之最多者,故从定意。韵会定正字切……

　　卷之二万三百五十四　二质

　　283.夕 p7630 洪武正韵……李翚存古正字……赵谦声音文字通邪虱切,又早淖曰淖,夕曰夕,作汐,非;又水名。

　　卷之二万四百七十八　二质

　　284.职 p7711 洪武正韵……字溁博义……赵谦声音文字通职,执事主常者,从耳所以祥察审听之,借凡所当为者皆曰职,臣职子职之类,周礼各共尔职是也;又脯脡也,或转植,作臓、胆,非,仪礼职长尺二寸,合正;又艹名;亦转识,夏小正采识,作职,非,尔雅藏黄蒩,注叶似酸浆,华小而白,中心黄,江东以作葅食,俗字。韵会定正……

十五　赵谦《声音文字通》

卷之二万八百五十　二质

285. 櫍 p7769 洪武正韵……杨桓六书统……赵谦声音文字通櫍，又借莲实，作蔱，非，尔雅旳蔱，俗字。韵会定正……

卷之二万二千一百八十　八陌

286. 佰 p7851 洪武正韵……字溄博义……赵谦声音文字通阡陌，田间道，南北曰阡，东西曰佰，作陌，非，食货志富者田连阡陌，俗字；又市中街亦曰佰，三辅旧事长安八街九陌，俗字，竝得从人意，百声；借千钱曰仟，百钱曰佰，双音见緅音。韵会定正字切……

287. 貉 p7851 洪武正韵……杨桓六书统……赵谦声音文字通明格切，作狢、貈，非，今书华夏蛮貊，合正，史天官书胡貉月氏，俗字；又凡祭於立表之处，造军法者谓之表貉；又同驀骆，貉，兽名，骡父牛母，作駃、狢，非。

288. 貊 p7852 洪武正韵……字溄博义……赵谦声音文字通见固韵，此亦转注，或借貉，非，今诗貊其德音，合正，春秋传乐记作莫其德音。韵会定正……

289. 貘 p7852 洪武正韵……熊忠韵会举要……赵谦声音文字通貘，作獏、貊，非，周书王会不令支玄貘，俗字。韵会定正字切……

290. 驀 p7853 洪武正韵……杨桓六书统……赵谦声音文字通又骆驀，驴父牛母，作駃、狢，非，俗音骆，驀如虬猛。韵会定正字切……

291. 百 p7853 洪武正韵……熊忠韵会举要……赵谦声音文字通见緅音，此转注。韵会定正字切……

卷之二万二千一百八十一　八陌

292. 麦 p7854 洪武正韵……周伯琦六书正讹……赵谦声音文字通麦，历冬春而夏收，从来下指其采有距形，凡从者皆然。韵会定正字切……

卷之九百十　二支

293. 尸 p8609 洪武正韵……字溄博义……赵谦声音文字通尸，从人而偃卧之反体，会意，古者祭祀皆有尸，唯始妣祭殇释奠无尸主也，诗谁其尸之，不忧其职谓之尸，取此义；又尸鸠，鸟名，作鳲、隹、屍，非，今文诗鳲鸠在桑，合正，唯鲍宣传伦尸鸠，尔雅注今布谷。韵会定正字切……

卷之九百十三　二支

294. 屍 p8636 洪武正韵……字溄博义……赵谦声音文字通屍本作尸，亦死为意。韵会定正……

卷之四千九百八　十二先

295. 煙 p8797 洪武正韵……字溁博义……赵谦声音文字通火气也,作綑,非,又赤黑之色皆名烟,或转殷,方音有两读。韵会定正字切……

296. 燕 p8801 洪武正韵……熊忠韵会举要……赵谦声音文字通鄢,影坚切,地名,今但用羨、鸒,见去声,此转注;又羨脂,妇人面饰,作臙、胭、䏶,非。韵会定正字切……

卷之七千七百五十六　十九庚

297. 形 p8984 洪武正韵……阴时夫韵府群玉……赵谦声音文字通借凡有象者皆曰形;又容体也;又见也,作侀,非,记刑者,侀也,侀者,成也,俗字。韵会定正……

卷之八千二十二　十九庚

298. 成 p9010 洪武正韵……倪镗六书类释……赵谦声音文字通禅经切,从戊,中宫土万物成就之位,从丁,万物成就之时,会意,成,古文,从午,亦物成之方夏时也。韵会定正字切……

卷之一万三千三百四十　二寘

299. 莳 p9130 洪武正韵……魏柔克正字韵纲……赵谦声音文字通俗音平声,不出。韵会定正字切……

卷之一万三千三百四十一　二寘

300. 豉 p9131 洪武正韵……周伯琦六书正讹……赵谦声音文字通豉,从尗支声,俗从豆,史货殖传盐豉千合,作䜴,非。

301. 嗜 p9135 洪武正韵……熊忠韵会举要……赵谦声音文字通嗜,禅计切,亦转耆,记耆欲将至,作饎、醑、腊、咶,非。韵会定正字切……

302. 耆 p9136 洪武正韵……周伯琦六书正讹……赵谦声音文字通见支韵,此转同嗜。

卷之一万四千一百二十四　四寘

303. 嚏 p9159 洪武正韵……熊忠韵会举要……赵谦声音文字通悟解气齂嚏也,人气感伤闭郁,关通则嚏;又为风雾所袭有是疾。韵会定正……

304. 柢 p9159 洪武正韵……熊忠韵会举要……赵谦声音文字通柢,尚劇切,见上声,此方音,古作氐。

305. 泜 p9160 洪武正韵……字潡博义……赵谦声音文字通泜,尚劂切,见支韵,此方音,晋灼云问其方人音。

306. 締 p9160 洪武正韵……熊忠韵会举要……赵谦声音文字通尚劂切,方音,见定赅韵。韵会定正字切……

307. 蒂 p9160 洪武正韵……倪镗六书类释……赵谦声音文字通尚劂切,亦从艹意,带声,老子深根固蒂,长生久视之道,今但识此,俗作混、柢,借姓作薳,非,王莽传薳恽,俗字,方音见本音。韵会定正字切……

308. 蝃 p9161 洪武正韵……熊忠韵会举要……赵谦声音文字通尚劂切,蝃蝀,日与雨交,倏然成质,阴阳之淫气也,今以水喷日,亦成青红之晕,盖日映雨气则生,作螮,非,今诗螮蝀在东,合正。韵会定正……

309. 拼 p9161 丁计切……字潡博义……赵谦声音文字通拼,尚劂切,祭,亦从示,从折,呈示而折取之意。

310. 赿 p9161 丁计切……杨桓六书统……赵谦声音文字通埭,尚劂切,见上声,此方音。

311. 泜 p9161 丁计切……字潡博义……赵谦声音文字通泜,尚劂切。

312. 替 p9163 洪武正韵……熊忠韵会举要……赵谦声音文字通普,透匄切,废一偏下之词,从竝,物竝则有可废者,白声。作替,非,左传兄其替乎,俗字,因为普代字,又训极,用即废之意,作殢、歾,非;朁亦从炷,亦取竝意,方音见入声屑韵,普亦从曰为意,与普不同,彼自从日月之日。韵会定正字切……

卷之一万四千一百二十五 四霁

313. 鬄 p9173 洪武正韵……杨桓六书统……赵谦声音文字通透匄切,或混用髲。韵会定正字切……

314. 涕 p9182 洪武正韵……字潡博义……赵谦声音文字通洟,透匄切,鼻液也,俗但用涕,易曰齎咨涕洟,涕目汁,洟鼻液,岂宜以洟为涕,而又有俗泪字也,今正,诸韵不究其说,於上声涕曰自目曰涕,於此音曰目泣,人鼻液,未当,俗读洟,音夷,尤非涕;又透巳切;又来劂切,亦方音,俗作泪,但知有泪而不知涕,正泪字也。韵会定正字切……

315. 褅 p9186 洪武正韵……熊忠韵会举要……赵谦声音文字通透匄切,作褅、裼,非,误混裼,今文诗载衣之裼,合正;又履中荐,亦曰褅,作屟,非,一说裳下饰,用緆。韵会定正字切……

316. 鬄 p9186 洪武正韵……熊忠韵会举要……赵谦声音文字通鬄,定计切,俗音锡,故或混用褐;又髢,记敛发母髢,用此二字,方音见质韵。

317. 薙 p9186 洪武正韵……魏柔克正字韵纲……赵谦声音文字通透匃切,亦转雉夷,方音见纸韵;又见匃韵,此古之方音也。韵会定正字切……

318. 睼 p9186 他计切……杨桓六书统……赵谦声音文字通透匃切,方音如题。

卷之一万九千八百六十五 一屋

319. 竹 p9278 洪武正韵……字漾博义……赵谦声音文字通竹,照匊切,冬生草也,象二本竹形,下垂者箁箬也;借国名,俗用竺通;又姓,后人用竺无义。韵会定正字切……

卷之一万一百十二 二纸

320. 只 p291 洪武正韵……魏柔克正字韵纲……赵谦声音文字通照已切,从口指气出而下引之形;亦借止,诗曷又怀止,冠緌双止,作旦,非;又唯独之词。韵会定正……

321. 咫 p292 洪武正韵……字漾博义……赵谦声音文字通照已切,作觗、仳,非。韵会定正字切……

322. 抵 p293 洪武正韵……字漾博义……赵谦声音文字通照已切,俗混抵,讹书也。韵会定正字切……

323. 砥 p294 洪武正韵……熊忠韵会举要……赵谦声音文字通照几切,亦不省,书砺砥砮丹,因借训平也。韵会定正……

324. 底 p298 洪武正韵……魏柔克正字韵纲……赵谦声音文字通照已切,从石省,颜师古有平、去二音,今不收,俗讹用底,孟引诗周道如底,合正。韵会定正字切……

325. 坻 p300 洪武正韵……字漾博义……赵谦声音文字通泜,照已切,方音见平声,坻亦从土,盖著土而止之义,俗混坻,当辨。韵会定正……

326. 枳 p300 洪武正韵……熊忠韵会举要……赵谦声音文字通照已切,木似橘,壳可药,转注见见音。韵会定正字切……

327. 轵 p314 洪武正韵……熊忠韵会举要……赵谦声音文字通照已切,借地名。韵会定正……

328. 疷 p318 洪武正韵……字溁博义……赵谦声音文字通照巳切,详见痏,方音平声;又音侈,不出。韵会定正字切……

十六

孙吾与《韵会定正》

卷之四百八十九　一东

1. 终 p42 洪武正韵……赵谦声音文字通……韵会定正知公切,君子死曰终,谓循理终身,能终其事也,古作螽𠘧。字切知公,知真毡终。

卷之四百九十　一东

2. 螽 p60 洪武正韵……赵谦声音文字通……韵会定正字切知公,知真毡螽。

3. 众 p62 洪武正韵……赵谦声音文字通……韵会定正字切知公,知真毡众。

4. 㮣 p63 洪武正韵……赵谦声音文字通……韵会定正字切知公,知真毡㮣。

卷之五百四十　一东

5. 溶 p82 洪武正韵……赵谦声音文字通……韵会定正字切喻雄,喻寅延溶。

6. 蓉 p82 洪武正韵……赵谦声音文字通……韵会定正字切喻雄,喻寅延蓉。

卷之五百四十一　一东

7. 庸 p96 洪武正韵……赵谦声音文字通……韵会定正字切喻雄,喻寅延庸。

卷之六百六十一　一东

8. 䧹 p178 洪武正韵……赵谦声音文字通……韵会定正字切影弓,影因烟䧹。

9. 灉 p184 洪武正韵……赵谦声音文字通……韵会定正字切影弓,影因烟灉。

卷之六百六十二　一东

10. 廱 p185 洪武正韵……赵谦声音文字通……韵会定正影弓切,辟廱,在天子讲学行礼之地,以水环丘如璧,以节观者,故名。字切影弓,影因烟廱。

11. 饔 p195 洪武正韵……赵谦声音文字通……韵会定正字切影弓，影因烟饔。

12. 壅 p196 洪武正韵……熊忠韵会举要……韵会定正字切影弓，影因烟壅。

13. 痈 p196 洪武正韵……赵谦声音文字通……韵会定正字切影弓，影因烟痈。

卷之二千二百十七　六模

14. 泸 p623 洪武正韵……赵谦声音文字通……韵会定正来模切。字切来模，来零连泸。

卷之二千二百五十四　六模

15. 壶 p668 洪武正韵……赵谦声音文字通……韵会定正字切匣模，匣形贤壶。

卷之二千二百五十九　六模

16. 瓠 p718 洪武正韵……熊忠韵会举要……韵会定正匣模切，康瓠，空匏也，可浮渡。字切匣模，匣形贤瓠。

17. 瑚 p722 洪武正韵……赵谦声音文字通……韵会定正字切匣模，匣形贤瑚。

18. 猢 p724 洪武正韵……赵谦声音文字通……韵会定正字切匣模，匣形贤猢。

19. 醐 p724 洪武正韵……赵谦声音文字通……韵会定正字切匣模，匣形贤醐。

20. 弧 p725 洪武正韵……赵谦声音文字通……韵会定正字切匣模，匣形贤弧。

21. 箶 p726 洪武正韵……熊忠韵会举要……韵会定正字切匣模，匣形贤箶。

卷之二千二百六十　六模

22. 湖 p726 洪武正韵……赵谦声音文字通……韵会定正匣模切，今地理称湖广、湖南、湖北者皆指洞庭湖言，而宫亭、彭蠡、彭泽，则皆鄱阳湖之别名。字切匣模，匣形贤湖。

卷之二千三百三十七　六模

23. 梧 p943 洪武正韵……赵谦声音文字通……韵会定正字切疑觚，疑迎妍梧。

卷之二千三百四十四　六模

24. 䣱 p1015 洪武正韵……赵谦声音文字通……韵会定正字切疑觚,疑迎妍䣱。

25. (鼯) p1016 洪武正韵……熊忠韵会举要……韵会定正字切疑觚,疑迎妍鼯。

26. 浯 p1016 洪武正韵……赵谦声音文字通……韵会定正字切疑觚,疑迎妍浯。

27. 麤 p1017 洪武正韵……赵谦声音文字通……韵会定正字切清模,清清千麤。

卷之二千三百四十五　六模

28. 乌 p1021 洪武正韵……赵谦声音文字通……韵会定正影模切,三足乌,俗以名日中闇虚。字切影模,影因烟乌。

卷之二千三百四十七　六模

29. 恶 p1050 洪武正韵……字瀿博义……韵会定正影模切。字切影模,影因烟恶。

30. 洿 p1050 洪武正韵……赵谦声音文字通……韵会定正影模切,又挼莎,以去衣之污曰污,与洿同,又作污。字切影模,影因烟洿。

31. 朽 p1051 洪武正韵……赵谦声音文字通……韵会定正字切影模,影因烟朽。

32. 於 p1052 洪武正韵……赵谦声音文字通……韵会定正字切影模,影因烟於千家姓於陵覆姓。

33. 呜 p1053 洪武正韵……杨桓六书统……韵会定正影模切,呜呼,叹声,亦作呜嘑、于戏、于虖、于乎、乌虖、乌呼、恶虖;又呜呜,歌呼声也,亦作乌乌。字切影模,影因烟呜。

卷之二千四百五　六模

34. 稣 p1123 洪武正韵……赵谦声音文字通……韵会定正字切心模,心新鲜稣。

35. 麻 p1123 洪武正韵……字瀿博义……韵会定正字切心模,心新鲜麻。

36. 酥 p1123 洪武正韵……倪镗六书类释……韵会定正心模切,酥油也,駞驼、牛、羊乳为之。字切心模,心新鲜酥。

卷之二千四百六　六模

37. 初 p1127 洪武正韵……赵谦声音文字通……韵会定正字切彻觚,彻称燀初。

38. 刍 p1133 洪武正韵……赵谦声音文字通……韵会定正字切彻觚,彻称燀刍。

卷之二千四百七　六模

39. 蔬 p1139 洪武正韵……赵谦声音文字通……韵会定正字切审模,审声膻蔬。

40. 梳 p1144 洪武正韵……赵谦声音文字通……韵会定正字切审模,审声膻梳。

卷之二千四百八　六模

41. 疏 p1146 洪武正韵……赵谦声音文字通……韵会定正字切审模,审声膻疏。

42. 疎 p1151 洪武正韵……赵谦声音文字通……韵会定正字切审模,审声膻疎。

43. 苏 p1152 洪武正韵……熊忠韵会举要……韵会定正字切审模,审声膻苏。

44. 疋 p1152 洪武正韵……赵谦声音文字通……韵会定正字切审模,审声膻疋。

卷之二千七百五十五　八灰

45. 罴 p1415 洪武正韵……赵谦声音文字通……韵会定正字切帮圭,帮宾边罴。

46. 龗 p1416 洪武正韵……赵谦声音文字通……韵会定正字切帮圭,帮宾边龗。

卷之二千八百六　八灰

47. 卑 p1417 洪武正韵……赵谦声音文字通……韵会定正字切帮圭,帮宾边卑。

48. 椑 p1429 洪武正韵……赵谦声音文字通……韵会定正字切帮圭,帮宾边椑。

49. 錍 p1430 洪武正韵……赵谦声音文字通……韵会定正字切帮圭,帮宾边錍。

50. 椑 p1430 洪武正韵……赵谦声音文字通……韵会定正字切帮圭,帮宾偏椑。

51. 箄 p1430 洪武正韵……赵谦声音文字通……韵会定正字切帮圭,帮宾偏箄。

卷之二千八百七　八灰

52. 丕 p1433 洪武正韵……赵谦声音文字通……韵会定正字切滂圭,滂娉偏丕。

53. 肧 p1433 洪武正韵……赵谦声音文字通……字切滂傀,滂娉偏肧。

54. 岯 p1433 洪武正韵……赵谦声音文字通……字切滂傀,滂聘（疑为娉）偏岯。

55. 坏 p1434 洪武正韵……赵谦声音文字通……韵会定正滂傀切,鲁颜阖闻使至,凿坏而遁,即垒坏,墙也。字切滂傀,滂娉偏坏。

56. 醅 p1434 洪武正韵……熊忠韵会举要……韵会定正字切滂傀,滂娉偏醅。

57. 伾 p1435 洪武正韵……赵谦声音文字通……韵会定正滂圭切,伾伾,马以车有力也。字切滂圭,滂娉偏伾。

58. 秠 p1435 洪武正韵……赵谦声音文字通……韵会定正滂圭切,豁,人以之为豁者。字切滂圭,滂娉偏秠。

59. 駓 p1435 洪武正韵……赵谦声音文字通……韵会定正字切滂圭,滂娉偏駓。

60. 豾 p1435 洪武正韵……熊忠韵会举要……韵会定正字切滂圭,滂娉偏豾。

61. 鈈 p1435 洪武正韵……字溁博义……韵会定正字切滂圭,滂娉偏鈈。

62. 怌 p1436 洪武正韵……熊忠韵会举要……韵会定正字切滂圭,滂娉偏怌。

63. 狉 p1436 洪武正韵……熊忠韵会举要……韵会定正字切滂圭,滂娉偏狉。

64. 邳 p1436 洪武正韵……赵谦声音文字通……韵会定正字切滂圭,滂娉偏邳。

65. 岯 p1438 洪武正韵……字溁博义……韵会定正字切滂圭,滂娉偏岯。

66. 披 p1438 洪武正韵……赵谦声音文字通……韵会定正字切滂圭,滂娉偏披。

67. 被 p1439 洪武正韵……赵谦声音文字通……韵会定正字切滂圭,滂娉偏被。

68. 㗊 p1439 洪武正韵……熊忠韵会举要……韵会定正字切滂圭，滂娉偏㗊。

69. 𧟌 p1439 洪武正韵……字㶕博义……韵会定正字切滂圭，滂娉偏𧟌。

70. 旇 p1439 洪武正韵……赵谦声音文字通……韵会定正字切滂圭，滂娉偏旇。

71. 秛 p1439 洪武正韵……字㶕博义……韵会定正字切滂圭，滂娉偏秛。

72. 枚 p1442 洪武正韵……李玺存古正字……韵会定正明傀切，枚卜、枚筮，谓一个、二个，卜之、筮之也；又衔枚，衔之於口，以止语也。字切明傀，明民眠枚。

卷之二千八百八　八灰

73. 梅 p1447 洪武正韵……赵谦声音文字通……韵会定正字切明傀，明民眠梅。

卷之三千五百七十九　九真

74. 村 p2077 洪武正韵……赵谦声音文字通……韵会定正字切清昆，清清千村。

卷之三千五百八十二　九真

75. 尊 p2103 洪武正韵……赵谦声音文字通……韵会定正字切精昆，精精笺尊。

卷之三千五百八十五　九真

76. 鹪 p2149 洪武正韵……赵谦声音文字通……韵会定正字切精昆，精精笺鹪。

卷之三千五百八十六　九真

77. 遵 p2150 洪武正韵……赵谦声音文字通……韵会定正字切精遵，精精笺遵。

78. 僎 p2151 洪武正韵……赵谦声音文字通……韵会定正字切精遵，精精笺僎。

79. 暾 p2151 洪武正韵……熊忠韵会举要……韵会定正字切透昆，透汀天暾。

80. 啍 p2151 洪武正韵……赵谦声音文字通……韵会定正字切透昆，透汀天啍。

81. 焞 p2151 洪武正韵……赵谦声音文字通……韵会定正字切透昆，透汀天焞。

82. 黁 p2152 洪武正韵……熊忠韵会举要……韵会定正字切透昆,透汀天黁。

83. 吞 p2152 洪武正韵……赵谦声音文字通……韵会定正字切透昆,透汀天吞。

84. 涒 p2153 他昆切……赵谦声音文字通……韵会定正字切透昆,透汀天涒。

85. 屯 p2153 洪武正韵……赵谦声音文字通……韵会定正字切定昆,定亭田屯。

卷之三千五百八十七 九真

86. 纯 p2171 洪武正韵……熊忠韵会举要……韵会定正字切定昆,定亭田纯。

87. 忳 p2171 洪武正韵……熊忠韵会举要……韵会定正字切定昆,定亭田忳。

88. 軘 p2171 洪武正韵……赵谦声音文字通……韵会定正字切定昆,定亭田軘。

89. 庉 p2171 洪武正韵……熊忠韵会举要……韵会定正字切定昆,定亭田庉。

卷之五千二百四十四 十三萧

90. 辽 p2318 洪武正韵……赵谦声音文字通……韵会定正字切来骁,来零连辽。

卷之五千二百六十八 十三萧

91. 祆 p2402 洪武正韵……赵谦声音文字通……韵会定正字切影骁,影因烟祆。

92. 枖 p2402 洪武正韵……赵谦声音文字通……韵会定正影骁切,通作夭。字切影骁,影因烟枖。

93. 夭 p2403 洪武正韵……赵谦声音文字通……韵会定正影骁切,注,其色愉也。字切影骁,影因烟夭。

94. 禕 p2406 伊尧切……字漾博义……韵会定正影骁切,裳禕也。字切影骁,影因烟禕。

95. 訞 p2407 伊尧切……熊忠韵会举要……韵会定正影骁切,歌谣之怪。字切影骁,影因烟訞。

96. 橇 p2408 洪武正韵……熊忠韵会举要……韵会定正字切溪骁,溪轻牵橇。

97. 趬 p2408 洪武正韵……熊忠韵会举要……韵会定正字切溪骁,溪轻牵趬。

98. 蹻 p2408 洪武正韵……熊忠韵会举要……韵会定正字切溪骁,溪轻牵蹻。

99. 骄 p2418 洪武正韵……杨桓六书统……韵会定正字切溪骁,溪轻牵骄。

100. 锹 p2420 洪武正韵……赵谦声音文字通……韵会定正字切清骁,清清千锹。

101. 幧 p2420 洪武正韵……赵谦声音文字通……韵会定正字切清骁,清清千幧。

卷之六千五百二十三　十八阳

102. 妆 p2590 洪武正韵……赵谦声音文字通……韵会定正字切知光,知真毡妆。

103. 装 p2593 洪武正韵……赵谦声音文字通……韵会定正字切知光,知真毡装。

卷之六千五百二十四　十八阳

104. 桩 p2596 洪武正韵……赵谦声音文字通……韵会定正字切知光,知真毡桩。

卷之七千五百六　十八阳

105. 仓 p3342 洪武正韵……赵谦声音文字通……韵会定正字切清冈,清清千仓。

卷之七千五百十八　十八阳

106. 苍 p3482 洪武正韵……赵谦声音文字通……韵会定正清冈切,天青色也。字切清冈,清清千苍。

107. 沧 p3483 洪武正韵……赵谦声音文字通……韵会定正字切清冈,清清千沧。

108. 鸧 p3484 洪武正韵……赵谦声音文字通……韵会定正字切清冈,清清千鸧。

卷之七千八百八十九　十九庚

109. 汀 p3607 洪武正韵……赵谦声音文字通……韵会定正字切透经,透汀天汀。

卷之七千八百九十五　十九庚

110. 鞓 p3675 洪武正韵……字潆博义……韵会定正字切透经,透汀天鞓。

111. 打 p3675 洪武正韵……字潆博义……韵会定正字切透经,透汀天打。

卷之七千九百六十　十九庚

112. 馨 p3678 洪武正韵……赵谦声音文字通……韵会定正字切晓经,晓兴掀馨。

113.兴 p3680 洪武正韵……赵谦声音文字通……韵会定正字切晓经,晓兴掀兴。

卷之八千二十一　十九庚

114.烝 p3738 洪武正韵……赵谦声音文字通……韵会定正知经切,盛也。字切知经,知真毡烝。

115.脀 p3740 洪武正韵……赵谦声音文字通……韵会定正知经切,牲实鼎之名。字切知经,知真毡脀。

116.㱏 p3742 诸成切……熊忠韵会举要……韵会定正知经切,射的也,通作正,中庸正鹄,皆小鸟捷黠难中,故名正,画于布侯,五正五行相克次也,鹄音谷,栖于皮侯。字切知经,知真毡㱏。

卷之八千二百七十五　十九庚

117.兵 p3856 洪武正韵……赵谦声音文字通……韵会定正字切帮经,帮宾边兵。

卷之八千五百二十六　十九庚

118.精 p3946 洪武正韵……赵谦声音文字通……韵会定正精经切,米极细也,择极辨也。字切精经,精精笺精。

卷之八千七百六　十九庚

119.僧 p4017 洪武正韵……赵谦声音文字通……韵会定正心捤切,释氏徒。字切心捤,心新鲜僧。

卷之八千八百四十一　二十尤

120.油 p4032 洪武正韵……赵谦声音文字通……韵会定正喻鸠切,又油然,盛貌。字切喻鸠,喻寅延油。

121.犹 p4038 洪武正韵……赵谦声音文字通……韵会定正字切喻鸠,喻寅延犹。

122.抲 p4039 洪武正韵……赵谦声音文字通……韵会定正字切喻鸠,喻寅延抲。

123.蕕 p4039 洪武正韵……熊忠韵会举要……韵会定正字切喻鸠,喻寅延蕕。

124.榆 p4039 洪武正韵……熊忠韵会举要……韵会定正喻鸠切,懒榆木。

字切喻鸠,喻寅延榆。

125. 鮋 p4040 洪武正韵……赵谦声音文字通……韵会定正字切喻鸠,喻寅延鮋。

126. 斿 p4040 洪武正韵……赵谦声音文字通……韵会定正字切喻鸠,喻寅延斿。

卷之八千八百四十二　二十尤

127. 游 p4041 洪武正韵……赵谦声音文字通……韵会定正字切喻鸠,喻寅延游。

卷之八千八百四十四　二十尤

128. 游 p4061 洪武正韵……赵谦声音文字通……韵会定正字切喻鸠,喻寅延游。

卷之九千七百六十二　二十二覃

129. 諴 p4181 洪武正韵……赵谦声音文字通……韵会定正字切匣缄,匣形贤諴。

130. 鹹 p4181 洪武正韵……赵谦声音文字通……韵会定正字切匣缄,匣形贤鹹。

131. 函 p4181 洪武正韵……赵谦声音文字通……韵会定正字切匣缄,匣形贤函。

132. 涵 p4185 洪武正韵……赵谦声音文字通……韵会定正字切匣甘,匣形贤涵。

133. 錎 p4186 洪武正韵……熊忠韵会举要……韵会定正字切匣甘,匣形贤錎。

134. (衔)p4186 洪武正韵……赵谦声音文字通……韵会定正字切匣缄,匣形贤衔。

135. 嗛 p4188 洪武正韵……赵谦声音文字通……韵会定正字切匣缄,匣形贤嗛。

136. 崡 p4188 胡邑切……魏柔克正字韵纲……韵会定正字切匣缄,匣形贤崡。

卷之九千七百六十三　二十二覃

137. 喦 p4189 洪武正韵……赵谦声音文字通……韵会定正字切疑缄,疑迎

138. 嵃 p4189 洪武正韵……赵谦声音文字通……韵会定正疑缄切,又险也。字切疑缄,疑迎妍嵃。

139. 岩 p4190 洪武正韵……赵谦声音文字通……韵会定正疑缄切,亦曰殿岩,或省作严;又疑兼切。字切疑缄,疑迎妍岩。

卷之一万三百九　二纸

140. 死 p4300 洪武正韵……赵谦声音文字通……韵会定正字切斯巳,斯新鲜死。

卷之一万八百七十六　六姥

141. 虏 p4458 洪武正韵……熊忠韵会举要……韵会定正字切来古,来零连虏。

卷之一万八百七十七　六姥

142. 卤 p4482 洪武正韵……赵谦声音文字通……韵会定正字切来古,来零连卤。

143. 橹 p4483 洪武正韵……赵谦声音文字通……韵会定正字切来古,来零连橹。

卷之一万八百七十七　六姥

144. 艣 p4484 洪武正韵……熊忠韵会举要……韵会定正字切来古,来零连艣。

145. 鲁 p4485 洪武正韵……熊忠韵会举要……韵会定正来古切。字切来古,来零连鲁。

卷之一万一千七十六　八贿

146. 蕾 p4604 鲁猥切……司马光类篇……韵会定正来轨切,华始苓也。字切来轨,来零连蕾。

147. 磈 p4606 洪武正韵……字瀁博义……韵会定正字切溪磈,溪轻牵磈。

148. 傀 p4606 洪武正韵……赵谦声音文字通……韵会定正溪磈切,傀儡子,木偶人戏,从葬俑类,本作魁。字切溪磈,溪轻牵傀。

149. 崀 p4606 洪武正韵……赵谦声音文字通……韵会定正字切窥轨,窥轻牵崀。

150. 蘬 p4606 洪武正韵……熊忠韵会举要……韵会定正窥轨切,红龙之大者。字切窥轨,窥轻牵蘬。

151. 蘬 p4606 苦猥切……赵谦声音文字通……韵会定正字切溪瑰,溪轻牵蘬。

152. 餒 p4607 洪武正韵……赵谦声音文字通……韵会定正字切泥瑰,泥宁年餒。

153. 脮 p4608 洪武正韵……杨桓六书统……韵会定正字切泥瑰,泥宁年脮。

154. 捶 p4609 洪武正韵……赵谦声音文字通……韵会定正字切知轨,知真毡捶。

155. 桘 p4610 洪武正韵……赵谦声音文字通……韵会定正字切知轨,知真毡桘。

156. 锤 p4611 洪武正韵……赵谦声音文字通……韵会定正字切知轨,知真毡锤。

卷之一万一千七十七　八贿

157. 蕊 p4613 洪武正韵……李玺存古正字……韵会定正字切日轨,日人然蕊。

158. 蘂 p4613 洪武正韵……字漾博义……韵会定正字切日轨,日人然蘂。

159. 菙 p4617 洪武正韵……赵谦声音文字通……韵会定正字切禅轨,禅神禅菙。

160. 髓 p4618 洪武正韵……赵谦声音文字通……韵会定正字切心轨,心新鲜髓。

161. 瀡 p4622 洪武正韵……熊忠韵会举要……韵会定正字切心轨,心新鲜瀡。

162. 藬 p4622 洪武正韵……赵谦声音文字通……韵会定正字切心轨,心新鲜藬。

163. 𩈬 p4622 洪武正韵……赵谦声音文字通……韵会定正心轨切,又𩈬𩈬,细貌。字切心轨,心新鲜𩈬。

164. 寫 p4622 洪武正韵……赵谦声音文字通……韵会定正寫,心轨切,水名。字切心轨,心新鲜寫。

165. 觜 p4623 洪武正韵……赵谦声音文字通……韵会定正字切精轨,精精笺觜。

166. 唯 p4625 即委切……熊忠韵会举要……韵会定正字切精轨,精精笺唯。

167. 趡 p4626 洪武正韵……赵谦声音文字通……韵会定正字切清轨,清清千趡。

168. 跬 p4626 洪武正韵……赵谦声音文字通……字切窥规,窥轻牵跬。

169. 頍 p4627 洪武正韵……赵谦声音文字通……韵会定正溪已切,首弁举貌。字切溪已,溪轻牵頍。

170. 頯 p4627 洪武正韵……熊忠韵会举要……韵会定正字切溪已,溪轻牵頯。

卷之一万一千三百十三 十旱

171. 痯 p4825 洪武正韵……张子敬经史字源韵略……韵会定正字切见管,见经坚痯。

172. 斡 p4825 洪武正韵……赵谦声音文字通……韵会定正字切见管,见经坚斡。

173. 悺 p4826 洪武正韵……赵谦声音文字通……韵会定正字切见管,见经坚悺。

卷之一万一千六百二 十四巧

174. 藻 p4896 洪武正韵……赵谦声音文字通……韵会定正精杲切,今屋藻,井名,藻井者,藻取其清洁,有文且以厌火烛,故画之,井则言其形似也。字切精杲,精精笺藻。

卷之一万一千六百十五 十四巧

175. 老 p4919 洪武正韵……赵谦声音文字通……韵会定正字切来杲,来零连老。

卷之一万一千九百三 十八养

176. 广 p5010 洪武正韵……赵谦声音文字通……韵会定正见广切,横阔也,又古百粤地,秦立南海郡,至隋置广州。字切见广,见经坚广。

卷之一万一千九百五十一 十九梗

177. 顶 p5034 洪武正韵……赵谦声音文字通……韵会定正端景切,头顶也,或作顁,古作顶,籀作顖,见十七景韵。字切端景,端丁颠顶。

卷之一万一千九百五十六 十九梗

178. 鼎 p5068 洪武正韵……赵谦声音文字通……韵会定正端景切,烹饪器也,禹铸九鼎,象神奸形,其上使人不逢不若,三鼎,豕、鱼、麋。字切端景,端丁颠鼎。

卷之一万二千十五　二十有

179. 友 p5156 洪武正韵……赵谦声音文字通……韵会定正字切影九,影因烟友。

卷之一万二千一百四十八　二十有

180. 䐉 p5240 洪武正韵……阴时夫韵府群玉……韵会定正䐉心考切,本作俊。字切心考,心新鲜䐉。

181. 薮 p5240 洪武正韵……赵谦声音文字通……韵会定正薮,或作椒,亦作蒦。

182. 㪃 p5243 洪武正韵……赵谦声音文字通……韵会定正字切心考,心新鲜㪃。

183. 趣 p5244 洪武正韵……赵谦声音文字通……韵会定正字切清考,清清千趣。

184. 走 p5245 洪武正韵……赵谦声音文字通……韵会定正精考切,骏奔也,又谦称,谓驰走之人,见马迁传。字切精苟,精精笺走。

卷之一万三千八十二　一送

185. 动 p5637 洪武正韵……赵谦声音文字通……韵会定正字切定贡,定亭田动。

卷之一万三千八十三　一送

186. 恸 p5646 洪武正韵……赵谦声音文字通……韵会定正字切定贡,定亭田恸。

187. 挏 p5647 徒弄切……熊忠韵会举要……韵会定正字切定贡,定亭田挏。

188. 弄 p5648 洪武正韵……赵谦声音文字通……韵会定正字切来贡,来零连弄。

189. 哢 p5649 洪武正韵……熊忠韵会举要……韵会定正字切来贡,来零连哢。

190. 梇 p5649 卢贡切……熊忠韵会举要……韵会定正字切来贡,来零连梇。

卷之一万三千八十四　一送

191. 鬨 p5650 洪武正韵……赵谦声音文字通……韵会定正字切晓贡,晓兴

192. 溗 p5651 洪武正韵……赵谦声音文字通……韵会定正晓贡切,溗洞,水无涯也。字切晓贡,晓兴掀溗。

193. 横 p5651 洪武正韵……赵谦声音文字通……韵会定正弘供切,逆理也。字切弘供,弘形贤横。

194. 烘 p5659 洪武正韵……赵谦声音文字通……韵会定正字切晓贡,晓兴掀烘。

195. 控 p5660 洪武正韵……赵谦声音文字通……韵会定正字切溪贡,溪轻牵控。

196. 錾 p5660 洪武正韵……杨桓六书统……韵会定正字切溪贡,溪轻牵錾。

197. 空 p5661 洪武正韵……赵谦声音文字通……韵会定正字切溪贡,溪轻牵空。

198. 倥 p5661 洪武正韵……字漤博义……韵会定正字切溪贡,溪轻牵倥。

199. 穷 p5661 洪武正韵……熊忠韵会举要……韵会定正字切溪供,溪轻牵穷。

200. 𥥛 p5661 苦贡切……字漤博义……韵会定正字切溪供,溪轻牵𥥛。

卷之一万三千一百九十四　一送

201. 中 p5718 洪武正韵……赵谦声音文字通……韵会定正字切知贡,知真毡中。

202. 衷 p5720 洪武正韵……熊忠韵会举要……韵会定正字切知贡,知真毡衷。

203. 种 p5720 洪武正韵……赵谦声音文字通……韵会定正知贡切,播种也。字切知贡,知真毡种。

204. 湩 p5730 洪武正韵……赵谦声音文字通……韵会定正字切端贡,端丁颠湩。

卷之一万三千三百四十五　二寘

205. 谥 p5739 洪武正韵……赵谦声音文字通……韵会定正字切禅计,禅神禅谥。

卷之一万三千四百九十五　二寘

206. 緻 p5790 洪武正韵……赵谦声音文字通……韵会定正字切澄计,澄澄

十六　孙吾与《韵会定正》　155

纆繳。

207. 致 p5790 洪武正韵……赵谦声音文字通……韵会定正知计切,推致也。字切知计,知真毡致。

208. 置 p5799 洪武正韵……赵谦声音文字通……韵会定正字切知计,知真毡置。

卷之一万三千四百九十六　二寘

209. 制 p5805 洪武正韵……赵谦声音文字通……韵会定正字切知计,知真毡制。

卷之一万三千八百七十二　三未

210. 贲 p5931 洪武正韵……赵谦声音文字通……韵会定正字切帮。（原阙）

卷之一万三千八百七十六　三未

211. 贔 p5995 必忌切……赵谦声音文字通……韵会定正字切帮计,帮宾边贔。

卷之一万三千八百七十七　三未

212. 痹 p5995 必忌切……杨桓六书统……韵会定正字切帮计,帮宾边痹。

卷之一万三千八百八十　三未

213. 波 p6041 必忌切……熊忠韵会举要……韵会定正字切帮计,帮宾边波。

卷之一万三千九百九十二　三未

214. 嬉 p6073 洪武正韵……字溓博义……韵会定正字切晓计,晓兴掀嬉。

215. 饩 p6074 洪武正韵……赵谦声音文字通……韵会定正字切晓计,晓兴掀饩。

216. 魆 p6076 洪武正韵……字溓博义……韵会定正字切晓计,晓兴掀魆。

217. 炘 p6077 洪武正韵……熊忠韵会举要……韵会定正字切晓计,晓兴掀炘。

218. 墍 p6077 洪武正韵……赵谦声音文字通……韵会定正字切群计,群擎虔墍。

219. 欷 p6077 洪武正韵……熊忠韵会举要……韵会定正字切晓计,晓兴掀欷。

220. 咥 p6077 洪武正韵……赵谦声音文字通……韵会定正笑貌。字切晓计,晓兴掀咥。

221. 驫 p6078 洪武正韵……熊忠韵会举要……韵会定正字切晓计,晓兴掀驫。

222. 㹞 p6078 洪武正韵……赵谦声音文字通……韵会定正字切晓计,晓兴掀㹞。

卷之一万三千九百九十三　三未
223. 系 p6081 洪武正韵……赵谦声音文字通……韵会定正字切匣计,匣形贤系。

224. 撃 p6085 洪武正韵……赵谦声音文字通……韵会定正字切匣计,匣形贤撃。

225. 係 p6086 洪武正韵……赵谦声音文字通……韵会定正字切匣计,匣形贤係。

226. 禊 p6086 洪武正韵……赵谦声音文字通……韵会定正字切匣计,匣形贤禊。

卷之一万四千三百八十四　四齐
227. 冀 p6307 洪武正韵……赵谦声音文字通……韵会定正字切见计,见经坚冀。

卷之一万四千四百六十四　五御
228. 语 p6385 洪武正韵……赵谦声音文字通……韵会定正字切疑踞,疑迎妍语。

卷之一万四千五百三十六　五御
229. 树 p6386 洪武正韵……赵谦声音文字通……韵会定正字切禅踞,禅神禅树。

卷之一万四千五百四十四　五御
230. 处 p6408 洪武正韵……赵谦声音文字通……韵会定正字切彻踞,彻称焯处。

231. 絮 p6422 洪武正韵……赵谦声音文字通……韵会定正彻踞切,就豆羹中再加调和也。字切彻踞,彻称焯絮。

卷之一万四千五百四十五　五御
232. 著 p6423 洪武正韵……赵谦声音文字通……韵会定正字切知踞,知真毡著。

十六　孙吾与《韵会定正》　157

233. 翥 p6433 洪武正韵……赵谦声音文字通……韵会定正字切知踞,知真毡翥。

卷之一万四千五百七十四　六暮

234. 铺 p6435 洪武正韵……赵谦声音文字通……韵会定正字切滂故,滂娉偏铺。

卷之一万四千五百七十六　六暮

235. 誧 p6473 洪武正韵……熊忠韵会举要……韵会定正字切滂固,滂娉偏誧。

卷之一万四千九百十二　六暮

236. 轐 p6699 洪武正韵……赵谦声音文字通……韵会定正字切奉固,奉轐。
237. 滏 p6704 洪武正韵……熊忠韵会举要……韵会定正字切奉固,奉原缺滏。
238. 辅 p6704 洪武正韵……熊忠韵会举要……韵会定正奉固切,又车辐斜缚杖;又扶助也。字切奉固,奉原缺辅。

卷之一万五千七十三　七泰

239. 诫 p6779 洪武正韵……赵谦声音文字通……韵会定正字切见介,见经坚诫。

卷之一万五千七十五　七泰

240. 悈 p6791 洪武正韵……赵谦声音文字通……韵会定正字切见介,见经坚悈。

241. 介 p6791 洪武正韵……字溁博义……韵会定正见介切,分辨也。字切见介,见经坚介。

242. 价 p6800 洪武正韵……赵谦声音文字通……韵会定正见介切,价人,大人也。字切见介,见经坚价。

卷之一万五千一百四十　八队

243. 队 p6823 洪武正韵……赵谦声音文字通……韵会定正字切定侩,定亭田队。

244. 兑 p6828 洪武正韵……赵谦声音文字通……韵会定正定侩切,卦名,一阴居二阳之上,故卦德为说。字切定僧(当作"侩"),(夺)亭田兑。

卷之一万五千一百四十三　八队

245. 駾 p6874 洪武正韵……赵谦声音文字通……韵会定正定又透侩切。

158　上编　辑佚

字切定佮,定亭田毻。

246. 鬺 p6874 洪武正韵……赵谦声音文字通……韵会定正字切定佮,定亭田鬺。

247. 靹 p6874 洪武正韵……熊忠韵会举要……韵会定正字切定佮,定亭田靹。

248. 憋 p6874 洪武正韵……赵谦声音文字通……韵会定正字切定佮,定亭田憋。

249. 镦 p6875 洪武正韵……字溁博义……韵会定正矛戟柄尾也。字切定佮,定亭田镦。

250. 剸 p6876 洪武正韵……魏柔克正字韵纲……韵会定正字切定佮,定亭田剸。

251. 夺 p6876 洪武正韵……字溁博义……韵会定正字切定佮,定亭田夺。

252. 鞔 p6876 洪武正韵……字溁博义……韵会定正字切定佮,定亭田鞔。

253. 锐 p6876 洪武正韵……字溁博义……韵会定正字切定佮,定亭田锐。

卷之一万九千四百十六　二十二勘

254. 蘸 p7189 洪武正韵……赵谦声音文字通……韵会定正字切照监,照真毡蘸。

卷之一万九千四百二十六　二十二勘

255. 赚 p7296 洪武正韵……赵谦声音文字通……韵会定正字切床监,床澄縄赚。

256. 湛 p7296 洪武正韵……赵谦声音文字通……韵会定正字切状(疑为"床")监,状(疑为"床")澄縄湛。

257. 镶 p7297 洪武正韵……字溁博义……韵会定正床监切,出菜根器。字切床监,床澄縄镶。

258. 詀 p7297 直陷切……字溁博义……韵会定正字切床监,床澄縄詀。

259. 杉 p7298 所鉴切……熊忠韵会举要……韵会定正审监切,杉之也。字切审监,审声膻杉。

卷之一万九千六百三十六　一屋

260. 沐 p7300 洪武正韵……李玺存古正字……韵会定正字切明谷,明民眠沐。

261. 霂 p7305 洪武正韵……熊忠韵会举要……韵会定正字切明谷,明民眠霂。

262.罞 p7305 洪武正韵……熊忠韵会举要……韵会定正字切明谷,明民眠罞。

263.楘 p7305 洪武正韵……熊忠韵会举要……韵会定正字切明谷,明民眠楘。

264.鹜 p7305 洪武正韵……赵谦声音文字通……韵会定正字切明谷,明民眠鹜。

265.蚞 p7306 洪武正韵……熊忠韵会举要……韵会定正字切明谷,明民眠蚞。

266.目 p7306 洪武正韵……赵谦声音文字通……韵会定正字切明谷,明民眠目。

卷之一万九千七百四十三　一屋

267.睩 p7369 洪武正韵……熊忠韵会举要……韵会定正来谷切,目睐也。字切来谷,来零连睩。

268.(甪)p7369 洪武正韵……赵谦声音文字通……韵会定正来谷切,汉甪里先生,四皓之一也。字切来谷,来零连甪。

269.摝 p7370 洪武正韵……字㴊博义……韵会定正字切来谷,来零连摝。

270.驎 p7370 洪武正韵……熊忠韵会举要……韵会定正字切来谷,来零连驎。

271.逯 p7370 卢谷切……赵谦声音文字通……韵会定正来匊切,又趋逯,乌孙质子名。字切来谷,来零连逯。

卷之一万九千七百八十二　一屋

272.局 p7400 洪武正韵……字㴊博义……韵会定正字切群匊,群擎虔局。

卷之一万九千七百八十三　一屋

273.伏 p7403 洪武正韵……赵谦声音文字通……韵会定正奉谷切,秋以金承夏之火土,微金畏老火,故秦于其间三庚日立三伏日。字切奉谷,奉 伏。千字姓乞伏夷姓,又复姓。

卷之一万九千七百八十四　一屋

274.虙 p7423 洪武正韵……赵谦声音文字通……韵会定正字切奉谷,奉 虙。

卷之一万九千七百八十五　一屋

275.服 p7425 洪武正韵……赵谦声音文字通……韵会定正奉谷切,服牛马于车辕也；又五服，三年，期九月、五月、三月，以布粗细为序也。字切奉谷,奉伏。千家姓又复姓,叔服、子服。

　　卷之二万三百九　二质

　　276. 乙 p7593 洪武正韵……赵谦声音文字通……韵会定正影吉切,阴木干也。字切影吉,影因烟乙。

　　277. 釢 p7595 洪武正韵……熊忠韵会举要……韵会定正影吉切,注见燕字。字切影吉,影因烟釢。

　　卷之二万三百十　二质

　　278. 疾 p7597 洪武正韵……熊忠韵会举要……韵会定正字切从吉,从秦前疾。

　　卷之二万三百五十三　二质

　　279. 蓆 p7630 洪武正韵……赵谦声音文字通……韵会定正字切邪亟,邪饧涎席（误,当为蓆）。

　　卷之二万四百七十八　二质

　　280. 职 p7711 洪武正韵……赵谦声音文字通……韵会定正照亟切,执掌事业也。字切照亟,照真毡职。

　　卷之二万八百五十　二质

　　281. 檄 p7769 洪武正韵……赵谦声音文字通……韵会定正匣亟切,喻告之书。字切匣亟,匣形贤檄。

　　卷之二万二千一百八十　八陌

　　282. 陌 p7848 洪武正韵……字溁博义……韵会定正明格切,注见阡字。字切明格,明民眠陌。

　　283. 佰 p7851 洪武正韵……赵谦声音文字通……韵会定正字切明格,明民眠佰。

　　284. 貊 p7851 洪武正韵……字溁博义……韵会定正明格切,北裔种。字切明格,明民眠貊。

　　285. 莫 p7852 洪武正韵……赵谦声音文字通……韵会定正明格切,清静也,诗莫其德音,谓清静其德音,使无非闲之言。字切明格,明民眠莫。

　　286. 狛 p7852 洪武正韵……熊忠韵会举要……韵会定正字切明格,明民眠狛。

287. 貊 p7852 洪武正韵……赵谦声音文字通……韵会定正字切明格,明民眠貊。

288. 蓦 p7853 洪武正韵……赵谦声音文字通……韵会定正字切明格,明民眠蓦。

289. 百 p7853 洪武正韵……赵谦声音文字通……韵会定正字切明格,明民眠百。

卷之二万二千一百八十一　八陌

290. 麦 p7854 洪武正韵……赵谦声音文字通……韵会定正字切明格,明民眠麦。

卷之九百九　二支

291. 郝 p8608 洪武正韵……张子敬经史字源韵略……韵会定正字切审基,审声膻郝。

卷之九百十　二支

292. 尸 p8609 洪武正韵……赵谦声音文字通……韵会定正字切审基,审声膻尸。

卷之九百十三　二支

293. 屍 p8636 洪武正韵……赵谦声音文字通……韵会定正审基切,人死在床之称。字切审基,审声膻屍。

卷之四千九百八　十二先

294. 煙 p8797 洪武正韵……赵谦声音文字通……韵会定正字切影坚,影因烟煙。

295. 燕 p8801 洪武正韵……韵会定正字切影坚,影因烟燕。

卷之七千七百五十六　十九庚

296. 形 p8984 洪武正韵……赵谦声音文字通……韵会定正匣经切,形质;又著见也。字切匣经,匣形贤形。

卷之七千七百五十七　十九庚

297. 侀 p9009 洪武正韵……熊忠韵会举要……韵会定正匣经切,形也,见于形也,故曰侀者,成也。字切匣经,匣形贤侀。

卷之八千二十二　十九庚

298. 成 p9010 洪武正韵……赵谦声音文字通……韵会定正字切澄经,澄澄纏成。

卷之一万三千三百四十　二寘

299. 蒔 p9130 洪武正韵……赵谦声音文字通……韵会定正字切禅计，禅神禅蒔。

卷一万三千三百四十一　二寘

300. 敁 p9131 洪武正韵……五十先生韵宝……韵会定正字切禅计，禅神禅敁。

301. 嗜 p9135 洪武正韵……赵谦声音文字通……韵会定正字切禅计，禅神禅嗜。

卷之一万四千一百二十四　四霁

302. 嚏 p9159 洪武正韵……赵谦声音文字通……韵会定正端计切，嚏喷风壅之发也。字切端计，端丁颠嚏。

303. 疐 p9159 洪武正韵……熊忠韵会举要……韵会定正字切端计，端丁颠疐。

304. 締 p9160 洪武正韵……赵谦声音文字通……韵会定正字切端计，端丁颠締。

305. 蒂 p9160 洪武正韵……赵谦声音文字通……韵会定正字切端计，端丁颠蒂。

306. 蝃 p9161 洪武正韵……赵谦声音文字通……韵会定正端计切，注见蝀字。字切端计，端丁颠蝃。

307. 替 p9163 洪武正韵……赵谦声音文字通……韵会定正字切透计，透汀天替。

卷之一万四千一百二十五　四霁

308. 髰 p9173 洪武正韵……赵谦声音文字通……韵会定正字切透计，透汀天髰。

309. 俤 p9182 洪武正韵……字濚博义……韵会定正透计切，分发、掠发篦也。字切透计，透汀天俤。

310. 涕 p9182 洪武正韵……赵谦声音文字通……韵会定正字切透计，透汀天涕。

311. 禘 p9186 洪武正韵……赵谦声音文字通……韵会定正字切透计，透汀天禘。

312. 薙 p9186 洪武正韵……赵谦声音文字通……韵会定正字切透计，透汀天薤。

313. 殢 p9186 洪武正韵……字濚博义……韵会定正字切透计,透汀天殢。

314. 屟 p9186 洪武正韵……熊忠韵会举要……韵会定正字切透计,透汀天屟。

卷之一万九千八百六十五 一屋

315. 竹 p9278 洪武正韵……赵谦声音文字通……韵会定正字切知匊,知真毡竹。

卷之一万一百十二 二纸

316. 只 p291 洪武正韵……赵谦声音文字通……韵会定正知已切,又但也。字切知已,知真毡只。

317. 咫 p292 洪武正韵……赵谦声音文字通……韵会定正字切知已,知真毡咫。

318. 抵 p293 洪武正韵……赵谦声音文字通……韵会定正字切知几,知真毡抵。

319. 抵 p294 洪武正韵……熊忠韵会举要……韵会定正字切知已,知真毡抵。

320. 砥 p294 洪武正韵……赵谦声音文字通……韵会定正砥,知已切,柔石可利刃锋者。字切知已,知真毡砥。

321. 底 p298 洪武正韵……赵谦声音文字通……韵会定正字切知已,知真毡底。

322. 坻 p300 洪武正韵……赵谦声音文字通……韵会定正知已切,著、止也,或作泜,亦作汶、渚。字切知已,知真毡坻。

323. 枳 p300 洪武正韵……赵谦声音文字通……韵会定正字切知已,知真毡枳。

324. 轵 p314 洪武正韵……赵谦声音文字通……韵会定正知已切,县名,在长安东十二里,即子婴降处,又车毂末,大驭祭处,古作軹县,又作枳县。字切知已,知真毡轵。

325. 疷 p318 洪武正韵……赵谦声音文字通……韵会定正字切知已,知真毡疷。

十七

杜从古《集篆古文韵海》

卷之四百八十九　一东

1. 终 p42 洪武正韵……篆书……见杨鉤钟鼎集韵🗆�敦🗆廙鼎🗆鼄仲鼎🗆古孝经🗆道德经🗆古文🗆古尚书🗆🗆并绛碧落文🗆🗆🗆并集韵🗆崔希裕纂古并见杜从古集篆古文韵海……并徐铉篆韵……

卷之四百九十　一东

2. 螽 p60 洪武正韵……篆书🗆石经🗆汗简🗆🗆🗆并集韵见杜从古集篆古文韵海……并徐铉篆韵……

3. 霢 p63 洪武正韵……篆书🗆说文见杜从古集篆古文韵海……六书统……

卷之五百四十　一东

4. 颂 p81 洪武正韵……篆书🗆古论语🗆集韵🗆史并见杜从古集篆古文韵海……姚敦临二十体篆……

5. 溶 p82 洪武正韵……篆书🗆说文见杜从古集篆古文韵海……徐铉篆韵……

6. 蓉 p82 洪武正韵……篆书🗆说文见杜从古集篆古文韵海……徐铉篆韵……

卷之五百四十一　一东

7. 庸 p96 洪武正韵……篆书……见杨鉤钟鼎集韵🗆石鼓文🗆🗆并秦诅楚文🗆王存乂切韵🗆🗆并同上🗆汗简🗆义云章🗆尚书古文🗆集韵并见杜从古集篆古文韵海……徐铉篆韵……

卷之六百六十一　一东

8. 灘 p184 洪武正韵……篆书 ▨ 集韵见杜从古集篆古文韵海……徐铉篆韵……

　卷之六百六十二　一东

9. 龐 p185 洪武正韵……篆书 ▨ 说文见杜从古集篆古文韵海……徐铉篆韵……

10. 饔 p195 洪武正韵……篆书 ▨▨ 王存乂切韵 ▨ 汗简 ▨ 集韵並杜从古集篆古文韵海……徐铉篆韵……

11. 雍 p196 洪武正韵……篆书 ▨▨ 並集韵见杜从古集篆古文韵海……並六书统……

12. 廱 p196 洪武正韵……篆书 ▨▨ 並集韵见杜从古集篆古文韵海……徐铉篆韵……

13. 罋 p198 洪武正韵……篆书 ▨▨ 並集韵见杜从古集篆古文韵海……並六书统……

14. 壅 p198 於容切……篆书 ▨ 集韵见杜从古集篆古文韵海……六书统……

15. 鶲 p198 於容切……篆书 ▨ 集韵见杜从古集篆古文韵海……六书统……

16. 韉 p199 於容切……篆书 ▨▨ 並集韵见杜从古集篆古文韵海……六书统

17. 擁 p199 於容切……篆书 ▨ 集韵杜从古集篆古文韵海……六书统

　卷之二千二百五十四　六模

18. 壶 p668 洪武正韵……篆书……並杨銁钟鼎集韵 ▨ 汗简壶 ▨ 仲考壶並见杜从古集篆古文韵海……徐铉篆韵……

　卷之二千三百三十七　六模

19. 梧 p943 洪武正韵……篆书 ▨ 集韵见杜从古集篆古文韵海……徐铉篆韵……

　卷之二千三百四十五　六模

20. 乌 p1021 洪武正韵……篆书……並杨銁钟鼎集韵 ▨ 云台碑 ▨ 乂云章並杜从古集篆古文韵海……徐铉篆韵……

　卷之二千四百六　六模

21. 初 p1127 洪武正韵……篆书……並见杨銁钟鼎集韵 ▨ 伯硕父鼎 ▨ 乂云章並见杜从古集篆古文韵海……李斯绎山碑……

卷之二千七百五十五　八灰

22. 羆 p1415 洪武正韵……篆书……并杨鉤钟鼎集韵▨▨并牧子文▨▨▨并集韵见杜从古集篆古文韵海……并徐铉篆韵……

卷之二千八百六　八灰

23. 卑 p1417 洪武正韵……篆书……并见杨鉤钟鼎集韵▨郭昭卿字指▨张揖集▨▨并石经并见杜从古集篆古文韵海……徐铉篆韵……

24. 裨 p1429 洪武正韵……篆书▨古论语▨说文▨集韵并见杜从古集篆古文韵海……徐铉篆韵……

25. 錍 p1430 洪武正韵……篆书▨说文见杜从古集篆古文韵海……徐铉篆韵……

26. 椑 p1430 洪武正韵……篆书▨说文见杜从古集篆古文韵海……徐铉篆韵……

27. 襬 p1431 晡回切……篆书▨▨并集韵见杜从古集篆古文韵海……并六书统……

卷之二千八百七　八灰

28. 丕 p1433 洪武正韵……篆书……并见杨鉤钟鼎集韵▨集韵▨▨并王存乂切韵▨▨并郑伯姬鼎▨秦钟并见杜从古集篆古文韵海……徐铉篆韵……

29. 胚 p1433 洪武正韵……篆书▨杜从古集篆古文韵海……徐铉篆韵……

30. 㕻 p1433 洪武正韵……篆书▨杜从古集篆古文韵海……徐铉篆韵……

31. 坯 p1434 洪武正韵……篆书▨▨▨并杜从古集篆古文韵海……徐铉篆韵……

32. 醅 p1434 洪武正韵……篆书▨杜从古集篆古文韵海……徐铉篆韵……

33. 伾 p1435 洪武正韵……篆书▨▨并杜从古集篆古文韵海……徐铉篆韵……

34. 秠 p1435 洪武正韵……篆书▨杜从古集篆古文韵海……徐铉篆韵……

35. 駓 p1435 洪武正韵……篆书▨杜从古集篆古文韵海……徐铉篆韵……

36. 狉 p1435 洪武正韵……篆书▨▨并杜从古集篆古文韵海……并六书统……

37. 鈈 p1436 洪武正韵……篆书▨杜从古集篆古文韵海……并六书统……

十七　杜从古《集篆古文韵海》　167

38. 邳 p1436 洪武正韵……篆书㠭杜从古集篆古文韵海……徐铉篆韵……

39. 岯 p1438 洪武正韵……篆书㖊杜从古集篆古文韵海……並六书统……

40. 披 p1438 洪武正韵……篆书㠭㠭古史记㠭石经㠭郭忠恕永安院殿记並见杜从古集篆古文韵海……徐铉篆韵……

41. 皱 p1439 洪武正韵……篆书㠭说文㠭古史记㠭石经並见杜从古集篆古文韵海……六书统……

42. 破 p1439 洪武正韵……篆书㠭杜从古集篆古文韵海……並六书统……

43. 旇 p1439 洪武正韵……篆书㠭义云章见杜从古集篆古文韵海……並六书统……

44. 䩵 p1439 洪武正韵……篆书㠭杜从古集篆古文韵海……並六书统……

45. 鮍 p1440 铺杯切……篆书㠭集韵见杜从古集篆古文韵海……徐铉篆韵……

46. 鲏 p1440 铺杯切……篆书㠭马日碑集㠭集韵並见杜从古集篆古文韵海……徐铉篆韵……

47. 髬 p1440 铺杯切……篆书㠭集韵见杜从古集篆古文韵海……並六书统……

48. 跛 p1441 铺杯切……篆书㠭集韵见杜从古集篆古文韵海……並六书统……

49. 鋖 p1441 铺杯切……篆书㠭集韵见杜从古集篆古文韵海

50. 枚 p1442 洪武正韵……篆书……杨鉤钟鼎集韵㠭古文㠭说文並见杜从古集篆古文韵海……徐铉篆韵……

卷之二千八百八　八灰

51. 梅 p1447 洪武正韵……篆书……见杨鉤钟鼎集韵㠭㠭並集韵㠭同上本某字㠭古尚书㠭㠭並说文见杜从古集篆古文韵海……並徐铉篆韵……

卷之三千五百八十二　九真

52. 鳟樽 p2103 洪武正韵……篆书……並见杨鉤钟鼎集韵㠭龙敦㠭牧敦㠭父乙彝㠭伯邵彝㠭厚趠父盨㠭伯櫨虘敦㠭庚彝㠭宝彝㠭虢姜敦㠭伯庶父敦㠭师寏父敦㠭彝盖㠭甗宝彝㠭丁宝彝㠭习伯彝㠭梓父癸彝㠭宝尊彝㠭同上㠭文王彝㠭季妘彝㠭孟金父敦㠭㠭並父丁宝彝㠭父戊尊㠭杜嫣簋㠭伯戎彝

㢴古宝彝䁨䁨並祖乙宝彝䁨晋姜鼎䁨公诚鼎䁨木彝䁨周卣䁨叔宝彝䁨高姜鬲䁨乙鼎䁨召公尊䁨父癸卣䁨诸旅鬲䁨小子师彝䁨邢敦䁨継鼎䁨父丁彝䁨篆带彝䁨父癸方彝䁨虢叔鬲䁨同上䁨叔段鬲䁨米鬲䁨朝事尊䁨雁侯敦䁨师淮父卣䁨太史彝䁨师臣彝䁨父乙尊䁨亚仲父乙彝䁨古尊䁨幽姬彝䁨车马父乙彝䁨祖已甗䁨祖已卣䁨仲父鬲䁨祖戌尊䁨伯卣䁨刀子厨彝䁨父丁举爵䁨䁨並蜼尊䁨古父丁彝䁨父乙鼎䁨乙公鼎䁨父乙虎彝䁨蚉仲鼎䁨敔敦䁨木形父丁彝䁨象彝䁨父乙尊䁨史张父敦䁨隆叔鬲集韵䁨䁨並同上䁨王维画记䁨广韵䁨古孝经䁨石经䁨䁨並古老子䁨华岳碑䁨绛碧落文䁨泽碧落文䁨䁨並汗简见杜从古集篆古文韵海……並徐铉篆韵……

卷之三千五百八十五　九真

53. 鶉 p2149 洪武正韵……篆书䁨说文见杜从古集篆古文韵海……六书统……

卷之三千五百八十六　九真

54. 遵 p2150 洪武正韵……篆书䁨集韵䁨郭昭卿字指䁨汗简䁨䁨並义云章䁨泽碧落文䁨䁨並王存乂切韵见杜从古集篆古文韵海……徐铉篆韵……

55. 儁 p2151 洪武正韵……篆书䁨杜从古集篆古文韵海……六书统……

56. 畯 p2151 洪武正韵……篆书䁨䁨並见杜从古集篆古文韵海……六书统……

57. 啍 p2151 洪武正韵……篆书䁨䁨並杜从古集篆古文韵海……徐铉篆韵……

58. 焞 p2151 洪武正韵……篆书䁨张平子碑䁨集韵並杜从古集篆古文韵海……徐铉篆韵……

59. 贛 p2152 洪武正韵……篆书䁨杜从古集篆古文韵海……並六书统

60. 吞 p2152 洪武正韵……篆书……杨鉤钟鼎集韵䁨泽碧落文䁨古文並杜从古集篆古文韵海……徐铉篆韵……

61. 涒 p2153 洪武正韵……篆书䁨集韵见杜从古集篆古文韵海……徐铉篆韵……

62. 蜳 p2153 他昆切……篆书䁨集韵杜从古集篆古文韵海……六书统……

63. 憞 p2153 他昆切……篆书䁨集韵杜从古集篆古文韵海……六书统……

64. 屯 p2153 洪武正韵……篆书 ▆ 说文杜从古集篆古文韵海……徐铉篆韵……

卷之三千五百八十七　九真

65. 庉 p2171 洪武正韵……篆书 ▆ 集韵见杜从古集篆古文韵海……六书统……

卷之五千二百四十四　十三萧

66. 辽 p2318 洪武正韵……篆书 ▆ 杜从古集篆古文韵海……徐铉篆韵……

卷之五千二百六十八　十三萧

67. 祅 p2402 洪武正韵……篆书 ▆ 杜从古集篆古文韵海……徐铉篆韵……

68. 夭 p2402 洪武正韵……篆书 ▆ 古论语 ▆ 说文见杜从古集篆古文韵海……六书统……

69. 禑 p2406 伊尧切……篆书 ▆ 集韵见杜从古集篆古文韵海……並六书统……

70. 鷕 p2406 伊尧切……篆书 ▆ 集韵见杜从古集篆古文韵海……六书统……

71. 訞 p2406 伊尧切……篆书 ▆ 古老子 ▆ 同上並见杜从古集篆古文韵海……並六书统

72. 橇 p2408 洪武正韵……篆书 ▆ 集韵 ▆ 同上並见杜从古集篆古文韵海……並六书统……

73. 趫 p2408 洪武正韵……篆书 ▆ 集韵见杜从古集篆古文韵海……徐铉篆韵……

74. 蹻 p2408 洪武正韵……篆书 ▆ 集韵见杜从古集篆古文韵海……並六书统……

75. 毃 p2418 丘奴（疑作妖）切……篆书 ▆ 集韵见杜从古集篆古文韵海……徐铉篆韵……

76. 繑 p2419 丘妖切……篆书 ▆ 集韵见杜从古集篆古文韵海……徐铉篆韵……

77. 鄡 p2419 丘妖切……篆书 ▆ 集韵见杜从古集篆古文韵海……徐铉篆韵……

78. 鰲 p2420 洪武正韵……篆书 ▆ ▆ ▆ 並集韵见杜从古集篆古文韵

海……並六书统……

79. 幖 p2420 洪武正韵……篆书㊀㊁集韵 並见杜从古集篆古文韵海……徐铉篆韵……

80. 飍 p2420 此遥切……篆书㊀㊁並集韵㊂同上 並见杜从古集篆古文韵海……並六书统

卷之六千五百二十三　十八阳

81. 妆 p2590 洪武正韵……篆书㊀隆叔禹㊁说文㊂㊃㊄並集韵见杜从古集篆古文韵海……六书统……

82. 装 p2593 洪武正韵……篆书㊀集韵见杜从古集篆古文韵海……徐铉篆韵……

卷之七千五百六　十八阳

83. 仓 p3342 洪武正韵……篆书㊀古老子㊁㊂並汗简㊃古尚书㊄王维恭黄庭坚见杜从古集篆古文韵海……徐铉篆韵……

卷之七千五百十八　十八阳

84. 苍 p3482 洪武正韵……篆书……见杨鉤钟鼎集韵㊀古文㊁林罕集並见杜从古集篆古文韵海……徐铉篆韵……

85. 沧 p3483 洪武正韵……篆书㊀㊁㊂並集韵㊃㊄並古尚书见杜从古集篆古文韵海……高勉斋学书韵总……

86. 鸧 p3483 洪武正韵……篆书㊀集韵见杜从古集篆古文韵海……並徐铉篆韵……

87. 簹 p3483 千刚切……篆书㊀集韵见杜从古集篆古文韵海……並六书统……

卷之七千八百八十九　十九庚

88. 玎 p3607 洪武正韵……篆书㊀说文㊁㊂並集韵並见杜从古集篆古文韵海……並徐铉篆韵……

卷之七千八百九十五　十九庚

89. 鞓 p3675 洪武正韵……篆书㊀㊁並集韵见杜从古集篆古文韵海……並六书统

90. 订 p3676 他经切……篆书㊀集韵见杜从古集篆古文韵海……六书统

卷之七千九百六十　十九庚

91. 鱣 p3678 洪武正韵……篆书 䰽䱣 并义云章 䰽 说文 并见杜从古集篆古文韵海……徐铉篆韵……

92. 兴 p3680 洪武正韵……篆书……杨钧钟鼎集韵 䦥 秦诅楚文 䦥 说文 䦥 义云章 䦥 石经遗字 并见杜从古集篆古文韵海……并见姚敦临二十体篆……

卷之八千二十一　十九庚

93. 烝 p3738 洪武正韵……篆书 䰜 师虘敦 䰜 说文 见杜从古集篆古文韵海……徐铉篆韵……

94. 胚 p3741 洪武正韵……篆书 䰹 说文 见杜从古集篆古文韵海……徐铉篆韵……

95. 怔 p3741 诸成切……篆书 䰺 集韵 见杜从古集篆古文韵……六书统……

卷之八千二百七十五　十九庚

96. 兵 p3856 洪武正韵……篆书……并见杨钧钟鼎集韵 䰻 古孝经 䰼䰽 并古老子铭 䰾䰿 并义云章 䱀 古文 并见杜从古集篆古文韵海……并徐铉篆韵……

卷之八千七百六　十九庚

97. 僧 p4017 洪武正韵……篆书 䱁 集韵 见杜从古集篆古文韵海……徐铉篆韵……

卷之八千八百四十一　二十尤

98. 油 p4032 洪武正韵……篆书 䱂 集韵 见杜从古集篆古文韵海……徐铉篆韵……

99. 蕕 p4038 洪武正韵……篆书 䱃 集韵 见杜从古集篆古文韵海……徐铉篆韵……

100. 扰 p4039 洪武正韵……篆书 䱄 说文 见杜从古集篆古文韵海……并六书统

101. 蘇 p4039 洪武正韵……篆书 蘇 说文 见杜从古集篆古文韵海……六书统……

102. 逌 p4040 洪武正韵……篆书 䱇 古文 见杜从古集篆古文韵海……徐铉篆韵……

103. 鰌 p4040 洪武正韵……篆书 䱈 集韵 见杜从古集篆古文韵海……并六

书统……

　　104. 斿 p4040 洪武正韵……篆书㼌说文㷸石鼓文㯥㸅并集韵见杜从古集篆古文韵海……徐铉篆韵……

　　卷之八千八百四十三　二十尤

　　105. 游 p4041 洪武正韵……篆书……见杨鉤钟鼎集韵㳺古文㳺古尚书㳺郭昭卿字指㳺㳺并云台碑㳺㳺并崔希裕篆古㳺㸅并集韵㳺古老子并见杜从古集篆古文韵海……并徐铉篆韵……

　　卷之九千七百六十二　二十二覃

　　106. 諴 p4181 洪武正韵……篆书諴古尚书见杜从古集篆古文韵海……徐铉篆韵……

　　107. 鹹 p4181 洪武正韵……篆书鹹义云章见杜从古集篆古文韵海……徐铉篆韵……

　　108. 楠 p4182 洪武正韵……篆书㮘南岳碑㮘㮘㮘并集韵见杜从古集篆古文韵海……徐铉篆韵……

　　109. 涵 p4185 洪武正韵……篆书㴠㴠并集韵见杜从古集篆古文韵海……徐铉篆韵……

　　110. 㘔 p4186 洪武正韵……篆书㘔集韵见杜从古集篆古文韵海……六书统……

　　111. 衔 p4186 洪武正韵……篆书銜䘑并集韵㘡古文并见杜从古集篆古文韵海……徐铉篆韵……

　　112. 嗛 p4188 洪武正韵……篆书㘝古文见杜从古集篆古文韵海……徐铉篆韵……

　　卷之九千七百六十三　二十二覃

　　113. 嵒 p4189 洪武正韵……篆书嵒古文见杜从古集篆古文韵海……徐铉篆韵……

　　114. 碞 p4189 洪武正韵……篆书碞古尚书见杜从古集篆古文韵海……徐铉篆韵……

　　115. 巖 p4190 洪武正韵……篆书……并见杨鉤钟鼎集韵㕒㕒并义云章嵓石经㕒㕒并集韵见杜从古集篆古文韵海……并徐铉篆韵……

十七　杜从古《集篆古文韵海》　173

卷之一万三百九　二纸

116.死 p4300 洪武正韵……篆书……並杨鉤钟鼎集韵🔲寅篇🔲公緘鼎🔲师諲敦🔲秦泰山石刻🔲並石经🔲古孝经🔲汗简🔲🔲並古老子🔲杜从古集篆古文韵海……並徐铉篆韵……

卷之一万八千八百七十六　六姥

117.虏 p4458 洪武正韵……篆书🔲古文四声韵🔲张楫集🔲集韵並见杜从古集篆古文韵海……徐铉篆韵……

卷之一万八百七十七　六姥

118.卤 p4482 洪武正韵……篆书……见杨鉤钟鼎集韵🔲🔲並汗简🔲文王鼎🔲周公鼎见杜从古集篆古文韵海……徐铉篆韵……

119.橹 p4483 洪武正韵……篆书🔲🔲集韵並杜从古集篆古文韵海……徐铉篆韵……

120.艣 p4484 洪武正韵……篆书🔲集韵见杜从古集篆古文韵海……六书统……

121.虙 p4485 郎古切……篆书🔲集韵见杜从古集篆古文韵海……徐铉篆韵

122.繭 p4485 郎古切……篆书🔲集韵见杜从古集篆古文韵海……徐铉篆韵……

卷之一万七千七十六　八贿

123.蜼 p4603 洪武正韵……篆书🔲集韵见杜从古集篆古文韵海……徐铉篆韵……

124.獝 p4603 洪武正韵……篆书🔲🔲🔲🔲並集韵见杜从古集篆古文韵海……並徐铉篆韵……

125.嶵 p4604 鲁猥切……篆书🔲🔲🔲並集韵见杜从古集篆古文韵海……徐铉篆韵……

126.瀤 p4604 鲁猥切……篆书🔲🔲🔲並集韵见杜从古集篆古文韵海……徐铉篆韵……

127.儡 p4604 鲁猥切……篆书🔲🔲並集韵见杜从古集篆古文韵海……徐铉篆韵……

128.藟 p4604 鲁猥切……篆书🔲集韵见杜从古集篆古文韵海……並六书

174　上编　辑佚

统……

　　129. 邶 p4605 鲁猥切……篆书[篆]集韵见杜从古集篆古文韵海

　　130. 瘣 p4605 鲁猥切……篆书[篆]集韵见杜从古集篆古文韵海……并六书统……

　　131. 鼥 p4606 鲁猥切……篆书[篆]集韵见杜从古集篆古文韵海……草书……

　　132. 尵 p4607 苦猥切……篆书[篆][篆][篆]并集韵见杜从古集篆古文韵海……并六书统……

　　133. 馁 p4608 洪武正韵……篆书[篆][篆]并古论语[篆][篆][篆]并集韵见杜从古集篆古文韵海……徐铉篆韵……

　　134. 脮 p4608 洪武正韵……篆书[篆]集韵见杜从古集篆古文韵海……并六书统……

　　135. 娞 p4609 弩垒切……篆书[篆]集韵见杜从古集篆古文韵海……并六书统……

　　136. 搓 p4609 洪武正韵……篆书[篆]集韵见杜从古集篆古文韵海……徐铉篆韵……

　　137. 箠 p4610 洪武正韵……篆书[篆]集韵见杜从古集篆古文韵海……徐铉篆韵……

　　138. 骕 p4611 洪武正韵……篆书……见杨鉤钟鼎集韵[篆][篆]并籀文见杜从古集篆古文韵海……并徐铉篆韵……

　　139. 水 p4611 主藥切……篆书[篆]汗简见杜从古集篆古文韵海……徐铉篆韵……

　　140. 㾟 p4612 主藥切……篆书[篆]集韵见杜从古集篆古文韵海……并六书统……

　　141. 揣 p4612 主藥切……篆书[篆]古老子[篆][篆]并古文见杜从古集篆古文韵海……徐铉篆韵……

　　卷之一万七千七十七　八贿

　　142. 蕊 p4613 洪武正韵……篆书[篆][篆][篆]并集韵见杜从古集篆古文韵海……徐铉篆韵……

　　143. 蓶 p4617 洪武正韵……篆书[篆]集韵见杜从古集篆古文韵海……并六

书统……

144. 髓 p4618 洪武正韵……篆书 [篆] [篆] [篆] 并集韵 [篆] 茅君传并见杜从古集篆古文韵海……徐铉篆韵……

145. 瀡 p4622 洪武正韵……篆书 [篆] 集韵见杜从古集篆古文韵海……并六书统……

146. 蕊 p4622 洪武正韵……篆书 [篆] 集韵见杜从古集篆古文韵海……徐铉篆韵……

147. 嶲 p4622 洪武正韵……篆书 [篆] 集韵见杜从古集篆古文韵海……六书统……

148. 䔎 p4622 息委切……篆书 [篆] [篆] 并集韵见杜从古集篆古文韵海……并六书统……

149. 瀡 p4623 息委切……篆书 [篆] 集韵见杜从古集篆古文韵海……并六书统……

150. 觜 p4623 息委切……篆书 [篆] [篆] [篆] 并集韵见杜从古集篆古文韵海……并徐铉篆韵……

151. 嗺 p4625 即委切……篆书 [篆] [篆] 并集韵见杜从古集篆古文韵海

152. 趡 p4626 洪武正韵……篆书 [篆] 集韵见杜从古集篆古文韵海……徐铉篆韵……

153. 跬 p4626 洪武正韵……篆书 [篆] [篆] [篆] [篆] 并集韵见杜从古集篆古文韵海……徐铉篆韵……

154. 頍 p4627 洪武正韵……篆书 [篆] 说文见杜从古集篆古文韵海……徐铉篆韵……

卷之一万一千三百一十三　十罕

155. 瘖 p4825 洪武正韵……篆书 [篆] 集韵杜从古集篆古文韵海……六书统……

156. 䩾 p4825 洪武正韵……篆书 [篆] 集韵杜从古集篆古文韵海……六书统……

157. 悎 p4826 洪武正韵……篆书 [篆] 集韵见杜从古集篆古文韵海……六书统……

158. 腕 p4826 洪武正韵……篆书 [篆] 集韵见杜从古集篆古文韵海……徐铉

篆韵……

卷之一万一千六百二 十四巧

159. 藻 p4897 洪武正韵……篆书■古论语■■并集韵■■史籀文■说文见杜从古集篆古文韵海……并徐铉篆韵……

卷之一万一千六百十五 十四巧

160. 老 p4919 洪武正韵……篆书……见并杨銁钟鼎集韵■秦诅楚文■孝经■■并古老子■■并汗简■崔希裕纂古■郭忠恕永安院殿记并见杜从古集篆古文韵海……徐铉篆韵……

卷之一万一千九百三 十八养

161. 广 p5010 洪武正韵……篆书……并见杨銁钟鼎集韵■集韵■义云章■郭忠恕永安院殿记■古孝经■郭忠恕经音序并杜从古集篆古文韵海……徐铉篆韵……

卷之一万一千九百五十一 十九梗

162. 顶 p5034 洪武正韵……篆书……见杨銁钟鼎集韵■王存乂切韵■朱育集字■■■并集韵见杜从古集篆古文韵海……徐铉篆韵……

卷之一万一千九百五十六 十九梗

163. 鼎 p5068 洪武正韵……篆书……并见杨銁钟鼎集韵■晋姜鼎■公誠鼎■妘氏鼎■孔文父饮鼎■子韦鼎■幽姬鼎■师■敦■师父■鼎■宋夫人鍊铏鼎■象形鼎■■■并弡仲簠■叔夜鼎■堆叔鼎■大叔鼎■龙主鼎■乙公鼎■庚申鼎■伯般鼎■鼇仲鼎■■并淞阴侯鼎■好時供厨鼎■莲勺宫鼎盘■■并汗简并见杜从古集篆古文韵海……徐铉篆韵……

卷之一万二千十五 二十有

164. 友 p5156 洪武正韵……篆书……并杨銁钟鼎集韵■汗简■老子铭■大夫始鼎■左亚鬲■蔡姬彝■弡仲簠■寅簠■师寰敦■郑子钟■■并诸友盂■嘉仲盂■苟子铭■■并古文■石经■遗字或如此■分宁钟■古孝经■汗简并见杜从古集篆古文韵海……并徐铉篆韵……

卷之一万二千一百四十八 二十有

165. 䏚 p5240 洪武正韵……篆书■集韵见杜从古集篆古文韵海……徐铉篆韵……

166. 薮 p5240 洪武正韵……篆书 [篆] 並集韵见杜从古集篆古文韵海……徐铉篆韵……

167. 籔 p5243 洪武正韵……篆书 [篆] 並集韵见杜从古集篆古文韵海……徐铉篆韵……

168. 嗾 p5243 洪武正韵……篆书 [篆] 並集韵见杜从古集篆古文韵海……並六书统……

169. 蔌 p5243 洪武正韵……篆书 [篆] 集韵见杜从古集篆古文韵海……六书统……

170. 駮 p5243 洪武正韵……篆书 [篆] 集韵见杜从古集篆古文韵海……六书统……

171. 騪 p5244 苏偶切……篆书 [篆] 集韵见杜从古集篆古文韵海……並六书统……

172. 趣 p5244 洪武正韵……篆书 [篆] 集韵见杜从古集篆古文韵海……並六书统……

173. 取 p5244 洪武正韵……篆书 [篆] 並古孝经见杜从古集篆古文韵海……六书统……

174. 走 p5245 洪武正韵……篆书……並杨銁钟鼎集韵 [篆] 石鼓文 [篆] 师臣彝 [篆] 孝经 [篆][篆] 並宝和钟 [篆] 古老子 [篆] 汗简並见杜从古集篆古文韵海……徐铉篆韵……

卷之一万三千八十二　一送

175. 动 p5637 洪武正韵……篆书 [篆][篆][篆] 並古论语 [篆][篆][篆] 並古老子 [篆][篆][篆] 並古尚书 [篆] 裴光远集缀 [篆] 阴符经 [篆][篆][篆] 並古文 [篆][篆] 並汗简见杜从古集篆古文韵海……並徐铉篆韵……

卷之一万三千八十三　一送

176. 恸 p5646 洪武正韵……篆书 [篆][篆][篆] 並古论语 [篆] 说文见杜从古集篆古文韵海……六书统……

177. 䪨 p5647 徒弄切……篆书 [篆] 集韵见杜从古集篆古文韵海……並六书统……

178. 弄 p5648 徒弄切……篆书 [篆] 义云章 [篆] 集韵並见杜从古集篆古文韵海……徐铉篆韵……

179. 哢 p5649 徒弄切……篆书 [篆] 集韵见杜从古集篆古文韵海……六书统……

178　上编　辑佚

180. 躘 p5649 徒弄切……篆书[篆]集韵见杜从古集篆古文韵海……六书统……

181. 㣫 p5649 徒弄切……篆书[篆]集韵见杜从古集篆古文韵海……並六书统

182. 䆾 p5650 徒弄切……篆书[篆][篆][篆]並集韵见杜从古集篆古文韵海……並六书统

卷之一万三千八十四　一送

183. 哄 p5650 洪武正韵……篆书[篆]集韵见杜从古集篆古文韵海……六书统……

184. 閧 p5650 洪武正韵……篆书[篆]集韵见杜从古集篆古文韵海……高勉斋学书韵总……

185. 泽 p5651 洪武正韵……篆书[篆]集韵见杜从古集篆古文韵海　草书……

186. 横 p5651 洪武正韵……篆书[篆]义云章见杜从古集篆古文韵海……六书统……

187. 蕻 p5659 胡贡切……篆书[篆]集韵见杜从古集篆古文韵海……並六书统

188. 鞚 p5660 洪武正韵……篆书[篆]见杜从古集篆古文韵海……六书统

189. 戇 p5660 呼贡切……篆书[篆]集韵见杜从古集篆古文韵海……並六书统

190. 控 p5660 洪武正韵……篆书[篆]见杜从古集篆古文韵海……徐铉篆韵……

191. 鞯 p5660 洪武正韵……篆书[篆]集韵见杜从古集篆古文韵海……六书统……

192. 悾 p5661 洪武正韵……篆书[篆]集韵见杜从古集篆古文韵海……六书统

193. 空 p5661 洪武正韵……篆书[篆]王存乂切韵见杜从古集篆古文韵海……六书统……

194. 誇 p5661 洪武正韵……篆书[篆]集韵见杜从古集篆古文韵海……並六书统……

卷之一万三千一百九十四　一送

195. 中 p5718 洪武正韵……篆书[篆][篆][篆]並古论语[篆]古孝经[篆]文丁宝彝[篆]石鼓文並见杜从古集篆古文韵海……六书统……

196. 衷 p5720 洪武正韵……篆书[篆]集韵见杜从古集篆古文韵海……六书统……

197. 种 p5720 洪武正韵……篆书[篆]说文[篆]集韵並见杜从古集篆古文韵海

并六书统……

198. 重 p5730 洪武正韵……篆书 䍲䍲䍲 并集韵 见杜从古集篆古文韵海……徐铉篆韵……

199. 偅 p5730 洪武正韵……篆书 偅偅 并集韵 见杜从古集篆古文韵海……并六书统

卷之一万三千三百四十五　二寘

200. 諿 p5739 洪武正韵……篆书 諿諿 并集韵 諿 唐古韵 諿 怀后磬 并见杜从古集篆古文韵海……徐铉篆韵……

卷一万三千四百九十五　二寘

201. 緻 p5790 洪武正韵……篆书 緻 见杜从古集篆古文韵海……徐铉篆韵……

202. 致 p5790 洪武正韵……篆书 致致 并天台经幢 致 绛碧落文 并杜从古集篆古文韵海……徐铉篆韵……

203. 置 p5799 洪武正韵……篆书 置 天台经幢 置置 并云台碑 置 崔希裕纂古 置置 并集韵 见杜从古集篆古文韵海……徐铉篆韵……

卷之一万三千四百九十六　二寘

204. 制 p5805 洪武正韵……篆书……见姚敦临二十体篆 制 古文 制 古孝经 制 古尚书 制 汗简 制 制 并古文 制 郭忠恕永安院殿记 制 制 并秦权 制 注水匜 并见杜从古集篆古文韵海……并徐铉篆韵……

卷一万三千八百七十二　三未

205. 贲 p5931 洪武正韵……篆书 贲 集韵 见杜从古集篆古文韵海……高勉斋学书韵总……

卷之一万三千八百七十七　三未

206. 邲 p5994 必忌切……篆书 邲 张仲医 邲 晋姜鼎 并见杜从古集篆古文韵海……徐铉篆韵

207. 柲 p5995 必忌切……篆书 柲 古论语 柲 籀文 见杜从古集篆古文韵海……并六书统

卷之一万三千八百七十七　三未

208. 痹 p5995 必忌切……篆书 痹 见杜从古集篆古文韵海……徐铉篆韵……

卷之一万三千八百八十　三未

209. 禆 p6040 必忌切……篆书䩉禅並杜从古集篆古文韵海……並六书统……

210. 祉 p6041 必忌切……篆书𥛱见杜从古集篆古文韵海……並六书统……

211. 秘 p6041 必忌切……篆书祕唐古韵秘绛碧落文並杜从古集篆古文韵海……六书统……

212. 仳 p6041 必忌切……篆书𠈷僻並杜从古集篆古文韵海

213. 䁰 p6041 必忌切……篆书䀰雈叔鼎䀰汗简並杜从古集篆古文韵海……六书统……

卷之一万三千九百九十二　三未

214. 嬉 p6073 洪武正韵……篆书𡢃集韵见杜从古集篆古文韵海……六书统……

215. 欨 p6073 洪武正韵……篆书欨集韵见杜从古集篆古文韵海……六书统……

216. 餼 p6074 洪武正韵……篆书氣氣並古论语䉻䉻並大篆𥹬义云章𥹬淮南子升仙记䉻绛碧落文䉻䉻並说文氣䉻並集韵见杜从古集篆古文韵海……並徐铉篆韵……

217. 忥 p6076 洪武正韵……篆书𢗯杜从古集篆古文韵海……徐铉篆韵……

218. 爔 p6076 洪武正韵……篆书爔杜从古集篆古文韵海……並六书统……

219. 䬣 p6077 洪武正韵……篆书䬣䬣並杜从古集篆古文韵海……並六书统……

220. 墍 p6077 洪武正韵……篆书𡋝大篆𡋝集韵𡋝古尚书𡋝籀文𡋝集韵並见杜从古集篆古文韵海……徐铉篆韵……

221. 䐁 p6077 洪武正韵……篆书䐁集韵见杜从古集篆古文韵海……六书统……

222. 咥 p6077 洪武正韵……篆书咥集韵见杜从古集篆古文韵海……徐铉篆韵……

223. 屓 p6078 洪武正韵……篆书屓集韵屓咥同上並见杜从古集篆古文韵海……並六书统……

224. 甈 p6078 洪武正韵……篆书甈集韵见杜从古集篆古文韵海……徐铉

十七　杜从古《集篆古文韵海》　181

篆韵……

225. 呬 p6078 许意切……篆书 呬 并集韵见杜从古集篆古文韵海……徐铉篆韵……

226. 呬 p6079 许意切……篆书 呬 集韵见杜从古集篆古文韵海……并六书统

227. 噽 p6079 许意切……篆书 噽 集韵见杜从古集篆古文韵海……六书统

228. 齂 p6079 许意切……篆书 齂 集韵见杜从古集篆古文韵海……并六书统

229. 呬 p6080 许意切……篆书 呬 集韵见杜从古集篆古文韵海……并六书统……

卷之一万三千九百九十三　三未

230. 系 p6081 洪武正韵……篆书 系 并籀文 系 汗简 系 并集韵见杜从古集篆古文韵海……并徐铉篆韵……

231. 繫 p6085 洪武正韵……篆书 繫 王维恭黄庭经 繫 集韵见杜从古集篆古文韵海……六书统……

232. 係 p6086 洪武正韵……篆书 係 集韵见杜从古集篆古文韵海……徐铉篆韵……

233. 楔 p6086 洪武正韵……篆书 楔 集韵 楔 古文并见杜从古集篆古文韵海……六书统……

234. 膝 p6090 胡戏切……篆书 膝 集韵见杜从古集篆古文韵海……六书统……

卷之一万四千三百八十四　四霁

235. 冀 p6307 洪武正韵……篆书 冀 父辛旅彝 冀 师季敦 冀 绛碧落文 冀 唐古韵 冀 泽碧落文 冀 贝丘长碑 冀 古尚书 冀 师舟 冀 冀卣并杜从古集篆古文韵海……徐铉篆韵……

卷之一万四千四百六十一　五御

236. 御 p6337 洪武正韵……篆书……并见杨鉤钟鼎集韵 御 集韵见杜从古集篆古文韵海……并六书统

卷之一万四千四百六十四　五御

237. 语 p6385 洪武正韵……篆书……见杨鉤钟鼎集韵 语 古孝经 语 裴光远集缀并见杜从古集篆古文韵海……六书统……

238. 欻 p6385 洪武正韵……篆书■■并集韵见杜从古集篆古文韵海……并六书统

卷之一万四千五百三十六　五御

239. 树 p6386 洪武正韵……篆书■石鼓文■大篆■■■并古尚书■云台碑■■并古文■弥勒像记■绛碧落文并见杜从古集篆古文韵海……释道泰韵选……

卷之一万四千五百四十四　五御

240. 处 p6408 洪武正韵……篆书■集韵■古文■唐古韵并见杜从古集篆古文韵海……六书统……

241. 絮 p6422 洪武正韵……篆书■集韵见杜从古集篆古文韵海……六书统

242. 闯 p6422 洪武正韵……篆书■集韵见杜从古集篆古文韵海……并六书统……

243. 悇 p6422 昌据切……篆书■集韵见杜从古集篆古文韵海……并六书统……

244. 憷 p6422 昌据切……篆书■集韵见杜从古集篆古文韵海……六书统

245. 著 p6423 洪武正韵……篆书……并见姚敦临二十体篆■王庶子碑见杜从古集篆古文韵海……徐铉篆韵……

卷之一万四千五百四十五　五御

246. 纛 p6433 洪武正韵……篆书■集韵见杜从古集篆古文韵海……徐铉篆韵……

卷之一万四千五百七十六　六暮

247. 瘏 p6474 普故切……篆书■■并集韵见杜从古集篆古文韵海……并六书统……

卷之一万四千九百十二　六暮

248. 鬴 p6699 洪武正韵……篆书■古史记■■并说文■集韵■液庭甗釜并见杜从古集篆古文韵海……并徐铉篆韵……

249. 滏 p6704 洪武正韵……篆书■集韵见杜从古集篆古文韵海……六书统……

250. 辅 p6704 洪武正韵……篆书……并见杨鉤钟鼎集韵■■■并集韵见

十七　杜从古《集篆古文韵海》　183

杜从古集篆古文韵海……徐铉篆韵……

　　卷之一万五千七十三　　七泰

　　251. 诚 p6779 洪武正韵……篆书█古老子█集韵並见杜从古集篆古文韵海……徐铉篆韵……

　　卷之一万五千七十五　　七泰

　　252. 㦈 p6791 洪武正韵……篆书█说文见杜从古集篆古文韵海……徐铉篆韵……

　　253. 介 p6791 洪武正韵……篆书█大篆█汗简█並古老子铭█华岳碑█绛碧落文並见杜从古集篆古文韵海……徐铉篆韵……

　　卷之一万五千一百三十九　　七泰

　　254. 率 p6821 洪武正韵……篆书█秦诅楚文见杜从古集篆古文韵海……六书统……

　　卷之一万五千一百四十　　八队

　　255. 队 p6823 洪武正韵……篆书█南岳碑█集韵见杜从古集篆古文韵海……徐铉篆韵……

　　256. 兑 p6828 洪武正韵……篆书█大篆█集韵並见杜从古集篆古文韵海……徐铉篆韵……

　　卷之一万五千一百四十三　　八队

　　257. 騩 p6874 洪武正韵……篆书█见杜从古集篆古文韵海……徐铉篆韵……

　　258. 霨 p6874 洪武正韵……篆书██集韵並杜从古集篆古文韵海……並六书统……

　　259. 蔚 p6874 洪武正韵……篆书█见杜从古集篆古文韵海……六书统……

　　260. 憨 p6874 洪武正韵……篆书█大篆█唐古韵████集韵並见杜从古集篆古文韵海……並徐铉篆韵……

　　261. 镎 p6875 洪武正韵……篆书█大篆██並集韵█师詎敦並见杜从古集篆古文韵海……徐铉篆韵……

　　262. 镦 p6875 洪武正韵……篆书█集韵见杜从古集篆古文韵海……並六书统……

　　263. 刐 p6876 洪武正韵……篆书█集韵见杜从古集篆古文韵海……六书

184　上编　辑佚

统……

264. 靰 p6876 洪武正韵……篆书⿱集韵见杜从古集篆古文韵海……六书统……

265. 锐 p6876 洪武正韵……篆书⿱⿱並集韵见杜从古集篆古文韵海……並六书统……

266. 黜 p6876 洪武正韵……篆书⿱集韵见杜从古集篆古文韵海……並六书统……

卷之一万九千四百十六　二十二勘

267. 蘸 p7189 洪武正韵……篆书⿱集韵见杜从古集篆古文韵海……徐铉篆韵……

268. 站 p7189 洪武正韵……篆书⿱集韵见杜从古集篆古文韵海……並六书统

卷之一万九千四百二十六　二十二勘

269. 湛 p7296 洪武正韵……篆书……並见杨鉤钟鼎集韵⿱尚书⿱⿱並古老子见杜从古集篆古文韵海……

270. 谗 p7297 洪武正韵……篆书⿱集韵见杜从古集篆古文韵海……六书统……

271. 㸐 p7297 直陷切……篆书⿱集韵见杜从古集篆古文韵海……並六书统……

272. 詀 p7297 直陷切……篆书⿱集韵⿱同上並见杜从古集篆古文韵海……並六书统

273. 撕 p7298 洪武正韵……篆书⿱集韵见杜从古集篆古文韵海……六书统

卷之一万九千六百三十六　一屋

274. 沐 p7300 洪武正韵……篆书⿱集韵见杜从古集篆古文韵海……徐铉篆韵……

275. 毣 p7305 洪武正韵……篆书⿱集韵见杜从古集篆古文韵海……六书统

276. 楘 p7305 洪武正韵……篆书⿱说文见杜从古集篆古文韵海……徐铉篆韵……

277. 鹜 p7305 洪武正韵……篆书⿱说文见杜从古集篆古文韵海……徐铉

十七　杜从古《集篆古文韵海》　185

篆韵……

278. 蝀 p7306 洪武正韵……篆书㊀集韵见杜从古集篆古文韵海……六书统……

279. 目 p7306 洪武正韵……篆书㊀古论语㊀禾耳䚄㊀㊀並古老子㊀汗简㊀古文並见杜从古集篆古文韵海……徐铉篆韵……

卷之一万九千七百四十三　一屋

280. 摝 p7370 洪武正韵……篆书㊀集韵见杜从古集篆古文韵海……並六书统……

281. 录 p7370 卢谷切……篆书㊀汗简㊀仲驹文敦並见杜从古集篆古文韵海……徐铉篆韵……

282. 鰔 p7371 卢谷切……篆书㊀集韵见杜从古集篆古文韵海……徐铉篆韵……

283. 蹗 p7372 卢谷切……篆书㊀集韵见杜从古集篆古文韵海……並六书统……

284. 聙 p7372 卢谷切……篆书㊀集韵见杜从古集篆古文韵海……並六书统……

285. 氯 p7373 卢谷切……篆书㊀㊀並集韵见杜从古集篆古文韵海

286. 鹿 p7373 卢谷切……篆书㊀集韵见杜从古集篆古文韵海……並六书统……

287. 甗 p7373 卢谷切……篆书㊀集韵见杜从古集篆古文韵海……六书统

288. 粶 p7374 卢谷切……篆书㊀集韵见杜从古集篆古文韵海……六书统……

卷之一万九千七百八十二　一屋

289. 跼 p7400 洪武正韵……篆书㊀南岳碑见杜从古集篆古文韵海……六书统……

290. 騉 p7401 渠玉切……篆书㊀集韵见杜从古集篆古文韵海……徐铉篆韵……

卷之一万九千七百八十三　一屋

291. 伏 p7403 洪武正韵……篆书㊀云台碑㊀古老子㊀王存乂切韵㊀或如此㊀华岳碑㊀义云章並见杜从古集篆古文韵海……徐铉篆韵……

卷之一万九千七百八十四　一屋

292. 慮 p7423 洪武正韵……篆书慮王存乂切韵见杜从古集篆古文韵海……徐铉篆韵……

卷之一万九千七百八十五　一屋

293. 服 p7425 洪武正韵……篆书……並见姚敦临二十体篆 字字 戠敦 月寅簋 字字 盖 字字 字 並古老子 字 古文並见杜从古集篆古文韵海……徐铉篆韵……

卷之二万三百九　二质

294. 壹 p7592 洪武正韵……篆书……並见姚敦临二十体篆 字秦诅楚文 字 字 並秦权 字 汗简並见杜从古集篆古文韵海……徐铉篆韵……

295. 乙 p7593 洪武正韵……篆书 字父乙彝 字祖乙爵 字父乙爵 字祖乙彝 字晋姜鼎 字女乙觚 字乙鼎 字蜼尊 字识敦 字师誼敦 字父乙彝並见杜从古集篆古文韵海……徐铉篆韵……

296. 㲼 p7595 益悉切……篆书 字说文 字郭昭卿字指並见杜从古集篆古文韵海……並六书统……

297. 噎 p7596 益悉切……篆书 字 字 並集韵见杜从古集篆古文韵海……並六书统……

卷之二万三百十　二质

298. 疾 p7597 洪武正韵……篆书 字 字 字 並古论语 字李斯峄山碑 字寅簋 字 字 並庬敦 字 牧敦 字 字 並秦权 字 秦泰山石刻 字 籀文 字 字 字 並集韵並见杜从古集篆古文韵海……並徐铉篆韵……

卷二万三百五十四　二质

299. 夕 p7630 洪武正韵……篆书 字 寅簋 字 龙敦 字 牧敦 字 伯冏父敦 字 秦盉和钟 字 汗简 字 单冏父癸彝並见杜从古集篆古文韵海……徐铉篆韵……

卷之二万四百七十八　二质

300. 职 p7711 洪武正韵……篆书 字 字 並古考（疑作孝）经 字 王庶子碑 字 集韵並见杜从古集篆古文韵海……见姚敦临二十体篆……

卷之二万八百五十　二质

301. 檄 p7769 洪武正韵……篆书 字 说文见杜从古集篆古文韵海……徐铉

十七　杜从古《集篆古文韵海》　187

篆韵……

　　卷之二万二千一百八十　八陌

　　302.陌 p7848 洪武正韵……篆书𨹉说文见杜从古集篆古文韵海……徐铉篆韵……

　　303.貊 p7851 洪武正韵……篆书𧳦古论语𧴞义云章𧳶古尚书并见杜从古集篆古文韵海……

　　304.貉 p7851 洪武正韵……篆书𧳯𧳴并古论语𧳅集韵见杜从古集篆古文韵海……徐铉篆韵……

　　305.駋 p7852 洪武正韵……篆书𩣡集韵见杜从古集篆古文韵海……并六书统……

　　306.貘 p7852 洪武正韵……篆书𧳎集韵见杜从古集篆古文韵海……徐铉篆韵……

　　307.蓦 p7853 洪武正韵……篆书𧇠说文见杜从古集篆古文韵海……徐铉篆韵……

　　卷之二万二千一百八十一　八陌

　　308.麦 p7854 洪武正韵……篆书𪍿义云章麦古孝经𪌉汗简并见杜从古集篆古文韵海……徐铉篆韵……

　　卷之九百十　二支

　　309.尸 p8609 洪武正韵……篆书𡰣古论语𠃊汗简𡰣古文并杜从古集篆古文韵海……徐铉篆韵……

　　卷之四千九百八　十二先

　　310.烟 p8797 洪武正韵……篆书……见杨鉤钟鼎集韵𡨋古文𡨋说文𡨋集韵𡨋𡨋并崔希裕纂古见杜从古集篆古文韵海……并徐铉篆韵……

　　311.燕 p8801 洪武正韵……篆书𠬝汗简见杜从古集篆古文韵海……徐铉篆韵……

　　卷之七千七百五十六　十九庚

　　312.形 p8984 洪武正韵……篆书𠁁𠁁并古老子𠁂说文𠁁𠁂并华岳碑见杜从古集篆古文韵海……徐铉篆韵……

　　卷之八千二十二　十九庚

188　上编　辑佚

313. 成 p9010 洪武正韵……篆书……並见杨鉤钟鼎集韵󰀀厚趙父鼎󰀀季妘彝󰀀󰀀並敔敦󰀀秦诅楚文󰀀󰀀並秦权󰀀古孝经󰀀古老子󰀀王庶子碑󰀀󰀀並唐韵󰀀莲勺宫鼎盘󰀀度世古元歌󰀀绛碧落文󰀀泽碧落文󰀀古文並见杜从古集篆古文韵海……並徐铉篆韵……

卷之一万三千三百四十　二寘

314. 寺 p9128 洪武正韵……篆书󰀀集韵见杜从古集篆古文韵海……徐铉篆韵……

315. 莳 p9130 洪武正韵……篆书󰀀󰀀󰀀並集韵󰀀同上並见杜从古集篆古文韵海……徐铉篆韵……

316. 忮 p9131 洪武正韵……篆书󰀀󰀀󰀀並林罕集见杜从古集篆古文韵海……並徐铉篆韵……

317. 嗜 p9135 洪武正韵……篆书󰀀󰀀󰀀󰀀並集韵󰀀同上󰀀󰀀並古尚书见杜从古集篆古文韵海……徐铉篆韵……

卷之一万四千一百二十四　四霁

318. 嚏 p9159 洪武正韵……篆书󰀀古文󰀀集韵並见杜从古集篆古文韵海……徐铉篆韵……

319. 寷 p9159 洪武正韵……篆书󰀀集韵见杜从古集篆古文韵海……並六书统……

320. 柢 p9159 洪武正韵……篆书󰀀集韵见杜从古集篆古文韵海……徐铉篆韵……

321. 氐 p9160 洪武正韵……篆书󰀀大篆󰀀集韵並见杜从古集篆古文韵海……六书统……

322. 缔 p9160 洪武正韵……篆书󰀀集韵见杜从古集篆古文韵海……徐铉篆韵……

323. 蒂 p9160 洪武正韵……篆书󰀀󰀀並大篆󰀀古老子󰀀石经並见杜从古集篆古文韵海……徐铉篆韵……

324. 蜥 p9161 洪武正韵……篆书󰀀󰀀󰀀並集韵见杜从古集篆古文韵海……並六书统……

325. 擿 p9161 洪武正韵……篆书󰀀古文󰀀󰀀並集韵见杜从古集篆古文韵

海……並徐铉篆韵……

326. 俤 p9161 丁计切……篆书🅐集韵见杜从古集篆古文韵海……並六书统

327. 膆 p9161 丁计切……篆书🅐集韵见杜从古集篆古文韵海……並六书统

328. 鷈 p9161 丁计切……篆书🅐集韵见杜从古集篆古文韵海……並六书统

329. 螚 p9162 丁计切……篆书🅐集韵见杜从古集篆古文韵海……並六书统

330. 替 p9163 洪武正韵……篆书🅐大篆🅐唐古韵🅐石经🅐🅐並说文🅐杜从古集篆古文韵海……並徐铉篆韵……

卷之一万四千一百二十五　四霁

331. 剃 p9173 洪武正韵……篆书🅐集韵🅐同上🅐古文並见杜从古集篆古文韵海……徐铉篆韵……並六书统……

332. 涕 p9182 洪武正韵……篆书🅐说文🅐朱育集字🅐集韵见杜从古集篆古文韵海……並徐铉篆韵……

卷之一万四千一百二十五　四霁

333. 裼 p9186 洪武正韵……篆书🅐古文🅐集韵🅐同上並见杜从古集篆古文韵海……並六书统……

334. 鬄 p9186 洪武正韵……篆书🅐🅐並大篆🅐说文並见杜从古集篆古文韵海……並徐铉篆韵……

335. 薙 p9186 洪武正韵……篆书🅐集韵见杜从古集篆古文韵海……徐铉篆韵

336. 殢 p9186 洪武正韵……篆书🅐集韵见杜从古集篆古文韵海……並六书统

337. 屉 p9186 洪武正韵……篆书🅐🅐並集韵见杜从古集篆古文韵海……並六书统

338. 稊 p9187 他计切……篆书🅐集韵见杜从古集篆古文韵海……六书统

339. 𦺖 p9187 他计切……篆书🅐集韵见杜从古集篆古文韵海……六书统

卷之一万九千八百六十五　一屋

340. 竹 p9278 洪武正韵……篆书🅐汗简🅐云台碑並见杜从古集篆古文韵海……徐铉篆韵……

卷之一万一百十二　二纸

　　341.只 p291 洪武正韵……篆……杨鉤钟鼎集韵▢汗简▢集韵並见杜从古集篆古文韵海……徐铉篆韵……

　　342.咫 p292 洪武正韵……篆书▢▢並集韵见杜从古集篆古文韵海……徐铉篆韵……

　　343.坻 p293 洪武正韵……篆书▢▢▢並集韵见杜从古集篆古文韵海……徐铉篆韵……

　　344.砥 p294 洪武正韵……篆书▢集韵杜从古集篆古文韵海……徐铉篆韵……

　　345.厎 p298 洪武正韵……篆书▢集韵见杜从古集篆古文韵海……徐铉篆韵……

　　346.枳 p300 洪武正韵……篆书▢说文见杜从古集篆古文韵海……徐铉篆韵……

　　347.轵 p314 洪武正韵……篆书▢轵家釜见杜从古集篆古文韵海……徐铉篆韵……

　　348.疻 p318 洪武正韵……篆书▢说文见杜从古集篆古文韵海……徐铉篆韵……

十八

姚敦临《二十体篆》

卷之四百八十九　一东

1. 终 p42 洪武正韵……篆书 [篆] [篆] 并古论语 [篆] [篆] 并古孝经 [篆] [篆] 并柳叶篆 [篆] 叠篆 [篆] [篆] 并宝带篆见姚敦临二十体篆……见杨鉤钟鼎集韵……

卷之五百四十　一东

2. 颂 p81 洪武正韵……篆书……见杜从古集篆古文韵海 [篆] 古文篆见姚敦临二十体篆……高勉斋学书韵总　隶书……

卷之三千五百八十二　九真

3. 鐏樽 p2103 洪武正韵……篆书 [篆] [篆] 并古孝经 [篆] 芝英篆 [篆] 垂露篆并见姚敦临二十体篆……见杨鉤钟鼎集韵……

卷之七千九百六十　十九庚

4. 兴 p3680 洪武正韵……篆书……见杜从古集篆古文韵海 [篆] 变古篆 [篆] 小篆并见姚敦临二十体篆……徐铉篆韵……

卷之八千二百七十五　十九庚

5. 兵 p3856 洪武正韵……篆书……见杨鉤钟鼎集韵 [篆] 薤叶篆见姚敦临二十体篆……见杜从古集篆古文韵海……

卷之八千五百二十六　十九庚

6. 精 p3946 洪武正韵……篆书 [篆] 古论语 [篆] 史籀大篆见姚敦临二十体篆……徐铉篆韵……

卷之一万三百九　二纸

7. 死 p4300 洪武正韵……篆书 [篆] [篆] [篆] 并古论语 [篆] 古孝经 [篆] 宝带篆姚敦临

二十体篆……杨鉤钟鼎集韵……

卷之一万一千九百三　十八养

8. 广 p5010 洪武正韵……篆书䖌苍颉古文篆䖐见史籀大篆䖎费氏科斗篆䖏韦诞剪刀篆䖑刘德升瓔珞篆见姚敦临二十体篆……见杨鉤钟鼎集韵……

卷之一万二千十五　二十有

9. 友 p5156 洪武正韵……篆书○○○○○○○并古论语○古孝经○曹熹悬针篆见姚敦临二十体篆……杨鉤钟鼎集韵……

卷之一万三千四百九十六　二寘

10. 制 p5805 洪武正韵……篆书○古孝经○垂云篆见姚敦临二十体篆……见杜从古集篆古文韵海……

卷之一万四千五百四十五　五御

11. 箸 p6423 洪武正韵……篆书○○并古孝经○○上古文下垂露篆并见姚敦临二十体篆……见杜从古集篆古文韵海……

卷之一万九千七百八十五　一屋

12. 服 p7425 洪武正韵……篆书○○○○并古论语○○并古孝经○秋胡雕虫篆○曹喜垂露篆○沈仲昌宝带篆并见姚敦临二十体篆……见杜从古集篆古文韵海……

卷之二万三百九　二质

13. 壹 p7592 洪武正韵……篆书○史籀大篆○秋胡雕虫篆并见姚敦临二十体篆……见杜从古集篆古文韵海……

卷之二万四百七十八　二质

14. 职 p7711 洪武正韵……篆书……见杜从古集篆古文韵海○芝英篆见姚敦临二十体篆……徐铉篆韵……

卷之八千二十二　十九庚

15. 成 p9010 洪武正韵……篆书○○○并古论语○古孝经○大篆○小篆○芝英篆○瓔珞篆并见姚敦临二十体篆……见杨鉤钟鼎集韵……

十九

高勉斋《学书韵总》

卷之四百八十九　一东

1. 终 p42 洪武正韵……篆书……徐铉篆韵 ▨▨ 并高勉斋学书韵总　隶书……

卷之五百四十　一东

2. 颂 p81 洪武正韵……篆书……姚敦临二十体篆 ▨ 高勉斋学书韵总　隶书……

卷之五百四十一　一东

3. 庸 p96 洪武正韵……篆书……徐铉篆韵 ▨▨ 并高勉斋学书韵总……并六书统　隶书……

卷之六百六十一　一东

4. 雖 p178 洪武正韵……篆书……并徐铉篆韵 ▨▨ 并高勉斋学书韵总……并六书统　隶书……

卷之二千二百五十四　六模

5. 壶 p668 洪武正韵……篆书……徐铉篆韵 ▨▨ 并高勉斋学书韵总……并见六书统　隶书……

卷之二千三百四十五　六模

6. 乌 p1021 洪武正韵……篆书……徐铉篆韵 ▨▨ 并高勉斋学书韵总　隶书……

卷之二千四百六　六模

7. 初 p1127 洪武正韵……篆书……徐铉篆韵 ▨▨▨▨ 并高勉斋学书

韵总……並六书统　隶书……

卷之二千四百八　六模

8. 踈 p1146 洪武正韵……篆书……杨銁钟鼎集韵 ▨▨ 並高勉斋学书韵总……徐铉篆韵　隶书……

卷之二千七百五十五　八灰

9. 罷 p1415 洪武正韵……篆书……徐铉篆韵 ▨▨ 並高勉斋学书韵总……並六书统　隶书……

卷之二千八百六　八灰

10. 卑 p1417 洪武正韵……篆书……徐铉篆韵 ▨▨ 並高勉斋学书韵总……並六书统　隶书……

卷之二千八百七　八灰

11. 丕 p1433 洪武正韵……篆书……徐铉篆韵 ▨▨ 並高勉斋学书韵总　隶书……

卷之三千五百八十六　九真

12. 遵 p2150 洪武正韵……篆书……徐铉篆韵 ▨▨ 並高勉斋学书韵总　隶书……

卷之五千二百四十四　十三萧

13. 辽 p2318 洪武正韵……篆书……徐铉篆韵 ▨ 高勉斋学书韵总　隶书……

卷之七千五百六　十八阳

14. 仓 p3342 洪武正韵……篆书……徐铉篆韵 ▨ 高勉斋学书韵总……並六书统　隶书……

卷之七千五百八十一　十八阳

15. 沧 p3483 洪武正韵……篆书……徐铉篆韵 ▨ 高勉斋学书韵总……六书统　隶书……

卷之七千八百八十九　十九庚

16. 玎 p3607 洪武正韵……篆书……並徐铉篆韵 ▨ 高勉斋学书韵总……並六书统　隶书……

卷之七千九百六十　十九庚

17. 兴 p3680 洪武正韵……篆书……徐铉篆韵 ▨▨ 並高勉斋学书韵总

十九　高勉斋《学书韵总》　195

隶书……

　　卷之八千二百七十五　十九庚

　　18. 兵 p3856 洪武正韵……篆书……并徐铉篆韵▨▨并高勉斋学书韵总……并六书统　隶书……

　　卷之八千五百二十六　十九庚

　　19. 精 p3946 洪武正韵……篆书……徐铉篆韵▨▨并高勉斋学书韵总……并六书统　隶书……

　　卷之八千八百四十一　二十尤

　　20. 逎 p4040 洪武正韵……篆书……徐铉篆韵▨▨▨并高勉斋学书韵总……六书统　隶书……

　　卷之九千七百六十二　二十二覃

　　21. 鹹 p4181 洪武正韵……篆书……徐铉篆韵▨高勉斋学书韵总……六书统　隶书……

　　卷之一万八百七十六　六姥

　　22. 虏 p4458 洪武正韵……篆书……徐铉篆韵▨高勉斋学书韵总　隶书……

　　卷之一万一千六百十五　十四巧

　　23. 老 p4919 洪武正韵……篆书……徐铉篆韵▨▨并见高勉斋学书韵总……并六书统　隶书……

　　卷之一万一千九百五十一　十九梗

　　24. 顶 p5034 洪武正韵……篆书……并徐铉篆韵▨高勉斋学书韵总……六书统　隶书……

　　卷之一万一千九百五十六　十九梗

　　25. 鼎 p5068 洪武正韵……篆书……徐铉篆韵▨▨▨并高勉斋学书韵总……并六书统　隶书……

　　卷之一万三千八十二　一送

　　26. 动 p5637 洪武正韵……篆书……并徐铉篆韵▨▨▨并高勉斋学书韵总……并六书统　隶书……

　　卷之一万三千八十四　一送

　　27. 関 p5650 洪武正韵……篆书……杜从古集篆古文韵海▨高勉斋学书韵

总……六书统　隶书……

　　卷之一万三千八百七十二　三未

28. 贲 p5931 洪武正韵……篆书……杜从古集篆古文韵海▨高勉斋学（书韵总）……六书统　草书……

　　卷之一万三千九百九十二　三未

29. 既 p6076 洪武正韵……篆书▨▨▨▨▨▨并高勉斋学书韵总……并六书统　隶书……

30. 忾 p6076 洪武正韵……篆书……徐铉篆韵▨高勉斋学书韵总……六书统　隶书……

31. 愍 p6079 许意切……篆书▨▨▨并高勉斋学书韵总……并六书统　隶书……

32. 㮚 p6079 许意切……篆书▨高勉斋学书韵总　隶书……

　　卷之一万四千五百四十四　五御

33. 絮 p6422 洪武正韵……篆书……杜从古集篆古文韵海▨高勉斋学书韵总统……六书统

　　卷之一万五千七十五　七泰

34. 介 p6791 洪武正韵……篆书……徐铉篆韵▨高勉斋学书韵总　隶书……

　　卷之一万五千一百四十三　八队

35. 憨 p6874 洪武正韵……篆书……并徐铉篆韵▨高勉斋学书韵总……六书统　隶书……

36. 锐 p6876 洪武正韵……篆书……杜从古集篆古文韵海▨▨并高勉斋学书韵总……并六书统　隶书……

　　卷之一万九千六百三十六　一屋

37. 目 p7306 洪武正韵……篆书……徐铉篆韵▨▨▨▨▨并高勉斋学书韵总……六书统　隶书……

　　卷之一万九千七百八十四　一屋

38. 虑 p7423 洪武正韵……篆书……徐铉篆韵▨高勉斋学书韵总……倪镗六书类释……

卷之一万九千七百八十五　一屋

39. 服 p7425 洪武正韵……篆书……徐铉篆韵 高勉斋学书韵总……並六书统　隶书……

卷之二万二千一百八十一　八陌

40. 麦 p7854 洪武正韵……篆书……徐铉篆韵　並高勉斋学书韵总　隶书……

卷之九百十三　二支

41. 尸 p8636 洪武正韵……篆书……徐铉篆韵 高勉斋学书韵总　隶书……

卷之四千九百八　十二先

42. 烟 p8797 洪武正韵……篆书……並徐铉篆韵 並高勉斋学书韵总……並六书统　隶书……

二十

释道泰《韵选》[①]

卷之一万四千五百三十六　五御

1. 树 p6386 洪武正韵……篆书……杜从古集篆古文韵海𠷓树𢾭敦见释道泰韵选……並徐铉篆韵……

[①] [明]黄虞稷《千顷堂书目》，上海古籍出版社，2003年，第378页。《千顷堂书目》载此名，注曰字来峰，泰州人。其书分韵集钟鼎古文，然所收颇杂，秦权、汉鉴与三代之文并载之，殊乖条贯，他如滕公石椁铭，本属伪迹，收之已失别裁，又钩摹全非其本状，则传写失真者多矣。永瑢《钦定四库全书总目·小学类存目一》中华书局，1965年，第426页。卷四十三：集篆钟鼎古文韵选五卷，明释道泰撰。永瑢《四库全书·钦定续文献通考》，上海古籍出版社，1987年，第537页，《经籍考》卷一百六十：释道泰钟鼎古文韵选五卷。道泰，字来峰，泰州人。《韵选》为《钟鼎古文韵选》的简称，释道泰，字来峰，明泰州人。

二十一

洪迈《汉隶分韵》

卷之四百八十九　一东

1. 终 p42 洪武正韵……隶书 終 老子铭 終 孔耽碑分 終 石经论语 終 武荣碑分 終 孔宙碑分 終 熊君碑 終 魏臣奏并洪迈汉隶分韵 終 武梁祠汉隶字源 終 夏承碑　真书……

卷之五百四十　一东

2. 颂 p81 洪武正韵……隶书 頌 蔡湛颂 頌 郭君碑并洪迈汉隶分韵 頌 石门颂 頌 熊君碑 誦 灵台碑并汉隶字源　草书……

卷之五百四十一　一东

3. 庸 p96 洪武正韵……隶书 庸 郑烈碑 庸 樊安碑 庸 上庸长墓 庸 郭究碑并洪迈汉隶分韵　真书……

卷之六百六十二　一东

4. 雝 p185 洪武正韵……隶书 雝 李夫人 雝 孔龢碑并洪迈汉隶分韵 雝 卒史碑 雝 孔宙碑 雝 高颐碑并汉隶字源　草书……

卷之二千二百五十四　六模

5. 壶 p668 洪武正韵……隶书 壺 礼器碑 壺 三公山碑 壺 祝睦后碑并洪迈汉隶分韵 壺 柳敏碑 壺 夏承碑 壺 孔庙礼器碑笾梪禁壶以文考之协韵当作壶并见汉隶字源　草书……

卷之二千二百五十九　六模

6. 瑚 p722 洪武正韵……隶书 胡 韩勑碑同瑚 瑚 修尧庙碑并洪迈汉隶分韵　草书……

7. 弧 p725 洪武正韵……隶书🔲陈球碑见洪迈汉隶分韵🔲张纳碑阴🔲魏大飨碑并汉隶字源　行书……

　　卷之二千三百三十七　六模

8. 梧 p943 洪武正韵……隶书🔲魏臣奏见洪迈汉隶分韵　真书……

　　卷之二千三百四十四　六模

9. 麤 p1017 洪武正韵……（隶书）🔲督邮班碑🔲娄寿碑并洪迈汉隶分韵（真书）……

　　卷之二千三百四十五　六模

10. 乌 p1021 洪武正韵……隶书🔲孔耽神祠🔲樊安碑🔲李翊碑🔲费凤碑🔲熊君碑并汉隶字源🔲薛君碑洪迈汉隶分韵　真书……

　　卷之二千三百四十七　六模

11. 於 p1052 洪武正韵……隶书🔲李夫人碑🔲东海庙碑并洪迈汉隶分韵　真书……

12. 呜 p1053 洪武正韵……隶书🔲严訢碑🔲夏承碑🔲武梁碑并洪迈汉隶分韵

13. 欤 p1053 汪胡切……隶书🔲樊敏碑见洪迈汉隶分韵

　　卷之二千四百六　六模

14. 初 p1127 洪武正韵……隶书🔲宗俱碑🔲刘宽碑🔲柳敏碑并洪迈汉隶分韵🔲华山亭碑🔲老子铭🔲武梁祠堂🔲田君断碑并见汉隶字源　真书……

　　卷之二千四百八　六模

15. 疏 p1146 洪武正韵……隶书🔲州辅碑分🔲🔲并鲁峻碑见洪迈汉隶分韵🔲淮源庙碑🔲周憬铭🔲刘熊碑🔲司隶校尉碑并汉隶字源　真书……

　　卷之二千八百六　八灰

16. 禅 p1429 洪武正韵……隶书🔲吕君碑🔲唐扶颂🔲陈琳后碑🔲西狭颂并洪迈汉隶分韵🔲李翕碑见汉隶字源🔲🔲并六书统　草书……

17. 郫 p1431 晡回切……隶书🔲伯乔题名🔲应酬碑🔲建平碑并洪迈汉隶分韵🔲郑烈碑见汉隶字源🔲六书统

　　卷之二千八百七　八灰

18. 丕 p1433 洪武正韵……隶书【丕】祝睦碑【丕】刘熊碑 并见洪迈汉隶分韵　真书……

19. 邳 p1436 洪武正韵……隶书【邳】韩勅碑【邳】孔宙碑阴【邳】严訢碑【邳】孔霭碑并洪迈汉隶分韵【邳】孔宙碑阴【邳】孔彪碑【邳】杨雄碑并汉隶字源【邳】六书统

20. 披 p1438 洪武正韵……隶书【披】楚相碑洪迈汉隶分韵【披】六书统　真书……

　　卷之二千八百八　八灰

21. 梅 p1447 洪武正韵……隶书【梅】应酬碑见洪迈汉隶分韵【梅棠棵繹呆】并六书统　真书……

　　卷之三千五百八十二　九真

22. 樽 p2103 洪武正韵……隶书【尊】礼器碑【尊】老子铭【尊】何君阁碑【尊】唐仙人碑【尊】石经论语【尊】同空残碑【尊】华山庙碑并见洪迈汉隶分韵【尊】礼器碑【尊】史晨奏【尊】孙叔敖碑并见汉隶字源　真书……

　　卷之三千五百八十六　九真

23. 遵 p2150 洪武正韵……隶书【遵】华山庙碑【遵】尧母庙碑并洪迈汉隶分韵【遵】灵台碑【遵】华岳碑【遵】祝睦碑并汉隶字源　真书……

24. 涒 p2153 他昆切……隶书【涒】韩勅碑洪迈汉隶分韵【涒】孔庙碑汉隶字源

　　卷之五千二百四十四　十三萧

25. 辽 p2318 洪武正韵……隶书【遼】韩勅碑阴【遼】史晨后碑【遼】度尚碑【遼】殷阮碑【遼】魏臣奏并洪迈汉隶分韵【遼】高彪碑【遼】景君墓表【遼】李翊碑【遼】夏堪碑【遼】杨孟受石门颂【遼】杨统碑并汉隶字源　真书……

　　卷之六千五百二十三　十八阳

26. 装 p2593 洪武正韵……隶书【装】王纯碑见洪迈汉隶分韵　草书……

　　卷之七千五百六　十八阳

27. 仓 p3342 洪武正韵……隶书【倉】武梁祠【倉】西狭颂碑【倉】礼殿记并洪迈汉隶分韵【倉】尧庙碑【倉】孔庙铭并汉隶字源　行书……

　　卷之七千九百六十　十九庚

28. 馨 p3678 洪武正韵……隶书【馨】华山庙碑【馨】孔庙碑并洪迈汉隶分韵【馨】王纯碑【馨】张表碑【馨】朱龟碑【馨】魏修孔庙碑并汉隶字源　真书……

29. 兴 p3680 洪武正韵……隶书 興 宗季方碑 興 史晨奏 興 唐扶颂 興 无极山碑 興 华山庙碑并洪迈汉隶分韵 興 灵台碑 興 孔庙奏铭 興 石门颂 興 张纳碑 興 熊君碑 興 杨震碑 興 戚伯著碑 興 铁盆铭并汉隶字源　真书……

　　卷之八千二十一　　十九庚

30. 丞 p3739 洪武正韵……隶书 丞 中部碑 丞 魏大飨碑并洪迈汉隶分韵 丞 孙叔敖碑 丞 周憬铭 丞 蒋君碑并汉隶字源　章草……

　　卷之八千二百七十五　　十九庚

31. 兵 p3856 洪武正韵……隶书 兵 孔宙碑 兵 武梁碑 兵 张普题字 兵 魏臣奏并 洪迈汉隶分韵 兵 张纳碑 兵 陈球碑 兵 冯焕碑 兵 州辅碑并汉隶字源　真书……

　　卷之八千五百二十六　　十九庚

32. 精 p3946 洪武正韵……隶书 精 武梁祠 精 樊毅碑并洪迈汉隶分韵 精 史晨奏 精 修华岳碑 精 景君碑 精 熊君碑并汉隶字源　真书……

　　卷之八千七百六　　十九庚

33. 僧 p4017 洪武正韵……隶书 僧 魏大飨碑洪迈汉隶分韵　真书……

　　卷之八千八百四十一　　二十尤

34. 狩 p4040 洪武正韵……隶书 狩 孔彪碑 狩 高彪碑 狩 城坝碑并洪迈汉隶分韵 狩 曹腾碑见汉隶字源

　　卷之八千八百四十二　　二十尤

35. 游 p4041 洪武正韵……隶书 游 城坝碑 游 楚相碑 遊 石经论语 遊 石经公羊并 洪迈汉隶分韵 游 孟郁修尧庙碑 游 尧母碑 游 杨君碑 游 高顺碑 游 外黄高君碑并汉隶字源　真书……

　　卷之八千八百四十四　　二十尤

36. 游 p4061 洪武正韵……隶书 遊 石经论语 遊 石经公羊并洪迈汉隶分韵 遊 帝尧碑 遊 唐扶颂 遊 夏堪碑并汉隶字源 遅遅 并六书统　真书……

　　卷之九千七百六十二　　二十二覃

37. 鹹 p4181 洪武正韵……隶书 鹹 石经尚书见洪迈汉隶分韵　真书……

38. 椷 p4182 洪武正韵……隶书 函 魏后板函并洪迈汉隶分韵 椷 鋡 并六书统　真书……

39.（衔）p4186 洪武正韵……隶书〔衔〕帝尧碑〔衔〕高彪碑〔衔〕魏受禅表並洪迈汉隶分韵〔衔〕蔡湛颂〔衔〕朱龟碑並汉隶字源　真书……

　　卷之九千七百六十三　二十二覃

40.岩 p4190 洪武正韵……隶书〔嚴〕白石神碑〔巖〕鲁峻碑〔嚴〕孙根碑〔巖〕无极山碑洪迈汉隶分韵〔巖〕修尧庙碑〔嚴〕华山庙碑〔嚴〕华山亭碑並汉隶字源　真书……

　　卷之一万三百九　二纸

41.死 p4300 洪武正韵……隶书〔死〕老子铭见洪遵汉隶分韵〔死〕孔宙碑见並汉隶字源　真书……

　　卷之一万八百七十六　六姥

42.雱 p4458 洪武正韵……隶书〔雱〕魏大饗碑见洪迈汉隶分韵〔雱〕造桥碑见汉隶字源　草书……

　　卷之一万一千七十六　八贿

43.馁 p4608 洪武正韵……隶书〔餒〕张纳碑见洪迈汉隶分韵〔餒〕石门颂〔餒〕功德叙〔餒〕王纯碑並汉隶字源〔餒〕六书统　草书……

　　卷之一万一千六百二　十四巧

44.藻 p4897 洪武正韵……隶书〔藻〕刘衡碑〔藻〕范镇碑〔藻〕度尚碑〔藻〕张平子碑並 洪迈汉隶分韵〔藻〕〔藻〕並六书统　真书……

　　卷之一万一千六百十五　十四巧

45.老 p4919 洪武正韵……隶书〔老〕孔宙碑〔老〕羊窦道碑〔老〕祝睦碑〔老〕子翁碑〔老〕魏修老祠〔老〕孔耽碑〔老〕五老杯柈並洪迈隶韵〔老〕淮源庙碑〔老〕老子铭〔老〕石路碑〔老〕袁良碑〔老〕郭仲奇碑〔老〕费凤碑〔老〕老子庙碑並汉隶字源　真书……

　　卷之一万一千九百三　十八养

46.广 p5010 洪武正韵……隶书〔廣〕唐仙人〔廣〕伯乔题名〔廣〕魏修孔庙並洪迈汉隶分韵〔廣〕灵台碑〔廣〕石路碑〔廣〕王君神道〔廣〕永初砖文並汉隶字源　真书……

　　卷之一万一千九百五十六　十九梗

47.鼎 p5068 洪武正韵……隶书〔鼎〕刘宽碑〔鼎〕樊毅碑〔鼎〕张公神碑〔鼎〕周憬碑阴〔鼎〕郑固碑〔鼎〕郑烈碑並洪迈汉隶分韵〔鼎〕华岳碑〔鼎〕景君碑〔鼎〕费凤碑〔鼎〕孙根碑〔鼎〕朱龟碑〔鼎〕陈寔碑並汉隶字源　真书……

　　卷之一万二千十五　二十有

48. 友 p5156 洪武正韵……隶书友孔谦碑见洪迈汉隶分韵友费凤碑友石经论语並 汉隶字源　真书……

卷之一万二千一百四十八　二十有

49. 数 p5240 洪武正韵……隶书藪楚相碑见洪迈汉隶分韵藪孔宙碑见汉隶字源藪六书统　草书……

50. 走 p5245 洪武正韵……隶书走度尚碑见洪迈汉隶分韵走淮源庙碑走祝睦后碑並汉隶字源　真书……

卷之一万三千八十二　一送

51. 动 p5637 洪武正韵……隶书動西狭颂见洪迈汉隶分韵動冯绲碑動夏承碑並 汉隶字源動運並六书统　真书……

卷之一万三千八十三　一送

52. 恸 p5646 洪武正韵……隶书慟景君铭慟郭仲奇碑並见洪迈汉隶分韵慟侯成碑慟武荣碑並汉隶字源　行书……

卷之一万三千八十四　一送

53. 控 p5660 洪武正韵……隶书控魏大飨碑见洪迈汉隶分韵　草书……

卷之一万三千一百九十四　一送

54. 衷 p5720……隶书衷孔彪碑见洪迈汉隶分韵衷博陵太守碑见汉隶字源　草书……

55. 穜 p5720……隶书種武梁碑见洪迈汉隶分韵種孟郁砚见汉隶字源　真书……

卷之一万三千三百四十五　二寘

56. 谥 p5739 洪武正韵……隶书謚侯成碑謚冯绲碑並洪迈汉隶分韵謚鲁峻碑謚娄先生碑並汉隶字源　真书……

卷之一万三千四百九十五　二寘

57. 致 p5790 洪武正韵……隶书致帝尧碑致孟郁碑致三公山碑致东海庙碑致老子碑致郁阁碑致西狭颂並洪迈汉隶分韵致修尧庙碑致灵台碑致华岳碑致李翕碑致樊安碑致费凤碑並汉隶字源　真书……

58. 置 p5799 洪武正韵……隶书置衡方碑见洪迈隶韵置吴仲山碑置孙根碑见汉隶字源　真书……

二十一　洪迈《汉隶分韵》　205

卷之一万三千四百九十六　二寘

59. 制 p5805 洪武正韵……隶书**刴**度尚碑见洪迈汉隶分韵**制**尧母碑**刲**置卒史碑**刾**礼器碑**制**石经公羊并汉隶字源　真书……

卷之一万三千九百九十二　三未

60. 憙 p6073 洪武正韵……隶书**憙**杨震碑见洪迈汉隶分韵**憙**刘宽碑阴**憘**石门颂并见汉隶字源　草书……

61. 欻 p6073 洪武正韵……隶书**欻**景君铭见洪迈汉隶分韵　草书……

62. 饩 p6074 洪武正韵……隶书**餼**魏受禅来见洪迈汉隶分韵**餼饩**并六书统　草书……

63. 既 p6076 洪武正韵……隶书**既**梁休碑**既**冯绲碑**既**石经洪迈汉隶分韵**既**华山庙杨益隶韵　草书……

64. 垍 p6077 洪武正韵……隶书**垍**范式碑见洪迈汉隶分韵**垩**六书统　草书……

卷之一万三千九百九十三　三未

65. 系 p6081 洪武正韵……隶书**系**夏堪碑见洪迈汉隶分韵**系**张表碑**系**张平子碑并汉隶字源　草书……

66. 繫 p6085 洪武正韵……隶书**繫**石经公羊**繫**孔霑碑见洪迈汉隶分韵**繫**六书统

67. 盻 p6086 洪武正韵……隶书**盻**张平子碑见洪迈汉隶分韵**盻**六书统

卷之一万四千三百八十四　四霁

68. 冀 p6307 洪武正韵……隶书**冀**王纯碑**冀**夏承碑**冀**刘衡碑并洪迈汉隶分韵**冀**张纳碑**冀**杨淮碑并汉隶字源　真书……

卷之一万四千四百六十四　五御

69. 圉 p6385 洪武正韵……隶书**圉**圉令碑见洪迈汉隶分韵　草书……

70. 语 p6385 洪武正韵……隶书**語**唐仙人碑见洪迈汉隶分韵　草书……

卷之一万四千五百四十四　五御

71. 处 p6408 洪武正韵……隶书**處**华山亭碑**處**魏元丕碑**處**尧母碑并洪迈汉隶分韵**處**修尧庙碑**處**灵台碑**處**韩勑碑阴**處**华岳碑**處**淮源庙碑**處**老子铭**處**唐扶颂**處**刘熊碑**處**娄先生碑**處**杨君碑**處**王君神道**處**杨信碑**處**杨著碑

206　上编　辑佚

爰杨震碑并汉隶字源　真书……

　　卷之一万四千五百四十五　五御

　　72. 著 p6423 洪武正韵……隶书著孟郁碑着尧母碑著张纳碑并洪迈汉隶分韵著修尧庙碑着灵台碑著孔庙奏铭著景君碑著夏承碑著熊君碑并汉隶字源　真书……

　　73. 翥 p6433 洪武正韵……隶书翥元宾碑见洪迈汉隶分韵　草书……

　　卷之一万四千九百十二　六暮

　　74. 辅 p6704 洪武正韵……隶书輔韩勅后碑见洪迈汉隶分韵輔唐扶颂輔杨著碑并汉隶字源頫頫并六书统　真书……

　　卷之一万五千七十三　七泰

　　75. 诚 p6779 洪武正韵……隶书誠逢盛碑见洪迈汉隶分韵誠六书统　真书……

　　卷之一万五千七十五　七泰

　　76. 介 p6791 洪武正韵……隶书尒樊毅碑介骰坑碑并洪迈汉隶分韵禾神祠碑禾唐公房碑尒侯成碑并汉隶字源　真书……

　　77. 价 p6800 洪武正韵……隶书价杨统碑见洪迈汉隶分韵价度尚碑见汉隶字源　草书……

　　卷之一万五千一百四十　八队

　　78. 兑 p6828 洪武正韵……隶书允郙阁颂见洪迈汉隶分韵　草书……

　　卷之一万五千一百四十三　八队

　　79. 锐 p6876 洪武正韵……隶书鋭大飨碑见洪迈隶韵　草书……

　　卷之一万九千六百三十六　一屋

　　80. 沐 p7300 洪武正韵……隶书沐魏臣奏见洪迈汉隶分韵沐杨震碑阴见汉隶字源　真书……

　　卷之一万九千七百八十三　一屋

　　81. 伏 p7403 洪武正韵……隶书伏武梁祠画像见洪迈汉隶分韵伏孔庙奏铭伏老子铭伏周憬铭并汉隶字源伏六书统　真书……

　　卷之一万九千七百八十五　一屋

　　82. 服 p7425 洪武正韵……隶书服孙根碑服繁阳令碑服武梁祠碑服

二十一　洪迈《汉隶分韵》　207

桐柏庙碑❿夔向碑❿杨统碑❿西狭颂❿鲁峻碑并洪迈汉隶分韵❿灵台碑❿修华岳碑❿唐扶颂❿度尚碑❿司隶校尉❿杨君碑❿石经论语❿二镜铭并汉隶字源❿❿❿并六书统　真书……

卷之二万三百九　二质

83. 壹 p7592 洪武正韵……隶书壹壹并祝睦碑壹费凤碑壹郭君碑壹周憬碑壹华山庙碑壹史晨奏并洪迈隶韵　真书……

84. 乙 p7593 洪武正韵……隶书乙孔龢碑见洪迈隶韵乙卒史碑乙逢盛碑乙韩勅题名乙铁盆铭并汉隶字源　真书……

卷之二万三百十　二质

85. 疾 p7597 洪武正韵……隶书疾郙阁碑疾樊安碑疾杨统碑疾金恭碑并洪迈汉隶分韵疾景君墓表疾孔宙碑疾冯绲碑疾张未碑疾夏承碑疾李翊碑疾刘宽碑疾咸伯著碑疾韦氏神道疾田君断碑并汉隶字源　真书……

卷之二万四百七十八　二质

86. 职 p7711 洪武正韵……隶书职柳敏碑职樊安碑职西狭颂洪迈汉隶分韵职华山碑职樊毅碑职张纳碑职袁良碑职鲁峻碑并汉隶字源　真书……

卷之二万二千一百八十　八(陌)

87. 佰 p7851 洪武正韵……隶书佰丁鲂碑见洪迈隶韵

88. 貊 p7851 洪武正韵……隶书貊朱龟碑貊度尚碑见洪迈汉隶分韵

89. 百 p7853 洪武正韵……隶书百老子铭见洪迈隶韵百孟郁碑百何君碑百夏承碑百陈球碑百石经残碑百刘宽碑并汉隶字源　真书……

卷之二万二千一百八十一　八陌

90. 麦 p7854 洪武正韵……隶书麦樊毅碑见洪迈汉隶分韵麦复民租碑麦西狭颂并汉隶字源麦六书统　真书……

卷之九百十　二支

91. 尸 p8609 洪武正韵……隶书尸三公山碑洪迈汉隶分韵尸六书统　草书……

卷之七千七百五十六　十九庚

92. 形 p8984 洪武正韵……隶书形唐扶颂见洪迈汉隶分韵形华山亭碑形费凤碑形高彪碑并见汉隶字源　真书……

卷之八千二十二　十九庚

93. 成 p9010 洪武正韵……隶书成老子铭成刘宽碑成魏臣奏成唐仙人碑成青衣尉碑成西狭颂成张公神碑成孔耽碑成成王画像并洪迈汉隶韵成孟郁碑成华山庙碑成羊窦道碑成周憬铭成梁相碑成熊君碑并汉隶字源　真书……

卷之一万三千三百四十一　二眞

94. 耆 p9136 洪武正韵……隶书耆老子铭耆武梁碑并洪迈隶韵耆㫺并六书统

卷之一万四千一百二十四　四霁

95. 替 p9163 洪武正韵……隶书替帝尧碑替三体书替周憬铭并洪迈汉隶分韵替杨震碑见汉隶字源　真书……

卷之一万九千八百六十五　一屋

96. 竹 p9278 洪武正韵……隶书竹张寿碑竹沈子琚碑竹绵竹令碑并见洪迈汉隶分韵竹孙叔敖碑竹刘熊碑竹张君碑竹郭仲奇碑竹王君神道竹张公神碑并见汉隶字源　真书……

卷之一万一百十二　二纸

97. 砥 p294 洪武正韵……隶书砥衡方碑砥刘熊碑砥郭旻碑并洪迈汉隶分韵砥熊君碑见汉隶字源　草书……

98. 氐 p298 洪武正韵……隶书氐唐扶颂见洪迈汉隶分韵　草书……

99. 枳 p300 洪武正韵……隶书枳张纳碑阴见洪迈汉隶分韵枳刘熊碑见汉隶字源　草书……

100. 轵 p314 洪武正韵……隶书轵州辅碑见洪迈汉隶分韵　草书……

二十二

杨益《隶韵》

卷之一万三千三百四十　二寘
1. 寺 p9128 洪武正韵……篆书……隶书寺杨著碑见杨益隶韵　草书……
明潘之淙《书法离钩》卷九对"隶书"记载较为详细：

"娄机《汉隶字源》、刘球《碑本隶韵》、《佐书韵编》、《蔡邕石经碑》、洪迈《隶韵》、洪迈《隶释》、《啸堂集古录》。"①

但未见杨益《隶韵》。杨益《隶韵》亦不见于书目文献。
清万经《分隶偶存》卷下云：

"杨益，洛阳人。历经行台御史、转员外郎，出抚南雍。学古录 虞集赠诗云：洛阳杨友直，字拟汉中郎。同上杨益古隶学庐江太守碑，亦能篆。书史会要"②

《御定佩文斋书画谱》卷三十七、《六艺之一录》卷五同。
杨益为元洛阳人，善书。元刘岳申《申斋集》卷十五《洛阳杨友直家谱序》：

---

① 永瑢《四库全书·书法离钩》，上海古籍出版社，1987年，第478页。
② 永瑢《四库全书·分隶偶存》，上海古籍出版社，1987年，第356页。

"今南雄路总管洛阳杨益,字友直,余五十年友也……"①

元欧阳玄《圭斋集》卷九《元赠效忠宣力功臣太傅开府仪同三司上柱国追封赵国公谥忠靖玛哈穆特实克碑》：

"……今将为碑,其敕翰林直士臣玄制文,侍讲学士臣起岩篆额,户部员外郎臣杨益为书……"

---

① 永瑢《四库全书·申斋集》,上海古籍出版社,1987年,第255页。

二十三

《草书集韵》

卷之四百八十九　一东

1. 终 p42 洪武正韵……行书……草书 终 章草 终 皇象 终 智永 终 终 並张旭 终 终 並怀素 终 终 终 並张锦溪 终 鲜于枢 终 赵子昂

卷之四百九十　一东

2. 螽 p60 洪武正韵……隶书……草书 螽 张锦溪 螽 鲜于枢并见草书集韵

3. 霥 p63 洪武正韵……隶书……草书 霥 鲜于枢见草书集韵

卷之五百四十　一东

4. 颂 p81 洪武正韵……隶书……草书 颂 怀素 颂 张锦溪 颂 鲜于枢草书集韵

5. 溶 p82 洪武正韵……篆书……草书 溶 鲜于枢草书集韵

6. 蓉 p82 洪武正韵……行书……草书 蓉 蓉 並张锦溪 蓉 鲜于枢並草书集韵

卷之五百四十一　一东

7. 庸 p96 洪武正韵……行书……草书 庸 王羲之 庸 智永 庸 庸 並张旭 庸 庸 並鲜于枢 庸 赵子昂

卷之六百六十一　一东

8. 灉 p184 洪武正韵……隶书……草书 灉 鲜于枢草书集韵

卷之六百六十二　一东

9. 廱 p185 洪武正韵……草书 廱 鲜于枢草书集韵

10. 饔 p195 洪武正韵……隶书……草书 饔 鲜于枢见草书集韵

11. 雍 p196 洪武正韵……隶书……草书 雍 鲜于枢见草书集韵

12. 癰 p196 洪武正韵……行书……草书 癰 章草 癰 鲜于枢见草书集韵

13. 甕 p198 洪武正韵……隶书……草书【图】章草

卷之二千二百五十四　六模

14. 壶 p668 洪武正韵……隶书……草书【图】王羲之【图】苏舜元【图】怀素【图】苏轼【图】【图】鲜于枢见草书集韵

卷之二千二百五十九　六模

15. 瓠 p718 洪武正韵……隶书……草书【图】并张锦溪【图】鲜于枢

16. 瑚 p722 洪武正韵……隶书……草书【图】张锦溪【图】鲜于枢并草书集韵

17. 餬 p724 洪武正韵……行书……草书【图】鲜于枢草书集韵

18. 醐 p724 洪武正韵……篆书……草书【图】鲜于枢草书集韵

19. 弧 p725 洪武正韵……行书……草书【图】张锦溪【图】鲜于枢并草书集韵

20. 箶 p726 洪武正韵……篆书……草书【图】鲜于枢草书集韵

卷之二千二百六十　六模

21. 湖 p726 洪武正韵……行书……草书【图】黄庭坚【图】【图】并张锦溪【图】鲜于枢

卷之二千三百三十七　六模

22. 梧 p943 洪武正韵……真书……草书【图】智永【图】鲜于枢【图】赵子昂

卷之二千三百四十四　六模

23. 鄐 p1015 洪武正韵……篆书……草书【图】鲜于枢见草书集韵

24. （鼯）p1016 洪武正韵……篆书……草书【图】【图】并张锦溪【图】鲜于枢并见草书集韵

25. 麤 p1017 洪武正韵……（隶书）……（草书）【图】欧阳询【图】章草【图】张锦溪【图】鲜于枢

26. 粗 p1018 洪武正韵……真书……草书【图】张芝【图】【图】【图】并王羲之【图】桓温【图】苏轼【图】米芾

卷之二千三百四十五　六模

27. 乌 p1021 洪武正韵……行书……草书【图】【图】章草【图】史游【图】颜真卿【图】黄庭坚【图】鲜于枢草书集韵

卷之二千三百四十七　六模

28. 恶 p1050 洪武正韵……篆书……草书【图】【图】【图】【图】【图】【图】【图】【图】【图】并王羲之草书集韵

二十三 《草书集韵》 213

29. 洿 p1050 洪武正韵……篆书……（草书）洿鲜于枢草书集韵

30. 朽 p1051 洪武正韵……（草书）朽鲜于枢草书集韵

31. 於 p1052 洪武正韵……行书……草书扵扵扵并王羲之扵怀素おお扵并张锦溪扵お鲜于枢

　　卷之二千四百五　　六模

32. 稣 p1123 洪武正韵……隶书……草书稣鲜于枢见草书集韵

33. 麻 p1123 洪武正韵……篆书……草书麻鲜于枢见草书集韵

34. 酥 p1123 洪武正韵……隶书……草书酥酥并鲜于枢

　　卷之二千四百六　　六模

35. 初 p1127 洪武正韵……真书……草书初章草初蔡琰初智永初张旭初怀素初褚庭诲初黄庭坚初米芾初初并张锦溪初初并鲜于枢初赵子昂

36. 刍 p1133 洪武正韵……真书……草书刍索靖刍刍并史游刍皇象刍鲜于枢并见草书集韵

　　卷之二千四百七　　六模

37. 蔬 p1139 洪武正韵……行书……草书蔬张锦溪蔬鲜于枢并见草书集韵

38. 梳 p1144 洪武正韵……隶书……草书梳梳并张锦溪梳鲜于枢并见草书集韵

　　卷之二千四百八　　六模

39. 疎 p1146 洪武正韵……行书……草书疎疎疎并张锦溪疎鲜于枢并草书集韵

40. 疏 p1146 洪武正韵……行书……草书疏章草疏王羲之疏智永疏黄庭坚疏疏并张锦溪疏赵子昂

41. 练 p1151 洪武正韵……篆书……草书练鲜于枢

　　卷之二千七百五十五　　八灰

42. 黑 p1415 洪武正韵……真书……草书黑黑并索靖黑鲜于枢并草书集韵

43. 麓 p1416 洪武正韵……隶书……草书麓鲜于枢

　　卷之二千八百六　　八灰

44. 卑 p1417 洪武正韵……真书……草书卑智永卑柳公权卑卑并张锦溪卑赵子昂

45. 裨 p1429 洪武正韵……隶书……草书 [字] 张锦溪 [字] 鲜于枢並草书集韵

46. 錍 p1430 洪武正韵……隶书……草书 [字] 鲜于枢草书集韵

47. 椑 p1430 洪武正韵……隶书……草书 [字] 章草 [字] 鲜于枢

48. 萆 p1432 晡回切……隶书……草书 [字] 章草

卷之二千八百七　八灰

49. 丕 p1433 洪武正韵……真书……草书 [字] 怀素 [字] 並张锦溪 [字] 鲜于枢

50. 胚 p1433 洪武正韵……隶书……草书 [字] 鲜于枢草书集韵

51. 伾 p1433 洪武正韵……篆书……草书 [字] 鲜于枢草书集韵

52. 坏 p1434 洪武正韵……篆书……草书 [字] 鲜于枢草书集韵

53. 醅 p1434 洪武正韵……隶书……草书 [字] 鲜于枢草书集韵

54. 伾 p1435 洪武正韵……隶书……草书 [字] 鲜于枢草书集韵

55. 秠 p1435 洪武正韵……隶书……草书 [字] 鲜于枢草书集韵

56. 駓 p1435 洪武正韵……隶书……草书 [字] 鲜于枢草书集韵

57. 豾 p1435 洪武正韵……隶书……草书 [字] 鲜于枢草书集韵

58. 鉟 p1436 洪武正韵……隶书……草书 [字] 鲜于枢草书集韵

59. 披 p1438 洪武正韵……真书……草书 [字] 王羲之 [字] 王献之 [字] 索靖 [字] 鲜于枢草书集韵

60. 披 p1439 洪武正韵……隶书……草书 [字] 鲜于枢草书集韵

61. 破 p1439 洪武正韵……篆书……草书 [字] 鲜于枢草书集韵

62. 旇 p1439 洪武正韵……隶书……草书 [字] 鲜于枢草书集韵

63. 䫾 p1439 洪武正韵……隶书……草书 [字] 鲜于枢草书集韵

64. 剻 p1439 洪武正韵……隶书……（草书）[字] 鲜于枢草书集韵

65. 䃻 p1440 洪武正韵……隶书……草书 [字] 张锦溪草书集韵

66. 鈹 p1440 铺杯切……隶书……草书 [字] 鲜于枢草书集韵

67. 枚 p1442 洪武正韵……行书……草书 [字] 鲜于枢见草书集韵

卷之二千八百八　八灰

68. 梅 p1447 洪武正韵……真书……草书 [字] 王献之 [字] 黄庭坚 [字] 张锦溪 [字] 鲜于枢

卷之三千五百七十九　九真

69. 村 p2077 洪武正韵……行书……草书 村米芾 お 杉 并张锦溪 村 鲜于枢见草书集韵

　　卷之三千五百八十二　　九真

70. 罇樽 p2103 洪武正韵……行书……草书 尊章草 尊尊 并王羲之 尊 智永 樽 黄庭坚 尊 米芾 尊尊 樽 并张锦溪 尊尊 樽 并鲜于枢 尊 赵子昂

　　卷之三千五百八十五　　九真

71. 鶉 p2149 洪武正韵……隶书……草书 鹑 鲜于枢见草书集韵

　　卷之三千五百八十六　　九真

72. 遵 p2150 洪武正韵……行书……草书 遵 智永 遵遵 并张锦溪 遵 鲜于枢 遵 赵子昂

73. 僎 p2151 洪武正韵……篆书……草书 僎 鲜于枢草书集韵

74. 暾 p2151 洪武正韵……隶书……草书 暾 张锦溪 暾 鲜于枢并草书集韵

75. 啍 p2151 洪武正韵……隶书……草书 啍 鲜于枢草书集韵

76. 焞 p2151 洪武正韵……隶书……草书 焞 鲜于枢草书集韵

77. 吞 p2152 洪武正韵……隶书……草书 吞 皇象 吞 王羲之 吞 黄庭坚 吞 鲜于枢

78. 屯 p2153 洪武正韵……真书……草书 屯屯 并张锦溪 屯 鲜于枢并草书集韵

　　卷之三千五百八十七　　九真

79. 軘 p2171 洪武正韵……隶书……草书 軘 鲜于枢草书集韵

80. 庉 p2171 洪武正韵……隶书……草书 庉 鲜于枢草书集韵

　　卷之五千二百四十四　　十三萧

81. 辽 p2318 洪武正韵……行书……草书 辽 智永 辽辽辽 并张锦溪 辽辽 并鲜于枢 辽 赵子昂

　　卷之五千二百六十八　　十三萧

82. 祅 p2402 洪武正韵……隶书……草书 祅 鲜于枢见草书集韵

83. 枖 p2402 洪武正韵……隶书……草书 枖 鲜于枢见草书集韵

84. 夭 p2403 洪武正韵……隶书……草书 夭 张锦溪 夭 鲜于枢见草书集韵

85. 橇 p2408 洪武正韵……篆书……草书 橇 张锦溪 橇 鲜于枢并见草书集韵

86. 趣 p2408 洪武正韵……隶书……草书[字]张锦溪[字]鲜于枢并见草书集韵

87. 蹫 p2408 洪武正韵……隶书……草书[字][字]并张锦溪见草书集韵

88. 籔 p2420 洪武正韵……隶书……草书[字]鲜于枢见草书集韵

89. 鏊 p2420 洪武正韵……隶书……草书[字]鲜于枢

90. 幉 p2420 洪武正韵……隶书……草书[字]鲜于枢见草书集韵

91. 摷 p2421 此遥切……隶书……草书[字]谢灵运

卷之六千五百二十三　十八阳

92. 妆 p2590 洪武正韵……隶书……草书[字]苏轼[字]张锦溪[字]鲜于枢

93. 裝 p2593 洪武正韵……隶书……草书[字]张锦溪[字]鲜于枢并见草书集韵

卷之六千五百二十四　十八阳

94. 椿 p2596 洪武正韵……隶书……草书[字][字]并张锦溪[字]鲜于枢并草书集韵

卷之七千五百六　十八阳

95. 仓 p3342 洪武正韵……行书……草书[字][字]并章草[字]史游[字]王羲之[字]张锦溪[字][字]并鲜于枢

卷之七千五百十八　十八阳

96. 苍 p3482 洪武正韵……真书……草书[字][字]并王羲之[字]陆机[字]苏轼[字]黄庭坚[字]鲜于枢并草书集韵

97. 沧 p3483 洪武正韵……篆书……草书[字]张锦溪[字]鲜于枢见草书集韵

98. 鸧 p3484 洪武正韵……篆书……草书[字]张锦溪见草书集韵

卷之七千八百八十九　十九庚

99. 汀 p3607 洪武正韵……隶书……草书[字]张锦溪见草书集韵

卷之七千八百九十五　十九庚

100. 桯 p3675 洪武正韵……篆书……草书[字]章草

卷之七千九百六十　十九庚

101. 馨䄠 p3678 洪武正韵……真书……草书[字]智永[字]张旭[字]怀素[字]鲜于枢[字]赵子昂

102. 兴 p3680 洪武正韵……真书……草书[字]苏轼[字][字]并米芾章草[字]章草[字][字][字]并王羲之[字]智永[字]张旭[字][字][字]并怀素[字]褚庭诲[字]黄庭坚[字]张

锦溪兵兵兵并鲜于枢兵赵子昂

  卷之八千二十一　　十九庚

  103. 烝 p3738 洪武正韵……隶书……（草书）烝章草烝鲜于枢见草书集韵

  104. 膉脴 p3740 洪武正韵……篆书……草书膉鲜于枢见草书集韵

  卷之八千二百七十五　　十九庚

  105. 兵 p3856 洪武正韵……真书……草书兵章草兵王羲之兵智永兵张旭兵怀素兵兵并鲜于枢兵赵子昂

  卷之八千五百二十六　　十九庚

  106. 精 p3946 洪武正韵……行书……草书精智永精智果精怀素精米芾精精精并张锦溪精精并鲜于枢精赵子昂

  卷之八千七百六　　十九庚

  107. 僧 p4017 洪武正韵……行书……草书僧鲜于枢见草书集韵

  卷之八千八百四十一　　二十尤

  108. 油 p4032 洪武正韵……真书……草书油鲜于枢见草书集韵

  109. 蕕 p4038 洪武正韵……篆书……草书蕕鲜于枢见草书集韵

  110. 蘛 p4039 洪武正韵……篆书……草书蘛鲜于枢见草书集韵

  卷之八千八百四十二　　二十尤

  111. 游 p4041 洪武正韵……真书……草书游游并章草游黄庭坚游米芾游张锦溪游鲜于枢

  卷之八千八百四十四　　二十尤

  112. 遊 p4061 洪武正韵……行书……草书遊智永遊怀素遊遊并张锦溪遊遊并鲜于枢遊赵子昂

  卷之九千七百六十二　　二十二覃

  113. 鹹 p4181 洪武正韵……真书……草书鹹章草鹹智永鹹鹹并张锦溪鹹鲜于枢鹹赵子昂

  114. 函椷 p4181 洪武正韵……真书……草书函张锦溪函鲜于枢并草书集韵

  115. 涵 p4185 洪武正韵……真书……草书涵张锦溪涵鲜于枢并草书集韵

  116. 錎 p4186 洪武正韵……篆书……草书錎鲜于枢见草书集韵

  117.（衔）p4186 洪武正韵……真书……草书衔皇象衔张旭衔怀素衔黄

庭坚[图]鲜于枢

卷之九千七百六十三　二十二覃

118. 喦 p4189 洪武正韵……隶书……草书[图]鲜于枢并草书集韵

119. 罱 p4189 洪武正韵……篆书……草书[图]鲜于枢草书集韵

120. 岩 p4190 洪武正韵……行书……草书[图]王羲之[图]智永[图]贺知章[图]并高闲[图]张旭[图]怀素[图]裴行俭[图]柳公权[图]苏轼[图]张锦溪[图]鲜于枢[图]赵子昂

卷之一万三百九　二纸

121. 死 p4300 洪武正韵……行书……草书[图]卫瓘[图]王羲之[图]王献之[图][图]张锦溪[图]鲜于枢

卷之一万八百七十六　六姥

122. 虏 p4458 洪武正韵……隶书……草书[图][图]并张锦溪[图][图]并鲜于枢见草书集韵

卷之一万八百七十七　六姥

123. 卤 p4482 洪武正韵……隶书……草书[图]张锦溪[图]鲜于枢并见草书集韵

124. 澛 p4482 洪武正韵……真书……草书[图]鲜于枢见草书集韵

125. 橹 p4483 洪武正韵……篆书……草书[图]张锦溪[图]鲜于枢并见草书集韵

126. 艣 p4484 洪武正韵……篆书……草书[图]张锦溪[图]鲜于枢并见草书集韵

127. 䚷 p4485 洪武正韵……篆书……草书[图]鲜于枢见草书集韵

卷之一万一千七十六　八贿

128. 蜼 p4603 洪武正韵……隶书……草书[图]鲜于枢见草书集韵

129. 獪 p4603 洪武正韵……隶书……草书[图]鲜于枢见草书集韵

130. 蕾 p4604 鲁猥切……草书[图]张锦溪见草书集韵

131. 傀 p4606 洪武正韵……篆书……草书[图]鲜于枢见草书集韵

132. 蔨 p4606 洪武正韵……篆书……草书[图]鲜于枢见草书集韵

133. 薳 p4606 洪武正韵……篆书……草书[图]鲜于枢见草书集韵

134. 餧 p4608 洪武正韵……隶书……草书[图][图][图][图]鲜于枢并草书集韵

135. 捶 p4609 洪武正韵……隶书……草书[图][图][图]并张锦溪[图]鲜于枢并见草书集韵

136. 箠 p4610 洪武正韵……隶书……草书[图]张锦溪[图]鲜于枢并见草书集韵

二十三 《草书集韵》 219

卷之一万一千七十七　八贿
137. 纂 p4613 洪武正韵……篆书……草书 ⿱ 鲜于枢见草书集韵
138. 蕊 p4613 洪武正韵……篆书……草书 ⿱ 王羲之 ⿱ 孙过庭 ⿱ ⿱ 鲜于枢并见草书集韵
139. 荸 p4617 洪武正韵……篆书……草书 ⿱ 鲜于枢见草书集韵
140. 髓 p4618 洪武正韵……行书……草书 ⿱ 王羲之 ⿱ 怀素 ⿱ 鲜于枢并见草书集韵
141. 瀡 p4622 洪武正韵……隶书……草书 ⿱ 鲜于枢见草书集韵
142. 藼 p4622 洪武正韵……篆书……草书 ⿱ 鲜于枢见草书集韵
143. 寯 p4622 洪武正韵……隶书……草书 ⿱ 鲜于枢见草书集韵
144. 岯 p4623 洪武正韵……篆书……草书 ⿱ 鲜于枢见草书集韵
145. 觜 p4623 洪武正韵……隶书……草书 ⿱ ⿱ 并黄庭坚 ⿱ 鲜于枢并见草书集韵
146. 赿 p4626 洪武正韵……篆书……草书 ⿱ 鲜于枢见草书集韵
147. 跬 p4626 洪武正韵……隶书……草书 ⿱ 鲜于枢见草书集韵
148. 頍 p4627 洪武正韵……隶书……草书 ⿱ 张锦溪 ⿱ 鲜于枢并见草书集韵

卷之一万一千三百十三　十罕
149. 疳 p4825 洪武正韵……隶书……草书 ⿱ 鲜于枢草书集韵
150. 斡 p4825 洪武正韵……篆书……草书 ⿱ 鲜于枢草书集韵
151. 悭 p4826 洪武正韵……隶书……草书 ⿱ 鲜于枢见草书集韵

卷之一万一千六百二　十四巧
152. 藻 p4897 洪武正韵……真书……草书 ⿱ ⿱ 并张锦溪 ⿱ 鲜于枢并草书集韵

卷之一万一千六百十五　十四巧
153. 老 p4919 洪武正韵……行书……草书 老 老 并章草 ⿱ 王羲之 ⿱ 智永 ⿱ 黄庭坚 ⿱ ⿱ ⿱ 并张锦溪 老 老 ⿱ 并鲜于枢 ⿱ 赵子昂

卷之一万一千九百三　十八养
154. 广 p5010 洪武正韵……行书……草书 ⿱ 章草 ⿱ 史游 ⿱ 皇象 ⿱ 王羲之 ⿱ 萧子云 ⿱ 怀素 ⿱ 张锦溪 ⿱ 鲜于枢 ⿱ 赵子昂

卷之一万一千九百五十一　十九梗

155. 顶 p5034 洪武正韵……真书……草书[草字]并张锦溪[草字]鲜于枢并草书集韵

卷之一万一千九百五十六　十九梗

156. 鼎 p5068 洪武正韵……真书……草书[草字]章草[草字]卫夫人[草字]王羲之[草字]萧慨[草字]裴行俭[草字]并怀素[草字]智永[草字]并鲜于枢[草字]赵子昂

卷之一万二千十五　二十有

157. 友 p5156 洪武正韵……行书……草书[草字]章草[草字]卜壶[草字]智永[草字]张旭[草字][草字]并鲜于枢[草字]赵子昂

卷之一万二千一百四十八　二十有

158. 瞍 p5240 洪武正韵……隶书……草书[草字]鲜于枢见草书集韵

159. 数 p5240 洪武正韵……隶书……草书[草字][草字][草字][草字][草字]并张锦溪[草字]鲜于枢并见草书集韵

160. 籔 p5243 洪武正韵……隶书……草书[草字]鲜于枢见草书集韵

161. 嗽 p5243 洪武正韵……篆书……草书[草字]鲜于枢见草书集韵

162. 蔌 p5243 洪武正韵……篆书……草书[草字]鲜于枢见草书集韵

163. 趣 p5244 洪武正韵……篆书……草书[草字]张芝[草字]王羲之[草字]张旭[草字]怀素[草字]鲜于枢并见草书集韵

164. 取 p5244 洪武正韵……篆书……草书[草字][草字][草字]并王羲之[草字][草字]鲜于枢并见草书集韵

165. 走 p5245 洪武正韵……行书……草书[草字]皇象[草字]怀素[草字]苏轼[草字][草字]并张锦溪[草字]赵子昂

卷之一万三千八十二　一送

166. 动 p5637 洪武正韵……行书……草书[草字]张芝[草字]王羲之[草字][草字]并王献之[草字]谢庄[草字]智永[草字][草字][草字]并怀素[草字]张锦溪[草字][草字]并鲜于枢[草字]赵子昂

卷之一万三千八十三　一送

167. 恸 p5646 洪武正韵……行书……草书[草字][草字]并张锦溪[草字]鲜于枢并草书集韵

168. 弄 p5648 隶书……草书[草字]史游[草字]索靖[草字]怀素[草字]张锦溪[草字]鲜于枢

169. 哢 p5649 篆书……草书哢鲜于枢见草书集韵

卷之一万三千八十四　一送

170. 哄 p5650 洪武正韵……篆书……草书哄张锦溪哄鲜于枢并草书集韵

171. 鬨 p5650 洪武正韵……隶书……草书鬨鬨并张锦溪鬨鲜于枢并草书集韵

172. 泽 p5651 洪武正韵……篆书……草书泽鲜于枢见草书集韵

173. 横 p5651 洪武正韵……篆书……草书横横并张锦溪横鲜于枢并草书集韵

174. 烘 p5659 洪武正韵……篆书……草书烘烘并张锦溪见草书集韵

175. 控 p5660 洪武正韵……隶书……草书控控并张锦溪控鲜于枢并见草书集韵

176. 鞚 p5660 洪武正韵……隶书……草书鞚张锦溪鞚鲜于枢并见草书集韵

177. 空 p5661 洪武正韵……篆书……草书空空并张锦溪空鲜于枢并见草书集韵

卷之一万三千一百九十四　一送

178. 中 p5718 洪武正韵……隶书……草书中王羲之中中中并张锦溪中中并鲜于枢

179. 衷 p5720 洪武正韵……隶书……草书衷衷并张锦溪衷鲜于枢

180. 穜 p5720 洪武正韵……行书……草书穜王羲之穜穜并张锦溪穜鲜于枢

181. 湩重 p5730 洪武正韵……隶书……草书湩湩并鲜于枢见草书集韵

卷之一万三千三百四十五　二寘

182. 謚 p5739 洪武正韵……真书……（草书）謚张锦溪謚鲜于枢并草书集韵

卷之一万三千四百九十五　二寘

183. 致 p5790 洪武正韵……行书……草书致王导致致并王羲之致王献之致智永致米芾致致并张锦溪致鲜于枢致赵子昂

184. 置 p5799 洪武正韵……真书……草书置章草置置置并张锦溪置鲜于枢

卷之一万三千四百九十六　二寘

185. 制 p5805 洪武正韵……行书……草书[草]章草[草]王导[草]智永[草]黄庭坚[草][草][草]並张锦溪[草]赵子昂

卷之一万三千八百七十二　三未

186. 贡 p5931 洪武正韵……篆书……草书[草]黄象[草][草]並张锦溪[草]鲜于枢並草书集韵

一万三千九百九十二　三未

187. 意 p6073 洪武正韵……隶书……草书[草]章草[草][草][草]並张锦溪[草][草]並鲜于枢

188. 嬉 p6073 洪武正韵……篆书……草书[草]鲜于枢见草书集韵

189. 欷 p6073 洪武正韵……篆书……草书[草][草]並张锦溪[草]鲜于枢並见草书集韵

190. 餼 p6074 洪武正韵……隶书……草书[草]鲜于枢见草书集韵

191. 既 p6076 洪武正韵……隶书……草书[草][草][草][草][草][草]並张锦溪[草]鲜于枢见草书集韵

192. 忾 p6076 洪武正韵……隶书……草书[草]鲜于枢见草书集韵

193. 熂 p6077 洪武正韵……篆书……草书[草]鲜于枢见草书集韵

194. 爩 p6077 洪武正韵……隶书……草书[草][草]並张锦溪[草][草]鲜于枢並草书集韵

195. 摡 p6077 洪武正韵……隶书……草书[草]鲜于枢见草书集韵

196. 墍 p6077 洪武正韵……隶书……草书[草]鲜于枢见草书集韵

197. 鱀 p6077 洪武正韵……隶书……草书[草]鲜于枢见草书集韵

198. 咥 p6077 洪武正韵……隶书……草书[草]鲜于枢见草书集韵

199. 屓 p6078 洪武正韵……篆书……草书[草]鲜于枢见草书集韵

200. 㱟 p6078 洪武正韵……篆书……草书[草]鲜于枢见草书集韵

201. 餼 p6079 许意切……篆书……草书[草]鲜于枢见草书集韵

卷之一万三千九百九十三　三未

202. 糸 p6081 洪武正韵……隶书……草书[草][草][草]並鲜于枢见草书集韵

203. 係 p6086 洪武正韵……隶书……章草[草]鲜于枢见草书集韵

204. 禊 p6086 洪武正韵……篆书……草书[草]张锦溪[草]鲜于枢並见草书集韵

二十三 《草书集韵》 223

卷之一万四千三百八十三 四霁

205. 倚 p6305 篆书……草书倚鲜于枢见草书集韵

卷之一万四千三百八十四 四霁

206. 艤 p6307 洪武正韵……行书……草书艤艤艤王廙艤王洽艤何氏艤艤并张锦溪艤鲜于枢

卷之一万四千四百六十四 五御

207. 圄 p6385 洪武正韵……隶书……草书圄张锦溪见草书集韵

208. 语 p6385 洪武正韵……隶书……草书语语并张锦溪语鲜于枢并草书集韵

卷之一万四千五百三十六 五御

209. 树 p6386 洪武正韵……行书……草书树章草树智永树树并黄庭坚树树并张锦溪树赵子昂

卷之一万四千五百四十四 五御

210. 处 p6408 洪武正韵……行书……草书处张芝处谢安处处处处并王羲之处处并王献之处张旭处智永处智果处怀素处黄庭坚处处处处并米芾处处并鲜于枢处赵子昂

211. 著箸 p6423 洪武正韵……真书……草书著王羲之著著并张锦溪著鲜于枢

卷之一万四千五百四十五 五御

212. 翥 p6433 洪武正韵……隶书……草书翥张锦溪翥鲜于枢并草书集韵

卷之一万四千五百七十四 六暮

213. 铺 p6435 洪武正韵……篆书……草书铺铺并张锦溪见草书集韵

卷之一万四千九百十二 六暮

214. 鯆 p6699 洪武正韵……隶书……草书鯆鯆并张锦溪鯆鲜于枢并见草书集韵

215. 釜 p6700 洪武正韵……篆书……(草书)釜张锦溪釜鲜于枢并草书集韵

216. 辅 p6704 洪武正韵……真书……草书辅辅辅并张锦溪辅鲜于枢并见草书集韵

卷之一万五千七十三 七泰

217. 诚 p6779 洪武正韵……真书……草书[字]智永[字][字]并张锦溪[字][字]并鲜于枢[字]赵子昂

卷之一万五千七十五　七泰

218. 諴 p6791 洪武正韵……隶书……草书[字]鲜于枢见草书集韵

219. 介 p6791 洪武正韵……行书……草书[字]章草[字]张锦溪[字][字]鲜于枢[字]赵子昂

220. 价 p6800 洪武正韵……隶书……草书[字]鲜于枢见草书集韵

卷之一万五千一百三十九　七泰

221. 率 p6821 洪武正韵……隶书……草书[字]皇象[字]陆机[字]怀素[字]鲜于枢并草书集韵

卷之一万五千一百四十　八队

222. 队 p6823 洪武正韵……隶书……草书[字]皇象[字]张芝[字]张锦溪[字][字]鲜于枢

223. 兑 p6828 洪武正韵……隶书……草书[字]张锦溪[字]鲜于枢并草书集韵

卷之一万五千一百四十三　八队

224. 駾 p6874 洪武正韵……隶书……草书[字][字]并张锦溪[字]鲜于枢并草书集韵

225. 𩯁 p6874 洪武正韵……隶书……草书[字]鲜于枢见草书集韵

226. 𦬆 p6874 洪武正韵……隶书……草书[字]鲜于枢见草书集韵

227. 憨 p6874 洪武正韵……隶书……草书[字][字]并张锦溪[字]鲜于枢

228. 錞 p6875 洪武正韵……隶书……草书[字][字]并鲜于枢

229. 镦 p6875 洪武正韵……隶书……草书[字]张锦溪[字]鲜于枢

230. 剫 p6876 洪武正韵……隶书……草书[字]鲜于枢

231. 鞔 p6876 洪武正韵……隶书……草书[字]鲜于枢

232. 锐 p6876 洪武正韵……隶书……草书[字][字]并张锦溪[字]鲜于枢

卷之一万九千四百十六　二十二勘

233. 蘸 p7189 洪武正韵……隶书……草书[字][字]并张锦溪[字]鲜于枢并见草书集韵

卷之一万九千四百二十六　二十二勘

二十三 《草书集韵》 225

234. 赚 p7296 洪武正韵……篆书……草书 󰀁 张锦溪见草书集韵

235. 湛 p7296 洪武正韵……篆书……草书 󰀁󰀁 並苏舜钦 󰀁 鲜于枢並见草书集韵

236. 谗 p7297 洪武正韵……篆书……草书 󰀁 鲜于枢见草书集韵

237. 鑱 p7297 洪武正韵……篆书……草书 󰀁󰀁 並张锦溪见草书集韵

238. 毚 p7297 直陷切……篆书……草书 󰀁 张锦溪见草书集韵

卷之一万九六百三十六 一屋

239. 沐 p7300 洪武正韵……行书……草书 󰀁 章草 󰀁 鲜于枢

240. 霂 p7305 洪武正韵……篆书……草书 󰀁 张锦溪见草书集韵

241. 楘 p7305 洪武正韵……隶书……草书 󰀁 鲜于枢见草书集韵

242. 鹜 p7305 洪武正韵……篆书……草书 󰀁 张锦溪 󰀁 鲜于枢並草书集韵

243. 蚞 p7306 洪武正韵……隶书……草书 󰀁 鲜于枢见草书集韵

244. 目 p7306 洪武正韵……真书……草书 󰀁󰀁 並章草 󰀁 王廙 󰀁󰀁 並王羲之 󰀁 智永 󰀁󰀁 並黄庭坚 󰀁 米芾 󰀁 鲜于枢 󰀁 赵子昂

卷之一万九千七百八十二 一屋

245. 踘 p7400 洪武正韵……篆书……草书 󰀁 张锦溪 󰀁 鲜于枢並见草书集韵

卷之一万九千七百八十三 一屋

246. 伏 p7403 洪武正韵……行书……草书 󰀁 章草 󰀁 王羲之 󰀁 智永 󰀁 鲜于枢 󰀁 並宋儋 󰀁 柳公权 󰀁 鲜于枢 󰀁 赵子昂

卷之一万九千七百八十五 一屋

247. 服 p7425 洪武正韵……行书……草书 󰀁 章草 󰀁 卫恒 󰀁 王羲之 󰀁 智永 󰀁 张旭 󰀁 並怀素 󰀁󰀁 並张锦溪 󰀁 鲜于枢 󰀁 赵子昂

卷之二万三百九 二质

248. 壹 p7592 洪武正韵……隶书……草书 󰀁 桓温 󰀁 卞壶 󰀁 智永 󰀁 张锦溪 󰀁 鲜于枢 󰀁 赵子昂

249. 乙 p7593 洪武正韵……真书……草书 󰀁 鲜于枢

250. 鳦 p7595 洪武正韵……隶书……草书 󰀁 鲜于枢见草书集韵

卷之二万三百十 二质

251. 疾 p7597 洪武正韵……真书……草书 󰀁 章草 疾 钟繇 疾 卫瓘 疾 疾 庾亮

麽麽麽並王羲之麽王献之麽陈伯智麽谢万麽麽並宋儋麽张旭麽麽並怀素麽米芾麽张锦溪麽鲜于枢

卷之二万四百七十八　二质

252.职 p7711 洪武正韵……行书……草书㳄智永㳄㳄㳄並张锦溪㳄鲜于枢㳄赵子昂

卷之二万八百五十　二质

253.橠 p7769 洪武正韵……隶书……草书㭦章草㭦㭦㭦並张锦溪㭦鲜于枢

卷之二万二千一百八十　八陌

254.陌 p7848 洪武正韵……隶书……草书佰张锦溪佰鲜于枢並见草书集韵

255.貊 p7851 洪武正韵……篆书……草书貊张锦溪貊鲜于枢並见草书集韵

256.駂 p7852 洪武正韵……篆书……草书駂鲜于枢见草书集韵

257.貘 p7852 洪武正韵……隶书……草书䝚鲜于枢见草书集韵

258.蓦 p7853 洪武正韵……篆书……草书蓦並张锦溪蓦鲜于枢並见草书集韵

259.百 p7853 洪武正韵……行书……草书百智永百米芾百鲜于枢百赵子昂

卷之二万二千一百八十一　八陌

260.麦 p7854 洪武正韵……行书……草书麦章草麦㐬並张锦溪㐬鲜于枢

卷之九百九　二支

261.郗 p8608 洪武正韵……隶书……草书㚻鲜于枢见草书集韵

卷之九百十　二支

262.尸 p8609 洪武正韵……隶书……草书丁鲜于枢草书集韵

卷之三千五百十八　九真

263.（门）p8776（行书）……草书门章草门皇象门智永门怀素门苏轼门米芾门张锦溪门夔门鲜于枢门赵子昂

卷之四千九百八　十二先

264.烟 p8797 洪武正韵……行书……草书烟谢灵运烟黄庭坚烟烟並张锦

溪⿰糹⿱口田並鲜于枢

265. 燕 p8801 洪武正韵……隶书……草书㷊皇象㷊索靖㷊王羲之㷊张锦溪㷊鲜于枢并见草书集韵

卷之七千七百五十六　十九庚

266. 形 p8984 洪武正韵……行书……草书而章草形皇象形智永形怀素形形并鲜于枢形赵子昂

卷之八千二十二　十九庚

267. 朿 p9010 洪武正韵……行书……草书朿朿并章草朿皇象朿朿朿并王羲之朿王献之朿智永朿张旭朿苏轼朿鲜于枢朿朿并赵子昂

卷之一万三千三百四十　二寘

268. 寺 p9128 洪武正韵……隶书……草书寺寺并张锦溪寺寺并鲜于枢见草书集韵

269. 蒔 p9130 洪武正韵……隶书……草书蒔鲜于枢见草书集韵

卷之一万三千三百四十一　二寘

270. 豉䜴 p9131 洪武正韵……隶书……草书豉䜴并张锦溪䜴鲜于枢並草书集韵

271. 嗜 p9135 洪武正韵……真书……草书嗜张锦溪嗜鲜于枢并草书集韵

卷之一万四千一百二十四　四霁

272. 嚖 p9159 洪武正韵……篆书……草书嚖鲜于枢见草书集韵

273. 暳 p9159 洪武正韵……篆书……草书暳鲜于枢见草书集韵

274. 柢 p9159 洪武正韵……篆书……草书柢鲜于枢见草书集韵

275. 氐 p9160 洪武正韵……篆书……草书氐鲜于枢并草书集韵

276. 締 p9160 洪武正韵……篆书……草书締鲜于枢见草书集韵

277. 蒂 p9160 洪武正韵……篆书……草书蒂张锦溪蒂鲜于枢并草书集韵

278. 螮 p9161 洪武正韵……篆书……草书螮张锦溪见草书集韵

279. 替 p9163 洪武正韵……行书……草书替黄庭坚替鲜于枢并见草书集韵

卷之一万四千一百二十五　四霁

280. 剃 p9173 洪武正韵……隶书……草书剃剃并鲜于枢见草书集韵

281. 涕 p9182 洪武正韵……篆书……草书涕鲜于枢见草书集韵

282. 裼 p9186 洪武正韵……篆书……草书裼並鲜于枢见草书集韵

283. 鬄 p9186 洪武正韵……篆书……草书鬄鬀並鲜于枢见草书集韵

卷之一万九千八百六十五　一屋

284. 竹 p9278 洪武正韵……行书……草书竹章草竹王羲之竹苏轼竹鲜于枢竹赵子昂

卷之一万一百十二　二纸

285. 只 p291 洪武正韵……行书……草书只鲜于枢

286. 咫 p292 洪武正韵……真书……草书咫张锦溪咫鲜于枢並草书集韵

287. 抵 p293 洪武正韵……真书……草书抵鲜于枢见草书集韵

288. 砥 p294 洪武正韵……隶书……草书砥砥並张锦溪砥鲜于枢並草书集韵

289. 底 p298 洪武正韵……隶书……草书底底並张锦溪底鲜于枢並见草书集韵

290. 坻 p300 洪武正韵……篆书……草书坻坻並张锦溪见草书集韵

291. 枳 p300 洪武正韵……隶书……草书枳鲜于枢见草书集韵

292. 轵 p314 洪武正韵……隶书……草书轵轵並张锦溪轵鲜于枢並草书集韵

293. 疷 p318 洪武正韵……篆书……草书疷鲜于枢见草书集韵

二十四

赵完璧《通鉴源委》

卷之六千五百六十四　十八阳　梁武帝三 p2635

资治通鉴……

史炤《释文》……胡三省《辨误》……赵完璧《源委》：阐 音昌善反。昺 音丙。昉 音放。西邸 音底，事见齐武帝永明二年春。朏 音斐。禅 去声，下皆同。扣 音口，发也，《论语》：孔子曰我扣其两端而竭焉。竖 常雨反，僮仆之未冠者。讖 符命之书。炳 音丙。历数《书》曰：天之历数在汝躬。建牙樊沔，事见齐东昏侯二年十一月。建安之封，上年十二月封帝为建安郡公。徘徊 傍徨不进之意也。约举手尚左 此《南史》之文也，案梁书尚字作向，他本通鉴也有作向者，向左，盖谓左仆射，亦欺云也。去 除也。晊① 音质。送首 东昏首也，见上年。余妃《释文》曰：余，姓也；《风俗通》曰：秦由余之后。沛 音贝。累 去声。赍 赐也。鄱 音婆。阉人 阉，音掩，宦者。著 陟略反。襦 音儒，短衣。蹑屩 上音聂，蹈也；下音脚。华 姓也。天龙 案《北史·萧宝寅传》云：文荣与天龙、惠连等三人。抵 音底，至也。斩衰 音崔。喭 音彦。夏侯祥 事见东昏侯二年十一月末。憺② 音淡。宪章《中庸》曰：宪章文武。孔疏云：宪，法也；章，明也，言夫子法明文武之德。玺绂 音徙弗。兄懿 为东昏侯所杀，帝以故举兵也，事见上永元二年冬十月。献王 名孚，晋武帝祖叔父也，武帝泰始八年薨。宋汝阴王 按齐太祖元年云奉宋顺帝为汝阴王。妣 音比，父死曰考，母死曰妣。郗 丑迟反，姓也。伟 音苇。恢 苦回反。西解 署名。摺 折也。宝义 东昏侯弟。子恪 苦各反，齐武帝弟嶷之子也，事见齐明帝末年秋。从容 闲语曰，从，七容反。能去 丘吕反，除也，下除去同。卿祖 齐高帝也。湘东 宋明帝也，名彧，孝武之弟。绝服 按《礼记大传》云：四世而缌，

---

① "晊"为"晊"之误。
② "憺"为"憺"之误。

服之穷也,五世祖免杀同姓也,六世亲属竭矣。注云:四世共高祖,五世高祖昆弟,六世以外亲尽无属名。**建武** 齐明帝年号。**涂炭** 谓诛高祖子孙,事见永泰元年春。**雪** 洗涤也,谓报兄懿之仇。**刘子舆** 即王郎也,事见后汉淮阳王元年。**胐** 音斐。**函** 音咸。**横** 去声。**浣** 音缓,亦濯也。**溉** 音槩。**鲁阳蛮** 事见上三月末。**荻炬** 音狄巨。**南北掖** 掖音亦。**观** 音贯,下王观同。**洮** 音叨。**典签** 七廉反,官名。**缙** 音谓。**造** 至也,下历造同。**自疑** 事见上年十月末。**讵** 音巨,字林,末知词也。**闇** 古暗字。**虎牙** 伯之之子。**绩** 则历反,功也。**藏** 才浪反。**六合** 县名。**见力** 见,胡甸反。**荷** 上声。**纂严** 纂,音祖管反,纂集戒严。**听事** 听,平声。**歃血** 歃,色洽反。**冲** 音虫。**人身不恶** 案下文《北齐·文宣帝》,高洋骂王昕曰:好门户,恶人身。**盱眙** 郡名。**菩萨** 音蒲撒。**席卷** 上声。**刘季连** 益州刺史。**劳** 去声。**语曰** 语,音御,告也。**矫** 居小反,托也。**鼍** 音狸,理也。**差强** 差,音叉,下皆同。**饮古钟玉律** 按古律用竹,又用玉,汉末以铜为之。**铺** 音博。**虡** 音巨。**而还为庶人** 事见齐明帝四年二月。**太牢** 牛羊豕也。**肇** 音兆。**彝** 音夷。

卷之六千五百六十五　十八阳 梁武帝四 p2649

资治通鉴……

史炤《释文》……吴①三省《辨误》……赵完璧《源委》:**椿** 丑伦反。**粥** 之六反。**肉袒** 音但。**造** 至也。**辟命** 除官也。**檄** 胡狄反。**稽颡** 息朗反,额至地也。**曾** 音曾②,则也。**公孙述** 汉光武初,公孙述据蜀,或劝之降,述曰:自古岂有降天子邪?**萧宝寅** 上年二月奔魏。**门下** 即门下省也,按旧唐职官门下省侍中二员,秦汉初置侍中,曾无台省之名,自晋始置门下省,南北朝皆因之,旧制宰相常於门下省议事,谓之政事堂,高宗永淳二年,中书令裴炎以中书执政事笔,遂移政事堂於中书省,开元十一年中书令张说改政事堂为中书门下,其政事印改为中书门下之印也。**东扬州**《通典注》云:宋孝武末,分淛江东为东扬州,罢扬州以其地为王畿,而东扬州直云扬州,寻复旧。**募** 音慕,招也。**颜文智** 六人亦见上年二月。**食** 音嗣。**麤** 麁同。**嬉** 音僖。**剧** 奇逆反,烦也。**薧** 古老反。**谑** 虚约反。**二宫** 天子皇后。**会稽** 郡名。**级** 音急。**脱** 犹或也。**虞** 度也。**胐** 音斐,事见上年夏。**谒** 乙桀反。**饯** 音践。**王人** 天子左右人也,《左传》曰:王人虽微,序於诸侯之上。**勰** 音协,事见齐和帝元年。**恳** 康狼③反。**栅** 音册。**竖** 常雨反。**大岘** 胡典反。**溃** 胡对反,逃散也。**燮** 苏协反。**隍** 音皇,城池也,有水曰池,无水曰隍。**奄** 忽也。**意思** 去声。**巡行** 下更反,按行。**六镇** 怀朔、

---

① "吴"为"胡"之误。

② "曾"为"增"之夺。

③ "狼"为"很"之误。

柔玄、遐荒、沃野、武川、高平。世父《汉王莽传》云：世父大将军凤病。颜师古曰：谓伯父也，以居长嫡而继统也。予按本传，后乃于劲之女，劲嫡兄烈乃祚之父，推此而言，祚乃后之兄也，以《于烈传》前有烈为后世父之文，故误也。劲 按罪曰劲。鞠①音菊，推穷也。猥 乌悔反，滥也。冯翊 立翼郡名。吉 𪓰 案《庄子·山木篇》云：东海有鸟焉，其名曰意怠，其为鸟也 𪓰 ， 𪓰 狭狱而似无能。𪓰 ，音粉，狱，音秩，舒迟貌。榍 击也。诘 玄②吉反，问也。骇 痴也。戮 音六，诛也。杻械 音丑，桎梏也。更著 更，平声。肇 音兆。贵嫔 音频，妇官。陵轹 音历。构 会其过恶也。甄琛 音真，姓名也。暴 音仆，露也。奸 音奸。敦煌 音豚皇，郡名。樗蒲 樗，音丑居反。问事 行状者。楚毒 楚，苦痛也。重 去声，再也。蠱 音妬。汲黯 乙减反，汉武帝直臣。

卷之六千五百六十五　十八阳 梁武帝四 p2652

资治通鉴……

史炤《释文》……赵完璧《源委》：莹 乌定反。惔 音淡。𦈫 作管反。䏤 音脾。城守 音狩。晡 音逋。炳 音丙。狼狈 博盖反。殿 军前曰启，军后曰殿。茹 姓也。思 去声。贿 音悔，货财。姊 音子，男子谓女子先生为姊。勰 苏协反。烝 上淫曰烝。高丽 平声。六辅 六人辅政也，事见齐东昏侯元年三月末。禧 音僖。辠 与罪同。去 除也。怙 音户，恃也。横 去声，非理也，下同。昶 丑两反，宋文帝子。杖 去声。冠距鸣将《霍光本传》前此有云，臣案《汉书·五行志》宣帝黄龙元年，雌鸡化为雄，毛变而不鸣，不将无距。小畜 丑又反。主司时起居人 又案《崔光本传》，无人字。羽差 音叉。闇 古暗字。妖孽 上於乔反，怪也；下绵委反。緫 音协。迈 莫拜反，远也。攘 音攘，除也。令 平声，使也。峦 音弯。扆 《礼记疏》云：如绛素屏风，画斧文也。勒 马衔。裁 读与纔同。逮 音代，及也。景明 齐东昏侯二年春，魏世宗改元景明。来同《书》曰：四海会同。贡篚 音匪，竹器，方曰筐，圆曰篚。佑③市税。综 子宋反。岘 胡典反，山名。埤 蒲仙反。抵 音底，至也。北 败也。摜 贯也。槊 音朔，矛长丈八者谓之槊。洞 音动，贯也。扪 摸也，事见汉高帝四年。露板 即露布也。惠王 名祯，英之父也。穆泰之事见齐明帝建武三年冬。昉 音仿。出行 按行。用夏 上声。要害 颜师古曰：在我为要，於敌为害。定鼎 谓迁都也，《书》曰：周公迁九鼎于洛邑。代表 代，郡名，魏之北都也。异 举茂才异等，岁④贡孝廉，皆汉制。赎罪之科 见上年夏。

---

① "鞠"为"鞫"之误。
② "玄"为"去"之误。
③ "佑"为"估"之误。
④ "岁"为"郡"之误。

卷之六千五百八十四　十八阳 梁武帝二十三 p2664

资治通鉴……

史炤《释文》……赵完璧《源委》：桁 胡郎反。栅 音册，编立木也。懦 音软。叱 昌栗反，呵也。级 音急。斫 音酌。疮 伤也。惠葪 姓名也。吮 嗽也，嗽，音朔。厌 禳也。鄱 音婆。摧靡 摧，刬也；靡，音美，偃也。蔑 莫结反，无也。剽掠 下音亮，劫夺也。刍 测隅反，刈草也。坏 毁也。鞻 音鞋。乾苔 苔，音台，草名。缮 音膳，治也。相仗 去声。争 去声。蹑 音聂，蹈也。潘 音播。诟 呼漏反，骂也。绾 乌板反。盻 普患反。暂 暂同。上鸡 进也。慅 音操。狭 音狭。衔 音咸，包含在心。奈何 如何。裔 音曳。背 音佩，弃也。谠 直也。诞 音但，妄也。六艺 六经也。以铁为货 普通四年末，始铸铁钱。公孙 汉王莽末，公孙述据蜀铸铁钱，后为光武所灭。烂羊镌印 案《后汉书·刘玄传》云：南阳诸将立玄为帝，改元更始，玄光武族兄也，素懦弱，群小并进，此盖指膳夫庖人之暴贵者也。又《晋书·赵王伦传》：伦宣帝第九子也，废惠帝自立，诸党皆超阶越次至於厮役亦加爵位，金银冶铸，不给於印，故有白板之侯，君子耻服其章。豫章 帝第二子也，名综，封为豫章王，事见普通六年。邵陵 帝第六子也，名纶，封为邵陵王，其事亦具普通六年。石虎 案《晋载纪》：虎字季龙，勒之从子也，其太子遂谋逆诛，立次子宣为太子，又谋鸢逆诛之。虎曰：吾欲以纯灰三斛洗吾肠秽恶，故生凶子儿，年二十余，便欲杀公耶？风，风化也。浮图 塔也。笮融 笮，侧格反，姓也，按后汉献帝兴平二年云：笮融为下邳相，大起浮屠祠，课人读佛经，招致旁郡好佛者，至五十余户，费以巨万计。姚兴 羌酋姚苌子也，西晋末，据关中，按《晋书载纪》：兴敬事胡僧鸠摩罗什沙门，自远而至者五千余人，起佛图立波若台，沙门坐禅者，恒有千数。贿 音悔。阉 音奄，宦者。桑中 《诗·卫国风》篇名，刺奔也，卫之公室淫乱，男女相奔，至於世族，在位相窃，妻妾期於幽远，政散民流，而不可止，其诗三章，其末皆曰：期我乎桑中，要我乎上宫，送我乎淇之上矣。湘东 名绎，帝第七子也，封为湘东王，即元帝也。藩屏 音饼。勤王 《左氏传》曰：求诸侯莫如勤王。灵长 谓国家威灵久长也。鬻拳兵谏 鬻，音育，拳，音拳，手之拳，按《左氏传·庄公十九年》云：初鬻拳强谏楚子，楚子弗从，临之以兵，惧而从之。鬻拳曰：吾惧君以兵，罪莫大焉。遂自刖也，楚人以为大阍谓之大伯。小惩大戒 《易·噬嗑》初九爻辞曰：屦校灭趾无咎。《系辞》曰：小惩而大戒，小人之福也。王弼注云：屦校灭趾，桎其行也，足惩而已，故不重也；过而不改，乃谓之过，小惩大戒，乃得其福，故无咎也。校即械也。肿 之陇反。熊昙朗 熊，姓也，昙朗，其名。排闼 音獭。语汝父 语，音御，确坚之弟，郡陵王之次子。谒 乙杰反，《说文》见也。蹇 音愆。矫 讬也。大欵 太子之次子。方等 名也。馈 音匮，饷也。徐相 姓名也。缵 作管反，梁初功臣张弘策次子。督 音察，誉之第也，皆故昭明太子之子。度事 官名。慅 音操。樯 音墙。不逞 丑郢反，言不得志欲为乱。毙 音敝，死也。遏 音惕。颓 杜回反,倾颓。陂 音碑,泽障也陂。穄 旦名。纤 音纤。绐 音怠,欺也。骁 健也。沙门 僧也。冲 音虫。省中 禁中也。圜 音圆。属 音烛。殂 在胡反,死也。呜咽 於结反,声塞也。梓宫 梓,音子。太和 魏孝文帝年号。嫉 音疾,《楚词》云:害贤曰嫉,害色曰妬。力屈 其勿反,尽也。骆 音洛,姓也。引决 自杀也。祭酒 官名。淅 音锡。猷,音由。寔 音植。期年 一岁也,期,音基。芬 音纷。缉 七入反。卖己 事见二年秋。鄱 音婆。佻 音挑,《说文》偷也。藉 去声。上游 音流。稗 旁卦反。泝 音素,逆流而上曰泝。比 音鼻,近也。数寻伊霍之传 伊尹霍光虽尝废立,而忠於其主,故爱慕之数,寻检其传曹操、司马懿柄政,皆潜有篡逆之心,而其子孙又皆禅位,故丑之而不读其书。橘 居聿反。长仁 长,展两反,《易·乾卦·文言》曰:君子体仁,足以畏仁。洋 音羊,又音详。可解 音蟹,晓也。恚 怒恨也。第 宅也。为尔漫戏 按《汉书·艺文志》杂家者流。注云:漫,放也;又唐元结自号漫叟曰漫,浪於人间。诉 音素,告也。辟 音臂,爱辛也。无间 音谏,隔碍也。屏 音饼。狼狈 博盖反。纥奚 《说文》曰:房复姓,纥,下没反。部分 去声,见汉高后末。从甲 从,才用反。扣 音口,《论语》曰:我扣其两端而竭焉。注云:扣,发也,扣,叩同。溢 音盆。沈浚 嵊浚皆见上五月末。龚保林 龚,音恭,姓也。缵 荆雍交兵皆缵所构,事见上三月末、四月末。愕 五各反。庄铁 侯景初反铁以历阳降之;又虑不济奔寻阳,事见上年十月初及十月末。百济 国名。录 收也。沃 乌酷反。积 子智反。酣 胡甘反,乐也。骁 健也。讵可暗投 前汉邹阳云:蟠木根抵轮囷离奇而为万乘器者,以左右先为之容也。梗 古杏反,《诗·大雅·桑柔篇》曰:至今为梗。注云:梗,病也。间道 微道也。谭 音潭。

卷之七千一百五十九 十八阳 唐庄宗六 p2886—2887

资治通鉴……

史炤《释文》……胡三省《辨误》……赵完璧《源委》: 义武 易定军也。清海 广州军也。传瓘 音贯,镠子之名。更命 更,平声。二纪 十二年曰一纪。柩 音旧,尸在棺曰柩。骁 音浇,健也。募 音慕,广招。契丹 契,音乞。郭崇韬 庄宗谋臣。横海 沧州君也。庐龙 幽州军也。绛 宪宗贤相。支度 音大各反。高祖 唐高祖。洎 音其冀反,及也。馈 音匮,饷也。岌岌 《孟子·万章篇上》曰:天下殆哉,岌岌乎!赵岐注云:岌岌,不安貌。天平 郓曹濮军也。胡柳 后梁贞明四年末,大战於胡柳陂,晋偏师败,或言王已北渡河矣,嗣源亦北渡,续闻王战复胜,嗣源复来见王,王不悦,嗣源顿首谢罪,王赐大钟酒以罚之,然自是待嗣源稍薄。李从珂 音丘何反,嗣源养子。诘让 问也,让,责也。内 古文纳字。自经 缢也。澶 音禅。王铁枪 案后梁太祖开平三年末云:寿张王彦章骁勇绝伦,每战用二铁枪,皆重百斤,一置鞍中,一在手,所向无前,时人谓之王铁枪。严可求 吴之谋臣。巨大也。**治者** 治①，音也，铸工。**趋** 向也。**杨刘** 城名。**镇使** 音所吏反。**械** 音胡械反，器械。**刍** 音测隅反，草也。**耗** 音呼到反，散也。**舰** 战船。**艘** 船之总名。**亘** 音古邓反，竟也。**畋** 音田，取禽兽也。**重复** 音福。**诇** 颜师古曰：有所候伺也。**薄** 迫也。**临漳** 县名。**扼** 音厄，捉持。**呼** 叫也。**叱** 音昌粟②反，诃也。**断绁** 系舰索也。**覆** 音芳福反，败也。**游奕将** 奕音亦。**抵** 音底，至也。**赵张** 赵岩、张汉杰等。**奷** 奸同。**伺** 音四，候也。**微卿** 微，无也、非也。**从姊** 音子，《尔雅》曰：男子谓女子先生为姊。**枭獍** 上音浇。**赂** 音路，赠遗。**争** 去声。**奭** 音释。**扞** 音翰，卫也。**贻** 音遗，留也。**剽** 劫也。**屏** 音饼。**懦** 音软，及③乱反，弱也。**宫掖** 音亦，掖庭也，宫掖指后妃。**行伍** 士卒五人为伍。**虢** 音古伯反。**球** 音求。**陪** 音徘，厕也。**陈后主三阁图** 案陈后主至德二年冬，云是岁上，於光昭厥前起临春结绮望仙三阁，各高数十丈，连延数十间，其窗牖壁带悬楣栏槛，皆以沈檀为之，饰以金玉，间以珠翠，外施珠帘，内有宝床宝帐。其服玩瑰丽，近古所未有，每微风暂至，香闻数里。其下积石为山，引水为池，杂植奇花异卉；上自居临春阁，张贵妃居结绮阁，龚、孔二贵嫔居望仙阁，并复遝交相往来。**酣** 音胡甘反，中酒也。**谐** 音骸，诙谐也，《汉东方朔传》云：为谐语。注云：谐者，和韵之言。**郁** 音於六反，卢文进王郁。**易卫州** 晋失卫州。**雪** 拭也，雠耻。**询** 音荀，问也。**冀** 望也。**溃** 音胡对反，逃散。**谚** 音彦，俗言。**汶** 出兖州莱芜县。**中都** 《礼记·丧礼注》云：夫子尝为鲁中都宰。**苬** 音鱼及反。**诀** 音决，别也。**东京**，案四月，云：以魏州为兴唐府建东京。**李绍奇** 本姓夏，名鲁奇，后梁贞明元年七月，尝救庄宗於陈中，赐姓名曰李绍奇。**彬** 音悲巾反。**亚子** 庄宗小名。**传其创** 《史记·佞幸传》云：传脂粉创，音疮。**属** 劝也。**东传** 近也。**阻决河** 案八月，云：梁於滑州决河东注以限唐兵。**橇** 音巢，所以刺船也，又音集。**中使** 宦者。**三纪** 《说文》曰：十二年曰纪。**朋比** 阿党也。**避狄** 昔周太王避狄迁於岐山之阳，晋王本西突厥，故云狄。**瓒** 音赞，又才旱反。**全昱** 音育，太祖长兄。**颖悟** 颖脱警悟。**别第** 第，宅也。**衣** 著也。**野服** 田家之服。**窘** 迫也。**俛** 一音俯，低首也。**颈** 音居郢反，项也。**温许州** 温昭图也。**世雠** 案唐僖宗中和四年四月，黄巢逼大梁，朱全忠告急於李克用，克用引兵击巢走之，全忠固请克用入城，馆於上源驿，克用乘酒使气，全忠怒，发兵围驿攻之，烟火四合，会大雨，克用缒城得出。昭宗天复元年、二年，全忠遣将两攻围太原，克用甚窘，终不能报，故曰世雠。**卖我邪** 谓今不我杀，意欲生与敌以求官赏。**刭** 自刎。**赵张** 赵岩、张汉杰等。**敬李** 敬翔、李振，皆朱温谋臣也。**涤** 音笛，亦洗也。**崇政** 乾化二年九月，以李振充崇政院

---

① "治"为"冶"之误。

② "粟"为"栗"之误。

③ "及"为"乃"之误。

二十四　赵完璧《通鉴源委》

使。韬 音绦。函之 函,音咸,匮也。封翘 音祈尧反,姓名。怿 音亦。沂 音鱼依反。万年 县名。蠹 音妬,虫食木也。背 弃也。豆庐革 庄宗宰相。成德 巨冀深赵军也。猷 音由,亦谋也。斫 音卓,削也。天平 郓曹濮军也。北京 庄宗此年四月,以镇州为真定府北京,以皇子继岌为留守。尤严可求 尤,过也,怨也。沮 音才吕反,沮坏。奈何 如何。滁 音除。黜 音丑律反,贬下也。张颢 音浩。彗星见舆鬼 舆鬼,按《前汉·天文志》云:舆鬼,鬼祠事中,白者为质。晋灼曰:舆鬼五星,其中白者为质。禳 音穰,除殃祭也。骈 音绵婢反,息也。泰宁 海兖军也。傅 音付。愕 音五各反,惊也。中牟 县名。叱 音昌栗反,呵也。嫉 音疾。屏 除也。慝 音忒,恶也。岐 音耆。朱友谦 朱温假子也。锡 赐也。琛 音丑林反,帝之入汴延孝谋也。宣武 汴宋军也。冲 音虫。温韬发唐山陵殆徧 梁开平二年冬云;华原贼帅温韬,暴掠雍州诸县,唐之诸陵发之殆徧。三省 中书、尚书、门下。琪 音其。太祖 帝父。韦说 读曰悦。喜 好也。杜 塞也。永平军 后梁太祖开平三年三月,改长安为永平军。镠 音留。先令公 李嗣昭也,梁末龙德二年四月王事。无虞 虞,度也。赂遗 赂音路,遗去声,下又通同。义成 唐德宗贞元元年春,以郑滑等州为义成军,后梁改为宣义上,十二月藩镇皆复旧名。渥 音握。冀 望也。继俦 嗣昭长子。曾 音增,则也。衰服 丧服也。珂 音丘何反。募 音慕,广招也。子城 即牙城也。苹 音频。无厌 李兴朝在月戊戌。羁 音饥,马骆头系聪之意。

卷之一万二千二百六十九　一送　宋文帝四 p5257—5258

资治通鉴……

史炤《释文》……赵完璧《源委》:瓌 音公回反。竺 音竹。姓也。冲 音虫。未解 音下懈反。区处 音昌吕反。相枕 去声。挫 音则卧反。疠 音厉,疫疠。城守 音狩。漳 音章。泓 姚兴子也,为刘裕所虏。屡见 音胡甸反。定相 去声,晋魏曰邺,后魏改曰相州。主如 如,往也。毗 音琵。碻磝 音敲翱,戍名,今济州是也。胪 音闾。谙 音庵。迈 音莫拜反。颉 音胡结反。裨 音脾,副也。冶坂 上音野,下音反。瘳 音抽。阉寺 阉寺,皆奄人也。射 音食亦反。大行崩背 大行,不反之辞;背,音佩,弃也。介弟 介,大也。遂摄大位 案二年二月,云:燕有女子化为男,臣将为君之兆,此其验也。叩 音口,击也。隗 音乌悔反。席卷 上声,言无余也。邽 音圭。高车 赤狄种。级 音急。陈 音阵。垣 音袁,姓也。济 音子礼反,水名。武进 县名,案《唐地理志》:常州上云武进,晋分曲阿县,置武进,梁改为兰陵。承之,齐太祖萧道成之父。赐复 音方目反,不徭赋也。焦遗 秦王父炽磐之太师也。颓 音杜回反。芍陂 庐江郡。奚斤 五年三月末为夏主所获。以从音方①用反。调 音徒肖反,计发也。怏怏 音於亮反,情不足也。昙 音谈。神州 杨州,国之根本,故以神州呼之。讵 音巨,岂也。

卷之一万二千二百六十九　一送 宋文帝四 p5260

资治通鉴……

史炤《释文》……赵完璧《源委》：沮渠兴国 蒙逊世子,六年五月末为秦所擒。楷 音苦骇反。荷 上声。宠灵 谓恩宠威灵也。殄 音徒典反,灭也。熏 音勋。絜 音结。方难 音乃旦反。溃 逃散也。唱筹量沙 或曰善用兵者,有余而示之不足,敌莫得以测其伏;不足而示之有余,敌莫得以拣其虚。孙膑之减灶,是所谓有余而示之不足;檀道济之量沙,是所谓不足而示之有余也。下邳 音皮。积聚 上音子智反,下音丁②喻反。尚方 署名。颉 音胡结反。妻 去声。屏 音饼。探 平声。叩 音口,击也。扞 音翰,卫也。主如 如,往也。瑱 音公回反。汗 音寒。依违 不决也。诘让 诘,音去吉反,问也;让,责也。昙 音谈。敦煌 音豚皇。穷发《庄子》曰:穷发之北。疏云:地以草木为毛发,北方寒泫,草木不生,故穷发所谓不毛之地也。庸岷《尚书·牧誓》曰:及庸蜀。注云:庸在江汉之南,山名。吾与尔縻之縻,音靡,为比反,《周易·中孚卦》九二之辞也,王注云:縻,散也,孔疏云:我有好爵,吾愿与尔贤者分散而共之。葰次 葰音叉。魏昭成帝 拓跋珪之祖什翼犍也。讯 音信,问也。逮 音代,及也。太祖 讳珪,即道武帝也。三公郎 官名。太宗 讳嗣珪之子,即明元帝也。更 平声。沈 去声。孕 音以证反,怀孕。凉王 沮渠蒙逊也。

卷之一万二千二百六十九　一送 宋文帝四 p5263

资治通鉴……

史炤《释文》……赵完璧《源委》：保太后晃 音胡广反。枹 音肤。疏数 音朔 下数伐同。思致 思,去声。褊 音卑缅反。漠 音莫,沙土曰漠。宕昌 宕音徒浪反。上邽 音圭,县名,汉属陇西郡。烈武王 武帝次弟临川王道规也。濡 音奴官反,在辽西。费 音翡,姓也。敛 去声。冶 音野。贾 音古。侨 寄居。更 平声。朱修之 八年二月为魏所虏。道人 僧也。怖 音普故反。甄 音真,姓也,《风俗传》云:舜陶甄河滨,其后为氏。肥如 县名,属辽西郡。无日 言无日数。隽 音俊。板 以板授官也。绁 音驰伪反,垂绳也。炬 音巨,束苇烧。募 音暮,广招也。混尚 尚,配也。田畴《后汉安帝元年注》云:田并畔曰畴。睿 音锐。之分 去声。秃发保周 南凉王傉檀之子也。比 音必至反。蕫 音楚懈反。太

---

① "方"为"才"之误。

② "丁"为"才"之误。

常 官名。偃蹇 骄敖也。荒裔 音曳,边也。敦煌 音豚皇。罽宾 案《前汉·西域志》:治循鲜城去长安万二千二百里。沙门昙无谶 沙门,僧也,昙,音谈,谶,音楚谮反。

卷之一万二千二百六十九 一送 宋文帝四 p5264

资治通鉴……

史炤《释文》……胡三省《释文辨误》……赵完璧《源委》:承制 承天子制度之书也。金崖光 金日䃅之后。籤疏 籤,音七廉反,解见下世祖大明二年。郫 县名。徒中 八年二月,思话弃青州坐征系尚方故曰乃自徒中。乞安平一号 安西将军、平西将军也,案《通典》云:后汉晋魏有四安将军、四平将军:安东、安南、安西、安北、平东、平南、平西、平北将军也。涪 音浮,县名。敕 音勃。费谦 刘道济用谦言聚敛以致乱。胪 音间。自若 言如故也。

卷之一万二千二百六十九 一送 宋文帝四 p5265—5266

资治通鉴……

史炤《释文》……赵完璧《源委》:磝头 地名,磝音遨。婁 去声。汗 音寒。傀 音口悔反。复如 如,往也。犀甲 犀坚也。断矟 上音段,截也;下矛长丈八者谓之矟。赫连昌 故夏主也,五年二月末为魏所擒。格杀 相拒而击曰格。颙 音鱼容反。于什门 什门,使燕。禅 去声。美稷 县名。几为 几音祈,近也。内入行长 行音胡郎反,案建传云:以善骑射擢为下大夫内行长,又《唐·凶奴传》云:置千长,百长,行长,什长。扞 音翰,卫也。呼 去声。

卷之一万二千二百六十九 一送 宋文帝四 p5267

资治通鉴……

史炤《释文》……赵完璧《源委》:数 音朔,下数伐同。敦煌 音豚皇,郡名。神降於莘 音所臻反。间已 见去声。丽 著也。沛 音贝。殷铁 景仁小字铁。闇 古暗字。阖 音盍,闭也。处 音昌吕反。奕世 奕音亦,重也。观 音贯。龟兹 服虔曰:西域国名。鄯善 即楼兰国也,鄯音上扇反。焉耆 音烟支,见《前汉·西域传》。贶 音况,赐也。高句丽 句音钩,丽音离。徒河屈垣 徒河,西夷种号,屈垣,其姓名。疗 音力照反,治也。畋 音田,猎也。稒阳 稒音古,《前汉志》:五原郡有稒阳县。犒 音苦到翻,饷也。螫 音子六反,迫也。嵎 音昙。累 去声。保宗 难当兄子也,六年七月尝嗣为王难当夺其位,九年六月保宗欲袭难当,事泄难当囚之。

卷之一万二千二百六十九 一送 宋文帝四 p5268—5269

资治通鉴……

史炤《释文》……赵完璧《源委》:向 音式亮反,姓也。稍间 间,愈也。嚅 音而遇反。肜 音徒冬反。谯 音樵。拓拔 复姓。中流矢 飞矢曰流。褐 音曷,谓织毛布之衣。

见 音胡甸反。方轨 音篚,两车并行也。如河 如,往也。郪 音妻。赫连定 八年六月乏西迁被执。邽 音圭。絜 音结。䪠音士革反。零陵 王晋恭帝禅位於刘裕,封恭帝为零陵王。优复 音方目反,除其租赋也。骏 音浚。骏 音俊,世祖也。更 平声。昏明中星《尚书·尧典·孔疏》云:昏明递中之星。瓄 音公回反。

卷之一万二千二百六十九　一送 宋文帝四 p5269

资治通鉴……

史炤《释文》……赵完璧《源委》:纳币《礼记·昏礼》曰:纳采、问名、纳言、纳征、请期。纳币即纳征也,谓纳币以为婚姻之证也,十年二月末魏尝为太子晃求婚故也。守令 太守县令。琬 音苑。冝 古宜字。凉武昭王 李暠也,暠子歆为蒙逊所灭,遂娶其女,为牧犍妇。敦 音豚。遑 音皇,暇也。畴昔所言 畴昔,犹前日也。

卷之一万二千二百六十九　一送 宋文帝四 p5270

资治通鉴……

史炤《释文》……胡三省《释文辨误》……赵完璧《源委》:沙门 僧也。燕王弘 弘杀其兄子百余人篡位而立。琎 音辇。爰 於也。让 责也。质 音致。原 免也。劭 音邵。涿邪 音耶,如字。漠 音莫,沙土曰漠。玄学 老庄之教。率更令 案《前汉·百官表》:詹事属官有太子率更。师古曰:掌知漏刻故曰率更。数 音朔。弛 废也。自事 言民自事其事也,不为官。

卷之一万二千二百七十　一送 宋文帝五 p5275

资治通鉴……

史炤《释文》……胡三省《释文辨误》……赵完璧《源委》:主如 如,往也。谯 音樵。畋 音田,猎也。被苦 被,音皮义反;苦,茅苦也。斥 音尺,逐也。上邽 音圭,县名,汉属陇西郡。妻 去声。姊 音子,《尔雅》曰:男子谓女子先生为姊。蠕蠕 音软。汗 音寒。疫 音役,民皆疾也。乖悖 音佩,心乱也。凉武宣王 沮渠蒙逊也。数 音朔。溉 音槩。环 音患,绕也。畜 音丑又反,又许救反,六畜也,下同。唯唯 音以水反,恭应之辞。晃 音胡广反。秸 音兮。让 责也。数 音色角反。委贽 委,随也,贽音至,《周礼》曰:以禽作六贽,以等诸臣,孤执皮帛,卿执羔,大夫执雁,士执雉,庶人执鹜,工商执鸡。悛 音铨,改也。部分 去声。絜 音结。並 古并字。骠 音频妙反。源贺 秃发傉檀之子也,晋安帝义熙十一年末,傉檀为乞伏炽磐所灭,贺奔魏,魏元明帝谓贺曰:卿之先与朕同源,赐姓源氏。冀 望也。涌 音勇,腾涌。秃发保周 亦傉檀子。徇 音辞峻反,略也。沓 音徒合反。要害 颜师古曰:在我为要,於敌为害也。善无 县名,属雁门郡。颓 音杜回反。级 音急。张氏 张轨也。阚骃上音勘,姓也,《左传》有齐大夫阚止；下音因,名也。晒 音丙。敞 音昌两反。洗马 官名。骏 音俊。寓 音遇,寄也。文翁柔胜 案《前汉·循吏传》：文翁少好学通春秋,景帝末为蜀郡太守,仁爱好教化,见蜀有蛮夷风,文翁诱进之,遣受业其后,官有至郡守刺史者。刚克《书·洪范》曰：沈潜刚克。综 音子宋反。伟 音韦。星传 音知恋反。背 音佩,弃也。推步《后汉·冯绲传注》云：推步谓究日月五星之度,昏旦节气之差。雅数 音朔。慕璝 音公回反。当陈 音阵。披靡 披,音普彼反。营阳王 帝兄。赵广,广寻反蜀。

卷之一万二千二百七十　一送 宋文帝五 p5278

资治通鉴……

史炤《释文》……赵完璧《源委》：删丹 县名,汉属张掖郡。斜剟 斜谓禁察,剟与摘同,音逖,犹发也。录命断之 录命案六年春,王弘上表乞解州录以授义康,又七年末云义康与弘并录尚书。球 音求。解 音蟹,晓也。斥 音只①,逐也。曾无 曾音增,则也,乃也。噉 音淡。谙 音庵。煽 音扇。刘班 案湛传,小字班兽,故云斑也。自西 湛前为荆州长史,殷景仁引之入朝,共参朝政。比入 比音鼻,近也,下比当同。谧 音密。祭酒 官名。讵 音巨,岂也。康帝 成帝弟。伺 音四,候也。构 会其过恶也。推 音他回反。浚 音峻,即魏高宗也。诞 音但。从 音才用反,下随从同。番禾 县名,汉属张掖郡。暴 音仆,露也。俨 音鱼俨反。函 音咸,匦也。拭 音式。比 音鼻,近也。累 去声。逵 音渠追反。衔 音咸,包含在心。掷 音直炙反,投也。曰语 音御,告也。怖 音普故反。之难 音乃旦反。沙门 僧也。琳 音林。数有 数,音朔,下数犯同。叩 音口,击也。车子 义康小字。初宁陵 武帝陵。姊 音子。友 亲也。厌 音一盐反。称此 称,音尺证反。如 往也。隽 音俊。行 音下更反。怏怏 音於亮反,情不足也。謩 音许慎反。鈇钺 音斧越,《汉刑法志》曰：大刑用甲兵,其次用斧钺。韦昭曰：斧越,斩刑也。瓯 音器,数也。吕玄伯 宋文帝常使吕玄伯为刺客,刺慧龙事败,慧龙舍之之故然也。馛 音蒲拨反。

卷之一万二千二百七十　一送 宋文帝五 p5279

资治通鉴……

史炤《释文》……赵完璧《源委》：扶令育 扶,姓也,《说文》曰：汉有廷尉扶嘉。可数 音色主反。庐陵 帝次兄庐陵王义真也。亟 音急,如字。甸 音殿,近王城五百里曰甸服。辑 音集。施 去声。攘 音穰,除也。弭 音母婢反。疹 病也。谁易由言《诗·小雅·小弁》卒章云：君子无易由言耳,属于垣。笺云：犹用也。骨鲠 音古杏反。张约 约尝谏徙庐陵王为徐

---

① "只"为"尺"之误。

羡之所害。毙，音敝，死也。郁久闾 柔然三字姓也。沮渠 沮音子余反。颙 音鱼岂反。以食 音嗣。涪 音浮。梓潼 音子童。溇中 溇音娄，水名。

卷之一万二千二百七十一　一送 宋文帝六 p5281

资治通鉴……

史炤《释文》……胡三省《释文辨误》……赵完璧《源委》：晃 音胡广反。分 去声。仞音刃，七尺曰仞。差易 差音叉；易，去声。敦煌 音豚皇，郡名。且末 案《前汉·西域传》：且末国王治且末城去长安六千八百二十里。李宝 故凉王李暠之孙也。阚 音勘，姓也，解见十六年。高昌 案《唐西戎传》云：高昌者，汉车师前王之地，后汉戊巳校尉之故地，在京师西四千三百里。唐契 李宝舅也。趋 读曰趣，向也，下同。伊洛 其名也。武兴 武兴、下辨、白水皆县名。虎贲 音奔。刁 音貂，姓也。比至 比，音必贰反。洒扫 上音所懈反；下音苏报反。村落 落，居也。蒫次 蒫音叉。贿 音悔，财也。

卷之一万二千二百七十一　一送 宋文帝六 p5282

资治通鉴……

史炤《释文》……胡三省《释文辨误》……赵完璧《源委》：强 音其两反，姓也。乌洛侯 北狄国名，去平城四千余里。雒 洛同。任胐 音斐。诞 音但。邽 音圭。漠 音莫，沙土曰漠。可汗 音寒。絜 音结。封沓 音徒合反。百揆 音求癸反。归第 第，宅也。朝请 音净。剧 音竭戟反，艰也。

卷之一万二千二百七十一　一送 宋文帝六 p5284

资治通鉴……

史炤《释文》……赵完璧《源委》：掣 音尺制反，曳也。搏 音博，击也。毆 亦击也。公车门名。端冕 斋服也，《礼记·乐记·郑注》云：端，玄衣也。孔疏云：端玄衣也者谓玄冕也，凡冕服皆其制正幅，袂二尺二寸，袪尺二寸，故称端也。标 识也。垦 音康狠反，耕也。沙门 僧也。蠕蠕 音软，即柔然也，解见晋烈宗十年。索 音山客反，搜也。弃市 古者刑人於市，与众弃之，故曰弃市。亢 音苦浪翻，《子夏传》云：亢，极也。魏主幸庐 庐，音闾。演 音衍。眸 音筝辄反。叱 音昌栗反。复重 平声。盘于游畋 音田。师护 义季小字。比 频也。绩 音积，功业。西夏 荆州也，案《晋五行志》上云：桓玄始擅西夏。间道 微道也。级 音急。

卷之一万二千二百七十一　一送 宋文帝六 p5288

资治通鉴……

史炤《释文》……赵完璧《源委》：新率 音律。骏 音俊。愔 音阴。祎 音辉。昶 音昌两反。枹罕 县名，枹，音肤。铄 音书药反。颙 音鱼岂反。沔 音弥兖反。梗 音耿，病也。募 音慕,广招也。涢 音云。璜 音公回反。盘 音盘。于阗 音田,又音甸,西域国名。旰 晚也。佚 音逸,乐也。汝曹 曹,辈也。隐约 《后汉·赵典传》云:典少笃行隐约,章怀曰:隐,犹静也,约,俭也。高祖 武帝。泰始 明帝年号。升明 顺帝年号。绾 音乌板反。纥 音下没反。碻磝津 城名,今济州是也。河东蜀 案下文齐明帝三年,魏文帝定族姓,众议以薛氏为河东茂族,帝曰:薛氏蜀也,岂可入郡姓? 直阁薛宗起执戟在殿下,出次对曰:臣之先人汉末仕蜀,二世复归河东,今六世相袭非蜀人也,伏以陛下黄帝之胤受封北土,岂可亦谓之胡邪? 今不预郡姓何以生为,乃碎戟於地。帝徐曰:然则朕甲卿乙乎? 乃入郡姓。壁 垒也。骁 音浇。眸 音筥辄反。综 音子宋反。数 音朔。从容 闲语也。大将军 谓义康也,十七年十月,废徙江州。攸属 注也。愕 音五各反,惊也。毛玠 音介。行坫 音店,玉病。未厌 音么盐反。鸿 大也。奕叶 奕音亦,重也;叶,犹世也。曾 音增,则也,乃也。道人 僧也。储宰 储,贰宰辅。扣 音口,击也。探 平声,拈取之也。诘 问也。抵踢 抵,拒也。不桡 音闹,扰也,曲也。虽无嵇生琴 嵇音兮,晋嵇康将刑於东市,索琴弹之曰:昔袁孝尼尝从吾学,广陵散每靳固之,广陵散於今绝矣。庶同夏侯色 夏侯,姓也,名玄,字泰初,及就东市颜色不变。畴昔 犹前日也。颈 音居郢反,项也。怍 音昨,惭也。流涟 音连,《易》曰:泣涕涟如。语 音御,告也。姊 音子,《尔雅》曰:男子谓女子先生为姊。玩 音翫。胜 音升,任也。盛 音成。冲 音虫,飞也。常均 均,陶均也。刘弘仁 刘湛,字弘仁。忸 音女九反,串习也。徇 音辞俊反,随行也。熙 音熙。安成相 相,去声,官名。淮南王 汉文帝之弟。穆皇后 武帝母。二舞 文、武二舞也。具区 案《汉地理志》:吴郡震泽在西,后名具区泽。注云:《尔雅》十薮,吴越之间有具区。郭璞曰:县南有大湖。则有司存 自有有司在。呼韩 汉宣帝甘露三年,呼韩邪单于入朝。馈饩之秩 饩,《说文》刍米也。秩 音侄,次序也。

卷之一万二千二百七十二　一送　宋文帝七 p5292

资治通鉴……

史炤《释文》……胡三省《释文辨误》……赵完璧《源委》:射 音夜。颙 音鱼凯反。雍 去声。掉 音徒了反,摇也。纽 音女九反,结也,系也。林邑王迈 音莫拜反,其名。宗悫 音确。毘 音琵。诞 音但,妄也。沙门 僧也。饮从 并去声。阉寺 阉音盍。酿争 去声读。眩 音州县之县。鞠为丘墟 鞠音匊,墟,音去鱼反,《诗·小雅》曰:鞠为茂草。注云:鞠,穷也,墟,大丘也。荡去 音丘吕反,除也。浮图 佛也。晃 音胡广反。李润,县名。我外家也 世祖母姓杜氏。卫霍 卫青、霍去病,汉武帝时征北大将也。淮泗 谓当广耕佃於淮、泗之地。嬴储 嬴,音盈,余也;储,音除,积也。巨 大也。曹孙 曹操、孙权。缮 音缮,治也。大岘 音胡典反,山名,在襄阳。佃 音殿,营佃。纂偶 二牛为偶。簳 音干,箭笴。清

济 音子礼反，二水名。戒《说文》曰：防患曰戒。优复 音方目反，不徭赋也。上邽 音圭，县名，汉属陇西郡。格 相敌也。以具装被象 被，音皮义反；下文，二十七年十一月，云：薛安都脱兜鍪，解铠马，亦去具装；又《齐高祖纪》云：编皮为马具装。枊《说文》柷也。畿 限也，近王城各五百里曰畿。纵 音踪，直也。仕张氏 凉州牧张轨父子也。伧荒 吴人谓中州人为伧荒，荒服也；又《北齐神武纪》云：魏孝昌中山胡刘蠡升称天子，居云阳谷，西土岁被其害，谓之胡荒。殒 音于敏反，没也。圉 音语，养马者。嘿 默同。忮 音至，狠也。任之 任，平声，当也。伺 音四，候也。民数 音朔。呼 音火故反，叫也。

卷之一万二千二百七十二　一送 宋文帝七 p5293

资治通鉴……

史炤《释文》……赵完璧《源委》：如中 如，往也。敦煌 音豚皇。斫 音酌。昭仪牧犍妹也。第 宅也。当 去声。泉贝 泉，钱名，《前汉·食货志注》云：流行如泉也。估货估，音古，直也。酣 音胡甘反，乐也。杨文德，武都氐王也。

卷之一万二千二百七十二　一送 宋文帝七 p5293

资治通鉴……

史炤《释文》……赵完璧《源委》：搜 音蒐，狩也，《春秋左氏传》曰：春搜、夏苗、秋狝、冬狩。炳 音丙。赂 音路，财也。晔 音筠辄反。贼 谓反。愚怀，怀，犹诚也。九死不悔按《离骚》云：九死其犹未悔。藉藉 犹纷纷也。骏 音俊。观 去声。乙直伽 乙，姓也，《说文》曰：前燕有乙逸。

卷之一万二千二百七十二　一送 宋文帝七 p5294

资治通鉴……

史炤《释文》……赵完璧《源委》：漠 音莫，沙土曰漠。羯 音居谒反。汗 音寒。上如 如，往也。募 音慕，广招也。令人有封狼居须意 案《前汉·霍去病传》云：去病北伐匈奴，获丑七万余级，封狼居胥山，禅于姑衍，登临瀚海。如淳曰：大功故增山。颜师古曰：积土增山曰封，为禅祭地曰禅。又曰：封者登山祭天，筑土为封。席卷 言无余也。检玉岱宗 封泰山也。数挑战 数，音朔；挑，音徒了反。民畜 音许又反，又丑又反，六畜也。屏 音饼。沔音弥浅反。溃 音胡对反，逃散也。

卷之一万二千二百七十三　一送 宋文帝八 p5302—5303

资治通鉴……

史炤《释文》……胡三省《释文辨误》……赵完璧《源委》：级 音急。沃 音乌酷反，灌也。射 音食亦反。侦候 谓觇侦候伺也。奄 音掩，忽也。琨 音昆。铄 音书药反。

二十四　赵完璧《通鉴源委》　243

冲车 冲城车。楼堞 音牒,谯楼上女垣也。栅 音册,编立木为之。肉薄 谓相背负而上城也。垣 音袁,姓也。肇 音兆。趋 走也,周显王十六年云:直走魏都。尚方 署名,罚为作徒也。遗 去声,与也,下同。盖吴 按二十二年冬,魏庐水胡盖吴反,上表求援,诏以吴为都督关陇诸军事,遣使赐吴印一百二十一纽。是曹 是此曹辈,盖指吴也。谲诳 上音决,下音居况反,诈欺也。赂 音路,货财。复除 复,音方目反,不徭赋也。孰与 与,如也。摄 持也。供张 并去声。蠕蠕 音软。赫连 夏王勃勃也。沮渠 凉王沮渠蒙逊也,沮,音子余反。冯弘 北燕主也,弘,冯拔弟。吴提 吴提者,吐贺真之父,皆蠕蠕可汗之名。垣 墙也。谍 音牒,今谓之细作。裴方明 方明取仇池,在十九年五月、二十年八月末,方明坐破仇池,减匿金宝及善马,下狱死。斫营伎 斫,音酌;伎,音巨绮反,伎俩。彼公 指武帝也。婆罗门 胡僧也,案九年末云:罽宾沙门昙无谶,自云能使鬼父。唐大宗十二年末云:婆罗门僧自西域来,善呪术,能令人立死,复呪之使苏云云,婆罗门解见后。晃 音胡广翻。郝标 音卑遥反,姓名也。礼传 音直恋反。恚 音於避反,怒恨也。暴 音仆。首 音狩,自状其过。原 免也。重 去声,再也。奈何 如何也。入见 音胡甸反,下同。匄 音盖,乞也。旌 表异也。诘 音去吉反,问也。皆夷五族 夷,平也。紧 音陟立反,毂也。溲 音搜,《说文》曰:小便也。嗷嗷 颜师古曰:众口愁声。让 责也。荷 上声。再造 造,成也,谓使成人。东莱评曰:崔浩著《魏史》,太武忿其实录,而夷其族,其后魏收怨此党,北朝贬江左时人疾之,号为秽史。两人者陋矣,无足议焉,然为史者,如之何而后可?《春秋》书鲁之弑君,曰君薨而不地。谓弑为薨者,讳恶也,独不言地,则其弑可知,而不隐矣。夫如是,故外足以传信,而内足示恩,诚万世之法,非圣人孰能修之。朱黼曰:夫作史以贾直不知讳逊以掇祸,浩固有罪也,罪不止其身而且迁怒以及无辜,太武诚鸷暴残忍矣。赜 音士革反。焉耆 音烟脂,西域国名。间道 微道也。越寯,音髓。沮 音才旦反,止也。重辱 重,去声,再也。碻磝 音敲翱,戍名,今济州是也。馆谷 《左传·僖公二十八年》曰:晋师三日馆谷。杜注云:馆,舍也,食楚军谷三日。比及 比,音必二反。城守 音狩。难之 难,音乃旦反。劭 音邵。无厌 音一盐反。干 音干。疗 音力照反,治也。挫 音则卧反。比得河朔 比,音鼻,近也。诉 音素,告也。棘 与急同。跂 音启,与企同,举足而竦身也。芮芮 即蠕蠕也,声讹耳。径造 音七到反,至也。铄 音书药反。震盪汧陇 盪,音荡;汧,苦坚反;震,摇动;荡,洗涤;汧陇,汧水陇山也。出次 信宿注。三五 三丁发一,五丁发三。倩 音七政反,假也。蹔 暂同。盱眙 音吁怡,县名,属临淮郡。募 音慕,广招也。夷夏 上声。幢主 《释文》曰:幢,音宅江反,官号,诸幢主并九品下阶。本著 音陟略反。漠 音莫,沙土曰漠。愎 音弼力反,狠也。处 音昌吕反,居也。操 平声。长帅 言不就用其长帅也。鞞 音部迷反,骑上鼓。《释名》曰:鞞,裨也,助鼓节也。山积 音子智反,委积。舸 音古我反,楚以大船曰舸。曩 音乃朗反,昔也。舰 音槛,战船。迅 音信,疾也。佛狸 音厘,魏主小字。控 音苦贡反,引也。朱修之 修之固守滑台,为魏所虏。阃 音苦本反,门中橛也。节下范增 汉高帝五年,曰:项羽有一范增而不能用,此所以为我禽也。下邳 音皮,县名。太牢 牛羊豕曰太牢。嵇 音兮,姓也。陕 音闪。张是连提 张是复姓,连提,名也。突骑 冲突之骑。铠 音可亥反,甲之总名。著 音陟略反。两当衫 案《唐仪卫志》上云:左右厢有主帅,平巾帻,绯裲裆大口绔;又《车服志》裲裆之制一当胷胸一当背,短襄覆膊。瞋 音昌真反。突陈 音阵,下同。射 音食亦反。中 去声。怙 音户。勍 音擎,强也。挺身 挺音铤,引也。昃 音仄,日夕。级 音急。让降 让,责也。力屈 音其勿反,尽也。蹙 音子六反,迫也。先 去声。晡 音逋,日加申时也。踝 音户瓦反,足踝也。创 音疮。颈 音居郢反,项也。三郎 官名。函箱车陈《扬雄传》:函夏。注云:函,包容也,读与含同。勖 音许玉反。席卷 上声,音①无余也。扃 音古莹反,闭也。莫从 言莫知所从耳,盖不知从何得出。窘磬 上音渠殒反,迫也;下音罄,尽也。污 音乌路反。骏 音俊。道民 骏之小字也,骏,帝第三子,即世祖也,《纪》云:小字道人。马文恭 上云:骏遣参军马文恭向萧城为魏所败。劂 音快,姓也。甘蔗 音柘。安北 二十四年四月,云:以武陵王骏为安北将军,徐州刺史。蛰 暂同。常迟面写 迟音治,待也;面写,谓对面输写所怀也。橘 音居聿反。博具 博戏之具。饷 音式亮反,馈也。豉 音是义反,盐豉,《尔雅》曰:苦李作豉。戎行 音胡郎反。怱怱 音葱,速也。僮干 按《通典》卷五末注云:若今驱使门仆之类。相语 音御,告也。直造瓜步 造,音七到反,至也;瓜步,县名,在广陵六合县东,又见下文。饮 音於鸩反,下同。疗 音力照反,治也。佛狸 魏主小字。步武 两举足曰步,步,六尺也,《尔雅》曰:武,迹也;又《礼记·曲礼注》云:武,迹也,中人之迹尺一寸。冀 望也。杨文德 武都氏王也。纂 纂集戒严。焘 音导。璞 音朴。缮 音膳,治也。守 音狩。夫 音扶,语辞。肉薄 谓相背负而上城也。昆阳合肥 王莽围昆阳,为光武所败;秦符坚伐晋,至合肥为谢玄所破,是皆数十万也。见力 见在之力。鲜 上声。筏 音伐,大曰筏,小曰桴,乘之渡水。荷 上声。亘 音古邓反。贻 音怡,遗也。檀道济 柱杀檀道济。购 音构,以财设赏曰购。募 音慕,广招也。蟠 音盘。朝请 音朝净。妻 去声。阨 音厄。讵 音巨,岂也。

卷之一万二千二百七十三　　一送 宋文帝八 p5306—5307

资治通鉴……

史炤《释文》……胡三省《释文辨误》……赵完璧《源委》:有差 音叉,次也。

---

① "音"为"言"之误。

二十四　赵完璧《通鉴源委》

不逞 音敕郢反,不逞,不得志也。使语 音御,告也,下见语耳、语人语同。恼惧 恼,音许勇反,恐惧声,《左传》曰:曹人凶惧。早为之所 《左传·隐公元年》曰:不如早为之所。杜注云:使得其所宜。碻磝 音敲翱,戍名,今济州是也。船乘 去声,车乘也。溲便 溲,音搜,溺也;便,音房连反,大便也。遗 去声。四足 谓马也。谣 音遥,《尔雅》曰:徒歌谓之谣。冥 音铭,幽冥也。寡人 质父熙封始兴县侯,质袭爵故称寡人。期之白登 之,在也。桑干 音干。力屈 音其勿反,尽也。遽 音其据反,急也,疾也。贻 音夷,遗也。佛狸 魏主小字也,见与书即上云:杀之无所不利也。冲车 轞城车也。颓 音杜回反。上露板 上音时掌反,露板,犹露布也。程天祚逃归 天祚上年三月潜引兵袭汝阳,兵败为魏所擒。胜计 胜,音升。尤之 尤,过也,怨也。调 音徒笑反,计发也。上如 如,往也。罴 音碑。掠 音亮,考击也。饮至告庙 告,音古沃反。敛板 板,手板也。州端 别驾,治中州之纪纲,故曰州端。曾 音增,则也,乃也。鲁宗之 按晋末安帝十一年春云:雍州刺史鲁宗之自疑不为太尉裕所容,与其子轨起兵应荆州刺史司马休之,袭杀江夏太守刘虔之,又与裕婿徐逵之战,逵之败死。又按《宋书列传》亦同。康祖,虔之子,宋文帝二十七年与魏战,中流矢死。由此言之,今《通鉴》云之父者,盖指二人之父省文也。诘 音去吉反,问也。铄 音书药反。屏 音饼。沙门 僧也。储贰 储,副也。畜 音许六反,养也。市廛 音直连反,市物邸舍也。周邵齐毕 周公,邵公;齐太公,毕公也。僑乂 下音刈,治也。斥去 上音尺,逐也;下音丘吕反,除也。近 去声。仇尼 复姓。构 会其过恶也。时濬生四年 濬,濬音浚,予按文帝十七年六月云:魏皇孙濬生,至今十二岁矣;据《北史》亦同,后三年而已生子。此云濬生四年,其误明甚。思 去声。皆与 读曰预。

卷之一万二千二百七十四　一送 宋文帝九 p5311

资治通鉴……

史炤《释文》……胡三省《释文辨误》……赵完璧《源委》:沮渠 复姓。射 音夜。冲 音虫,童也。矫 诈讬也。部分 去声。绩 音则历反,功业也。阻饥 《尚书·舜典》曰:黎民阻饥。孔注云:阻,难也,众人之难在於饥也。应机 应,音应对之应。必应 如字。抚柔 抚慰也,柔,安也。《书》曰:柔远能迩。军都 县名属上谷郡。嗤 音赤之反,笑也。彧 音於六反。数 音朔。诘 音去吉反,问也。以让 责也。惋 音腕,惊叹。虎头 濬小字。中使 宦者也。稔 音如甚反,岁熟曰稔。秃发 复姓。大索 音求索之索,地名。更领 更,平声,改也。府藏 音才浪反。酣 音含,从甘从酉,乐也。畋 音田。正平 魏太武正平元年六月,爱醟皇太子,太子以尤卒。大呼 音火故反,叫也。洱 音弥践反。妣 音比,《尔雅》曰:父死曰考,母死曰妣。屠各 屠音除。弸 音冢,废也。沙门 僧也。右者 右,尊也,上也。慆天,慆文缘。桑榆 按《后汉·循吏孟尝传》云:且年岁有讫,桑榆行尽。章怀曰:谓日将夕在桑榆间，言晚暮也。**复其** 复，音方目反，除其徭赋也。

卷之一万二千二百七十四　一送 宋文帝九 p5319

资治通鉴……

史炤《释文》……胡三省《释文辨误》……赵完璧《源委》：**谯** 音樵。**旰** 音午。**斥** 音尺。逐也。**冀** 望也。**叩** 音口，击也。**累**，去声。**难生** 下内难、赴难并同。**第亦** 第，但也。**屏** 音饼。**黠** 桀黠。**幢队** 皆官名，主副，主及副也。**率** 音帅。**淑** 音孰。**卫从** 音才用反，下从者以从同。**捍** 音翰。卫也。**椵** 音贾。**射** 音食亦反。**瑜** 音俞。**石头** 即秣陵也。**情事** 人情公事。**号恸崩衂** 号，平声，号哭也；恸，见上；崩，摧也，挫也。**罪人斯得** 此《尚书·金縢》之辞。**元** 大也。**义綦** 宋高祖弟之子。**有差** 音叉，次也。**典籖** 音七廉反，官名。**浙** 音折。**冲** 音虫。**左西属** 官名。**羽化** 汉武帝元鼎四年，颜师古注云：羽衣，以鸟羽为衣，取其神仙飞翔之意。又杨子《法言·君子篇》末云：名生而实死矣。吴秘注云：神仙者谓之羽化，蝉蜕而升天。又仙家说云：人死如蝉脱壳，化为鸣蝉，是羽化而不死也。又《唐书·窦苹音训》云：羽道人服也，开张象羽翮。王子年《拾遗记》云：周昭王梦羽衣人，问以仙术，故自后道士服羽衣。**求见** 音胡甸反。**竣** 音筌，字士逊。**札** 简札也。**迸** 散走。**寻录** 寻，犹随也；录，收拾也。**板** 以板授官也。**醜** 众也。**义不同天** 按《礼记·曲礼》曰：父之仇不与共戴天。**冯衍有言** 冯衍，后汉初人也。按衍传无此言，《唐艺文志》有《冯衍集》五卷，或载在彼。**累** 去声。**罍** 罅隙也。**主相** 去声。**行军** 行，音下更反，按行也。**劳** 去声。**伟** 音苇。**先众** 先，去声。**滔** 音條，漫也。**峤** 音渠庙反。**怔** 音匡，亦怯也。**珍** 音真。**不任** 任，堪也。**间以** 间，中间也。**临** 音力禁反，众哭曰临。**叫数** 音朔。**遽** 音其据反。**走** 音奏，下同。**谙** 音庵，记也。**大行** 不还之辞也。**原** 免也。**瓜步** 山名，在江北。**奔牛塘** 地名，塘，音唐。**牙下** 牙，旗竿也。**南中郎** 谓武帝也，按二十八年二月，降武陵王骏为北平郎将，此云南，当考。**暴** 音仆，露也。**自洗黄閤** 洗，涤也，开府仪同三司，得开黄合，见下明帝元年十二月庚申及戊寅。又《王莹传》云：莹位开府仪同三司，既为公，须开黄阁，宅前促买朱侃半宅，乃回合向东。翰苑《新书》云：《隋百官志》三公府三门当中开黄合，设内屏；又云：汉旧仪丞相听事门曰黄合，又朱记。注，郑玄注云：三公与天子礼秩相亚，故黄其合，小门也。**将迎** 将，送也。**初宁长宁陵** 武文二墓。**语其** 语，音御，告也，信来人也。**重违** 重难也。**更玄** 更相递玄也。**居然** 徒然也，《诗·大雅·生民》曰：居然生子。**炫** 音州县之县，光也。**著** 音陟略反。**剧** 音奇逆反，增也。**始并** 音必政反。**阃** 音苦本反，门限也。**官称** 音尺证反，下同。**强仕**《礼记·曲礼》曰：四十强而仕。**庸**，平常也。**濮** 音卜。**商臣** 楚穆王也，尝弑其父威王，见《左传》。**系** 音胡计反。**主如** 如，往也。**信都中山** 皆郡名。

二十五

《洪武正韵》

卷之四百八十九　一东

1. 终 p42 洪武正韵陟隆切,极也、穷也、死也、毕也,春秋无终山,戎国名。许慎说文……

卷之四百九十　一东

2. 螽 p60 洪武正韵陟隆切,诗注螽斯蚣蝑也,陆机疏曰蝗类也;释文云一名斯螽,苏辙曰螽斯一生八十一了,或曰九十九子,子名阜螽,又名蝥。许慎说文……

3. 众 p62 洪武正韵陟隆切,多也,又姓,从目从乑,三人为乑,乑音吟了,众立貌。尔雅……

4. 霿 p63 洪武正韵陟隆切,久阴小雨。许慎说文……

卷之五百四十　一东

5. 颂 p81 洪武正韵以中切,汉惠帝纪有罪当盗者皆颂击,颜师古古者颂与容同;刑法志注,颂谓宽容之,不桎梏也;又鲁徐生善为颂;苏林曰汉旧仪有二郎为颂貌威仪;又送韵,从公从页,本颂韵字,取其形容盛德,因借为歌颂字。许慎说文……

6. 溶 p82 洪武正韵以中切,水貌;又董韵。顾野王玉篇……

7. 蓉 p82 洪武正韵以中切,芙蓉生于水者,即荷华也,古诗涉江采芙蓉;生于木者,亦名拒霜,楚辞搴芙蓉兮木末;又苁蓉,药名也。许慎说文……

卷之五百四十一　一东

8. 庸 p96 洪武正韵以中切,用也、常也,周礼民功曰庸,尔雅庸,劳也;又雇也,唐有租庸调,用人之力,岁二十日,闰月加二日,不役者为绢三尺,谓之庸;

屈原怀沙赋俳疑俊杰兮,固庸态也,王逸楚辞注庸,厮贱之人也;又城也,诗以作尔庸。许慎说文……

卷之六百六十一　一东

9. 雝 p178 洪武正韵於容切,诗雝雝喈喈;又和也,诗雝雝在宫,有来雝雝;周颂雝篇包咸注论语作雍;又泽也,诗于彼西雝;又雝渠,鸟名;又董、宋二韵。许慎说文……

10. 灉 p184 洪武正韵於容切,水名,尔雅水自河出为灉,亦作澭;周礼作维;又送韵。许慎说文……

11. 维 p184 洪武正韵於容切,周礼职方氏兖州其浸卢维,释文卢音雷,维於恭切;又微、送二韵。

卷之六百六十二　一东

12. 廱 p185 洪武正韵於容切,辟廱,学名,说文作廦廱,尔雅廱廱,和也,通作雝、雍,天子曰辟廱;诗笺辟廱者筑土雝水之外,圆如壁,四方来观者均;辟雍与廱、邕穆与雍类难双押,如蔡邕、时雍、辟廱之类,不妨分押。许慎说文……

13. 饔 p195 洪武正韵於容切,熟食,诗作饔;又送韵。许慎说文……

14. 壅 p196 洪武正韵於容切,塞也、障也、竭也,鸡壅茨也;又董韵。顾野王玉篇……

15. 癰 p196 洪武正韵於容切,癰疽俗作痈。许慎说文……

16. 甕 p198 洪武正韵於容切,汲水瓶,古作甕,前汉西域传乌弋国有大鸟卵如甕,颜师古音平声;又送韵。熊忠韵会举要……

17. 罋 p198 洪武正韵於容切,见广韵;又送韵。……

卷之二千二百十七　六模

18. 泸 p623 洪武正韵龙都切,水名。许慎说文……

卷之二千二百五四　六模

19. 壶 p668 洪武正韵洪孤切,洒器;又瓠,诗八月断壶,鹖冠子一壶千金。许慎说文……

卷之二千二百五十九　六模

20. 瓠 p718 洪武正韵洪孤切,瓢也,亦作壶、葫;又暮韵。陆法言广韵……

21. 瑚 p723 洪武正韵洪孤切,瑚琏,宗庙器,礼记殷之六瑚,左传作胡;又珊瑚,生海底。许慎说文……

22. 餬 p724 洪武正韵洪孤切，饘也、糜也，左传糊口，寄食也。许慎说文……

23. 醐 p724 洪武正韵洪孤切，醍醐，酥属。许慎说文……

24. 弧 p725 洪武正韵洪孤切，木弓，易弦木为弧，古史黄帝为弧矢之利，礼记桑弧、左传桃弧、史记屡弧。许慎说文……

25. 箶 p726 洪武正韵洪孤切，箶簏，箭室。顾野王玉篇……

卷之二千二百六十　六模

26. 湖 p726 洪武正韵洪孤切，说文大陂。许慎说文……

卷之二千三百三十七　六模

27. 梧 p943 洪武正韵讹胡切，木名；又楷梧，亦作捂，项籍传莫敢枝梧，如淳曰梧音吾，枝犹枝扞，薛瓒曰小柱为枝，邪柱为梧，今屋斜柱是也，谓诸将不敢枝梧营救也；又琴也，庄子惠子之据梧；又暮韵。许慎说文……

卷之三千三百四十四　六模

28. 牾 p1015 洪武正韵讹胡切，捂牾。丁度集韵……

29. 䣱 p1015 洪武正韵讹胡切，地名。许慎说文……

30. （鼯）p1016 洪武正韵讹胡切，飞生鼠；一曰五技鼠。尔雅……

31. 浯 p1016 洪武正韵讹胡切，浯溪在零陵郡，唐元结作中兴颂，磨崖刊石。许慎说文……

32. 齬 p1016 洪武正韵讹胡切，龃齬，见广韵，又鱼、语二韵。陆法言广韵……

33. 麤 p1017 洪武正韵仓胡切，说文行超远也；又疏也、大也、物不精也，亦作觕、粗鹿。许慎说文……

34. 粗 p1018 洪武正韵仓胡切，礼记其器高以粗，其声粗以厉，庄子道之粗，大精粗；又姥韵。丁度集韵……

35. 觕 p1018 洪武正韵仓胡切，公羊传觕者曰侵，精者曰代；又略也。张参五经文字……

卷之二千三百四十五　六模

36. 乌 p1021 洪武正韵汪胡切，黑也、何也，亦作恶，小尔雅阳乌，鸿雁也；又纯黑反哺谓之乌，小而头白，不反哺者谓之雅；又乌乌，秦声；噫乌，恶声。许慎说文……

卷之二千三百四十七　六模

37. 恶 p1050 洪武正韵汪胡切,论语恶乎成名,孟子居恶在。又暮、药二韵。陆法言广韵……

38. 洿 p1050 洪武正韵汪胡切,濁水不流,一曰窊下,亦作污、汙;又暮韵,监本注作疪下,误。许慎说文……

39. 杇 p1051 洪武正韵汪胡切,涂镘器,故因谓涂墁为杇,论语不可杇也,说文所以涂也,亦作圬。许慎说文……

40. 圬 p1051 洪武正韵汪胡切,左传圬人以时,填馆宫室。顾野王玉篇……

41. 於 p1052 洪武正韵汪胡切,於叹声呼,亦作呜、乌;又歌声,李斯传歌呼呜呜;又鱼韵。许慎说文……

42. 呜 p1053 洪武正韵汪胡切,又暮韵。刘熙释名……

卷之二千四百五　　六模

43. 稣 p11123 洪武正韵孙租切,同上,息也、舒悦也、死而更生也,亦作苏,书后来其苏,集韵作甦。许慎说文……

44. 蘓 p1123 洪武正韵孙租切,屠蘓,草菴。顾野王玉篇……

45. 酥 p1123 洪武正韵孙租切,酪属;又酴酥,酒名,或作酥,亦作苏。宋重修广韵……

卷之二千四百六　　六模

46. 初 p1127 洪武正韵楚鉏切,始也、舒也,从衣从刀。许慎说文……

47. 刍 p1133 洪武正韵楚鉏切,尔雅秆谓之刍;又茭草;说文刈草也;又牛羊曰刍,以所得食得名,俗作蒭,非,中从屮,音草。许慎说文……

卷之二千四百七　　六模

48. 蔬 p1139 洪武正韵山鉏切,菜总名,亦作疏,周礼臣妾聚敛疏财,郑康曰疏材,百草根实可食者,疏不熟曰馑,俗作蔬。许慎说文……

49. 梳 p1144 洪武正韵山鉏切,栉疎者曰梳,细者曰枇,以梳理发亦曰梳,杜甫诗一月不梳头,亦作疏,杨雄传头蓬不暇疏。许慎说文……

卷之二千四百八　　六模

50. 疎 p1146 洪武正韵山鉏切,稀也;又菜也,荀子荤菜百疎,俗作疎。刘熙释名……

51. 疏 p1146 洪武正韵山鉏切,同上;又亲疏;又姓也;又通也;远也;窗也;扶疏,枝叶盛也、粗也,汉书音义分也;又酾也,禹决江疏河,是也,黥布传疏爵而贵之；又菜，王褒颂离疏释蹻；又齐縗，孟子齐疏之服；又渠疏，杷也，俗作疏；又暮韵。许慎说文……

52. 練 p1151 洪武正韵山鉏切，綌属。许慎说文……

53. 蘇 p1152 洪武正韵山鉏切，扶蘇，木名；又见上。丁度集韵……

54. 胥 p1152 洪武正韵山鉏切，同上。

55. 斯 p1152 洪武正韵山鉏切，析也，诗斧以斯之；又支韵。杨桓六书统……

56. 釃 p1152 洪武正韵山鉏切，下酒，毛诗传以筐；又见支、纸韵。陆法言广韵……

57. 疋 p1152 洪武正韵山鉏切，足也，从口不合从龰，龰音节，凡疏、踈、楚、胥皆从疋，与足字不同；又马韵。许慎说文……

卷之二千七百五十五　八灰

58. 波 p1415 洪武正韵晡回切，汉书弛山泽波池，师古曰波音陂；又歌韵。

59. 羆 p1415 洪武正韵晡回切，兽似熊而黄白色。许慎说文……

60. 蘢 p1416 洪武正韵晡回切，草名；又荀虞饰，尔雅旄谓之蘢；又未韵。许慎说文……

61. 籠 p1416 洪武正韵晡回切，竹名。宋重修广韵……

62. 诐 p1416 洪武正韵晡回切，譣诐，辩论也、慧也，佞也，广韵辩辞；又未韵。陆法言广韵……

卷之二千八百六　八灰

63. 卑 p1417 洪武正韵晡回切，下贱也；又见尾字韵。许慎说文……

64. 庳 p1429 洪武正韵晡回切，同上，扬子庳则仪秦鞅、斯；又尾韵。尔雅……

65. 椑 p1429 洪武正韵晡回切，补也，说文接也、益也；又微韵。许慎说文……

66. 錍 p1430 洪武正韵晡回切，说文鍪錍也，从金卑声；博雅錍谓之铦，一曰斧属，亦作鈚。许慎说文……

67. 椑 p1430 洪武正韵晡回切，木名，实似柿而青色，文选闲居赋梁侯为椑之柿，荆州记宜都出大椑；又见质韵。宋重修广韵……

68. 埤 p1430 洪武正韵晡回切，与卑同，汙下也，孟子为渊欧鱼，注明君犹水乐埤下，荀子埤污庸俗。又见微、尾二韵。司马光类篇……

69. 箄 p1430 洪武正韵晡回切，取鱼器；又尾韵。徐锴通释……

70. 鞞 p1430 洪武正韵晡回切，牛鞞县，在蜀；又微、尾、梗三韵。陆法言广韵……

卷之二千八百七　八灰

71. 丕 p1433 洪武正韵铺杯切，大也，书嘉乃丕绩，亦作㔻；又姓，左传有丕郑。许慎说文……

72. 肧 p1433 洪武正韵铺杯切，说文孕一月；又器物朴。许慎说文……

73. 衃 p1433 洪武正韵铺杯切，凝血。许慎说文……

74. 坏 p1434 洪武正韵铺杯切，未烧陶瓦；又见下。顾野王玉篇……

75. 醅 p1434 洪武正韵铺杯切，酒未漉。许慎说文……

76. 伾 p1435 洪武正韵铺杯切，有力也，众也，书至于大伾。许慎说文……

77. 秠 p1435 洪武正韵铺杯切，一稃二米，黑黍也；又尤、贿二韵。许慎说文……

78. 駓 p1435 洪武正韵铺杯切，尔雅马黄白杂毛，今桃花马也，说文黄马白毛。许慎说文……

79. 豾 p1435 洪武正韵铺杯切，貍也。扬雄方言……

80. 鉟 p1435 洪武正韵铺杯切，灵姑鉟，旗名，亦作鈈。张参五经文字……

81. 鈈 p1436 洪武正韵铺杯切，左传齐侯卜使，王黑以灵姑鈈率吉；广韵刃戈，韩愈会李正封联句，何当铸钜鈈，是也。顾野王玉篇……

82. 怌 p1436 洪武正韵铺杯切，慢也，杨子柔则怌。顾野王玉篇……

83. 狉 p1436 洪武正韵铺杯切，群走貌，柳文鹿豕狉狉。司马光类篇……

84. 邳 p1436 洪武正韵铺杯切，下邳，地名；又姓。许慎说文……

85. 岯 p1438 洪武正韵铺杯切，大岯，山名，说文，山再成曰岯；又曰山一成，亦作伾；又贿韵。许慎说文……

86. 披 p1438 洪武正韵铺杯切，开也、分也、散也；又荷衣曰披，亦作䦽；又贿、未二韵。许慎说文……

87. 被 p1439 洪武正韵铺杯切，左传襄十四年，被苫盖；又见队韵。丁度集韵……

88. 翍 p1439 洪武正韵铺杯切，张羽。顾野王玉篇……

89. 䐟 p1439 洪武正韵铺杯切，割肉、开肉。顾野王玉篇……

90. 旇 p1439 洪武正韵铺杯切，旗靡。许慎说文……

二十五 《洪武正韵》 253

91. 捊 p1439 洪武正韵铺杯切，耕也。顾野王玉篇……
92. 剕 p1439 洪武正韵铺杯切，削也。顾野王玉篇……
93. 瓾 p1440 洪武正韵铺杯切，瓾霜。顾野王玉篇……
94. 錍 p1440 洪武正韵铺杯切，箭镞。杨雄方言……
95. 枚 p1442 洪武正韵谟杯切，众枝；又姓；毛诗传枝曰条、干曰枚，左传南蒯枚筮之，杜预曰不指其事，泥卜吉凶，枚卜功臣；周礼有衔枚氏，颜师古注汉书枚状如箸横衔之，繣系于项，繣，结凝也，系，绕也；又马挝，左传襄十八年，以枚数阖。许慎说文……

　　卷之二千八百八　　八灰
96. 梅 p1447 洪武正韵谟杯切，果名；又姓。许慎说文……

　　卷之二千九百五十五　　九真
97. 旦 p1604 洪武正韵而真切，礼记交于旦明，庄子有神宅而无情死；又与晨同；又翰韵。

　　卷之三千五百七十九　　九真
98. 村 p2077 洪武正韵仓尊切，聚落，亦作邨。许慎说文……

　　卷之三千五百八十二　　九真
99. 尊 p2103 洪武正韵租昆切，尊卑；又重也、高也、贵也、恭也；又酒器，说文作罇，从木者，后人所加。许慎说文……
100. 罇樽 p2103 洪武正韵租昆切，同上。

　　卷之三千五百八十五　　九真
101. 鷷 p2149 洪武正韵租昆切，西方雉名也，尔雅西方曰鷷，郭璞注说西方雉之名。孙愐唐韵……

　　卷之三千五百八十六　　九真
102. 遵 p2150 洪武正韵蹤伦切，循也、率也、行也、习也，乡射礼大夫席遵东，谓之遵。许慎说文……
103. 僎 p2151 洪武正韵蹤伦切，乡饮酒礼辅主人者，或作遵，为其降席而遵法也；又铣、霰二韵。宋重修广韵……
104. 跧 p2151 洪武正韵蹤伦切，广韵蹴也；又删、先二韵。陆法言广韵……
105. 暾 p2151 洪武正韵他昆切，日始出貌，司马光类篇……
106. 啍 p2151 洪武正韵他昆切，口气；又重迟貌，诗大车啍啍；又音豚；又震韵；又见上，并都昆切。许慎说文……

107. 焞 p2151 洪武正韵他昆切，明也，说文引春秋传焞燿天地；左传天策焞焞，杜预无光曜也；又灰韵，及见上。许慎说文……

108. 黗 p2152 洪武正韵他昆切，黄色也；又孺子黗，鲁公子，见檀弓。司马光类篇……

109. 吞 p2152 洪武正韵他昆切，咽也、餐也、并也，说文从口从天。许慎说文……

110. 屯 p2153 洪武正韵徒孙切，聚也，汉律勒兵而守曰屯，本作屯与屯字不同，屯本株伦切，屯屯亶也，经史多用屯为屯聚之屯，今相仍用之。张参五经文字……

卷之三千五百八十七　九真

111. 纯 p2171 洪武正韵徒孙切，诗白茅纯束，毛音徒本切，郑音屯；又支、轸韵，及见上。丁度集韵……

112. 忳 p2171 洪武正韵徒孙切，闷也、乱也、忧也；又见上。顾野王玉篇……

113. 軘 p2171 洪武正韵徒孙切，兵车也。许慎说文……

114. 庉 p2171 洪武正韵徒孙切，居也；又炽盛貌。尔雅……

卷之五千二百四十四　十三萧

115. 辽 p2318 洪武正韵连条切，远也；又水名。许慎说文……

卷之五千二百六十八　十三萧

116. 祅 p2402 洪武正韵伊尧切，祥也，说文引左传也反为祅，亦作祆。许慎说文……

117. 祆 p2402 洪武正韵同上。

118. 枖 p2402 洪武正韵伊尧切，木少盛貌。许慎说文……

119. 夭 p2403 洪武正韵伊尧切，夭夭，和舒貌；又少好貌；又盛貌，厥草惟夭，字本作夭，经典误以为夭折之夭为夭，后世相承，不敢改也；又筱、巧二韵。陆法言广韵……

120. 宎 p2406 洪武正韵伊尧切，深窍，庄子宎者，咬者，亦作芺、䆞；又筱、啸二韵。丁度集韵……

121. 䠠 p2408 洪武正韵丘妖切，泥行所乘，汉书作毳；又队韵。顾野王玉篇……

122. 趬 p2408 洪武正韵丘妖切,捷也。许慎说文……

123. 蹻 p2408 洪武正韵丘妖切,举足行高;又企也,唐陈子昂传蹻以待蹈;又见下;又筱、药二韵。陆法言广韵……

124. 骄 p2418 洪武正韵丘妖切,壮貌,诗四牡有骄;又见上。丁度集韵……

125. 䚒 p2420 洪武正韵此遥切,方言䚒䚒也,江淮南楚之间谓之甹。扬雄方言……

126. 幧 p2420 洪武正韵此遥切,敛发谓之幧头,亦作帩。许慎说文……

卷之六千五百二十三　十八阳

127. 妆 p2590 洪武正韵侧霜切,女子又饰,亦作粧。许慎说文……

128. 装 p2593 洪武正韵侧霜切,裹也;又饰也,亦作裝。许慎说文……

卷之六千五百二十四　十八阳

129. 奘 p2596 洪武正韵侧霜切,见后汉杜林传。

130. 橦 p2596 洪武正韵侧霜切,橦厥。许慎说文……

卷之七千五百六　十八阳

131. 仓 p3342 洪武正韵千刚切,藏谷廪;又姓,古有仓颉;又仓氏,汉文帝时,仓官之后;又仓庚,鸟名;又仓卒,悤遽貌;又与苍同,月令驾仓龙;又见上。许慎说文……

卷之七千五百十八　十八阳

132. 苍 p3482 洪武正韵千刚切,深青色;又姓;春曰苍天,诗悠悠苍天,陆云本亦作仓;又苍黄,悤遽貌;汉书张苍、苍头、史苍颉、苍卒,亦作苍;又老成也,杜甫诗结交皆老苍,苍谓华发、苍浪;又苍生,草木苍然生,唐张说传苍苍群生;又养韵。许慎说文……

133. 沧 p3483 洪武正韵千刚切,水名;又沧浪,水名,亦作仓,甘泉赋东烛仓海;又见上。许慎说文……

134. 鸧 p3484 洪武正韵千刚切,鸧鹒,鸟名,亦作仓;又见上。许慎说文……

卷之七千八百八十九　十九庚

135. 汀 p3607 洪武正韵他经切,水际平地,亦作町;又敬韵。许慎说文……

136. 町 p3607 洪武正韵他经切,同上。

卷之七千八百九十五　十九庚

137. 鞓 p3675 洪武正韵他经切,带韦,亦作䩞。顾野王玉篇……

138. 朾 p3675 洪武正韵他经切，门枨；又虚朾，地名，见春秋。张参五经文字……

卷之七千九百六十　十九庚

139. 馨 p3678 洪武正韵醯经切，香远闻。许慎说文……

140. 馨 p3678 洪武正韵醯京切，同上，记合馨芗，音馨；又先韵。

141. 兴 p3680 洪武正韵醯经切，作也、起也；又震、敬二韵。许慎说文……

卷之八千二十一　十九庚

142. 烝 p3738 洪武正韵诸成切，火气上行、一曰君、进也、众也、久也、薰烝、炊也，殷蒸也、下淫上也，书烝烝乂，贾谊赋云烝雨降，史记作蒸，礼记冬祭曰烝，史汉亦作蒸，唯薪蒸字，无作烝者，其余本皆作烝，后世假借通用，义不同者，自可分押也。许慎说文……

143. 脀 p3740 洪武正韵诸成切，升也，以牲体实鼎，亦作脭。许慎说文……

144. 脭 p3741 洪武正韵诸成切，上同。

卷之八千二百七十五　十九庚

145. 兵 p3856 洪武正韵补明切，戎器五兵，一弓、二殳、三矛、四戈、五戟；又刀剑曰短兵，楚辞错毂兮短兵接，范宁注谷梁传五兵矛戟刀楯弓矢，兵本戎器，后世曰呼士卒为兵，谢弈目桓温为老兵，是也。许慎说文……

卷之八千五百二十六　十九庚

146. 精 p3946 洪武正韵子盈切，真气也、热也、细也、的也、专一也、灵也，凡物之纯至者曰精，古人谓玉为精，国语祀以一纯二精；又择也，神观也，精光英华也、精凿也、目精也、水精也；又敬韵，从月误。许慎说文……

卷之八千七百六　十九庚

147. 僧 p4017 洪武正韵思登切，沙门也。许慎说文……

卷之八千八百四十一　二十尤

148. 油 p4032 洪武正韵于求切，说文水出武陵、孱陵西，东南入江，一曰膏也，一曰油，油、和谨貌；又司马相如传云之油油；又礼记云油然生矣。许慎说文……

149. 𦺇 p4038 洪武正韵于求切，水边𦺇草；又臭草。许慎说文……

150. 扰 p4039 洪武正韵于求切，抒曰，见周礼；或作舀、揄、挑；又筱、感二韵。许慎说文……

151. 蕕 p4039 洪武正韵于求切,草盛貌,亦作蒛;又萧韵。宋重修广韵……

152. 柚 p4039 洪武正韵于求切,白枌,诗山有枢,隰有柚,则柚音由;又鱼韵。吴棫韵补……

153. 逌 p4040 洪武正韵于求切,逌尔,笑貌,颜师古曰古作攸。许慎说文……

154. 甌 p4040 洪武正韵于求切,罃也;瓶也;又见鱼韵。

155. 鮋 p4040 洪武正韵于求切,鱼名,庄子食之鳝鮋;又萧韵。陆法言广韵……

156. 斿 p4040 洪武正韵于求切,旌旗之末垂者,周礼行人建常九斿,音旒。许慎说文……

卷之八千八百四十二　二十尤

157. 游 p4041 洪武正韵于求切,浮江,尔雅顺流而下曰泝游;又姓;又优游,自如貌;又见下。许慎说文……

卷之八千八百四十四　二十尤

158. 遊 p4061 洪武正韵于求切,遨也,通作游。顾野王玉篇……

卷之九千七百六十二　二十二覃

159. 諴 p4181 洪武正韵胡嵒切,诚也。许慎说文……

160. 鹹 p4181 洪武正韵胡嵒切,盐味。许慎说文……

161. 函 p4181 洪武正韵胡嵒切,匣也,亦作圅、椷;又甲;又见上。顾野王玉篇……

162. 椷 p4182 洪武正韵胡嵒切,同上。

163. 涵 p4185 洪武正韵胡嵒切,水泽多;又沈浸、又涵泳。许慎说文……

164. 錎 p4186 洪武正韵胡嵒切,铠也,通作函。陆法言广韵……

165.（銜）p4186 洪武正韵胡嵒切,马勒口,从金从行,凡口含物曰銜,奉君命而行亦曰銜命;又官吏阶位曰銜也。许慎说文……

166. 嗛 p4188 洪武正韵胡嵒切,说文口有所衔,从口,兼声,通作衔,俗作銜。许慎说文……

卷之九千七百六十三　二十二覃

167. 嵒 p4189 洪武正韵鱼咸切,巖也;嶃嵒,山高貌,从嵒从山,与喦字不同,喦音尼辄切。许慎说文……

258 上编 辑佚

168. 嵒 p4189 洪武正韵鱼咸切,借差,书畏于民嵒;又侵韵,喦、嵒二字,如即古巖字,嶄,喦义,与巖、巗同,借、喦亦取喦石,上陵之义,但借、喦与巖字可以重押。许慎说文……

169. 巖 p4190 洪武正韵鱼咸切,险也,左传制,巖邑也;又峻也,重仲舒传舜遊巖廊;又嶄巖,高貌;又石窟曰巖,深通曰洞,亦作壛、壧,通作喦、嵒;又见下。许慎说文……

卷之一万三百九 二纸

170. 死 p4300 洪武正韵想姊切,殂也、殁也、终也、尽也,礼记死者,澌也,言若冰释,澌然而尽也,说文作夗,今文作死,周礼疾医注少曰死,老曰终。许慎说文……

卷之一万八百七十六 六姥

171. 虏 p4458 洪武正韵郎古切,获也、掠也、服也,酋虏,亦作卤,中从毋,音贯,今作虏。许慎说文……

卷之一万八百七十七 六姥

172. 卤 p4482 洪武正韵郎古切,汉高帝纪毋得卤掠,汲黯传卤获因与之,卤、虏通用;又醓液亦作滷;又与橹同,汉书血流漂卤;又卤莽,轻脱苟且也。许慎说文……

173. 滷 p4482 洪武正韵郎古切,又音斥。尔雅……

174. 橹 p4483 洪武正韵郎古切,大盾,亦作卤;又城上望楼曰橹。许慎说文……

175. 艣 p4484 洪武正韵郎古切,所以进舟似桨而长,亦通作橹。丁度集韵……

176. 譳 p4485 洪武正韵郎古切,譁譳,言不定也。司马光类篇……

卷之一万一千七十六 八贿

177. 蜼 p4603 洪武正韵鲁猥切,猴属,尾长,两则挂于木,以尾窒鼻,尔雅卬鼻长尾;又队韵内。尔雅……

178. 獳 p4603 洪武正韵鲁猥切,飞走且乳之鸟。许慎说文……

179. 魁 p4606 洪武正韵苦猥切,庄子魁垒;又灰韵。丁度集韵……

180. 磈 p4606 洪武正韵苦猥切,同上。顾野王玉篇……

181. 傀 p4606 洪武正韵苦猥切,傀儡。韩道昭五音类聚……

182. 峗 p4606 洪武正韵苦猥切,山小而众;又见灰韵内。尔雅……

183. 薳 p4606 洪武正韵苦猥切,马蓼,似蓼而大;又见下及灰韵。尔雅……

184. 餒 p4607 洪武正韵弩垒切,饥也,餒、脮同;又鱼败,亦作鲶鲶(一个当衍);又队韵。许慎说文……

185. 餧 p4608 洪武正韵弩垒切,同上;又尔雅鱼谓之餧,注肉烂也,论语鱼餧而肉败不食,鱼腐自内出,肉烂自外入。字溁博义……

186. 脮 p4608 洪武正韵弩垒切,同上,汉马援传萎脮咋舌,萎脮,耎弱貌,亦作脮。杨恒六书统……

187. 搥 p4609 洪武正韵主蘂切,击也;又智韵。许慎说文……

188. 箠 p4610 洪武正韵主蘂切,马策;又杖也,汉景帝定箠令,颜师古曰箠,策也,所以击者,亦作搥。许慎说文……

189. 锤 p4611 洪武正韵主蘂切,锻器,庄子在鑪锤之间;又灰韵。丁度集韵……

190. 棰 p4611 洪武正韵主蘂切,路温舒棰楚之下,何求而不得,是也。司马光类篇……

卷之一万一千七十七　八贿

191. 蘂 p4613 洪武正韵如累切,垂也,茸也;又佩垂貌,左传佩玉蘂然,服饰备也,女水切,音义并同,重出,误,故去其一。许慎说文……

192. 橤 p4613 洪武正韵如累切,花心须,亦作蘂、蕊。顾野王玉篇……

193. 槖 p4613 洪武正韵如累切,同上。

194. 蕊 p4613 洪武正韵如累切,同上;又草木丛。

195. 甤 p4617 洪武正韵如累切,说文草木实甤甤。顾野王玉篇……

196. 蕤 p4617 洪武正韵如累切,荆也,周礼有蕤氏。陆法言广韵……

197. 髓 p4618 洪武正韵息委切,骨中脂,亦作䯝、䯝,古作骽。许慎说文……

198. 䯝 p4618 洪武正韵息委切,杨雄赋䯝伊吾,注䯝入伊吾水,言其大破死亡也。

199. 䯝 p4618 洪武正韵息委切,汉邹阳传入于骨髓。

200. 骽 p4618 洪武正韵息委切,汉郊祀志先鸑鹤骽。篆书……

201. 瀡 p4622 洪武正韵息委切,方言齐人谓滑曰瀡,礼记滫瀡以滑之。顾野王玉篇……

202. 蘳 p4622 洪武正韵息委切,草木华敷貌;又药韵。司马光类篇……

203. 靃 p4622 洪武正韵息委切,玉篇露也,广韵靃靡,草木弱貌,韩愈城南联句春游轹靃靡;又药韵。顾野王玉篇……

204. 巂 p4622 洪武正韵息委切,越巂,古卭都国,武帝元鼎年间始置郡名,有巂越水言越此水,以章休盛也。郭忠恕佩觿集……

205. 岯 p4623 洪武正韵部癸切,山一成,书作伾;又灰韵。丁度集韵……

206. 伾 p4623 洪武正韵部癸切,书至于大伾;又灰韵。韩道昭五音集韵……

207. 秠 p4623 洪武正韵部癸切,黑黍一稃二米;又秕穅,亦作秕;又灰、尤二韵。

208. 觜 p4623 洪武正韵即委切,鸟喙;又支韵。许慎说文……

209. 趡 p4626 洪武正韵千水切,走也;又地名,春秋会趡。许慎说文……

210. 跬 p4626 洪武正韵犬虆切,半步一举足也,亦作顷、蹞。许慎说文……

211. 顷 p4626 洪武正韵犬虆切,礼记顷步而弗敢忘孝也。又庚、梗二韵。

212. 蹞 p4626 洪武正韵犬虆切,荀子不积蹞步,无以至千里。

213. 頍 p4627 洪武正韵犬虆切,弁貌;又举头貌。

214. 頯 p4627 洪武正韵犬虆切,庄子其頯頯,注太朴之貌。陆法言广韵……

卷之一万一千三百十三 十旱

215. 痯 p4825 洪武正韵古缓切,病也;又去声。尔雅……

216. 斡 p4825 洪武正韵古缓切,运也、转也、贾谊赋斡流而迁;又曰斡弃周鼎而宝康瓠;又曷韵。娄机广干禄字……

217. 悹 p4826 洪武正韵古缓切,忧也,亦作悹。许慎说文……

卷之一万一千六百二 十四巧

218. 藻 p4896 洪武正韵子昊切,水草,通作藻;又与缫同;又文辞曰藻,谓藻有文而辞如之;又华饰曰黼藻,谓如衣裳之绣藻,火黼黻也,杜诗传士卒凫藻,注和睦欢悦如凫之戏於水草也,礼记玉藻注以藻纠贯玉为冕饰,杂采曰藻,天子五米,亦作藻。许慎说文……

219. 藻 p4897 洪武正韵子昊切,班固宾戏摛藻如春华。篆书……

卷一万一千六百十五 十四巧

220. 老 p4897 洪武正韵鲁昊切,年高,说文七十曰老。许慎说文……

卷之一万一千九百三 十八养

221. 广 p5010 洪武正韵古慌切，大也、阔也、阔也、播也；又度广、广轮、广袤，东西广，南北曰轮、曰袤，檀弓广轮揜坎，注轮，従也，従音子容切，据此则是横量曰广，従量曰轮；又兵车左右广；又副车曰贰广，见左传襄公二十三年。许慎说文……

卷一万一千九百五十一 十九梗
222. 顶 p5034 洪武正韵都领切，头颠。许慎说文……

卷之一万一千九百五十六 十九梗
223. 鼎 p5068 洪武正韵都领切，法象，宝器，易鼎卦象曰鼎，象也，序卦曰革物者莫若鼎，杂卦曰鼎，取新也；又方也，贾谊传天子春秋鼎盛；又当也，蓥衡传鼎来，言康且来也。许慎说文……

卷之一万二千十五 二十有
224. 友 p5156 洪武正韵云九切，同志为友，友有相佐佑之义；又与人相善曰友善；又善兄弟为友。许慎说文……

卷之一万二千一百四十八 二十有
225. 傁 p5240 洪武正韵苏偶切，左传傅傁，晋大夫。顾野王玉篇……
226. 瞍 p5240 洪武正韵苏偶切，目无眸子。许慎说文……
227. 薮 p5240 洪武正韵苏偶切，大泽，亦作㮤，汉武帝纪麟凤在郊薮；又十六斗曰薮，亦作䉤、籔；又姥韵。许慎说文……
228. 籔 p5243 洪武正韵苏偶切，十六斗；又炊䈭，漉米器；又姥韵。许慎说文……
229. 㮤 p5243 洪武正韵苏偶切，礼记麟凤在郊㮤，注聚草也，与薮同，不得重押，如押斗薮者非，俗作㮤；又队韵。陆法言广韵……
230. 㖒 p5243 洪武正韵苏偶切，使犬声；又宥韵。顾野王玉篇……
231. 蔌 p5243 洪武正韵苏偶切，菜谓之蔌；又屋韵。丁度集韵……
232. 趣 p5244 洪武正韵此苟切，促也，趣马，官名，主驾；又鱼、遇、屋三韵，俗作趣。陆法言广韵……
233. 取 p5244 洪武正韵此苟切，获也，取子之对；又鱼、语、御三韵。陆法言广韵……
234. 走 p5245 洪武正韵子口切，趋走也，指趋走之体而言之也；又宥韵。许慎说文……

卷之一万三千八十二　一送

235.动 p5637 洪武正韵徒弄切,动之也,凡物自动则上声,彼不动而我动之则去声,今经史中动字皆无音,毛居正伏觐祕书省校书式,诸书本字下虽无音,而九经子史别有音训,可引援者亦皆点发,案汉书杨雄传清静字合作上声,颜师古协韵音去声,则动静之动亦可作去声。许慎说文……

卷之一万三千八十三　一送

236.恫 p5646 洪武正韵徒弄切,哀过动心。许慎说文……

237.弄 p5648 洪武正韵卢贡切,玩也、戏也、侮也。许慎说文……

238.哢 p5649 洪武正韵卢贡切,鸟吟声。顾野王玉篇……

卷之一万三千八十四　一送

239.哄 p5650 洪武正韵胡贡切,众声、唱声;又驺哄,呵喝声也。顾野王玉篇……

240.鬨 p5650 洪武正韵胡贡切,斗声,从门从共,音鬬,两士相对,兵仗在后,象鬬之形,缘孟子邹与鲁斗,从门从共,扬子一鬨之市,皆有两音,后人传写误从门,是以广韵注云凡从门者今与门户同,其实非也,今场屋中用孟子、扬子及经史中假借姑从门,其余宜依本文,一作鬨,俗。许慎说文……

241.洚 p5651 洪武正韵胡贡切,洪水不遵道;又东、阳、漾三韵。孙愐唐韵……

242.横 p5651 洪武正韵胡贡切,不以理也;又作户孟切;又东韵。陆法言广韵……

243.蝗 p5658 洪武正韵胡贡切,虫也,记华孟切,陆法言广韵……

244.横 p5658 洪武正韵胡贡切,说文小津也,一曰以船渡,旧作户孟切。许慎说文……

245.贡 p5658 洪武正韵胡贡切,水银。顾野王玉篇……

246.烘 p5659 洪武正韵呼贡切,烘燎,火乾也;又东韵。孙愐唐韵……

247.轰 p5659 洪武正韵呼贡切,众车声也,旧作呼孟切;又东韵。陆法言广韵……

248.輷 p5660 洪武正韵呼贡切,同上,旧作呼孟切;又东韵。

249.控 p5660 洪武正韵苦贡切,引也、告也、诗控于大邦,集传控持而告之也;又操制也,诗抑磬控忌,注止马曰控,谓勒止也;又阳韵。许慎说文……

二十五 《洪武正韵》 263

250. 鞚 p5660 洪武正韵苦贡切。陆法言广韵……

251. 悾 p5661 洪武正韵苦贡切，信也、愨也；又东、阳二韵。陆法言广韵……

252. 空 p5661 洪武正韵苦贡切，缺也；又空乏也，选诗潭影空人心；又东、董二韵。陆法言广韵……

253. 倥 p5661 洪武正韵苦贡切，倥偬，困貌。顾野王玉篇……

254. 䛨 p5661 洪武正韵苦贡切，多言；又询问也。顾野王玉篇……

255. 䂬 p5661 洪武正韵苦贡切，役使也，又作倥。陆法言广韵……

卷之一万三千一百九十四　一送

256. 中 p5718 洪武正韵之仲切，注的也、当也、诗周室中兴；又要也，周礼天官凡官府都乡及都鄙之中受而藏之。郑司农曰治中谓治职簿书之要也，庄子中身当心则为病；又与衷同，折中；又半也；又东韵。陆法言广韵……

257. 衷 p5720 洪武正韵之仲切，折衷，衷犹中也、平也、当也，亦作中、中、衷，义同者不得重押，用治中及中兴、中著之中，中半之中与折衷者，非。又东韵。陆法言广韵……

258. 种 p5720 洪武正韵之仲切，艺也，本作穜；又东、董二韵。许慎说文……

259. 穜 p5720 洪武正韵之仲切，同上，又东、董二韵。

260. 甀 p5730 洪武正韵之仲切，甕属。杨恒六书统……

261. 湩 p5730 洪武正韵之仲切，乳汁，亦作重；又音冻，义同。许慎说文……

262. 重 p5730 洪武正韵之仲切，汉匈奴传不如重赂之便美。

卷之一万三千百四十五　二寘

263. 谥 p5739 洪武正韵时至切，谏行立号，以易名也；諡法自周公始，亦作諡。许慎说文……

卷之一万三千百九十五　二寘

264. 緻 p5790 洪武正韵知势切，密也。许慎说文……

265. 致 p5790 洪武正韵知势切，极也、送至也、使之至也、趣也、从至从夂，夂音绥，俗作致，大学致知。许慎说文……

266. 置 p5799 洪武正韵知势切，贯而立，置我鞉鼓；又驿也，马递曰置，步递曰邮，汉书有便宜，因骑置以闻，师古曰即今驿马也，黄霸传邮亭，师古曰行书舍传送文书所止处，孟子速於置邮而传命；又设、安也、赦也、建也、措也、弃也；又音治。许慎说文……

卷之一万三千四百九十六　二寘

267. 制 p5805 洪武正韵知势切，节也、断也、正也、御也、检也、法禁也、造也，颜师古注汉书天子之言一曰制书，二曰诏书，制书者，谓为制度之命也。许慎说文……

卷之一万三千八百七十二　三未

268. 贲 p5931 洪武正韵必忌切，卦名饰；又删、真二韵。许慎说文……

卷之一万三千九百九十二　三未

269. 憙 p6073 洪武正韵许意切，好也、悦也、亦作喜；又尾韵。许慎说文……

270. 嬉 p6073 洪武正韵许意切，可嬉，美颜也；又微、尾二韵。宋重修广韵……

271. 欷 p6073 洪武正韵许意切，泣余声，亦作唏；又微、尾二韵。许慎说文……

272. 唏 p6073 洪武正韵许意切，汉史丹嘘唏而起；又微韵。宋重修广韵……

273. 饩 p6074 洪武正韵许意切，馈客生食及刍米，诗传牲腥曰饩，亦作气、既。许慎说文……

274. 既 p6076 洪武正韵许意切，礼记中庸既廪称事；又霁韵。许慎说文……

275. 槩 p6076 洪武正韵许意切，物生貌，吴都赋万物蠢生，芒芒槩槩。陆法言广韵……

276. 忾 p6076 洪武正韵许意切，大息，诗忾我寤歎；又至也，礼记忾乎天下矣；又见泰韵。许慎说文……

277. 爔 p6077 洪武正韵许意切，芰草烧之。顾野王玉篇……

278. 霼 p6077 洪武正韵许意切，云貌；又泰韵。顾野王玉篇……

279. 摡 p6077 洪武正韵许意切，取也，一曰拭也；又泰韵。宋重修广韵……

280. 塈 p6077 洪武正韵许意切，仰塗，书惟其塗塈茨；又取也，诗顷筐塈之；又息，诗伊余塈，民之攸塈，塈有依附之义，下之附上，若仰塗然；又作摡。许慎说文……

281. 摡 p6077 洪武正韵许意切，同上；又音忌，义同。

282. 鑋 p6077 洪武正韵许意切，卧息。许慎说文……

283. 咥 p6077 洪武正韵许意切，笑声，诗咥其笑矣；又质、屑二韵。许慎说文……

284. 𢌞 p6078 洪武正韵许意切，𢌞𢌞作力貌，魏都赋巨灵𢌞𢌞，亦作㥯；见广韵内。顾野王玉篇……

285. 㥯 p6078 洪武正韵许意切，同上，韩愈月蚀诗寒气㷫㥯顽无风，吴都赋巨鼇𢌞𢌞韵。

286. 豷 p6078 洪武正韵许意切，豕息，寒浞少子浇之弟也，封于戈，少康使其子后杼诱而杀之，见左传，史记从豕从壹，监本从豸，误。许慎说文……

卷之一万三千九百九十三　三未

287. 系 p6081 洪武正韵胡戏切，绪也、继也、联属也、亦作繋、係。许慎说文……

288. 繋 p6085 洪武正韵胡戏切，周礼瞽矇奠世繋，小史掌世繋，辨昭穆，注世繋谓帝繋，诸侯卿大夫世本之属；又攀繋联络也，亦作係；又霁韵。许慎说文……

289. 係 p6086 洪武正韵胡戏切，同上；又联络也，挈束也、统属也，贾谊赋使骐骥不可係羁兮，贾谊传係单于颈而制其命，苏武传雁足有係帛书，孟子係累其弟；又吉诣切，结也、缚也。许慎说文……

290. 盻 p6086 洪武正韵胡戏切，恨视貌，一曰下视，与盼字不同，佩觿集曰流俗以盻恨之盻为盼来之盼，莫以为非，广韵作研计切，说文作胡计切，恨视也，孟子使民盻盻然，陆德明引说文作五礼切，亦误。许慎说文……

291. 禊 p6086 洪武正韵胡戏切，祓禊除恶，祭名，三月上巳临水祓除不祥。顾野王玉篇……

292. 妎 p6090 洪武正韵胡戏切，苟妎也；又心不了也、妬也；又泰韵。顾野王玉篇……

卷之一万四千三百八十三　四霁

293. 碕 p6305 洪武正韵吉诣切，石矶，亦作碕，亦作埼；又齐韵。许慎说文……

卷之一万四千三百八十四　四霁

294. 冀 p6307 洪武正韵吉诣切，说文北方也，徐曰北方之州也，尔雅两河间曰冀州，五代改大名府；又秦钜鹿郡地，魏置北冀州；又姓；又欲也。许慎说文……

295. 兾 p6307 洪武正韵吉诣切，禹贡作兾州。

卷之一万四千四百六十一　五御

296. 禦 p6337 洪武正韵鱼据切，止也、扞也、拒也、亦作御；又语韵。尔雅……

297. 圉 p6385 洪武正韵鱼据切，禦也、扞也、陲也，贾谊叙传以强守圉，协韵去声；又语韵。吴棫韵补……

298. 语 p6385 洪武正韵鱼据切，以言告人；又语韵。陆法言广韵……

299. 渔 p6385 洪武正韵鱼据切，佃渔，扬雄解嘲或横江潭而渔，协韵，音去声；又鱼韵。

300. 㪨 p6385 洪武正韵鱼据切，周礼㪨人，释文音鱼；又音御；又亦作鮫；又鱼韵。丁度集韵……

卷之一万四千五百三十六　五御

301. 树 p6386 洪武正韵殊遇切，生植之总名也；又扶树植也。许慎说文……

卷之一万四千五百四十四　五御

302. 处 p6408 洪武正韵昌据切，所也；又语韵。陆法言广韵……

303. 絮 p6422 洪武正韵昌据切，调羹，礼记毋絮羹，注絮犹调也，详於味，疏云就食器中，调足盐梅，中嫌是恶；又见上。陆法言广韵……

卷之一万四千五百四十五　五御

304. 著 p6423 洪武正韵陟虑切，明也、章也、记述也，亦作箸；又朝内列位曰表著；又见下鱼、语、药三韵。陆法言广韵……

305. 箸 p6423 洪武正韵陟虑切，同上；又见上。

306. 翥 p6433 洪武正韵陟虑切，飞举也。许慎说文……

卷之一万四千五百七十四　六暮

307. 铺 p6435 洪武正韵普故切，设也、陈也；又贾肆也；又见模韵。陆法言广韵……

卷之一万四千五百七十六　六暮

308. 舖 p6473 洪武正韵普故切，玉篇谋也；又见模、姥二韵。杨桓六书统……

卷之一万四千九百十二　五暮

309. 鬴 p6699 洪武正韵防父切，镁属，亦作釜，俗作䰗，或从父，金声。徐锴通释……

310. 釜 p6700 洪武正韵防父切，篆文作䰞，从父从金，今省作釜，小尔雅区四谓之釜六斗四升也,小尔雅一手之盛谓之溢民,两手谓之掬,掬四斗也,谓之豆,豆四谓之釜。杨雄方言……

311. 滏 p6704 洪武正韵防父切,水名。顾野王玉篇……

312. 辅 p6704 洪武正韵防父切,车辅两旁夹车木也;又颊颗也,形如车辅,故曰辅车;又毗辅也,扶也,弼也。许慎说文……

卷之一万五千七十三　七泰

313. 诫 p6779 洪武正韵居拜切,易小惩而大诫,荀子受谏而能诫,贾谊传前车覆,后车诫,并与戒同;又警敕之辞曰诫,文中子续诗四曰叹以陈诲立诫於家也,续书有训有诫,义同者不可双押,如立诫、训诫与斋戒之戒不妨分押。许慎说文……

卷之一万五千七十五　七泰

314. 诚 p6791 洪武正韵居拜切,饰也、急也。许慎说文……

315. 介 p6791 洪武正韵居拜切,大也、助也、副也、阅也、佐佑也、耿介也、繫也、甲也、间厕,古者主有傧,客有介,孔丛子士无介不见鲁仲连,传注相佑助曰绍介;又因也,左传介人之宠;又曰敢介大国;又细纹曰纤介,窦融传长无纤介,郭子仪无纤介自嫌,亦作芥,又几微也,易介于石;又所守之节介然坚正不移貌,易忧悔吝者存乎介,王弼曰当其忧悔吝之时,其介不可慢也,孟子柳下惠不以三公易其介;又侧畔也,楚辞悲江界之遗风,三都赋况江介之湫湄;又微间貌,孟子山径之蹊间介然;又一夫曰一介,左传一介之使,书如有一介臣;又与芥同,左传介其鸡,杜预曰捋芥子播其羽;又辖韵。许慎说文……

316. 价 p6800 洪武正韵居拜切,善也、节也,诗价人维藩,荀子作介人;又诏价与介同。许慎说文……

卷之一万五千一百三十九　七泰

317. 率 p6821 洪武正韵所块切,同上;又捕鸟网,帅、率义同者不得双押,义异者非;又陌韵。陆法言广韵……

卷之一万五千一百四十　八队

318. 队 p6823 洪武正韵杜对切,群也;又见下。许慎说文……

319. 兑 p6828 洪武正韵杜对切,弛易也、通也、穴也;又易兑为泽,泽者水中之钟聚也;又成蹊也,如杨倞之说,则卦名,亦有队音;又悦也、直也,诗松柏斯兑,从台从儿,台音沿,儿与人同象,兑卦;又象人笑貌,亦作兑,凡从兑者皆然;

又见下。许慎说文……

卷之一万五千一百四十三　八队

320. 駾 p6874 洪武正韵杜对切,诗大雅緜篇混夷駾矣,毛传駾突也,笺混夷惶怖惊走奔突入此柞械之中而逃也,释文駾,徒对切。许慎说文……

321. 靅 p6874 洪武正韵杜对切,霴靅,云貌。许慎说文……

322. 薱 p6874 洪武正韵杜对切,草盛貌。顾野王玉篇……

323. 憨 p6874 洪武正韵杜对切,怨也、恨也、恶也,亦作㦲、懟、譈,俗作憞。许慎说文……

324. 錞 p6875 洪武正韵杜对切,矛蹲平者,俗作鐓;又都昆切。许慎说文……

325. 镦 p6875 洪武正韵杜对切,礼记进矛戟者,前其镦,注平底曰镦,取其镦地,俗作镦。顾野王玉篇……

326. 刟 p6876 洪武正韵杜对切,削也。丁度集韵……

327. 夺 p6876 洪武正韵杜对切,地名,径也,记礼檀弓齐庄公袭莒于夺;又曷韵。丁度集韵……

328. 毻 p6876 洪武正韵杜对切,补也。顾野王玉篇……

329. 锐 p6876 洪武正韵杜对切,矛也,书一人冕执锐,说文音兑,陆音膚;又见下。陆法言广韵……

卷之一万九千四百十六　二十三勘

330. 蘸 p7189 洪武正韵庄陷切,以物淬水中。许慎说文……

卷之一万九千四百二十六　二十三勘

331. 赚 p7296 洪武正韵直陷切,广雅卖也,广韵重买也;又市物失实。许慎说文……

332. 湛 p7296 洪武正韵直陷切,露貌;又澄也,余见沁韵。许慎说文……

333. 譖 p7297 洪武正韵直陷切,譖也;又覃韵。陆法言广韵……

334. 鏨 p7297 洪武正韵直陷切,广韵鏨,土具;又见覃韵。陆法言广韵……

335. 驏 p7297 洪武正韵直陷切,驏也。陆法言广韵……

336. 掺 p7298 洪武正韵所鉴切,芟也,礼记有掺而播者;又覃韵。宋重修广韵……

卷之一万九千六百三十六　一屋

337. 沐 p7300 洪武正韵莫卜切,濯发。许慎说文……

338. 霂 p7305 洪武正韵莫卜切,霡霂,小雨。许慎说文……

339. 瞀 p7305 洪武正韵莫卜切,思貌,一曰毛湿也,汉鲍宣传瞀瞀之思,师古曰瞀瞀犹蒙蒙也,如淳曰谨愿貌,俗作瞀。杨雄方言……

340. 楘 p7305 洪武正韵莫卜切,车历録也,诗五楘梁辀;又屋架五楘也。许慎说文……

341. 鹜 p7305 洪武正韵莫卜切,舒凫俗谓之鸭,可蓄而不能高飞者曰鸭,野生高飞者曰鹜,一名匹居,滕王阁序落霞与孤鹜齐飞。许慎说文……

342. 蚞 p7306 洪武正韵莫卜切,蜓蚞,蝉属。顾野王玉篇……

343. 目 p7306 洪武正韵莫卜切,眼也、视也、名号也;又节目也、条目。许慎说文……

卷之一万九千七百四十三　一屋

344. 睩 p7369 洪武正韵卢谷切,宋玉九辨蛾眉曼睩目腾光,俗作睩。许慎说文……

345. (甪) p7369 洪武正韵卢谷切,兽角,汉四晧甪里先生。陆法言广韵……

346. 摝 p7370 洪武正韵卢谷切,振也,礼大司马三鼓摝铎。张参五经文字……

347. 騄 p7370 洪武正韵卢谷切,野马。司马光类篇……

卷之一万九千七百八十二　一屋

348. 跼 p7400 洪武正韵渠玉切,跼踀不伸;又曲也,通作局。顾野王玉篇……

卷之一万九千七百八十三　一屋

349. 伏 p7403 洪武正韵房六切,跧也、偃也、匿也、隐也、藏也、潜也、强也;又姓;又三伏日,释名伏者金气伏藏之日也,金畏火,故三伏皆庚日,历忌曰四气伏谢,皆以相生,至于立秋,以金代火,金畏于火,故庚日必伏;又蒲伏与匍同;又宥、陌二韵。从人从犬,与伏字不同,音大,地名在海中。许慎说文……

卷之一万九千七百八十四　一屋

350. 虙 p7423 洪武正韵房六切,虙犠氏以能驯虙犠牲,亦作伏;亦作伏;又姓,虙不齐,亦作宓;又虎貌。许慎说文……

351. 宓 p7423 洪武正韵房六切,同上;又人名,三国有泰宓;又质韵。孙氏字说……

卷之一万九千七百八十五　一屋

352. 服 p7425 洪武正韵房六切，衣服身所佩服也；又事也，行也、习也、用也、整也、属也、从也、降服也、缏；又姓；又冠曰元服；又盛弓弩器，亦作箙、鞴；又鸮属，亦作鵩，贾谊传注楚人命鸮曰服，晋灼曰异物志有山鸮体有文色，土俗因形名之曰服，弓弩服之服；又作菔，诗象弭鱼服，汉志橐弧箕服，师古曰服盛箭者，即今之步义；又车中央夹辕者曰两服；又五服，盖言服天子之事也，周分为九服，又扶服，与匍同。许慎说文……

卷之二万三百九　二质

353. 壹 p7592 洪武正韵益悉切，专一；又合也，诚也，辈也，醇也；又一一也，左传注禦夷狄者不壹而足，谓不一一皆足，其欲又闭塞也，孟子志壹则动气，气壹则动志也，注志气闭为壹也，志闭塞则气不行，气闭塞则志不通；又与一同，周礼公之士壹命，书壹戎衣，汉书壹适谓之有德，霍光传、杨雄赋太一皆作泰壹，壹与一义异者分押。许慎说文……

354. 乙 p7593 洪武正韵益悉切，十干名，甲乙，东方木行月令，春三月，其日甲乙，尔雅岁在乙曰旃蒙，月在乙曰橘，汉志奋轧於京房，易传乙，屈也；又乙，鸟燕也，亦作鳦；又姓；又辖韵。许慎说文……

355. 鳦 p7595 洪武正韵益悉切，燕也，说文本作乙，燕乙，玄鸟，齐鲁谓之乙，取鸣自呼也，又辖韵。尔雅……

卷之二万三百九　二质

356. 疾 p7597 洪武正韵昨悉切，病也、患也、恶也、急也、妒也。许慎说文……

卷之二万三百五十三　二质

357. 蓆 p7630 洪武正韵样亦切，大也，诗缁衣之蓆兮。许慎说文……

卷之二万三百五十四　二质

358. 夕 p7630 洪武正韵样亦切，暮也，字从半月，朝见曰朝，夕见曰夕，诗莫肯朝夕，朝音直遥切，国语大采朝日，少采夕月。许慎说文……

卷之二万四百七十八　二质

359. 职 p7711 洪武正韵之石切，执掌也、方也、常也、等也。许慎说文……

卷之二万八百五十　二质

360. 檄 p7769 洪武正韵刑狄切，说文以木简为书，长尺二寸，以号召也，后

二十五 《洪武正韵》 271

汉纪为封长檄,犹今长牒也,魏武帝奏事曰若有急,则挿鸡羽,谓之羽檄,言如飞之疾也。许慎说文……

卷之二万二千一百八十　八陌

361.陌 p7848 洪武正韵莫白切,田间道,南北为阡,东西为陌;又市中街曰陌,亦作佰。顾野王玉篇……

362.佰 p7851 洪武正韵莫白切,汉志秦孝公开阡陌,古阡陌字也;又云仟佰之得,注仟谓千钱,佰谓百钱,今俗犹谓百钱为一佰,或作陌者非,又见下。陆法言广韵……

363.貊 p7851 洪武正韵莫白切,北方国豸种;又安静,定也、本作貊,亦作貉、狢。顾野王玉篇……

364.貉 p7851 洪武正韵莫白切,孟子大貉、小貉;又祃、药二韵。顾野王玉篇……

365.狢 p7851 洪武正韵莫白切,史记天官书胡貉月氏;又药韵。

366.貃 p7852 洪武正韵莫白切,诗貃其德音,本亦作貊;又作貉。刘熙释名……

367.莫 p7852 洪武正韵莫白切,安静也,定也,左传说诗德应和自莫,诗君妇莫若;又暮、药二韵。丁度集韵……

368.䮷 p7852 洪武正韵莫白切,䮷䮷,驴父牛母。顾野王玉篇……

369.貘 p7852 洪武正韵莫白切,郭璞曰兽似熊,库脚锐髻,骨无髓,白居易貘屏赞序云象鼻犀首,牛尾虎足,寝其皮辟,温圆其形辟邪。许慎说文……

370.驀 p7853 洪武正韵莫白切,上马;又越也。许慎说文……

371.百 p7853 洪武正韵莫白切,励也,左传距跃三百,后汉书注五百字为伍百,使之导引当道陌中以驱除也,唐谓行杖;又谓五百;又谓之问事,音陌;又见下。郭守政紫云韵……

卷之二万二千一百八十一　八陌

372.麦 p7854 洪武正韵莫白切,说文曰来麰也,麦者,革也,受四时之气,故性之温凉,随用而变,白虎通云麦,金也,金王而生,火王而死;又姓。许慎说文……

卷之九百九　二支

373.郲 p8608 洪武正韵申之切,地名。许慎说文……

374. 翅 p8608 洪武正韵申之切,不翅,犹言不止是也,庄子不翅於父母,郭无音,徐音宜,通用;又羽翼也;又见寘韵。丁度集韵……

卷之九百十　二支

375. 尸 p8608 洪武正韵申之切,主也、陈也、利也;又姓,说文尸,屋也,毛晃曰古者祭祀皆有尸,唯始死之奠及祭殇,释奠无尸;又主也,诗谁其尸之,汉鲍宣传以拱默尸禄为智,谓不忧其职,但主食禄而已;又与屍同,论语寝不尸,易师或舆尸,世言徒居位为尸位,蓋言身膺其任而无其功德,与屍同。许慎说文……

卷之九百十三　二支

376. 屍 p8636 洪武正韵申之切,在床曰屍,在棺曰柩,通作尸。许慎说文……

卷之三千五百十八　九真

377. (门 p8776 洪武正韵……)许慎说文……

卷之四千九百八　十二先

378. 煙 p8797 洪武正韵因肩切,大鬱气,亦作烟,从西,误。许慎说文……

379. 烟 p8797 洪武正韵因肩切,荀子鼋雁若烟海;又真韵。

380. 燕 p8797 洪武正韵因肩切,国名,说文作䶐;又霰韵。许慎说文……

卷之七千七百五十六　十九庚

381. 形 p8984 洪武正韵奚经切,体也、容也、常也,现亦作侀,古作荆。许慎说文……

卷之七千七百五十七　十九庚

382. 侀 p8984 洪武正韵奚经切,同上;又成也,记侀者,成也。顾野王玉篇……

卷之八千二十二　十九庚

383. 成 p8984 洪武正韵驰征切,毕也、就也、平也、善也;又姓;又乐奏一终曰一成;又方十里曰成,左传少康有田一成。许慎说文……

卷之一万三千三百四十　二寘

384. 寺 p9128 洪武正韵时至切,同上;又寺人奄宦,亦作闱,见下。陆法言广韵……

385. 蒔 p9130 洪武正韵时至切,植立也、更种也;又支韵。许慎说文……

卷之一万三千三百四十一　二寘

386. 豉 p9131 洪武正韵时至切,盐豉,从豆从支,刘熙释名……

387. 豉 p9131 洪武正韵时至切,说文豉,亦作敊,盖尗古菽字,豆,一名尗,故字亦从尗。许慎说文……

388. 嗜 p9131 洪武正韵时至切,欲也,好也,亦作耆。许慎说文……

389. 眷 p9136 洪武正韵时至切,孟子眷秦人之妖;又支、纸二韵。杨桓六书统……

卷之一万四千一百二十四　四霁

390. 嚏 p9159 洪武正韵丁计切,悟解气喷鼻也,关通则嚏,诗愿言则嚏,旧音竹利切,非,亦作嚔。许慎说文……

391. 蔕 p9159 洪武正韵丁计切,本也,又与蒂同,礼记枣李蔕之,削瓜,士蔕之,亦作蔕;又寘韵。尔雅……

392. 柢 p9159 洪武正韵丁计切,根柢,亦作氐;又齐、济二韵。许慎说文……

393. 氐 p9160 洪武正韵丁计切,同上;又齐、济二韵。丁度集韵……

394. 泜 p9160 洪武正韵丁计切,水名,在常山;又支、纸二韵。杨桓六书统……

395. 缔 p9160 洪武正韵丁计切,结不解也。许慎说文……

396. 蒂 p9160 洪武正韵丁计切,根蒂果蓏缀当也,亦通作抵;又泰韵。许慎说文……

397. 螮 p9160 洪武正韵丁计切,螮蝀,虹也,诗螮蝀在东是也。许慎说文……

398. 替 p9163 洪武正韵他计切,代也、废也、灭也、委靡也;又音铁。许慎说文……

卷之一万四千一百二十五　四霁

399. 髢 p9173 洪武正韵他计切,髲髪,亦作鬀,大人曰髡,小儿曰髢民,尽及身毛曰鬎,鬎音剔。许慎说文……

400. 剃 p9173 洪武正韵他计切,同上。

401. 梯 p9182 洪武正韵他计切,整髪钗,从木从帝。陆法言广韵……

402. 涕 p9182 洪武正韵他计切,泪也,诗传自目曰涕,素问涕之与泣,譬人兄弟急则俱死,生则俱生,据此则泣为泪,涕为鼻液也,今俗亦谓鼻液为涕;又目渧;又齐韵。许慎说文……

403. 禘 p9186 洪武正韵他计切,裸也,亦作袕。许慎说文……

404. 袕 p9186 洪武正韵他计切,同上;又与髢同,妇被袕;又昔韵。阴时夫韵府群玉……

405. 鬄 p9186 洪武正韵他计切,髢也,亦作髢。许慎说文……

406. 薙 p9186 洪武正韵他计切,芟也;又见寘字韵。许慎说文……

407. 殢 p9186 洪武正韵他计切,极困也;又直计切。顾野王玉篇……

408. 屜 p9186 洪武正韵他计切,履中荐也。陆法言广韵……

卷之一万九千八百六十五　一屋

409. 竹 p9278 洪武正韵之六切,竹箭;又姓。许慎说文……

卷之一万一百十二　二纸

410. 只 p291 洪武正韵诸史切,起语辞,诗乐只君子;又语已辞,诗母也天只;又专辞;又质韵,佩觿集曰乐只之只,本翻之尒,今读若质。许慎说文……

411. 咫 p292 洪武正韵诸史切,中妇人手长八寸,贾逵云八寸曰咫。许慎说文……

412. 抵 p293 洪武正韵诸史切,抵掌,说文则手击也,亦作抵。许慎说文……

413. 抵 p294 洪武正韵诸史切,汉朱博抵几,文选抵璧於谷,又至也,与底同,汉郊祀歌抵冬降霜;又济韵。杨桓六书统……

414. 砥 p294 洪武正韵诸史切,石细於砺;又平也、均也,诗周道如砥;又史志砥柱,山名,亦作底、厎;又以砥磨物也,礼记儒行砥砺廉隅。顾野王玉篇……

415. 底 p298 洪武正韵诸史切,同上,孟子引诗周道如底;又致也,汉志官居卿以底日,左传作厎;又济韵。尔雅……

416. 厎 p298 洪武正韵诸史切,同上,萧望之传厎厉锋锷,枚乘传磨砻厎厉,邹阳传厎节修德,梅福传爵禄天下之厎石,师古曰音纸;又音脂;又致也,通作耆;又见寘韵内。许慎说文……

417. 坻 p300 洪武正韵诸史切,止也,左传物乃坻伏;又支、济二韵。陆法言广韵……

418. 枳 p300 洪武正韵诸史切,似橘有刺,考工记橘踰淮北为枳,又济韵。许慎说文……

419. 轵 p314 洪武正韵诸史切,毂末一曰车轮所穿道,汉书絼子婴於轵途。许慎说文……

420. 疧 p319 洪武正韵诸史切,殴伤。许慎说文……

下 编

问学

一

顾野王《玉篇》孙强增字本考

《玉篇》,三十卷,梁顾野王著,成书于梁大同九年。原书卷帙宏富,详略未当,萧恺奉命删改。《梁书·萧子显传》:

"先是时太学博士顾野王奉令撰《玉篇》,太宗嫌其书详略未当,以恺博学,于文字尤善,使更与学士删改。"①

《原本玉篇》(残卷)当是萧恺等删改后的面貌(朱葆华 2004)②;《玉篇》在唐代颇受重视,但由于《玉篇》引书浩繁,卷帙巨大,不便翻检,于是又有删改,其中孙强增字减注本影响最大③。《大广益会玉篇》卷首云:

"梁大同九年三月二十八日黄门侍郎兼太学博士顾野王撰本,唐上元元年甲戌岁四月十三日南国处士富春孙强增加字,三十卷。"④

至宋,真宗大中祥符六年(公元 1013 年),陈彭年、吴锐、邱雍等人奉敕

---

① [唐]姚思廉撰《梁书》,中华书局,2000 年,第 1226 页。
② 朱葆华《原本玉篇》文字研究,齐鲁书社,2004 年,第 12—13 页。
③ 唐代,除孙强本外,对《玉篇》的增改还有数家。《崇文总目》云:"《象文玉篇》二十卷,唐释慧力撰。据野王之书裒益众说,皆标文示象;《玉篇解疑》三十卷,道士赵利正撰,删略野王之说,以解文字。"杨守敬认为"(二书)当别自为书,与顾氏原本不相乱"。敦煌文献亦有《玉篇》残片,编号分别为 S・6311、Πx—13996,分藏伦敦和列宁格勒。高田时雄认为二者为同一写本的两个残片,是顾野王《玉篇》的大众化改编本。
④ [梁]顾野王《大广益会玉篇》,中华书局,1987 年,第 1 页。

在孙强增字本的基础上修订《玉篇》,更名为《大广益会玉篇》。金代亦有二部增修《玉篇》:一是王太的《类玉篇海》,另一是邢准《新修累音引证群籍玉篇》。王太《类玉篇海》已不传,仅其序保存于邢准《新修累音引证群籍玉篇》的卷端。邢书的金代刻本流传至今,现藏于国家图书馆,被收入《续修四库全书》。

《永乐大典》注释单字时均引用辞书,顾野王《玉篇》就是所引辞书之一。从《玉篇》演变时代看,上述的任何一种均有可能是《永乐大典》所引顾野王《玉篇》。但《永乐大典》所引《玉篇》的署名为顾野王,因此,当不会为金代王太的《类玉篇海》和邢准的《新修累音引证群籍玉篇》,周祖谟先生(2004)指出:

"顾氏原作与宋人广益本大相悬殊。正文次第既有不同,而原书注文中所引经传与字书及野王所加之案语今本并无。是陈彭年等重修时所据者为孙强之书,固未尝得见原本也。"①

这说明顾野王原本《玉篇》在宋初已不传。因此,《永乐大典》所引《玉篇》只能为孙强增字本《玉篇》和陈彭年等修订《玉篇》二种之一。《四库全书总目提要》云:

"又考《永乐大典》,每字之下皆引顾野王《玉篇》云云,又引宋重修《玉篇》云云,二书并列,是明初上元本犹在。而其'篇'字韵中所载《玉篇》全部,乃仍收大广益会本,而不收上元旧本。"

需要指出的是,《四库全书总目提要》所说"每字之下皆引顾野王《玉篇》云云,又引宋重修《玉篇》云云,二书并列"中后半句不确,因为其所引非重修《玉篇》,而是重修《广韵》;《永乐大典》在每字之下已引上元本,为避免重复,所以在"篇"字韵中仅引大广益会本,而不引孙强增字本。因此,《永乐大典》所引顾野王《玉篇》当为孙强增字本。"唐上元元年甲戌岁"为公元674年,上元本成书时间当为公元674年。孙强增字《玉篇》,学术界又称之为上元本。

---

① 周祖谟《万象名义中之原本玉篇音系》,《问学集》,中华书局,2004年,第271页。

一　顾野王《玉篇》孙强增字本考

唐封演《封氏闻见记》云：

"梁朝顾野王撰《玉篇》三十卷，凡一万六千九百一十七字。"①

虽然顾野王原本《玉篇》残卷现存二千一百余字，仅当原书的八分之一，但日本沙门空海所作《篆隶万象名义》即据梁顾野王《玉篇》而作。杨守敬《日本访书志·篆隶万象名义》云：

"按野王《玉篇》一乱于孙强，再乱于陈彭年，其原本遂不可寻。今得古钞卷子本五卷刻入《古逸丛书》中，可以窥见顾氏真面目。然亦只存十之一二。今以此书与五残卷校，则每部所隶之字一一相合，绝无增损凌乱之弊；且全部无一残阙，余以为其可宝当出《玉篇》五残卷之上。盖广益本虽删顾氏所引经典原文，而经典义训大抵尚存；唯顾氏上承《说文》，其所增入之字皆有根据，而其隶字次第亦多与《说文》相合，其有不合者，正足与今本《说文》互相证验，则此中之原流升降有关于小学者匪浅。况空海所存义训较广益本亦为稍详（顾氏原书于常用之字往往列四五义，广益本概取二三义而已）。若据此书校刻饷世，非唯出《广益玉篇》上，直当一部顾氏原本《玉篇》可矣。"②

因此，顾氏原书虽不可见，但原书所收之字据空海《篆隶万象名义》可得其大概。宋本《大广益会玉篇》亦完整无阙，是以上元本为基础而增修的，因此，上元本当存于其中。但上元本已亡佚，关于上元本原貌、与原本《玉篇》及《大广益会玉篇》的关系等诸多问题，学术界鲜有论述。《永乐大典》保存上元本部分内容，因而，揭橥上元本的收字、注释体例及其与原本《玉篇》和《大广益会玉篇》之间的关系也就有了可能。

从被释字的角度看，《永乐大典》所引上元本现存四百二十九字，其中不见于《篆隶万象名义》的有一百四十五字，依理推之，这一百四十五字就是孙强较

---

① ［唐］封演《封氏闻见记校注》，中华书局，1958年，第38页。
② 谢承仁主编《杨守敬集》，湖北人民出版社，1997年，第366页。

原本《玉篇》所增之字。现开列于下：

1. 卷 662 獾 p198
2. 卷 662 硐 p198
3. 卷 2217 泸 p623
4. 卷 2259 弧 p725
5. 卷 2344 峿 p1016
6. 卷 2344 艎 p1016
7. 卷 2344 瓶 p1016
8. 卷 2344 頣 p1016
9. 卷 2344 魖 p1016
10. 卷 2344 禍 p1017
11. 卷 2344 裸 p1017
12. 卷 2347 圬 p1051
13. 卷 2347 魋 p1053
14. 卷 2347 湿 p1053
15. 卷 2347 茑 p1053
16. 卷 2405 癞 p1126
17. 卷 2406 犣 p1138
18. 卷 2408 疎 p1146
19. 卷 2408 疏 p1146
20. 卷 2408 綎 p1152
21. 卷 2806 錍 p1430
22. 卷 2806 錍 p1431
23. 卷 2807 坏 p1434
24. 卷 2807 狉 p1435
25. 卷 2807 釔 p1436
26. 卷 2807 怀 p1436
27. 卷 2807 剃 p1439
28. 卷 2807 磓 p1440
29. 卷 2807 疷 p1440
30. 卷 2807 苤 p1440
31. 卷 2807 顈 p1440
32. 卷 2807 髶 p1440
33. 卷 2807 瘖 p1441
34. 卷 2807 剧 p1441
35. 卷 2807 恘 p1441
36. 卷 2807 啡 p1441
37. 卷 3581 溥 p2103
38. 卷 3581 邦 p2103
39. 卷 3586 陌 p2153
40. 卷 3856 臌 p2153
41. 卷 5268 裸 p2406
42. 卷 5268 鄎 p2406
43. 卷 5268 骦 p2419
44. 卷 5268 燆 p2419
45. 卷 6524 桩 p2597
46. 卷 6524 庀 p2602
47. 卷 7518 嵢 p3485
48. 卷 7518 箐 p3485
49. 卷 7895 鞓 p3675
50. 卷 7895 汀 p3676
51. 卷 7895 軒 p3676
52. 卷 7895 犳 p3676
53. 卷 7895 庁 p3676
54. 卷 8021 怔 p3741
55. 卷 8021 盍 p3741
56. 卷 8021 箂 p3741
57. 卷 8021 箂 p3741
58. 卷 8021 郎 p3741

59. 卷 8021 揁 p3741   60. 卷 8021 㲈 p3741
61. 卷 8021 扵 p3741   62. 卷 8706 僧 p4017
63. 卷 8844 游 p4061   64. 卷 9762 蔔 p4188
65. 卷 10877 卤 p4482   66. 卷 10877 噜 p4485
67. 卷 10877 簪 p4485   68. 卷 11076 潬 p4604
69. 卷 11076 蕾 p4604   70. 卷 11076 膈 p4604
71. 卷 11076 瘤 p4604   72. 卷 11076 遥 p4604
73. 卷 11076 篡 p4604   74. 卷 11076 磈 p4606
75. 卷 11076 尷 p4606   76. 卷 11076 鑽 p4606
77. 卷 11076 颸 p4609   78. 卷 11076 笕 p4611
79. 卷 11077 樧 p4617   80. 卷 11077 慾 p4617
81. 卷 11077 髓 p4618   82. 卷 11077 薔 p4623
83. 卷 11077 覔 p4625   84. 卷 11077 蹤 p4627
85. 卷 11077 熞 p4627   86. 卷 11313 蜛 p4826
87. 卷 12148 鞭 p5245   88. 卷 12148 瓶 p5245
89. 卷 12148 逦 p5245   90. 卷 13083 顚 p5647
91. 卷 13083 咔 p5649   92. 卷 13083 洧 p5649
93. 卷 13083 毅 p5649   94. 卷 13083 矓 p5649
95. 卷 13083 龖 p5649   96. 卷 13084 哄 p5650
97. 卷 13084 汞 p5658   98. 卷 13084 瞋 p5660
99. 卷 13084 謗 p5661   100. 卷 13084 佃 p5661
101. 卷 13194 渾 p5730   102. 卷 13194 僅 p5730
103. 卷 13880 棚 p6040   104. 卷 13880 䎃 p6041
105. 卷 13992 意 p6073   106. 卷 13992 鼐 p6077
107. 卷 13992 戻 p6078   108. 卷 13992 靍 p6078
109. 卷 13992 騎 p6079   110. 卷 13992 獂 p6079
111. 卷 13992 鱸 p6079   112. 卷 13992 懸 p6079
113. 卷 13992 俱 p6079   114. 卷 13993 稧 p6090
115. 卷 13993 閉 p6090   116. 卷 14544 閠 p6422
117. 卷 14544 凯 p6422   118. 卷 15143 黪 p6876

119. 卷 15143 颴 p6877　　120. 卷 15143 塒 p6877
121. 卷 15143 薩 p6877　　122. 卷 15143 粺 p6877
123. 卷 15143 濣 p6877　　124. 卷 15143 粣 p6877
125. 卷 15143 骸 p6877　　126. 卷 19416 蘸 p7189
127. 卷 19416 灡 p7189　　128. 卷 19416 鮎 p7189
129. 卷 19426 刏 p7298　　130. 卷 19743 麓 p7371
131. 卷 19743 靃 p7372　　132. 卷 19743 穎 p7372
133. 卷 19743 樕 p7372　　134. 卷 19743 蹴 p7372
135. 卷 19743 敊 p7372　　136. 卷 19743 蔟 p7372
137. 卷 19743 嗉 p7372　　138. 卷 19782 鞠 p7401
139. 卷 19782 毱 p7401　　140. 卷 19782 輂 p7401
141. 卷 20309 嬗 p7595　　142. 卷 22180 貊 p7851
143. 卷 22180 駍 p7852　　144. 卷 14124 恹 p9161
145. 卷 14124 軝 p9161

《大广益会玉篇》是在上元本的基础上修订的，其卷首云：

"旧（上元本）一十五万八千六百四十一言，新（广益本）五万一千一百二十九言，新旧总二十万九千七百七十言。注四十万七千五百有三十字"

"注四十万七千五百三十字"，杨守敬等学者认为是原本《玉篇》训释文字的字数。"新旧总二十万九千七百七十言"是既包括被释字，也包括训释字而言。原本《玉篇》"凡一万六千九百一十七字"。《大广益会玉篇》收字二万二千五百一十九字，比原本《玉篇》多收五千六百零二字。五千六百零二字中既包括孙强增加字，也包括陈彭年等增加字。因上元本已亡佚，现不可能对这五千多字作一一的剥离，但就《永乐大典》所引上元本现存的部分内容，尚可以作一些尝试。上述一百四十五字可以认为是上元本所增加之部分；《永乐大典》的引书体例，使确定每一个小韵中同音字哪些是为《大广益会玉篇》所增之字成为可能。

从"千刚切"小韵所收十六个韵字（见绪论）可以看出，除"仓、苍、沧、鸧"为《洪武正韵》所收字外，其它的韵字就是按该字首次出现于哪本辞书、再按辞书的成书时间先后排列。"嵶、簹"二字首次出现于上元本，这二字为上元本所收录当无异议。上元本之后，如"滄"等为陆法言《广韵》所收之字应不是为上元本所收录。《大广益会玉篇》成书于宋真宗大中祥符六年（公元1013年），《集韵》成书于宋仁宗宝元二年（公元1039年），因此，在上元本之后、丁度《集韵》之前的各辞书所收录之字，同时又见于《大广益会玉篇》，这是否可以说明这些字为《大广益会玉篇》修订时所增之字？如"滄"，首见于陆法言《广韵》，该字应不为上元本所收录。陆法言《广韵》成书早于《大广益会玉篇》，《大广益会玉篇·冫部》收录此字，不一定就是来源于陆法言《广韵》，但"滄"字为《大广益会玉篇》修订时所增之字应是可以肯定的。在上元本之后，《大广益会玉篇》之前，为《永乐大典》所引用的辞书，除了陆法言《广韵》之外，还有孙愐《唐韵》、张参《五经文字》和《大宋重修广韵》。根据这一方法，现辑得《大广益会玉篇》所增加八十二字，其中陆法言《广韵》七十四字、孙愐《唐韵》一字（洦）、张参《五经文字》五字（郻、鞞、粺、胝、醍）、《大宋重修广韵》二字（腅、邑）。现开列于下：

1. 卷662 鼋 p198
2. 卷2344 奠 p1017
3. 卷2344 姡 p1017
4. 卷2344 皷 p1019
5. 卷2347 瑂 p1054
6. 卷2347 櫅 p1054
7. 卷2347 鷬 p1054
8. 卷2347 扜 p1054
9. 卷2347 鶌 p1054
10. 卷2408 胺 p1152
11. 卷2806 鑒 p1431
12. 卷2806 錍 p1431
13. 卷2806 鴨 p1431
14. 卷2807 抔 p1441
15. 卷2807 媸 p1441
16. 卷2807 狓 p1441
17. 卷2807 秛 p1441
18. 卷2807 帔 p1441
19. 卷3586 炖 p2153
20. 卷5268 邑 p2407
21. 卷5268 魝 p2407
22. 卷5268 鶏 p2407
23. 卷5268 訤 p2407
24. 卷5268 墥 p2419
25. 卷5268 郻 p2420
26. 卷7518 滄 p3485
27. 卷7895 町 p3676
28. 卷7895 甼 p3676
29. 卷9762 甁 p4188
30. 卷9762 稑 p4188
31. 卷10877 梻 p4485
32. 卷11076 輻 p4605

33. 卷 11076 邿 p4605　　34. 卷 11076 郲 p4605
35. 卷 11076 頮 p4605　　36. 卷 11076 魌 p4606
37. 卷 11076 䫫 p4606　　38. 卷 11076 浘 p4609
39. 卷 11076 媁 p4609　　40. 卷 11076 煓 p4612
41. 卷 11077 娒 p4617　　42. 卷 11077 獮 p4623
43. 卷 11077 澤 p4625　　44. 卷 11077 沔 p4625
45. 卷 12148 撒 p5244　　46. 卷 12148 詧 p5244
47. 卷 13083 躘 p5649　　48. 卷 13084 碻 p5660
49. 卷 13880 袘 p6041　　50. 卷 13880 鞞 p6041
51. 卷 13880 粺 p6041　　52. 卷 13992 燹 p6079
53. 卷 13992 犤 p6079　　54. 卷 13992 吧 p6079
55. 卷 13993 葵 p6090　　56. 卷 13993 脵 p6090
57. 卷 13993 撲 p6090　　58. 卷 14544 悇 p6422
59. 卷 14544 瘀 p6422　　60. 卷 15143 鐳 p6877
61. 卷 15143 澧 p6877　　62. 卷 15143 绬 p6877
63. 卷 19416 霙 p7189　　64. 卷 19416 甏 p7189
65. 卷 19416 䶂 p7189　　66. 卷 19426 鷟 p7297
67. 卷 19426 軹 p7297　　68. 卷 19426 詀 p7297
69. 卷 19426 䲅 p7297　　70. 卷 19426 隨 p7298
71. 卷 19743 廊 p7372　　72. 卷 19743 灤 p7372
73. 卷 19743 矇 p7372　　74. 卷 19743 諕 p7373
75. 卷 19743 鯨 p7373　　76. 卷 19782 鞏 p7401
77. 卷 14124 媞 p9162　　78. 卷 14124 媞 p9162
79. 卷 14124 胝 p9162　　80. 卷 14125 軑 p9187
81. 卷 14125 稪 p9187　　82. 卷 14125 酲 p9187

上元本是在原本《玉篇》的基础上进行增字减注的，"增字"应是指被释字和该字的注释字，"减注"应是指原被释字的注释字。晁公武《郡斋读书志》卷四：

"《玉篇》三十卷，梁顾野王撰，唐孙强又尝增字，僧神珙反纽图附于后。"①

马端临《文献通考》云：

"陈左将军顾野王更因《说文》造《玉篇》三十卷……唐上元处士孙强复修野王《玉篇》，愈增多其文，今行于俗间者，强所修也。"②

因此，上元本较原本《玉篇》是要增加被释字，事实确实如此；《大广益会玉篇》又是在上元本的基础上修订，较上元本增加五万一千一百二十九字，新增字是包括被释字和注释字的。从《永乐大典》所存小韵引书体例可以看出，《大广益会玉篇》较上元本是增加被释字的。较原本《玉篇》多增五千多被释字，这多增的五千多字，是既包括孙强所增字，也包括陈彭年等所增字，是孙强增加的多，还是陈彭年等增加的多？一般认为是陈彭年等增加的多。这一观点在朱彝尊《重刊玉篇序》中有所体现：

"顾氏《玉篇》本诸许氏，稍有升降损益，迨唐上元之末处士孙强稍增多其字，既而释慧力撰象文、道士赵利正撰解疑，至宋陈彭年、吴锐、丘雍辈又重修之，于是广益者众，而《玉篇》又非顾氏之旧矣。"

但根据《永乐大典》现存小韵，上元本较原本《玉篇》多增一百四十五字，《大广益会玉篇》较上元本新增八十二字。在《大广益会玉篇》较原本《玉篇》多增的五千多字中，可以说，上元本增字量应多于《大广益会玉篇》。可见认为陈彭年等增字为多的通行看法是不准确的。

《永乐大典》所引上元本的单字为四百二十九个，但在每字的注释后，还引用其古体和异体，如果把这些古体和异体也统计在内，《永乐大典》共引五百四十四个字，这五百四十四个字中与《大广益会玉篇》一一对应的共有五百三十

---

① 晁公武《郡斋读书志校证》，上海古籍出版社，1997年，第196页。
② 马端临《文献通考·经籍考》，华东师范大学出版社，1985年，第768页。

五个字,还有九个字不能对应,这又分为两种情况:

一是被释字上元本收录,而不见于《大广益会玉篇》,共有三字,分别为:

序号	被释字	卷数	韵目	页码
1	蓥	8021	十九庚	p3741
2	㭿	8021	十九庚	p3741
3	顈	13083	一送	p5647

二是被释字的异体或古体上元本收录,而不见于《大广益会玉篇》,共有六字,分别为:

序号	上元本				大广益会玉篇	
	卷数、韵目	页码	被释字	异体、古体	被释字	古体、异体
1	662、一东	p196	雍	亦作雝	壅	雍同上
2	2347、六模	p1053	弙	亦作弖	弙	无
3	6523、十八阳	p2590	妆	粧,亦作妆	妆	粧
4	7506、十八阳	p3342	仓	仝、㑾,并古文仓字	仓	仝,仓古文
5	10877、六姥	p4485	匋	䪉	匋	无
6	11615、十四巧	p4919	老	仝,古文老	老	无

从被释字及其异体或古体的角度,《大广益会玉篇》较上元本不仅有增加,而且有删减,删除的原则或依据为何不得而知,但可以肯定的是删减的幅度不是很大。

《永乐大典》对单字注释的引书体例是第一种辞书的内容全部征引,第二种及后引的辞书仅引与前一种辞书不同的内容,后引辞书与前引辞书内容不雷同。如卷一一三一三十罕

悹 p4826 洪武正韵古缓切,忧也,亦作悹,又去声。许慎说文🈳,从心,官声,又古玩切。陆法言广韵……

脘 p4826 古缓切,许慎说文🈳,胃府也,从肉,完声,读若患,旧云脯,古卵切。顾野王玉篇……

八十韵《洪武正韵·十罕》:管古缓切……悹忧也,亦作悹,又去声……

许慎《说文解字》:🈳,🈳忧也,从心,官声,又古玩切;脘,🈳胃府也,

从肉,完声,读若患,旧云脯,古卵切。

"悹",《说文》是第二种辞书,仅引"从心,官声,又古玩切",未引"忧也",因为"忧也"已出现于前一种辞书;"脘",《说文》是第一种辞书,所引内容与《说文》完全相同。因而,《永乐大典》所引上元本也可分为两种情况:一是第一种征引,一是非第一种征引。如果为第一种征引,那么,征引的内容应是上元本对该字的全部注释,如果非第一种征引,所引内容应是上元本的,但不等于说是上元本对该字的全部注释。

原本《玉篇》虽为残卷,但其注释体例还是清晰可辨的,《大广益会玉篇》完整无缺,其体例为先反切注音,后释义;其释义义项与原本《玉篇》相比大为减少。上元本是原本《玉篇》与《大广益会玉篇》之间的过渡桥梁,但现仅保存于《大广益会玉篇》之中。《永乐大典》注释单字所引第一种辞书为上元本的有171字,因此,这171字的注释应是上元本注释的全部内容。但有三字(见于上述)不见于《大广益会玉篇》,因而,同时见于《大广益会玉篇》的有168字,其中两者注释(包括注音和释义)完全相同有107字,分别为:

1. 卷 662 壅 p198
2. 卷 2344 峿 p1016
3. 卷 2344 艍 p1016
4. 卷 2344 瓾 p1016
5. 卷 2344 韜 p1016
6. 卷 2344 蜈 p1016
7. 卷 2344 裾 p1017
8. 卷 2344 裸 p1017
9. 卷 2344 跛 p1019
10. 卷 2347 弓亏 p1053
11. 卷 2347 扝 p1053
12. 卷 2347 鴝 p1053
13. 卷 2347 蔫 p1053
14. 卷 2405 癞 p1126
15. 卷 2408 絰 p1152
16. 卷 2806 睥 p1431
17. 卷 2807 疷 p1440
18. 卷 2807 苤 p1440
19. 卷 2807 髶 p1440
20. 卷 2807 瘖 p1441
21. 卷 2807 歧 p1441
22. 卷 2807 剫 p1441
23. 卷 2807 彼 p1441
24. 卷 2807 鑒 p1441
25. 卷 2807 啡 p1441
26. 卷 3581 溥 p2103
27. 卷 3581 邘 p2103
28. 卷 3586 豒 p2153
29. 卷 5268 裸 p2406
30. 卷 5268 鐫 p2419

31. 卷 5268 爀 p2419	32. 卷 7518 簹 p3485
33. 卷 7895 订 p3676	34. 卷 7895 豽 p3676
35. 卷 7895 庁 p3676	36. 卷 8021 怔 p3741
37. 卷 8021 眰 p3741	38. 卷 8021 篊 p3741
39. 卷 802 搷 p3741	40. 卷 8021 徎 p3741
41. 卷 9762 馘 p4188	42. 卷 10877 嚕 p4485
43. 卷 10877 㘘 p4485	44. 卷 10877 簮 p4485
45. 卷 11076 蕾 p4604	46. 卷 11076 膰 p4604
47. 卷 11076 蝠 p4604	48. 卷 11076 籭 p4604
49. 卷 11076 孎 p4606	50. 卷 11076 颷 p4609
51. 卷 11077 樒 p4617	52. 卷 11077 蕊 p4617
53. 卷 11077 摧 p4625	54. 卷 11077 觓 p4625
55. 卷 11077 䧹 p4625	56. 卷 11077 摼 p4627
57. 卷 11077 熞 p4627	58. 卷 11313 裪 p4826
59. 卷 12148 鞭 p5245	60. 卷 12148 瓾 p5245
61. 卷 13083 㦴 p5647	62. 卷 13083 胴 p5647
63. 卷 13083 洓 p5649	64. 卷 13083 矓 p5649
65. 卷 13083 氃 p5649	66. 卷 13084 佃 p5661
67. 卷 13084 熔 p5661	68. 卷 13084 蒽 p5662
69. 卷 13880 毊 p6040	70. 卷 13992 餡 p6079
71. 卷 13992 骄 p6079	72. 卷 13992 鱋 p6079
73. 卷 13992 㱿 p6079	74. 卷 13992 傿 p6079
75. 卷 13993 閌 p6090	76. 卷 14544 閏 p6422
77. 卷 14544 凯 p6422	78. 卷 15143 陲 p6877
79. 卷 15143 崖 p6877	80. 卷 15143 薩 p6877
81. 卷 15143 澍 p6877	82. 卷 15143 峴 p6877
83. 卷 19416 靀 p7189	84. 卷 19416 鮎 p7189
85. 卷 19416 䵴 p7189	86. 卷 19426 偨 p7297
87. 卷 19426 刿 p7298	88. 卷 19426 钐 p7298
89. 卷 19743 䴆 p7371	90. 卷 19743 轈 p7371

91. 卷 19743 霓 p7372	92. 卷 19743 艉 p7372
93. 卷 19743 頴 p7372	94. 卷 19743 廰 p7372
95. 卷 19743 槑 p7372	96. 卷 19743 喙 p7372
97. 卷 19782 鞠 p7401	98. 卷 19782 䋲 p7401
99. 卷 19782 軠 p7401	100. 卷 20309 嬉 p7595
101. 卷 14124 偙 p9161	102. 卷 14124 衺 p9161
103. 卷 14124 怟 p9161	104. 卷 14124 甄 p9161
105. 卷 14124 舓 p9161	106. 卷 14124 甑 p9161
107. 卷 14124 跊 p9162	

上元本 107 个字的注释是先反切注音,后释义,义项较原本《玉篇》大为减少,多为一个义项,而且略去引文。《大广益会玉篇》与之完全相同。从上元本 168 字中有 107 字的注释与《大广益会玉篇》相同的情况看,《大广益会玉篇》的注释体例并非由陈彭年等所创,而是来源于上元本,也就是说,上元本已确定了《大广益会玉篇》的注释体例和规模。

《大广益会玉篇》的注释体例是先反切注音,后释义。但其 421 个被释字只有反切注音,而无释义。这一现象可以从上元本与《大广益会玉篇》比较中得到解释。这又可分为三种情况:

一是上元本无释义,《大广益会玉篇》也无释义,有 2 例:

被释字	上元本	大广益会玉篇
碿	卷 662、p198 於宫切,又音雍	於宫切,又音雄
汀	卷 7895、p3676 他丁切,又庐打切	他丁切,又庐打切

二是上元本无释义,而《大广益会玉篇》有释义,有 10 例:

被释字	上元本	大广益会玉篇
螐	卷 2347、p1053 於胡切	於胡切,螐蠋
䪴	卷 2807、p1440 普眉切	普眉切,大面
僮	卷 13194、p5730 章用切	章用切,儱僮
䪐	卷 13880、p6041 音祕	音祕,弓缝也
㤅	卷 13992、p6079 许气切,古文悉字	许气切,息也,说文云古文悉字
甑	卷 19416、p7297 又初鉴切	初鉴切,器也

续表

被释字	上元本	大广益会玉篇
睩	卷19743、p7372 力木切	力木切,睩听,似蜥蜴,出魏兴,居树上,辄下啮人,上树垂头,听闻哭声乃去
睩	卷19743、p7372 音禄	音禄,虫似蜥蜴
毱	卷19782、p7401 巨六切	巨六切,毛也
谷	卷19782、p7401 渠六切	渠六切,谷名

三是上元本有释义,而《大广益会玉篇》无释义,有13例:

被释字	上元本	大广益会玉篇
魁	卷2344、p1016 五姑切,神名	五姑切
陏	卷3586、p2153 它根切,多合貌	他根切
壮	卷6524、p2602 作郎切,壮立貌	作郎切
峬	卷7518、p3485 千郎切,山势也	千郎切
軒	卷7895、p3676 剔铃(铃为铃误)切,车失也	剔铃切
尵	卷11076、p4606 丘委切,允立貌	丘委切
蜭	卷11313、p4826 古缓切,雨下虫名	音官,又音绾
敠	卷13083、p5649 力综切,绞也	力综切
獹	卷13992、p6079 许气切,豕壮大	许气切
颫	卷15143、p6877 徒会切,风入也	徒会切
嶭	卷15143、p6877 徒对切,山貌	徒对切
靐	卷15143、p6877 徒罪切,云貌	徒罪切
敄	卷19743、p7372 力谷、力玉二切,摇也	力谷、力玉二切

上述25字中,仅有5字,即"蝎"、"魁"、"睩"、"谷"、"蜭"见于《篆隶万象名义》,其它均为上元本所增之字。也就是说,上元本就有部分被释字仅有反切注音,而无释义,《大广益会玉篇》的这一现象有部分直接源自于上元本,是对上元本的直接继承。《大广益会玉篇》对上元本的修订,一方面对上元本仅有反切注音被释字增加释义,另一方面对上元本既有反切注音又有释义的被释字进行删除义项,造成新的仅有反切注音、而无释义的现象。可以说,《大广益会玉篇》仅有反切注音、而无注释的现象一方面是对上元本的直接继承,另一方面是其修订时新造的。但在修订时删除上元本被释字义项的依据为何,不得而知。

其它36字,上元本与《大广益会玉篇》注释稍有差异,主要表现在六个方面:

一、释义，或增加义素、或删减义素、或改换义素。

被释字	上元本	大广益会玉篇
貒	卷662、p198 音邕，似猨八子也	音邕，似猿
箮	卷2344、p1017 吾姑切，竹名也	吾姑切，竹
鍋	卷2347、p1053 於胡切，小釜也	於胡切，鍋銷，小釜也
㴇	卷2347、p1053 屋姑切，江名，项羽渡船处	屋姑切，㴇江，项羽渡船处
崞	卷3585、p2149 子昆切，山长也	子昆切，山皃
蜥	卷3586、p2153 他敦切	他敦切，蜥蝸，虫似蝉而长，味辛美可食，又名青蚨
奘	卷6524、p2603 阻良、阻亮二切，狂犬也	阻良、阻亮二切，强犬也
蔺	卷9762、p4188 胡监切，草名也	胡监切，草
瘰	卷11076、p4604 力罪切，瘰瘰，皮起病	力罪切，皮起也
蘼	卷11077、p4623 息蒨切，草名也	息蒨切，草也
瞶	卷13084、p5660 火贡切，憒瞶，不明	火贡切，憒瞶
羫	卷13084、p5662 口弄、口江二切，羊也	口弄、口江二切，羊肋
甋	卷19743、p7372 力木切，甋砖，甓也	力木切，甓也
胳	卷14124、p9161 多计、徒黎二切，胳胅	多计、徒黎二切，胳胅，胅腹
达	卷14125、p9186 迭也，足滑也	他计切，达也，迭也，亦与達同

下述"蔺""蓎"和"傑"三字的释义也是如此。

二、注音，或改变注音方式，或改换反切上、下字。

被释字	上元本	大广益会玉篇
蔺	卷2344、p1017 余胡切，草似蕨，生水中	余割切，似蕨，生水中
腺	卷3586、p2153 它敦切，月光也	他敦切，月光也
螺	卷5268、p2407 于招切，毒蛇名	于昭切，毒蛇名
笍	卷11076、p4611 知委切，竹生笋也	羊委切，生笋也
棚	卷13877、p6040 布计切，木名	薄计切，木名
蓎	卷13880、p6041 必至切，神婢切，莞草也	补位、补婢二切，蓎，鼠莞也，纤细于龙须，可为席
稭	卷13993、p6090 羌计切，禾秆也	羌列切，禾秆也
黩	卷15143、p6876 丁对切，黑云行貌也	徒对切，黑云行黩黩也
傑	卷19782、p7401 渠肉切，傑傱，骂也	渠凶切，方言云傑傱，骂也，燕之北郊曰傑傱谓形小可憎之皃

上述"螺"把反切改为直音；反切上、下字的改换，有的只是字形更换，而没

有改变该字的音韵地位,"腏"之"它"与"他"、"蠑"之"招"与"昭"、"蓽"之"必至"与"补位";有的是清浊交替,"腏"之"布"(帮)与"薄"(并)、"斁"之"丁"(端)与"徒"(定);有的是声类不同,"飰"之"知"(知)"羊"(云);有的是韵类不同,"藒"之"胡"(模)与"割"(末)、"禊"之"计"(霁)与"列"(薛)、"傑"之"肉"(屋)与"凶"(钟)。除了"飰"、"禊"以外,《大广益会玉篇》所改换的多与《广韵》《集韵》等韵书相合,上元本声类、韵类所不同的是古音、时音、还是方音的反映,存疑。

三、语序,改变又音或异体的次序。

被释字	上元本	大广益会玉篇
郳	卷 8021、p3741 知盈、直盈二切,地名	知盈切,地名,又直盈切
踿	卷 19743、p7372 力谷、力玉二切,行也,踛,同上	踿、踛,二同,力谷切,又力玉切,行皃
䨦	卷 14124、p9161 都计切,鼻喷气,齂,同上,本作嚏	䨦、齂,二同,都计切,鼻喷气,本作嚏

四、增加引文或交代出处。

被释字	上元本	大广益会玉篇
𦗿	卷 12148、p5243 先口切,聪摠名,聰同上	先口切,字林聪摠名,聰同上
嚃	卷 14125、p9187 他市切,嚃,谓不嚼菜	他市切,曲礼曰无嚃羹,嚃谓不嚼菜

这一情况,除这二例外,还有上述"愸"和"傑"两字。

五、修订字形。

被释字	上元本	大广益会玉篇
瓋	卷 11076、p4609 乃罪切,伤熟瓜也	乃罪切,伤热瓜也
迉	卷 12148、p5245 丁后切,走也,又七庚切	千后切,走也,又七庚切
俾	卷 13880、p6040 方示切,使也,与偉字同	方示切,使也,与俾字同
𧧒	卷 20309、p7595 倚袂、于既二切,贪也	倚秩、于既二切,贪也
笇	卷 14125、p9187 他计切,车节也	他计切,车筴也

字形修订,改正的为多,如"迉","丁"为"千"之误;"𧧒","袂"为"秩"之误;"笇","节"为"筴"之误。但"俾",误改"偉"为"俾";"瓋",误改"熟"为"热";又上述"蓽",误改"裨"与"补"。

六、改换义项。

被释字	上元本	大广益会玉篇
桵	卷15143、p6877 徒类切,米粖桵也	徒类切,屑
骰	卷15143、p6877 徒对切,骨也	徒对切,骰骰,愚皃

上元本其他的258被释字不是《永乐大典》作为第一种辞书所引,但仍有43个被释字的注释与《大广益会玉篇》完全相同,这也应是上元本注释的全部内容,现开列于下:

1. 卷2254 箚 p726
2. 卷2344 齱 p1016
3. 卷2344 菩 p1016
4. 卷2347 圬 p1051
5. 卷2406 犦 p1138
6. 卷2408 𥹡 p1151
7. 卷2408 䶂 p1152
8. 卷2806 㯟 p1431
9. 卷2807 㱾 p1435
10. 卷2807 怀 p1436
11. 卷2807 㿹 p1439
12. 卷2807 硱 p1440
13. 卷2955 鮇 p1604
14. 卷5268 袟 p2403
15. 卷5268 鼜 p2418
16. 卷6524 桩 p2597
17. 卷8706 僧 p4017
18. 卷8841 油 p4031
19. 卷8844 游 p4061
20. 卷9762 衔 p4186
21. 卷10877 卤 p4482
22. 卷10877 虜 p4485
23. 卷10877 鏞 p4485
24. 卷11076 鐔 p4604
25. 卷11076 䰟 p4606
26. 卷11956 鼎 p5068
27. 卷13083 咔 p5649
28. 卷13084 哄 p5650
29. 卷13084 俖 p5661
30. 卷13084 誇 p5661
31. 卷13876 贩 p5995
32. 卷13992 爍 p6077
33. 卷13992 呐 p6078
34. 卷13992 怠 p6078
35. 卷15143 鞔 p6876
36. 卷15143 鏧 p6876
37. 卷19636 蚨 p7306
38. 卷22180 陌 p7846
39. 卷22180 貊 p7851
40. 卷22180 貉 p7851
41. 卷22181 麦 p7854
42. 卷13341 攱 p9131
43. 卷14125 睼 p9186

其他 215 个被释字的注释，或仅引注音，或仅引释义及部分，或仅引异体、古体等，但凡是被《永乐大典》所引，均与《大广益会玉篇》相同或相近，稍有差异的，其不同之处也不出上述六条的范围。

通过《永乐大典》所引上元本 429 个字及注释与《篆隶万象名义》和《大广益会玉篇》的比较，可以得出如下几点认识：

一、《大广益会玉篇》被释字较原本《玉篇》多增五千多字，其中上元本增量较大，可能多于《大广益会玉篇》新增量。

二、上元本对原本《玉篇》进行增字减注，减注不仅略去引文，而且义项大为减少，多数只保持一个义项，先注音，后释义，其注释体例、内容及规模多为《大广益会玉篇》所继承。

三、《大广益会玉篇》被释字较上元本不仅有增加，而且有删除，但删减的数量不多；《大广益会玉篇》对上元本的修订工作主要有增加、删减或改换义项或义素，改变注音方式，或改换反切上、下字，改变又音或异体的次序，增加引文或交代出处和修订字形等方面。

二

新发现切韵系韵书(一):《陆法言广韵》

——兼论《大宋重修广韵》的底本

学术界对《切韵》系韵书包括哪些韵书虽有不同的看法,但对《集韵》之前的称之为《切韵》系韵书应无异议。而宋本《广韵》之前的唐五代韵书,直至二十世纪初,才迭有发现。这些韵书,除蒋斧藏本《唐韵》和故宫博物院所藏的两种王仁昫《刊谬补缺切韵》以外,其他的均出自于甘肃敦煌的莫高窟和新疆吐鲁番地带。但出于上述两地的唐五代韵书均被外国学者所劫掠。值得庆幸的是,经过王国维先生、刘复先生、魏建功先生、姜亮夫先生、潘重规先生等前辈学者的艰苦搜佚,这些韵书又得以重归故土。在前人研究的基础上,周祖谟先生的《唐五代韵书集存》虽为晚出,但收罗宏富,且考释精当。该书不仅汇集了唐五代韵书的写本和刻本,而且收录与音韵有关的一些书籍的写本和唐代郭知玄、韩知十等诸家韵书的佚文。其后偶有一些唐五代韵书的断片残卷([日]上田正1984、[日]高田时雄2005、徐朝东2007),但也都出自于敦煌文献。而我们在《永乐大典》中发现了一种成书于唐代的《切韵》系韵书——《陆法言广韵》。

《永乐大典》在每一字下详注该字音韵、训释及字形,注释的内容为《永乐大典》之前的"小学"辞书,辞书的排列次序按成书时间的先后,但后一种辞书必须提供前一种辞书所没有或不相同的内容,即后引用的与已引用的相比要有新的信息。现以卷之一万四千三百八十四四霁小韵吉诣切之"冀"p6307为例(见绪论)。

《永乐大典》单字的注释顺序是按辞书成书的时间先后排列。[①]《陆法言

---

① 但对古书的注解例外,如邢昺《尔雅》疏,则附于《尔雅》之后。

广韵》列在孙愐《唐韵》之前,二书在对一个字注释同时被引用的共有二十五例,其他二十四例的排列也莫不如此。如果孙愐《唐韵》确存两个写本:开元本(公元 732 年)和天宝本(公元 751 年);《陆法言广韵》有时也直接出现在唐玄度《九经字样》、颜元孙《干禄字》和张参《五经文字》等唐代辞书之前,但不论哪种,三书的成书时间均晚于孙愐《唐韵》,那么就按天宝本算,《陆法言广韵》成书时间大约当在公元 751 年之前。

《陆法言广韵》并非现存的《大宋重修广韵》,因为在"冀"中,《陆法言广韵》与《宋重修广韵》(即大宋重修广韵)为两种书名,排列的先后顺序也犁然不紊。像这样的现象共有 104 例,《陆法言广韵》均出现在《宋重修广韵》之前,没有例外。二者之间的关系,下文将详细论述。

《陆法言广韵》成书于唐代,不仅从韵字的排列和单字注释所引辞书的排列次序得到证明,而且从对单字注释的内容也可以得到论据。卷一万一千七十六　八贿"蜼"p4603:

  蜼　洪武正韵鲁猥切,猴属,尾长,雨则挂于木,以尾室鼻,尔雅卬鼻长尾,又队韵内……陆法言广韵蜼似猴,仰鼻而尾长,尾端有岐,说文云惟季切,又音袖,又狖,上同蜼义。丁度集韵狖兽名,似犹,或从虫,作蜼;又愈水切……

引用中与论述有关的是"说文云惟季切",该句为陆法言广韵所引,同时也见于《大宋重修广韵》(该小韵为余季切)。除此例之外,《大宋重修广韵》引用"《说文》音某"还有七十二例,共有四十一例与徐铉音不同(蔡梦麒 2007)[①]。现在能够见到的完整系统的《说文》注音有两个:一是南唐小徐本朱翱音,另一为北宋大徐本徐铉音。不论是《说文解字系传》,还是《说文解字》,对"蜼"的注音均为余季切。"说文云惟季切"与《说文》注音"余季切"的两个反切切上字不同。徐铉《说文解字》刊刻于公元 986 年,徐锴《说文解字系传》早于徐铉《说文解字》,而且徐铉《说文解字》之后再也没有出现一套新的注音系统。因而《大宋重修广韵》所引"说文音"定早于大徐音和小徐音。唐代李阳冰刊定《说文》,自宋以来就已失传。我们现在所见到的唐写本《说文》有两个:一是木部残卷,

---

[①] 蔡梦麒《说文解字字音注释研究》,齐鲁书社 2007 年,第 47 页。

存一百八十八字,能明确辨认以反切或直音注音的有 164 个;一是口部残简,存十二字。不论是李阳冰《说文》之反切,还是唐本木部口部之反切,均为"大历间说文传本之旧"(周祖谟 1948)。"大历"为唐代宗年号,自公元 766 年至公元 779 年。《大宋重修广韵》咸韵所咸切"櫼上同说文音尖楔也",而唐写本《说文》木部"櫼子廉楔也从木韱声",与徐铉音同。这就是说,《大宋重修广韵》所引《说文》音也应早于唐写本《说文》,若从时间上看,这无法解释。但如果认为《大宋重修广韵》所引《说文》音直接来源于《陆法言广韵》所引的话,那么《陆法言广韵》成书时间必在唐大历之前,它所引《说文》音也应早于唐写本《说文》。《大宋重修广韵》所引《说文》音不同于徐铉的原因也就涣然冰释、怡然理顺。事实上,在唐写本《说文》之前,六朝时期就已有反切注音的《说文》,因为《经典释文》就已称引《说文》音。

关于《大宋重修广韵》的来源,学术界主要有如下几种观点①:

一、"考《广韵》之作乃据唐本《切韵》纂录而成"。(周祖谟 1937)②

二、"今本《广韵》详略注本不同或系孙氏两本之衍派。""略本《广韵》当为《唐韵》初本材料衍变而成。""详本《广韵》当为《唐韵》次本材料衍变而成。"(魏建功 2001)③

三、"《广韵》的全称为《大宋重修广韵》,所谓'重修',是因为宋太宗时曾修订《切韵》,名曰《新定广韵》。真宗时奉命重修《广韵》的是陈彭年(公元 961 年—1017 年)、丘雍。"(何九盈 1995)④

《新定广韵》即《新定雍熙广韵》,该书不传。但从史料记载,略知其梗概。

---

① 四库馆臣认为《四库全书·经部·小学类·原本广韵》为《大宋重修广韵》之底本,同时把《原本广韵》当作《永乐大典》所引《陆法言广韵》。《四库全书总目提要》:"(原本广韵)不著撰人名氏。考世行《广韵》凡二本,一为陈彭年、邱雍等所重修,一为此本。前有孙愐《唐韵序》,注文比重本颇简。朱彝尊作《重修本序》,谓明代内府刊本,中涓欲均其字数,取而删之。然《永乐大典》引此本,皆曰《陆法言广韵》;引重修本,皆曰《宋重修广韵》……故陈彭年等所定之本不曰'新修'而曰'重修',明先有此本《广韵》;又景德四年'敕牒',称旧本注解未备,明先有此注文简约之《广韵》也……"但比较后,我们发现:《原本广韵》与《陆法言广韵》不同,二者非同一种韵书。
② 周祖谟《广韵校本·序言》,中华书局,2004 年,第 3 页。
③ 魏建功《魏建功文集》,江苏教育出版社,2001 年,第 431 页。
④ 何九盈《古汉语音韵学述要》,浙江古籍出版社,1988 年,第 48 页。

章如愚《群书考索·诸子百家门·韵学字学门》前集第十一卷"雍熙广韵"云：

"太宗端拱二年六月丁丑诏以字书之学，历代编录为缪实多，命太常博士向（当为句）中正、著作郎吴铉等考古今之同异，究篆隶之根源，其新定《雍熙广韵》一百卷，宜付史馆。"宋王应麟《玉海》也有类似的记载，卷四十五云："太平兴国二年六月丁亥，诏太子中舍陈鄂等五人，同详定《玉篇》、《切韵》。太宗于便殿召直史馆句中正，访字学，令集凡有声无文者。翌日，中正上其书。上曰'朕亦得二十一字，当附其末。'因命中正及吴铉、杨文举等，考古今同异，究篆隶根源，补缺刊谬，为《新定雍熙广韵》一百卷。端拱二年六月丁丑，上之，诏付史馆。"①

从卷数及"字书之学，历代编录为缪实多"等内容看，《新定雍熙广韵》似非韵书，很可能为字书之类。②

《广韵》牒文：

"又准大中祥符元年六月五日勅：道有形，器之适；物有象，数之滋。一爻始画于龙图，八体遂生于鸟迹。书契是造，文字勃兴。踵事增华，触类浸长。沿庚载以变本，尚辞律之谐音。集韵成书，抑亦久矣。朕聿遵先志，导扬素风，设教崇文，愚科取士，考核程准，兹实用焉。而旧本既讹，学者多误，必豕鱼之尽革，乃朱紫以洞分。爰择儒臣叶宣，精力校雠，增损质正，刊修综其纲条，灼然叙列，俾之摹刻，垂于将来。仍特换于新名，庶永昭于成绩，宜改为《大宋重修广韵》。"③

王应麟《玉海》卷四十五：

"景德四年十一月戊寅，崇文院上《校定切韵》五卷，依九经例颁行。

---

① 章如愚《群书考索》，中文出版社株式会社，1982年，第342页。
② 王国维先生认为《雍熙广韵》为类书。《观堂集林》卷八："然玉海引崇文目。雍熙广韵一百卷。则殆韵海镜源之流。是类书而非韵书。"
③ 周祖谟《广韵校本》，中华书局，2004年，第12页。

祥符元年六月五日,改为《大宋重修广韵》。诏曰:道有形,器之适;物有象,数之滋。一爻始画于龙图,八体遂生于鸟迹。《大宋重修广韵》凡二万六千一百九十四言,注一十九万一千六百九十二字。"①

从牒文"旧本既讹"可知,《大宋重修广韵》有确定的一个本子为底本,而非泛指所有的《切韵》系韵书;《大宋重修广韵》为宋真宗时所修,修定《大宋重修广韵》所据的底本定非大宋所撰。因为如果所据底本为大宋所为,《重修广韵》就不可能加上"大宋"二字。所以《大宋重修广韵》所据底本应成书于宋代之前。

陆法言《切韵》为切韵系韵书的不祧之祖,唐五代韵书对陆法言《切韵》充实内容的工作主要有二:一则谓补充陆氏,一则云刊正陆氏(魏建功 2001)。现存唐五代韵书中,对收字数目作详细记载的当推王仁昫《刊谬补缺切韵》(宋跋本),其他的则语焉不详。

笺注本《切韵》S2055 长孙讷言序:

"加六百字,用补阙遗。"

又笺注本《切韵》S2055:

"伯加千一字。"

《大宋重修广韵》牒文:

"郭知玄拾遗绪正更以朱笺三百字。"

《唐韵序》:

"今加三千五百字,通旧总一万五千文,其注解不在此数。"

---

① 王应麟《玉海》,《四库全书》,上海古籍出版社,1987年,第944册。

据周祖谟先生(1983)统计,[①]各韵书的韵字如下:陆法言《切韵》不足11000字,笺注本《切韵》(S2071)约11248字,笺注本《切韵》(S2055)约11500—11600字,宋跋本王仁昫《刊谬补缺切韵》17685字,孙愐《唐韵》15000字。在唐五代韵书中收字最多的是宋跋本王仁昫《刊谬补缺切韵》,《大宋重修广韵》计有韵字26194个,即使它以收字最多的宋跋本王仁昫《刊谬补缺切韵》为底本,也须新增九千多字。除收字数目外,前修时贤还从韵次、纽次、训释以及反切等方面比较现存唐五代韵书与《大宋重修广韵》,发现二者虽有关系,但距离也是比较明显的。因而,关于《大宋重修广韵》的工作底本,学术界还没有达成共识。我们通过比较发现,《陆法言广韵》不同于现存的唐五代韵书,而与《大宋重修广韵》非常接近。现不惮烦琐,条陈于下,以求教于方家。

《永乐大典》引用《陆法言广韵》三百四十六次,即有三百四十六字引用其内容,也就是说这三百四十六字为《陆法言广韵》所收录。《永乐大典》引用《陆法言广韵》的内容主要是音(反切、直音)、义(包括引用文献)和形(异体)等。

《永乐大典》所引《陆法言广韵》三百四十六字中,有三百四十五字见于《大宋重修广韵》,仅一字未见。即卷之一万九千七百八十二　一屋的"犚"字:

……

䅵 p7401 渠玉切。顾野王玉篇渠六切。陆法言广韵谷名在上艾。司马光类篇……

犚 p7401 渠玉切。陆法言广韵渠六切,牛也。韩道昭五音集韵……

局 p7401 渠玉切。陆法言广韵局促,短小。司马光类篇……

騙 p7401 渠玉切。陆法言广韵马立不定。丁度集韵……

挶 p7401 渠玉切。丁度集韵广雅法也。杨桓六书统……

……

从排列的次序可以看出,"犚"出现于《陆法言广韵》,也就是收录该字的第一本辞书应是《陆法言广韵》。但宋本《玉篇》牛部第三百五十八凡一百四十四字收有此字,"犚"巨六切牛。按理说,"犚"字应出现于成书早于《陆法言广韵》之

[①] 周祖谟先生《唐五代韵书集存》,中华书局,1983年,第809页、第829页、第873页、第913页。

前的《玉篇》。但该字在牛部中为第一百四十四字，也就是最后一个字。朱彝尊云：

"迨上元之末，处士孙强稍增多其字，既而释慧力撰象文，道士赵利正撰解疑，至宋陈彭年、吴锐、丘雍辈又重修之。于是广益者众，而玉篇非顾氏之旧矣。"

所以宋本《玉篇》非顾野王《玉篇》。日本沙门空海所著《篆隶万象名义》无"犨"字，而"此书即出于顾氏原本《玉篇》"（周祖谟1936）①，因而，原本顾野王《玉篇》无"犨"字。也就是说《永乐大典》所据《玉篇》亦非宋本《玉篇》。

从收字的角度看，"犨"，按《广韵》牒文所言，就是"增损质正"所"损"之内容。《陆法言广韵》已亡佚，《大宋重修广韵》增收了哪些字，已无法考证，但从引用辞书中，我们还是发现了其"增"收字一例。即：卷之八千八百四十一　二十尤

扰 p4039 洪武正韵于求切，抒臼，见周礼……陆法言广韵揄，上同，又音俞。宋重修广韵舀以周切。丁度集韵……

《集韵》："由夷周切……扰舀㕣揄抒臼也或作舀㕣揄。"

"扰"、"舀"、"㕣"、"揄"四字为异体。《陆法言广韵》收有"扰"、"揄"二字，《大宋重修广韵》收有"扰"、"揄"、"舀"三字，其中"舀"为其增收字。

"质正"的也有二例：卷之一万一千七十六　八贿"獙"和卷之一万九千七百八十二　一屋"毬"。

獙 p4603 洪武正韵鲁猥切，飞走且乳之鸟……陆法言广韵獙，飞獙；又鸓，飞生鸟名，飞且乳，一曰鼯鼠，毛紫赤色，似蝙蝠而长。丁度集韵……

毬 p7401 渠玉切。顾野王玉篇巨六切。陆法言广韵皮毛丸也，一曰蹋鞠，以革为之，今通谓之球子；又菊、鞠二音。丁度集韵……

---

① 周祖谟《万象名义中之原本玉篇音系》，《问学集》，中华书局，2004年，第271页。

《陆法言广韵》"獦"、"鷝"、"毱"、"鞠"为异体，同《集韵》，但《大宋重修广韵》为一个小韵中的两个韵字。《陆法言广韵》的一个韵字被《大宋重修广韵》"质正"为两个韵字。

其他三百四十五字均见于《大宋重修广韵》。这三百四十五字中又有一百零二字只见于《大宋重修广韵》，而不见于现存唐五代之韵书。现列表于下（表中的序号为辑佚的顺序）：

序号	12	13	14	17	18	19	28	31	32	37
字	齬	麌	姏	玻	糦	恶	邬	犢	嘡	紎

序号	39	42	44	49	50	52	56	59	60	61
字	庫	儸	鴨	掫	皷	硪	髽	鴉	𩲡	抔

序号	62	63	64	66	76	77	85	86	89	93
字	婏	狓	秛	魾	夭	魩	墩	寏	柬	潜

序号	96	100	102	109	114	115	120	135	137	142
字	滄	庁	罜	衼	扰	鯫	涵	陎	輻	纘

序号	149	150	151	153	161	163	164	168	174	182
字	髳	藥	葦	婼	雛	踵	悄	椒	趣	洞

序号	183	185	187	191	196	197	199	203	204	205
字	韻	躪	屏	蕻	空	穷	腔	僅	謹	埋

序号	209	213	215	216	218	223	224	226	232	236
字	夘	蓙	默	忾	甗	蘪	悶	獌	禊	撲

序号	259	260	262	267	268	272	276	278	279	281
字	峴	骸	漕	薔	汒	鞿	犧	艟	隤	肜

序号	282	286	290	291	293	295	297	298	299	300	303
字	彭	甪	麄	麃	敳	廓	瞕	騥	鉅	璙	襥

序号	310	311	314	325	326	329	331	333	337	342	343
字	局	駶	佰	越	軧	甌	渧	棣	欼	砥	底

上述一百零二字可分为两类：一是现存唐五代韵书收录该字，但对该字的多音情况未全收录，如"齬、恶"等，但《陆法言广韵》收录，与《大宋重修广韵》同；一是现存唐五代韵书未见，但《陆法言广韵》收录，与《大宋重修广韵》同。而且《陆法言广韵》小韵的收字字数与《大宋重修广韵》完全相同，但该小韵的字数在现存唐五代韵书中要少得多。现以鉴韵为例：

宋本广韵 (子鉴切三)	王仁昫《刊谬补缺切韵》 (王三)(子鉴反一)	裴务齐正字本 (王二)(子鉴反一)	唐韵(子鉴反二加一) (按此韵不缺，仅二字)	陆法言广韵 p7198
覽蠚霽	覽	覽	覽霽	覽蠚霽

宋本广韵 (士忏切六)	王仁昫《刊谬补缺切韵》 (王三)(士忏反一)	裴务齐正字本 (王二)(士忏反一)	唐韵 (士忏反四)	陆法言广韵 p7297
鑱鞤槧黲諂艬	鑱	鑱	鑱鞤黲諂	諂鑱鞤黲臉艬

宋本广韵 (所鉴切三)	王仁昫《刊谬补缺切韵》 (王三)(所鉴反一)	裴务齐正字本 (王二)(所鉴反一)	唐韵 (所鉴反一)	陆法言广韵 p7298
釤肜肜	釤	釤	釤	釤肜肜

虽然《永乐大典》中仅保存了《陆法言广韵》的三百四十六个字，其中见于《大宋重修广韵》的有三百四十五字，但不论是从总体的收字情况而言，有近三分之一的字不见于现存的唐五代韵书，还是从每一个具体的小韵收字情况而言，均说明了《陆法言广韵》收字要多于现存的唐五代韵书，与《大宋重修广韵》比较接近。

《陆法言广韵》与《大宋重修广韵》不仅收字情况相当，而且释义也基本相同。按照《永乐大典》引书的体例，后引用的与已引用的辞书相比要有新的信息，三百四十五字可以分为三类：一是如果《陆法言广韵》后没有再引用《大宋重修广韵》，这说明《大宋重修广韵》与《陆法言广韵》相比在释义上没有新的内容，即《大宋重修广韵》等同于《陆法言广韵》；二是如果《陆法言广韵》后再次引用《大宋重修广韵》，但只有反切注音，这也说明《大宋重修广韵》在释义上与《陆法言广韵》相同；三是《陆法言广韵》后再次引用《大宋重修广韵》，而且是释义的不同,这就说明《大宋重修广韵》的释义与《陆法言广韵》不同。这第三种情况又要分为两类:第一是义项完全不同;第二是《大宋重修广韵》对《陆法言广韵》的补充,即增加注释的内容。特别是第二类,充分反映出《大宋重修广韵》与《陆法言广韵》二者之间的关系。如果二书在一个韵字的注释中同时出现,《大宋重修广韵》只出现在《陆法言广韵》之后,在释义上如果要增加内容,只能是《陆法言广韵》所没有的。我们把《永乐大典》引用《陆法言广韵》与《大宋重修广韵》释义的内容相加,与《大宋重修广韵》注释内容比较,清楚地看出,二者大多数一致。这说明《大宋重修广韵》是以《陆法言广韵》为基础再加以补充。这几种情况同样适用于上述一百零二字,现再对其他二百四十三字与《大宋重修广韵》不同的从"增损质正"角度分别加以说明。

（一）增加义项。《陆法言广韵》后再引用《大宋重修广韵》,且引用的是《陆法言广韵》所没有的,二者的义项相加就是《大宋重修广韵》释义的全部。这就清楚地看出,《大宋重修广韵》释义中哪些是《陆法言广韵》所有的,哪些是《大宋重修广韵》所增加的。这就有力说明了《陆法言广韵》与《大宋重修广韵》之间的前后继承关系。

韵字	1. 终 p42
永乐大典	陆法言广韵陟弓切,竟也。宋重修广韵又姓,汉有济南终军;又汉复姓二氏,东观汉记有终利恭;何氏姓苑云今下邳人也,左传殷人七族,有终葵氏。
大宋重修广韵	极也、究也、竟也,又姓,汉有济南终军;又汉复姓二氏,东观汉记有终利恭;何氏姓苑云今下邳人也,左传殷人七族,有终葵氏。

韵字	2. 庸 p96
永乐大典	陆法言广韵功也,次也,易也……宋重修广韵又姓,汉有庸光。
大宋重修广韵	常也,用也,功也,和也,次也,易也,又姓,汉有庸光。

韵字	46. 丕 p1433
永乐大典	陆法言广韵铺回切,伾,上同……宋重修广韵左传晋大夫丕郑。
大宋重修广韵	大也,亦姓左传晋大夫丕郑。伾,上同。

韵字	67. 枚 p1442
永乐大典	陆法言广韵枝也,亦姓也……宋重修广韵亦姓,汉有淮南枚乘。
大宋重修广韵	枝也,亦姓也,汉有淮南枚乘。

二 新发现切韵系韵书(一):《陆法言广韵》 305

韵字	69. 尊 p2103
永乐大典	陆法言广韵敬也,君父之称也……宋重修广韵亦姓,风俗通云尊卢氏之后。
大宋重修广韵	尊卑,又重也,高也,贵也,敬也,君父之称也,说文曰酒器也,本又作尊,周礼有司尊彝从土从缶,从木后人所加,亦姓,风俗通云尊卢氏之后。

韵字	78. 鹓 p2407
永乐大典	陆法言广韵鸟名。宋重修广韵於霄切,似山鸡而长尾。
大宋重修广韵	鸟名,似山鸡而长尾。

韵字	95. 苍 p3482
永乐大典	陆法言广韵苍色。徐错通释草覆也,切阳反。宋重修广韵又姓,汉江夏太守苍英。
大宋重修广韵	苍色也;又姓,汉江夏太守苍英。

韵字	104. 兴 p3680
永乐大典	陆法言广韵盛也,善也……宋重修广韵亦州名,战国时为白马氏之地,汉置武都郡,魏立东益州,梁为兴州,因武兴山而名。
大宋重修广韵	盛也,举也,善也,说文曰起也,从舁从同,同力也;亦州名,战国时为白马氏之地,汉置武都郡,魏立东益州,梁为兴州,因武兴山而名。

韵字	110. 兵 p3856
永乐大典	陆法言广韵戎也,世本曰蚩尤以金作兵器。孙愐唐韵甫明切。宋重修广韵周礼有司兵,掌五兵五盾。
大宋重修广韵	戎也,周礼有司兵,掌五兵五盾,世本曰蚩尤以金作兵器也。

韵字	116. 游 p4041
永乐大典	陆法言广韵放也,游,上同……宋重修广韵又姓,出冯翊广平,前燕慕容庾以广平游邃为股肱。
大宋重修广韵	浮也,放也;又姓,出冯翊广平,前燕慕容庾以广平游邃为股肱;游,上同。

韵字	118. 函 p4181
永乐大典	陆法言广韵又音含。……宋重修广韵胡谗切,亦姓,汉有豫章太守函熙;又汉复姓,汉末有黄门侍郎函冶子觉。
大宋重修广韵	函谷,关名;又姓书;亦姓,汉有豫章太守函熙;又汉复姓,汉末有黄门侍郎函冶子觉;又音含。

韵字	119. 錏 p4186
永乐大典	陆法言广韵铠别名。宋重修广韵胡男切,孟子云矢人岂不仁於函人哉,矢人惟恐不伤人,函人唯恐伤人。
大宋重修广韵	铠别名,孟子云矢人岂不仁於函人哉,矢人惟恐不伤人,函人唯恐伤人。

韵字	165. 耂 p4919
永乐大典	陆法言广韵鲁皓切,耆老……宋重修广韵亦姓,左传宋有老佐。
大宋重修广韵	耆老;亦姓,左传宋有老佐。

韵字	208. 贲 p5931
永乐大典	陆法言广韵又肥、坟、奔三音……宋重修广韵亦姓,汉有贲赫。
大宋重修广韵	卦名,贲饰也;亦姓,汉有贲赫,彼义切;又肥、坟、奔三音。

韵字	228. 系 p6081
永乐大典	陆法言广韵又姓……宋重修广韵又姓,楚有系益。
大宋重修广韵	绪也;又姓,楚有系益。

韵字	237. 冀 p6307
永乐大典	陆法言广韵冀,九州岛名,兾,上同,见经典省……宋重修广韵续汉书安平国故信都郡,光武师蓟,南行太守任光开出迎,今州城是;又姓,左传晋大夫冀芮。
大宋重修广韵	九州岛名,尔雅曰两河间曰冀州,续汉书安平国故信都郡,光武师自蓟,南行太守任光开门出迎,今州城是;又姓,左传晋大夫冀芮;兾,上同,见经典省。

韵字	239. 树 p6386
永乐大典	陆法言广韵木总名也,立也倡,上同……宋重修广韵又姓,姓苑云江东有之,后魏官氏志树洛干氏,后改为树氏。
大宋重修广韵	木总名也,立也;又姓,姓苑云江东有之,后魏官氏志树洛干氏,后改为树氏。

韵字	249. 滏 p6704
永乐大典	陆法言广韵水名,山海经云神囷之山,滏水出焉。宋重修广韵水名,在邺。
大宋重修广韵	水名,在邺,山海经云神囷之山,滏水出焉。

韵字	283. 沐 p7300
永乐大典	陆法言广韵沐浴,礼记头有创则沐……宋重修广韵又姓,风俗通曰汉有东平太守沐宠;又汉复姓,有沐简氏,何氏姓苑云今任城人。
大宋重修广韵	沐浴,说文曰濯发也,礼记头有创则沐;又姓,风俗通曰汉有东平太守沐宠;又汉复姓,有沐简氏,何氏姓苑云今任城人。

二 新发现切韵系韵书(一):《陆法言广韵》

韵字	312. 伏 p7403
永乐大典	陆法言广韵匿藏也,又历也。宋重修广韵又姓,出平昌,本自伏牺之后,汉有伏胜,文帝蒲轮征不至。
大宋重修广韵	匿藏也,伺也,隐也,历也,释名曰伏者何金气伏藏之日,金畏火,故三伏皆庚日。又姓,出平昌,本自伏牺之后,汉有伏胜,文帝蒲轮征不至。

(二)减少义项。《大宋重修广韵》与《陆法言广韵》相比,义项减少,仅二例,即"惥"与"媞"字:

韵字	164. 惥 p4826
永乐大典	陆法言广韵惥惥,忧无告,诗传云惥惥,无所依;又音灌,主驾官;又音官。
大宋重修广韵	惥惥,忧无告,诗传云惥惥,无所依;又音灌。

韵字	332. 媞 p9162
永乐大典	丁计切。陆法言广韵妇人安祥之容貌,又啼、是二音。
大宋重修广韵	杜奚切,媞,美好貌,尔雅云媞媞,安也,说文又时尔切,谛也,一曰妍黠。承纸切,媞,江淮呼母也,又音啼。

(三)质正义项。与《大宋重修广韵》相比,《陆法言广韵》的释义不同或微殊的有15例,是《大宋重修广韵》对《陆法言广韵》释义不确或不全加以"质正"而成。

韵字	81. 蹻 p2408
永乐大典	陆法言广韵揭足
大宋重修广韵	举足高

韵字	91. 妆 p2590
永乐大典	陆法言广韵女子粧粉饰。
大宋重修广韵	女字又饰也

韵字	154. 髓 p4618
永乐大典	陆法言广韵骨中膏也。
大宋重修广韵	说文作䯝,骨中脂也。

韵字	155. 藋 p4622
永乐大典	陆法言广韵草木貌也。
大宋重修广韵	藋靡,草木弱貌。

韵字	158. 䏧 p4623
永乐大典	陆法言广韵䏧吸也,䑋上同。
大宋重修广韵	喙也。

韵字	159. 渧 p4625
永乐大典	陆法言广韵渧渍。
大宋重修广韵	汁渍也。

韵字	161. 觟 p4626
永乐大典	陆法言广韵细计。
大宋重修广韵	细颈。

韵字	192. 轰 p5659
永乐大典	陆法言广韵车声。鞫上同。
大宋重修广韵	众车声也,鞫上同。

韵字	207. 制 p5805
永乐大典	陆法言广韵禁制,又制作,法制,亦作利。
大宋重修广韵	禁制,又断也,止也,胜也。

韵字	239. 树 p6386
永乐大典	陆法言广韵木总名也,立也,俖,上同。
大宋重修广韵	树木总名也,立也……尌,立也,又音住,俖,上同。

韵字	244. 著 p6423
永乐大典	陆法言广韵处也,宜也,补也,成也,定也;又张略、长略二切。
大宋重修广韵	明也,处也,立也,补也,成也,定也;又张略、长略二切。

韵字	250. 辅 p6704
永乐大典	陆法言广韵酺,同上。
大宋重修广韵	辅,毗辅,又助也……酺,颊骨,䩉,同上。

韵字	321. 寺 p9128
永乐大典	陆法言广韵阉人。
大宋重修广韵	寺者,司也,官之所止,有九寺;释名曰寺,嗣也,治事者相嗣续於其内;又汉西域白马驼经来止於鸿胪寺,遂取寺名,创置白马寺。

二 新发现切韵系韵书(一):《陆法言广韵》

韵字	324.㧻 p9161
永乐大典	陆法言广韵搥也。
大宋重修广韵	撮取。

韵字	328.跌 p9162
永乐大典	陆法言广韵温也。
大宋重修广韵	踢。

《永乐大典》所引用《陆法言广韵》,同时又见于《大宋重修广韵》的计三百四十五字,其中注音的共有一百零二字。注音的方式有两种:反切或直音。注音内容与《大宋重修广韵》完全相同的计有七十六例,不同的有二十六例,其中音韵地位相同,但反切上、下字不同的有七例,分别为:

韵字	47.胚	80.麵	97.䅰	166.㭘	175.取	194.軯	254.镎
陆法言广韵	铺回切	巨桥切	奚经切	鲁皓切	此庚切	口送切	杜罪切
大宋重修广韵	芳杯切	巨娇切	户红切	卢皓切	七庚切	苦贡切	徒猥切

其他十九例的音韵地位与《大宋重修广韵》不同,不同之处就是《大宋重修广韵》"质正"的对象。但从语音发展史的角度看,不同之处应是《陆法言广韵》的语音特点,从而可以略窥它的语音概貌。

一、知组章组混切

韵字	1.终	320.成
陆法言广韵	陟弓切(知东三)	持征切(澄清三)
大宋重修广韵	职戎切(章东三)	是征切(禅清三)

较早记录知章组混切的是郭璞,《方言》卷十一:

"蟒……南楚之外谓之蟅蟒。"

郭璞注:

"蟅音近诈,亦呼咤咤。"

蟅(章)音近诈(庄),又可读咤(知),这是一份关于知、庄、章三组既有区别而又相近的实证材料。《经典释文·序录》：

"(郭璞)，字景纯，河东人(今山西闻喜)。东晋弘农太守，著作郎。"

而且在魏晋河洛音注材料中，知章互注的有十例(如以澄注常：杼/柱、以章注知：邾/朱)(蔡鸿 2005)。《开蒙要训》注音，知照、照澄和澄知互注的有九例，罗常培先生(1961)指出：

"知照澄三母在这种(唐五代西北)方音里已然混而不分了。"①

笺注本《切韵》(S2055)，知照互切的亦有二例，即"忡 初中反"、"痴 出之反"。周祖谟先生认为(1983)"抄写的人口中彻母与穿母也许音同或音近"。②云公《涅槃经音义》有二例："窗 齿江反"和"儠 丈觐反"(储泰松 2005)。云公《涅槃经音义》二卷，不传。今仅见于《慧琳音义》卷二十五、二十六。书题下云："开元二十一年壬申岁终南太一山智炬寺集。"蒋藏本《唐韵》澄知互注亦有一例：召(澄)真(章)少反，而且徐铉《改定说文篆韵谱》(所据为李舟《切韵》)同《唐韵》(徐朝东 2012)③。从现有的研究成果可以看出，知照互注的在宋代之前在地域上主要反映在西北地区，应是该地区的方音特点。《陆法言广韵》知照混切应是方音反映。《陆法言广韵》的作者虽不可确考，但据知照混切特点，可以推断其应为唐西北地区人氏。

二、浊清互注

韵字	41.鞞	48.邳	54.頯	193.碻	211.痹	280.钐	281.彭	282.彭
陆法言广韵	捕鼎	铺回	铺回	呼宋	毗意	士忏	士忏	士忏
大宋重修广韵	补鼎	符悲	符悲	乎宋	必至	所鉴	所鉴	所鉴
声纽	并：帮	滂：并	滂：并	晓：匣	并：帮	崇：生	崇：生	崇：生

以浊声母注清音的五例，以清音声母注浊音的三例。这一现象在现存的

---

① 罗常培《唐五代西北方音》，科学出版社，1961年，第44页。
② 周祖谟《唐五代韵书集存》，中华书局，1983年，第841页。
③ 徐朝东《蒋藏本〈唐韵〉研究》，北京大学出版社，2012年，第272页。

唐代韵书中也不鲜见:笺注本《切韵》(S2055)有三例(徐朝东 2007)①,王仁昫《刊谬补缺切韵》(宋跋本)有四例(古德夫 1993)②,蒋藏本《唐韵》有七例(徐朝东 2012),裴务齐正字本《刊谬补缺切韵》有二例(曹洁 2007)③。这与唐五代其他材料所反映的浊音清化现象是一致的。在日语借音中,日语吴音是用浊音表示汉语的浊音,但到汉音中,全部改用清音对应原来的浊音(高本汉 2003)④;罗常培先生(1933)指出在《唐蕃会盟碑》等五种汉藏对音材料中,西北方言全浊声母已经清化,而且大部分变成送气清音。⑤《陆法言广韵》的清浊互注,既有不送气的("鞞"、"痹"),也有送气的(其他六例)。对这一现象,我们同意黄笑山先生(1994)的观点,黄先生认为唐五代的全浊声母确实有了清化的可能,但还不是地道的全清或次清,而是一种清音浊流的"浊音"。⑥

三、咍、灰两韵的区别

韵字	娾
陆法言广韵	普雷切,好色貌;又普才切。
大宋重修广韵	普才切

《大宋重修广韵》仅有普才切一音,《陆法言广韵》二音被《大宋重修广韵》"损"一音。在《切韵》系音书中,灰韵均在咍韵前,《永乐大典》先引"普雷(灰)切",再引"普才(咍)切",这说明在《陆法言广韵》中灰韵亦在咍韵前,而且"娾"有二音,分属灰咍两韵。

像"娾"有二音,分属灰咍二韵的,在《大宋重修广韵》中也有一例,即"肧"。灰韵:肧,怀胎一月,芳杯切,八;尤韵:肧,孕一月,又普回、普来二切。"普回切"即"芳杯切",属灰韵;"普来切"属咍韵,《大宋重修广韵》咍韵未见。王仁昫《刊谬补缺切韵》尤韵:肧孕一月又普来切。这均说明了"肧"有咍韵一读。

在《切韵》系韵书中,唇音是不分开合的,在韵图中,唇音有时放在开口

---

① 徐朝东《p2659 为〈唐韵〉考》,《古籍整理研究学刊》,2007 年,第 75 页。
② 古德夫《汉语中古音新探》,江苏教育出版社,1993 年,第 167 页。
③ 曹洁《裴务齐正字本〈刊谬补缺切韵〉研究》,上海古籍出版社,2013 年,第 186 页。
④ 高本汉《中国音韵学研究》,商务印书馆,2003 年,第 178—194 页。
⑤ 罗常培《唐五代西北方音》,科学出版社,1961 年,第 232—241 页。
⑥ 黄笑山《试论唐五代全浊声母的"清化"》,《古汉语研究》第 3 期,1994 年,第 39 页。

图中,有时置于合口图中,开合韵没有对立。一对开合韵,其主要元音相同,不同的只是介音的有无。但这一规律在咍灰韵中不完全适用。关于咍灰两韵,学术界有不同看法,一是咍灰是一韵的开合两类(陆志韦1947、李荣1956、邵荣芬1982);①一是咍灰不是一韵的开合两类,它们的主要元音不同,是不同的两韵(潘悟云2000)。② 潘先生最有力的证据就是咍、灰两韵有对立的唇音:

纽/韵	咍	灰	海	贿	代	队
並	啡扶来	裴薄恢	倍薄亥	琲薄罪		
明			穤莫亥	浼武罪	穤莫代	妹莫佩

咍、灰两韵来自上古的之、微两部,到《切韵》时代,"欲广文路",两韵主元音视为相同,"若赏知音",两韵主元音即须有异。娘,有两个反切(普雷、普才),反切上字相同,反切下字分属咍、灰两韵;肧,有两个反切(普回、普来),反切上字相同,反切下字分属咍、灰两韵。这不可能只是合口介音有无的区别,只有一种解释,即主元音的不同。

四、灰脂混切

韵字	46.伾	48.邳	54.頯
陆法言广韵	铺回	铺回	铺回
大宋重修广韵	敷悲	符悲	符悲
韵目	灰:脂	灰:脂	灰:脂

灰韵主要来自上古之、微部一等(周祖谟1966),③至宋代通语,灰韵及泰韵合口字转入止摄(鲁国尧1984)。④ 灰脂互注在魏晋河洛音注中有1例:垒(壨)/良裴,蔡鸿先生(2005)认为这是古音联系的体现。⑤ 隋代,"咍灰微、咍灰之"互押各一例(李荣1982),⑥初唐朱宝积之"堆"和张说之"磓"押入止摄,

---

① 陆志韦《陆志韦语言学著作集》(二),中华书局,1947年,第406—409页;李荣《音韵存稿》,商务印书馆,1956年,第73页;邵荣芬《切韵研究》,中国社会科学出版社,1982年,第114—117页。
② 潘悟云《汉语历史音韵学》,上海教育出版社,2000年,第67页。
③ 周祖谟《切韵的性质和它的音系基础》,《问学集》,中华书局,1966年,第455—463页。
④ 鲁国尧《鲁国尧语言学论文集》,江苏教育出版社,1984年,第391—395页。
⑤ 蔡鸿《魏晋河洛音注研究》,南京大学博士学位论文,2005年,第56页。
⑥ 李荣《隋韵谱》,《音韵存稿》,商务印书馆,1982年,第144页。

(鲍明炜 1990)①唐五代变文用韵,咍灰皆佳与止摄相叶五例(周祖谟 1989)。②"丕、邳、頽"三字在上古隶于之部(周祖谟 1966),在《大宋重修广韵》中归脂韵。也就是说,上古之部的一部分(如丕等)演变到中古,为脂韵字,但在《陆法言广韵》中属于灰韵,可以说明这部分字不是古音的遗留,也不是通语的演变(通语的规律是灰韵转入止摄,而不是相反),而是方音的反映。

其他几例见下表,影喻合流为"雝"字、同等重韵合并为"匈、犓和镵"、三四等不分为"頯"字,这些都反映了语音演变,不作详细论述;仅"髛、鄢"两字为送气与不送气的交替,这究竟是何种语音的变化,存疑待考。

韵字	5.雝	30.匈	31.犓	82.髛	83.頯	84.鄴(鄢)	271.镵
陆法言广韵	又音勇	楚居	楚居	古尧	吁骄	坚尧	又士咸
大宋重修广韵	又音拥	测隅	测隅	苦幺	火幺	苦幺	锄衔
注释	喻:影	鱼:虞	鱼:虞	见:溪	宵:萧	见:溪	咸:衔

《大宋重修广韵》成书于宋代,被历代科举士子奉为圭臬。在流传的过程中,讹脱难免。现代学者对《广韵》作精审校勘的主要有周祖谟、葛信益、龙宇纯和余乃永等先生,其中学术影响极大、流传独盛的首推周祖谟先生《广韵校本》,该书承清儒及后来学者研究成果,益以新发现的唐五代韵书汇校而成,初版于上个世纪三十年代,一版再版,"民到于今受其赐"。《广韵》校勘的集大成者,当推余乃永先生的《新校互注宋本广韵》。前修未密,后出转精。对这些讹夺现象,学术界认为主要是由于传抄、翻刻过程中产生的。这当然是主要的,但还有一部分就是《大宋重修广韵》的底本讹夺所致。我们再从韵字和注释的字形讹夺角度看《陆法言广韵》与《大宋重修广韵》之间的前后继承关系。

一、《大宋重修广韵》与《陆法言广韵》同误。

  1. 犧 p1431 脯回切。尔雅犧牛……陆法言广韵下小牛也(《宋本广韵》同,周先生校"下"字当删),又音皮。张参五经文字……

  2. 脀 p3740 洪武正韵诸成切,升也……顾野王玉篇之仍切,脀,之丞

---

① 鲍明炜《唐代诗文韵部研究》,江苏古籍出版社,1990 年,第 158 页。
② 周祖谟《变文的押韵与唐代语音》,《周祖谟学术论著自选集》,北京师范学院出版社,1989 年,第 332—352 页。

切,俎实也。陆法言广韵脀,痴貌,胚,熟也。(《宋本广韵》同,周先生校"脀"当为"脀")张参五经文字……

3. 稴 p4188 胡嵒切。陆法言广韵不作稻也(《宋本广韵》同,周先生校"作"当为"黏")。宋重修广韵胡谗切。杨桓六书统……

4. 栌 p4485 郎古切。陆法言广韵木名(《宋本广韵》同,周先生校"栌"当为"枦"),可染缯。郭忠恕佩觿集……

5. 㔌 p4604 鲁猥切。许慎说文磥也……顾野王玉篇力罪切。陆法言广韵陮𨸰,实果垂;又力追切。(《宋本广韵》同,周先生校"陮"当为"㔌")释行均龙龛手鉴……

6. 䯏 p4606 苦猥切。陆法言广韵首大骨;又口瓦切(《宋本广韵》同,周先生校"瓦"当为"兀")。丁度集韵……

7. 㢩 p5647 徒弄切。顾野王玉篇船板木。陆法言广韵船缆所系。(《宋本广韵》同,周先生校"㢩"当为"㢩")丁度集韵……

8. 㾺 p5995 必忌切。许慎说文湿病也……顾野王玉篇卑利切。陆法言广韵毗意切,脚冷。(《宋本广韵》同,余先生校"毗"当为"㾺")司马光类篇……

9. 憘 p6090 胡戏切。陆法言广韵恨足(《宋本广韵》同,周先生校"足"当为"也")。宋重修广韵胡计切。丁度集韵……

10. 蠢 p6433 洪武正韵陟虑切,飞举也……顾野王玉篇之庶切。陆法言广韵蠢或作蠢(《宋本广韵》同,周先生校"蠢"当为"蠢")。徐锴通释……

11. 鐜 p6877 杜对切。陆法言广韵鍊鐜,车辖。(《宋本广韵》同,周先生校"鐜"当为"鐯")丁度集韵……

12. 渌 p7372 卢谷切。陆法言广韵卢毒切,水名,在齐;(《宋本广韵》同,周先生校"齐"当为"济")又力各切,齐鲁间水名;又音朴。(《宋本广韵》同,周先生校"朴"当为"扑")徐铉五音韵谱……

13. 录 p7373 卢谷切。陆法言广韵谑(《宋本广韵》同,周先生校"谑"当为"谝")。宋重修广韵力玉切。丁度集韵……

14. 伏 p7403 洪武正韵房六切。跧也,偃也……顾野王玉篇扶腹切。陆法言广韵匿藏也,又历也(《宋本广韵》同,周先生校"历也"当为"历忌")。宋重修广韵又姓,出平昌,本自伏牺之后,汉有伏胜,文帝蒲轮征不

二　新发现切韵系韵书(一):《陆法言广韵》　315

至。司马光类篇……

15. 棣 p9182 洪武正韵他计切,整发钗,从木从帝。陆法言广韵棣枝,整发钗也(《宋本广韵》同,周先生校"棣"当为"掃")。丁度集韵……

16. 嚏 p9187 他计切。陆法言广韵唾声(《宋本广韵》同,周先生校"嚏"当为"嚏")。释行均龙龛手鉴……

二、《大宋重修广韵》误,而《陆法言广韵》不误。这当是传抄、翻刻所致。

1. 庳 p1429 洪武正韵晡回切,同上下也。……陆法言广韵下也,又音婢。宋重修广韵庳(《宋本广韵》作"痺",误,周先生校当为"庳")府移切。丁度集韵……

2. 翍 p1439 洪武正韵铺杯切,张羽。顾野王玉篇普皮切,张也,亦作披。陆法言广韵羽(《宋本广韵》作"翍",误,周先生校当为"羽")张之貌。宋重修广韵敷羁切。丁度集韵……

3. 惢 p4617 如累切。许慎说文心疑也,从三心。……顾野王玉篇又桑果切。陆法言广韵才捶切。(《宋本广韵》作"棰",误,周先生校当为"捶")丁度集韵……

4. 觜 p4623 洪武正韵即委切,鸟喙也……顾野王玉篇訾,子累切,訾口,鸟喙也,又作哝,同觜。陆法言广韵觜,吸也,訾(《宋本广韵》作"棠",误,周先生校当为"訾")上同。丁度集韵……

5. 楺 p5244 苏偶切。陆法言广韵车毂中空。宋重修广韵苏后切。(《宋本广韵》作"操",误,余先生校当为"楺")丁度集韵……

6. 悷 p5649 卢贡切。陆法言广韵悷戆,愚也。(《宋本广韵》作"戆",误,周先生校当为"戆")丁度集韵……

7. 蕻 p5659 胡贡切。陆法言广韵草菜心长。(《宋本广韵》作"菜",周先生校当为"菜")司马光类篇……

8. 谥 p5739 洪武正韵时至切,谏行立号,以易名也……陆法言广韵易名,(《宋本广韵》作"曰",误,周先生校当为"名")又申也,说文作谥。张参五经文字……

9. 邲 p5994 必忌切。说文宰之也……陆法言广韵好貌。(《宋广韵》作"邜",误,周先生校当为"邜")徐锴通释……

10. 藆 p6041 必忌切。顾野王玉篇必至、裨婢切,莞草也。陆法言广韵鼠莞,可为席。(《宋本广韵》作"蘪",误,周先生校当为"藆")张参五经文字……

11. 悇 p6422 昌据切。陆法言广韵惮悇,忧也。(《宋本广韵》作"爱",误,周先生校当为"忧")丁度集韵……

12. 滏 p6704 洪武正韵防父切,水名。顾野王玉篇扶甫切。陆法言广韵水名,山海经云神囷之山,滏水出焉。(《宋本广韵》作"釜",误,周先生校当为"滏")宋重修广韵水名,在邺。戴侗六书故……

13. 㐱 p7298 所鉴切。陆法言广韵士忏切,相接物也;又利也,出字諟。(宋本广韵作"谱",误,周先生校当为"諟")杨桓六书统……

14. 駂 p7852 洪武正韵莫白切,馲駂,驴父牛母……陆法言广韵犴狛,亦作馲駂。(《宋本广韵》作"駂",误,周先生校当为"駂")丁度集韵……

15. 赿 p9161 丁计切。许慎说文趍也。……顾野王玉篇都替反。陆法言广韵趍走貌。(《宋本广韵》作"赿",误,周先生校当为"赿")徐锴通释……

三、《陆法言广韵》误,而《宋本广韵》不误。这些字形多为近似,应为手民所误。

1. 鹕 p1054 汪胡切。陆法言广韵鹕鷵,鹈鹕别名,俗谓之搨向("搨向"误,《宋本广韵》作"掏河")也。宋重修广韵哀都切。丁度集韵……

2. 鰗 p1054 汪胡切。陆法言广韵鰗鯸鱼,月令塞("塞"误,《宋本广韵》作"寒")乌入水化为乌鯸鱼。宋重修广韵哀都切。释行均龙龛手鉴……

3. 䳌 p1441 铺杯切。陆法言广韵䳌("䳌"误,《宋本广韵》作"䳌")也。宋重修广韵符悲切。丁度集韵……

4. 夭 p2403 洪武正韵伊尧切,夭夭和舒貌……陆法言广韵和舒之貌;又乞矫切。("乞"误,《宋本广韵》作"乙")宋重修广韵于乔切。司马光类篇……

5. 鍫 p2420 洪武正韵此遥切,方言臿锹……陆法言广韵鍫,亦作剾。("剾"误,《宋本广韵》作"䥯")张参五经文字……

二 新发现切韵系韵书（一）：《陆法言广韵》 317

6. 蜼 p4603 洪武正韵鲁猥切，猴属，尾长，雨则挂於木，以尾塞鼻。……陆法言广韵蜼似猴仰鼻而尾长，尾端有岐，说文云惟季切；又音袖，又雅。上同蜼义。（"袖"误，《宋本广韵》作"柚"）丁度集韵……

7. 謏 p5244 苏偶切。陆法言广韵謏诔（"诔"误，《宋本广韵》作"訹"）诱辞。宋重修广韵苏后切。戴侗六书故……

8. 湩 p5730 洪武正韵之仲切，乳汁，亦作重；又音冻，义同。……陆法言广韵巨搜氏（"氏"误，《宋本广韵》作"民"）取牛马湩以洗穆天子之足。孙愐唐韵竹用切。丁度集韵……

9. 膝 p6090 胡戏切。陆法言广韵喉脈（"脈"误，《宋本广韵》作"脉"）。腋上同。宋重修广韵胡计切。丁度集韵……

10. 諂 p7297 洪武正韵直陷切，譖也；又覃韵。陆法言广韵又七衫切。（"七"误，《宋本广韵》作"士"）丁度集韵……

11. 鵮 p7297 直陷切。陆法言广韵又士忏切，似鵰而班白也，出音语。（"语"误，《宋本广韵》作"谱"）杨桓六书统……

《永乐大典》虽仅存三百四十六条《陆法言广韵》的内容，但吉光片羽，弥足珍贵。在与唐五代韵书和《大宋重修广韵》比较之后，可以归纳如下几点：

一、《陆法言广韵》与《大宋重修广韵》是不同时期的两本韵书。

二、《陆法言广韵》是成书于唐代而现存韵书未见著录的又一种切韵系韵书。

三、在收字、释义和注音等方面与《大宋重修广韵》关系非常密切，《陆法言广韵》可能就是《大宋重修广韵》的底本。

《陆法言广韵》已不存，《永乐大典》也仅存全书的百分之四，但可以肯定的是《永乐大典》的编纂者见过《陆法言广韵》全貌。张忱石（1986）、胡道静（2003）二先生指出：

"《永乐大典》辑录之典籍，皆是据明初文渊阁所藏宋、金、元旧本缮写。"①②

---

① 张忱石《永乐大典史话》，中华书局，1986年，第5页。
② 胡道静《海外新发现〈永乐大典〉十七卷·序》，上海辞书出版社，2003年，第1页。

据《陆法言广韵》,我们认为明初文渊阁所藏应还有唐代写本。

《广韵》不等同于《大宋重修广韵》。在《大宋重修广韵》之前,以《广韵》命名的有七种(魏建功 2001),[①]最后一种为"《广韵》五卷,陆法言撰,《宋志》载"。魏建功先生认为《宋志》载《陆法言广韵》为"宋作"。《宋志》所载《陆法言广韵》与《永乐大典》所存的在名称上是一致,但在时间上是不同的,二者是否有关系,还有待于新材料的发现。

[①] 魏建功《魏建功文集》,江苏教育出版社,2001 年,第 438 页。魏建功先生列有八种,第二种为"《广韵》,《北户录》、《续音义》引"。但段公路《北户录》所引为《唐韵》,而非《广韵》。

三

新发现切韵系韵书(二):孙愐《唐韵》
——兼论《大宋重修广韵》所据孙愐《唐韵》的写本

孙愐《唐韵》是切韵系韵书中一部重要韵书,重要性表现在其小韵反切上承陆法言《切韵》,下启《大宋重修广韵》(王力 1997)。[①] 光绪卅四年(1908)吴县人蒋斧于北京琉璃厂旧书肆购得第一种唐写本《唐韵》残卷,甫一出版,就引起了学术界的广泛关注。经过几代学者的搜佚与研究,学术界又发现了几种《唐韵》:一是敦煌文献残卷:P2018(姜亮夫 1990)、(周祖谟 1983),DX1466(上田正 1987)、P2659(徐朝东 2007);二是徐铉《说文解字》注音;三是《唐韵》音切佚文:源顺《倭名类聚钞》、《净土三部经音义》、释中算《法华经释文》和可洪《新集藏经音义随函录》(周祖谟 1983)、(徐朝东 2002)。对上述几种《唐韵》作较为全面研究的是徐朝东博士,其博士论文《蒋藏本唐韵研究》获得国家社科成果文库基金资助出版。除此之外,学术界尚未见到孙愐《唐韵》的新材料,而我们在《永乐大典》中发现了孙愐《唐韵》佚文四十九条。

《永乐大典》所引孙愐《唐韵》的小韵同时又见于蒋藏本《唐韵》的共有九个,为比较其异同,现列表于下:

韵字	横	蝗	欪	语	絮	霩	鐏	䮷	职
大典唐韵	又音宏	又音皇	呼计切。气越名。	说也。告也。	抽据切	霍霩云状	徒猥切	渠竹切	之翼切博雅云业也。又姓周礼有职方氏。其后因官为姓。汉有山阳令职洪

[①] 王力《汉语语音史》,商务印书馆,1997 年,第 3 页。

续表

韵字	横	蝗	歀	语	絮	霸	鐼	䟠	职
蒋斧本唐韵	无该字	虫名户孟反又音皇三	无该字	又鱼举反	和调食。抽据反	徒对切。霍霸云貌	徒对切	马跳跃渠竹反六加	主也。字林记微。又姓风俗通汉有山阳令职洪。之翼反六加一
大宋重修广韵	横非理来又音宏	蝗虫名户孟切又音皇三	歀虫名呼计切三	说也告也又鱼巨切	和调食也抽据切三	徒对切十二霸霍云状	徒猥切又徒对切五	马跳跃也说文曰马曲脊也渠竹切二十	职主也常也博雅云业也。字林云记微也又姓周礼有职方氏其后因官为姓风俗通云汉有山阳令职洪之翼切九

"横"、"歀"两字,大典《唐韵》有,而蒋藏本《唐韵》无;"语"字,大典有释义,而蒋藏本无释义;"霸"字释义大典为"状"字,《大宋重修广韵》同,而蒋藏本为"貌"字;"职"字释义大典《唐韵》稍详于蒋藏本《唐韵》,而与《大宋重修广韵》比较接近,其他四字两本同。这说明大典《唐韵》与蒋藏本《唐韵》有同有异,可以认为它们是两个不同的本子。所不同的是大典《唐韵》在收字释义方面比蒋藏本《唐韵》有所增加,从切韵系韵书发展的过程看,后一种韵书与前一种韵书相比,除了韵目可能有所增减外,最大的不同就是增字加注。因此,我们同意陆志韦(1999)、周祖谟(1983)二先生的意见,①《唐韵》未必像王国维先生根据《广韵》前引《唐韵序》就断言其有开元、天宝两个本子,蒋藏本为接近于孙愐原书的一种增修本(周祖谟1983),②因为清卞永誉《式古堂书画汇考》卷八所载孙愐《唐韵》为一百九十五韵,而蒋藏本《唐韵》为二百零四或二百零五韵(徐朝东2002)。③ 唐代流行的《唐韵》写本很多。因此,大典《唐韵》可能是要稍后于蒋藏本《唐韵》的又一种增修本。

大典《唐韵》现仅存四十九条,其中无音注的十二条,又音或其他的十条、反切注音的二十七条。现把这二十七条的反切与《广韵》小韵反切相比较:

---

① 陆志韦《陆志韦语言学著作集(二)》,中华书局,1999年,第461—470页;周祖谟《唐五代韵书集存》,中华书局,1983年,第635页。
② 周祖谟《唐五代韵书集存》,中华书局,1983年,第635页。
③ 徐朝东《蒋藏本唐韵研究》,北京大学出版社,2012年,第15页。

三 新发现切韵系韵书(二):孙愐《唐韵》 321

韵字	刍	卑	肧	硊	鹑	趣	蹫	桩	兵
大典唐韵	测隅	府移	芳杯	匹支	将伦	起嚣	去遥	都江	甫明
大宋重修广韵	测隅	府移	芳杯	匹迷	将伦	起嚣	去遥	都江	甫明

韵字	峕	葦	獼	潩	趣	轰	湩	欮	鯚
大典唐韵	丘轨	时髓	随婢	遵诔	仓苟	呼进	竹用	许既	虚器
大宋重修广韵	丘轨	时髓	随婢	遵诔	仓苟	呼进	竹用	许既	虚器

韵字	欼	冀	絮	阄	楚	辅	镎	䚯	职
大典唐韵	呼计	居致	抽据	丑注	创据	扶古	徒猥	渠竹	之翼
大宋重修广韵	呼计	几利	抽据	丑注	疮据	扶雨	徒猥	渠竹	之翼

孙愐《唐韵》与《广韵》小韵反切完全相同的有二十三例,约占总数二十七条的85%;另有"冀"和"楚"二字反切的音韵地位相同,只是用字不同;仅"硊""辅"二字反切下字属于不同韵目。而蒋藏本《唐韵》与《广韵》小韵切语完全相同的达1261个,占蒋藏本《唐韵》小韵总数1367的92.25%,占《广韵》相应小韵总数1513的83.34%(徐朝东2002)。① 虽然《永乐大典》所引的孙愐《唐韵》现已无法见其原貌,而蒋藏本《唐韵》也仅存去声和入声两部分,二者无法直接比较,但从二者反切与《广韵》小韵反切相同部分相比较可以看出所占的比例大致相当。我们认为不论是蒋藏本《唐韵》,还是大典《唐韵》,二者小韵反切相同的应是主要的,它们是一脉相承的。

徐铉在《上校订说文表》云:

"《说文》之时,未有反切,后人附益,互有异同。孙愐《唐韵》,行之已久。今并以孙愐音切为定,庶夫学者有所适从。"

徐铉《说文》音切既"并以孙愐音切为定",因而历来研究徐铉反切的学者都认为徐氏所引的反切就是孙愐《唐韵》的反切。而事实上,徐铉《说文解字》所引与蒋藏本的反切是稍有不同的(徐朝东2002)、(蔡梦麒2007)。② 与蒋藏

---

① 徐朝东《蒋藏本唐韵研究》,北京大学出版社,2012年,第162页。
② 徐朝东《蒋藏本唐韵研究》,北京大学出版社,2012年,第124页;蔡梦麒《说文解字字音注释研究》,齐鲁书社,2007年,第94—95页。

本现存部分比较,徐铉《说文解字》所引相应的小韵有 1115 个,其中 940 个反切完全相同,145 个反切仅是用字不同,12 个反切属于不同的声类或韵类,18 个小韵蒋藏本未见(徐朝东 2002)。所以徐朝东先生(2002)指出:

> "徐铉给《说文》注音时,根据的底本是孙愐《唐韵》,其间或加入一些自己编写的切语。"[1]

我们同意徐先生的看法,但徐铉为何更换切语上或下字,依据是什么,我们从大典《唐韵》可以看出其中的端倪。大典《唐韵》仅存四十九条信息,其中有反切注音又见于《说文解字》的音注的计有十一条。现列表于下:

韵字	刍	卑	胚	兵	湩	歁	鯠	冀	辅	錞	騽	职
大典唐韵	测隅切	府移切	芳杯切	甫明切	竹用切	许既切	虚器切	居致切	扶古切	徒猥切	渠竹切	之翼切
徐铉说文解字	叉愚切	补移切	匹栖切	补明切	多贡切	香衣切	许介切	几利切	扶雨切	徒对切	巨六切	之弋切
大宋重修广韵	测隅切	府移切	芳杯切	甫明切	多贡切竹用切	许既切	虚器切	几利切	扶雨切	徒猥切徒对切	渠竹切	之翼切

其中音切地位相同、仅用字不同的 9 条,属于不同韵类的 2 条;其他几条我们尚不清楚徐铉更换反切上字或下字意图,但对两种情况可稍加说明:一是《唐韵》误注而加以更改,如"辅"为三等字,而《唐韵》用一等的"古"作切下字,徐铉改为三等的"雨",《广韵》同;二是切上字的唇音字("卑"、"胚"、"兵")由类隔切均改为音和切,与其目的"庶夫学者有所适从"是一致的。因为轻唇音非、敷、奉在陆德明《经典释文》中已经出现,微母尚未从明母中分化(王怀中 2006),[2]但至张参(714—786)《五经文字》(776)"轻重唇音已经彻底分化"(邵荣芬 1997),[3]这说明徐铉变更反切上、下字部分是以时音为基础的,这一情形蒋藏本《唐韵》

---

[1] 徐朝东《蒋藏本唐韵研究》,北京大学出版社,2012 年,第 136 页。
[2] 王怀中《经典释文陆氏反切唇音声母考》,《中国语文》第 5 期,2006 年,第 434 页。
[3] 邵荣芬《〈五经文字〉的直音和反切》,《邵荣芬语言学论文集》,商务印书馆,1997 年,第 168—175 页。

中也有几例：

韵字	靤	䉧	䛏	螃
蒋藏本唐韵	防教切	方列切	愽燕切	甫旷切
徐铉说文解字	旁教切	兵列切	比荐切	补浪切
大宋重修广韵	防教切	方列切	方见切	补旷切

徐朝东先生(2002)认为徐铉《说文解字》所据《唐韵》写本稍晚于蒋藏《唐韵》写本，①因为比较两书共同部分，徐铉《说文解字》有十八个小韵不见于蒋藏本《唐韵》，而《永乐大典》所引孙愐《唐韵》有一条材料可以证明该书又要晚于徐铉《说文解字》所据《唐韵》，即：

涛 p4625 即委切。孙愐唐韵说文雷震洔洔，本作代切。丁度集韵……

"洔"，最早收录该字的辞书为《说文解字》，但从《永乐大典》引书的体例可以得知最早为该字注音应的是孙愐《唐韵》，而且《经典释文》中未见该字及音注。"洔，本作代切"，这说明"洔"在《永乐大典》所引孙愐《唐韵》之前的《唐韵》写本为"作代切"，由于语音的变化或其他原因，在《永乐大典》所引《唐韵》中应还有一个新读音，该读音《永乐大典》的编纂者不知何故未加抄录，是否与《广韵》("贿韵摧山林崇积貌子罪切二洔说文雷震洔洔本作代切")相同，不得而知。但可以肯定的是"洔"在《永乐大典》所引《唐韵》中应有两个音。而"洔"，徐铉《说文解字》"作代切"，仅一音，亦无"本"字，这是否可以说徐铉所据《唐韵》"洔"的音注仅为"作代切"？因而，如果推论成立的话，《永乐大典》所引《唐韵》写本要晚于徐铉所据《唐韵》写本。

《永乐大典》所引《唐韵》现仅存四十九条信息，但可以肯定的是《永乐大典》编纂时所据的孙愐《唐韵》应是全本，孙愐《唐韵》或增修本的全帙至少流传至明初。蒋藏本《唐韵》、徐铉《说文解字》所据孙愐《唐韵》和《永乐大典》所引孙愐《唐韵》均为孙愐《唐韵》的增修本，三者是按照时间的先后依次出现的，它们之间是否有直接的继承关系不得而知。

---

① 徐朝东《蒋藏本唐韵研究》，北京大学出版社，2012年，第136页。

从收字、释义、注音（单字）和字形讹误等方面，我们在《新发现切韵系韵书：陆法言广韵》里对陆法言《广韵》作了详细论证，认为《大宋重修广韵》可能是以陆法言《广韵》作为底本的。《永乐大典》所引孙愐《唐韵》四十九条信息在形、音和义等方面与《大宋重修广韵》均有密切的关系，同时出现于陆法言《广韵》与孙愐《唐韵》的单字注释共有二十五条。由于《永乐大典》引书的体例的原因，后出现的辞书与前一种相比，所引的内容要有新的或不同的信息，因而所引的后一种辞书可能不是该书的全部内容，即便如此，陆法言《广韵》与孙愐《唐韵》注音、释义的内容相加，大多数与《大宋重修广韵》相同或接近：

韵字	刍	胚	硇	趨	蹻	頯	郬	兵
陆法言广韵	楚居切	铺回切	石药出道书	善走。又缘木也。又巨桥切	揭足	额大貌。吁骄切。又去遥切。	又直贞切	戎也。世本曰蚩尤以金作兵器
孙愐唐韵	测隅切	芳杯切	匹支切	起嚣切	去遥切。举足高也。又其略切。	又许骄切	音贞	甫明切
大宋重修广韵	刍蕘说文曰刈草也俗作蒭亦姓出何氏姓苑测隅切	怀胎一月芳杯切	石药出道书匹迷切	善走又缘木也起嚣切又巨桥切	举足高去遥切又其略切	去遥切额大貌又火幺切	陟盈切地名又直贞切;直贞切地名又音贞	戎也周礼有司兵掌五兵五盾世本曰蚩尤以金作兵器甫明切

韵字	峭	藆	獩	濢	趣	取	横	蝗
陆法言广韵	峭然高峻	燋煃用荆藆之类	牸豚。或作獩	濢渍	书传。取马掌马之官	又此庾切	非理来	虫名
孙愐唐韵	丘轨切	时髓切	随婢切	遵诔切	仓苟切。又七虑切	又上庾切	又音宏	又音皇
大宋重修广韵	峭然高峻貌又小山而众曰峭丘轨切	周礼有藆氏燋煃用荆藆之类时髓切	牸豚或作獩随婢切	汁渍也遵诔切	趣马书传云趣马掌马之官也仓苟切又七屡切	仓苟切又七庾切	户孟切非理来又音宏	虫名户孟切又音皇

三 新发现切韵系韵书(二):孙愐《唐韵》

韵字	轰	湎	鼽	冀	语	絮	辅	鐏	厎
陆法言广韵	车声。鞠上同。	巨搜氏取牛马湎以洗穆天子之足	鼻息	冀九州岛名。巽上同。见经典省	又鱼巨切	和调食也	同上	杜罪切。或作镦	平也
孙愐唐韵	呼迸切。又呼宏切	竹用切	虚器切	居致切	说也告也	抽据切	扶古切	徒猥切	又厎柱也
大宋重修广韵	众车声也呼迸切又呼宏切二 鞠上同	多贡切乳汁巨搜民取牛马湎以洗穆天子之足;乳汁竹用切又都贡切	鼽鼻息虚器切	冀九州岛名尔雅曰两河间冀州续汉书安平国故信都郡光武师自蓟南行太守任光开门出迎今州城是又姓左传晋大夫冀芮几利切	牛倨切说也告也又鱼巨切	和调食也抽据切	扶雨切毗辅又助也弼也亦姓左晋大夫辅跞又智果以智伯必亡其宗改为辅氏䩉颊骨䪼同上	矛戟下铜鐏或作镦徒猥切又徒对切	职雄切平也致也说文云柔石

《永乐大典》收字要多于《洪武正韵》,它首先依照《洪武正韵》所收字分列,并且在该字后注明为《洪武正韵》所收字,然后再分列《洪武正韵》所未收字,这些字的排列次序是按该字首次出现于哪本辞书,再按辞书成书时间的先后顺序加以排列。在上述四十九条中,最先为《永乐大典》所引孙愐《唐韵》所收录的有四条:

沩 p4625 即委切。孙愐唐韵说文雷震沩沩,本作代切。丁度集韵……
庹 p5244 苏偶切。孙愐唐韵隈也。宋重修广韵苏后切,丁度集韵……
楚 p6422 昌据切。孙愐唐韵创据切,楚利,又木名;又疮所切。宋重修广韵出历山。毛晃礼部韵略……
偨 p6422 昌据切。孙愐唐韵不滑也。宋重修广韵疮据切。杨桓六书统……

其中"沩"最早注音的为孙愐《唐韵》,"楚"字去声音最早见于孙愐《唐韵》,"庹"、"偨"在孙愐《唐韵》之前的切韵系韵书中未见,这四字同时也见于《大宋重修广韵》;除上述之外,"猛"、"橇"、"洚"等字的释义与《大宋重修广韵》完全相同;而且《永乐大典》所引孙愐《唐韵》是上文三个《唐韵》写本中最为晚出的,因而我们认为《永乐大典》所引孙愐《唐韵》与《大宋重修广韵》所据孙愐《唐韵》可能是同一种写本。

四

《字溚博义》及其失误记略

《字溚博义》,已亡佚。该书书名及有限的相关信息仅见于目录文献：

孙能传、张萱等《内阁藏书目录》：字溚博义,十四册全,抄本,无序,莫详姓氏；亦字书也,每字古、俗、重文皆备,以天文、时令、地理至通用分二十六门,溚,猗夅切,深貌。

焦竑《国史经籍志》：字溚博义　二十六卷

杨士奇《文渊阁书目》：字溚博义　一部十四册完全

钱溥《秘阁书目》：字溚博义　十四

黄虞稷《千顷堂书目》：字溚博义　二十六卷

叶盛《菉竹堂书目》：字溚博义　十四册

据此,可以推论:《字溚博义》是一部字书,且按义类编排,其义类囊括天文、时令、地理等,分为二十六门,每一门类为一卷,计二十六卷,共十四册。

该书虽亡佚,但《永乐大典》引用了它383字及其注释,这就有了进一步了解该书内容的可能。现以三字为例,开列于下：

卷之五百四十　一东

1. 蓉 p82 洪武正韵……熊忠韵会举要……字溚博义说文芙蓉峰在衡山,李诗青天削出金芙蓉。赵谦声音文字通……

卷之二千四百五　六模

2. 䣏 p1123 洪武正韵……熊忠韵会举要……字溚博义酒名也,酥、醶、醵、酗,同上。韵会定正字切……

卷之一万四千一百二十五　四霁

3. 涕 p9182 洪武正韵……熊忠韵会举要……字濚博义通作䏣、𦜗、鼽、䶦、洟、𪖌、嚏、𪖊、𪖄、瀨。赵谦声音文字通……

《永乐大典》对单字的注释是首列《洪武正韵》，再按辞书成书时间的先后顺序排列。经统计，排列在《字濚博义》之前的辞书有顾野王《玉篇》、陆法言《广韵》、《大宋重修广韵》、司马光《类篇》、《龙龛手鉴》、郭守正《紫云韵》、熊忠《韵会举要》、韩道昭《五音集韵》、韩道昭《五音类聚》、周伯琦《六书正讹》、周伯琦《说文字原》、杨桓《六书统》、魏柔克《正字韵纲》、李玺《存古正字》、倪镗《六书类释》、《孙氏字说》等。

又根据成书时间的先后，可知与《字濚博义》的成书时间最为接近的是周伯琦《说文字原》。《说文字原》成书于元顺帝至正九年（1349）（张觉 1993）[1]；《字濚博义》多被列于赵谦《声音文字通》之前，而该书成书于 1389 年前后（张明明 2008）[2]。因此，《字濚博义》的成书时间当晚于周伯琦《说文字原》，而早于赵谦《声音文字通》，即元末明初 1349 年至 1389 年之间。

《字濚博义》的注释内容大致包括注音、释义、说明字形和引用书证。概况如下：

注音有反切、直音或反切加直音，如"邨、瓵、牾"等；释义较为简单，虽然与《永乐大典》的引书体例有关，但第一次引用的释义也不繁复，如"甪、莩、潸"等；说明字形相互关系，主要有"通作"、"同上"、"又作"等术语；引用他书，如《说文》《汉书》《方言》等。

《字濚博义》在注释中直接点明其内容源于他书的仅一种，计四次，即《类聚》。《类聚》为韩道昭《五音类聚》的简称。从注音的角度可以看出，《字濚博义》与丁度《集韵》、韩道昭《五音类聚》、《五音集韵》的关系密切。

与《广韵》《集韵》音切地位相同的有 164 个音切，开列于下：

1. 卷 490 众 p62　　　　2. 卷 2260 湖 p726
3. 卷 2344 瓵 p1016　　4. 卷 2344 俉 p1017
5. 卷 2344 龘 p1017　　6. 卷 2344 俉 p1019

---

[1] 张觉《周伯琦及其〈说文字原〉》，《辞书研究》第 3 期，1993 年，第 126 页。
[2] 张明明《〈声音文字通〉声类考》，《温州职业技术学院学报》第 4 期，2008 年，第 65 页。

四 《字汇博义》及其失误记略

7. 卷 2347 鳿 p1053
8. 卷 2347 剔 p1054
9. 卷 2347 鵃 p1054
10. 卷 2347 鵶 p1054
11. 卷 2347 砶 p1054
12. 卷 2405 撧 p1126
13. 卷 2405 熽 p1126
14. 卷 2408 脝 p1152
15. 卷 2755 龓 p1416
16. 卷 2755 籠 p1416
17. 卷 2755 詖 p1416
18. 卷 2806 箪 p1430
19. 卷 2806 顊 p1431
20. 卷 2806 睥 p1431
21. 卷 2806 鮙 p1431
22. 卷 2806 俾 p1432
23. 卷 2806 彼 p1432
24. 卷 2806 觛 p1432
25. 卷 2807 秠 p1435
26. 卷 2807 秛 p1439
27. 卷 2807 彼 p1439
28. 卷 2807 剫 p1441
29. 卷 2807 婎 p1441
30. 卷 2807 埄 p1441
31. 卷 2807 丕 p1441
32. 卷 2807 罢 p1442
33. 卷 3586 陌 p2153
34. 卷 3586 䐴 p2153
35. 卷 3586 魠 p2153
36. 卷 5268 裸 p2406
37. 卷 5268 蝧 p2407
38. 卷 5268 櫻 p2407
39. 卷 5268 櫻 p2407
40. 卷 5268 鵌 p2408
41. 卷 5268 飱 p2408
42. 卷 5268 敼 p2418
43. 卷 5268 柬 p2420
44. 卷 5268 鄥 p2420
45. 卷 5268 掺 p2420
46. 卷 5268 撫 p2421
47. 卷 7518 匿 p3485
48. 卷 7518 簹 p3485
49. 卷 7518 牄 p3485
50. 卷 7518 伧 p3485
51. 卷 7895 鞓 p3675
52. 卷 7895 打 p3675
53. 卷 7895 刢 p3676
54. 卷 7895 酊 p3676
55. 卷 7895 耵 p3676
56. 卷 8021 瘱 p3742
57. 卷 8841 扰 p4039
58. 卷 9762 颲 p4188
59. 卷 10877 枰 p4485
60. 卷 10877 鬛 p4485
61. 卷 11076 膈 p604
62. 卷 11076 瘤 p4604
63. 卷 11076 郏 p4605
64. 卷 11076 頦 p4605
65. 卷 11076 雷 p4605
66. 卷 11076 瓱 p4605

67. 卷11076 魁 p4606
68. 卷11076 傀 p4606
69. 卷11076 䫏 p4606
70. 卷11076 輠 p4607
71. 卷11076 傴 p4607
72. 卷11076 頯 p4607
73. 卷11076 畢 p4607
74. 卷11076 餒 p4608
75. 卷11076 媛 p4609
76. 卷11076 錗 p4609
77. 卷11076 僝 p4609
78. 卷11076 碥 p4612
79. 卷11076 㿠 p4612
80. 卷11077 婕 p4617
81. 卷11077 爼 p4617
82. 卷11077 劕 p4617
83. 卷11077 稦 p4617
84. 卷11077 蒿 p4622
85. 卷11077 蔆 p4625
86. 卷11077 嶉 p4625
87. 卷12148 椒 p5243
88. 卷12148 諀 p5244
89. 卷12148 娜 p5245
90. 卷12148 劋 p5245
91. 卷13083 迥 p5647
92. 卷13083 侗 p5647
93. 卷13083 憧 p5647
94. 卷13083 襱 p5649
95. 卷13083 驡 p5650
96. 卷13084 唻 p5659
97. 卷13084 悾 p5661
98. 卷13084 倥 p5661
99. 卷13084 誇 p5661
100. 卷13084 羫 p5662
101. 卷13194 諲 p5730
102. 卷13194 妽 p5730
103. 卷13880 氉 p6042
104. 卷13880 雎 p6042
105. 卷13992 呬 p6078
106. 卷13992 孩 p6080
107. 卷13992 攃 p6080
108. 卷13993 楔 p6090
109. 卷13993 媉 p6090
110. 卷13993 褉 p6090
111. 卷13993 劏 p6091
112. 卷14384 冀 p6307
113. 卷14544 悰 p6422
114. 卷15143 鏃 p6875
115. 卷15143 鋭 p6876
116. 卷15143 颰 p6877
117. 卷15143 崔 p6877
118. 卷15143 薩 p6877
119. 卷15143 稅 p6877
120. 卷15143 隧 p6877
121. 卷15143 鐟 p6877
122. 卷15143 蓲 p6877
123. 卷15143 瘄 p6878
124. 卷19426 逸 p7297
125. 卷19426 孃 p7297
126. 卷19426 饕 p7298

127. 卷 19426 撕 p7298 　　128. 卷 19743 逯 p7370
129. 卷 19743 鰈 p7371 　　130. 卷 19743 樑 p7372
131. 卷 19743 蝼 p7372 　　132. 卷 19743 諑 p7373
133. 卷 19743 祿 p7373 　　134. 卷 19743 趢 p7374
135. 卷 19782 騧 p7401 　　136. 卷 19782 拱 p7401
137. 卷 19782 膏 p7401 　　138. 卷 19782 菐 p7401
139. 卷 19782 楀 p7402 　　140. 卷 19782 屦 p7402
141. 卷 19785 服 p7425 　　142. 卷 20309 嬗 p7595
143. 卷 20309 叱 p7596 　　144. 卷 14124 汦 p9160
145. 卷 14124 撕 p9161 　　146. 卷 14124 赿 p9161
147. 卷 14124 疷 p9161 　　148. 卷 14124 瓯 p9161
149. 卷 14124 跌 p9162 　　150. 卷 14124 螗 p9162
151. 卷 14124 淂 p9162 　　152. 卷 14124 胝 p9162
153. 卷 14124 瘍 p9162 　　154. 卷 14124 抵 p9162
155. 卷 14124 媂 p9162 　　156. 卷 14124 偙 p9162
157. 卷 14124 鯳 p9162 　　158. 卷 14124 楴 p9182
159. 卷 14125 殢 p9186 　　160. 卷 14125 歒 p9187
161. 卷 14125 偙 p9187 　　162. 卷 10112 咫 p292
163. 卷 10112 抵 p293 　　164. 卷 10112 底 p298

与《五音集韵》音韵地位相同的有 88 个音切，开列于下：

1. 卷 662 愃 p199 　　2. 卷 2344 部 p1015
3. 卷 2344 魑 p1016 　　4. 卷 2344 啎 p1017
5. 卷 2806 葷 p1432 　　6. 卷 2807 旇 p1439
7. 卷 2807 髬 p1440 　　8. 卷 2807 恢 p1441
9. 卷 5268 艮 p2407 　　10. 卷 5268 吂 p2407
11. 卷 5268 官 p2407 　　12. 卷 5268 耿 p2407
13. 卷 5268 颂 p2407 　　14. 卷 5268 頯 p2419
15. 卷 5268 趭 p2419 　　16. 卷 5268 譡 p2419
17. 卷 5268 墩 p2419 　　18. 卷 5268 撬 p2419
19. 卷 5268 傒 p2419 　　20. 卷 7889 汀 p3607

21. 卷 8021 徎 p3741
22. 卷 8841 逌 p4040
23. 卷 9762 萄 p4188
24. 卷 9762 溓 p4188
25. 卷 9762 鸥 p4188
26. 卷 9763 罾 p4189
27. 卷 11076 畲 p4605
28. 卷 11076 旎 p4607
29. 卷 11076 锤 p4611
30. 卷 11076 唾 p4612
31. 卷 11077 醋 p4623
32. 卷 11077 觅 p4625
33. 卷 11077 䁖 p4625
34. 卷 11077 頯 p4627
35. 卷 11077 跮 p4627
36. 卷 11077 煃 p4627
37. 卷 11077 抧 p4627
38. 卷 12148 迦 p5245
39. 卷 12148 韽 p5245
40. 卷 13495 致 p5790
41. 卷 13872 贲 p5931
42. 卷 13876 郯 p5994
43. 卷 13880 毟 p6040
44. 卷 13880 秘 p6041
45. 卷 13880 疵 p6041
46. 卷 13880 皕 p6041
47. 卷 13880 柴 p6042
48. 卷 13992 嬉 p6073
49. 卷 13992 欷 p6073
50. 卷 13992 咥 p6077
51. 卷 13992 夑 p6078
52. 卷 13992 觚 p6079
53. 卷 13992 呹 p6079
54. 卷 13992 嚯 p6079
55. 卷 13992 嘻 p6079
56. 卷 13992 詡 p6080
57. 卷 13992 痎 p6080
58. 卷 13992 妜 p6080
59. 卷 13992 䩆 p6080
60. 卷 13992 怐 p6080
61. 卷 13992 諴 p6080
62. 卷 13992 欨 p6080
63. 卷 13993 褉 p6086
64. 卷 15073 诫 p6779
65. 卷 15075 介 p6791
66. 卷 19416 霫 p7189
67. 卷 19426 獂 p7295
68. 卷 19426 蕉 p7295
69. 卷 19426 湛 p7296
70. 卷 19426 谗 p7297
71. 卷 19426 甂 p7297
72. 卷 19426 詀 p7297
73. 卷 19426 艬 p7297
74. 卷 19426 饕 p7298
75. 卷 19426 躅 p7298
76. 卷 19426 涔 p7298
77. 卷 19426 隩 p7298
78. 卷 19426 㸂 p7298
79. 卷 19426 撕 p7298
80. 卷 19743 搋 p7370

四 《字汇博义》及其失误记略　333

81. 卷 19743 臁 p7373　　82. 卷 910 尸 p8609
83. 卷 913 屍 p8636　　84. 卷 14124 媞 p9162
85. 卷 14124 底 p9162　　86. 卷 19865 竹 p9278
87. 卷 10112 坻 p300　　88. 卷 10112 疧 p318

与《五音类聚》音韵地位相同的有8个音切,开列于下:

1. 卷 662 甇 p199　　2. 卷 2405 夔 p1126
3. 卷 2405 筱 p1126　　4. 卷 11076 鼜 p4612
5. 卷 11077 儶 p4626　　6. 卷 19782 鼜 p7401
7. 卷 14124 呭 p9163　　8. 卷 14125 潛 p9188

不同于《集韵》《五音集韵》的有如下几点:

一、或是语音变化,或是方音的反映。

字	字汇博义	集韵	五音集韵	注
練 p1151	山模切	所菹切	所菹切	以模切鱼
埤 p1430	篇夷切	符支切	府移切、房脂切	以滂切並
鞞 p1440	篇夷切	府移切,又匹迷切	波为切、府移切	以滂切邦
魓 p1604	士臻切	升人切	失人切	以崇切书,以臻切真
跧 p2151	祖昆切	踪伦切	将伦切	以魂切谆
冹 p3741	音征	冹,知陵切、征,诸盈切	冹,陟陵切、征,诸盈切	以知切章、以清切蒸
荷 p4188	居咸切		胡谗切	以见切匣,以咸切衔
瘣 p4606	乌贿切	邬毁切	於诡切	以贿切纸(旨)
種 p4617	将伪切	聚繠切	此嘴切	以精切清(从)
菱 p4625	音诈	助驾切	锄驾切	以庄切崇
峒 p5648	多动切	吐孔切	他孔切	以端切透
硿 p5660	呼宋切		乎宋切	以晓切匣
佣 p5661	居用切	欺用切	区用切	以见切溪
摾 p5662	苦孟切	苦贡切	苦贡切	以映切送
甑 p5730	音众	甑,之用切、众,之仲切	甑,之用切、众,之仲切	以用切送
緻 p5790	知义切	直利切	直利切	以知切澄
裨 p6040	音痹	裨,必至切、痹,毗志切	裨,必至切、痹,毗志切	以並切帮 以志切至
黖 p6076	於既切,音塈	黖、塈,许既切	黖、塈,许既切	以影切晓

续表

字	字汇博义	集韵	五音集韵	注
摡 p6077	於既切,音戏	摡,许既切、戏,香义切	摡,许既切、戏,香义切	以影切晓
釜 p6700	扶古切	奉甫切	扶雨切	以姥切麌
寺 p9128	又昌志切	时吏切	常利切	以昌切禅

二、"又音"在上述几种韵书未见的：

1. 恶 p1050（又双雏切）　　　　2. 㭕 p1151（又音初）

3. 箽 p1416（又通眉切）　　　　4. 墩 p2419（又音乔）

5. 䚻 p3676（又音廷）　　　　　6. 蒩 p4188（又音堪）

7. 岩 p4190（又疑盐切）　　　　8. 雔 p4626（嶉,又音唯）

9. 頯 p4627（又音跪）　　　　　10. 裨 p6040（又质韵）

11. 湛 p7296（丈陷切、又丑甚切）　12. 烟 p8797（又啸韵,刀吊切）

13. 梯 p9182（又典礼切）　　　　14. 底 p298（又音脂）

三、字形可能有误的：

1. 嶙 p2151 将伦切（嶙五音集韵将伦切）

2. 詨 p5244 初九切,高声也,出类聚（五音类聚音謯字,高声也）

四、形音义不见于上述辞书的：

1. 厬 p6080 许未切,废也　　　　2. 桩 p2596 音庄,橛也

五、形音义有失误的,分类开列于下：

（一）"又音"、"又××"之"又"衍,当删。

1. 畀 p1431 字汇博义波为切,又音陂。

畀,《集韵》班麋切,与陂为同一小韵的韵字;《五音集韵》:波为切,与陂为同一小韵的韵字。即"波为切、音陂"相同。《字汇博义》"波为切;又音陂"之"又"衍,当删。

2. 魁 p4606 字汇博义口猥切,又音傀。

傀,《广韵》口猥切;《集韵》苦猥切,与"魁"为同一小韵韵字;《五音集韵》口猥切,与"魁"为同一小韵字。也就是说"魁",口猥切,与"傀"音同。《字汇博义》"口猥切,又音傀"之"又"衍,当删。

3. 鞼 p4607 字汇博义口猥切,又音傀。

四　《字汇博义》及其失误记略　335

傀，《广韵》口猥切；《集韵》苦猥切，与"䭈"为同一小韵韵字；《五音集韵》口猥切，与"䭈"为同一小韵字。也就是说"䭈"，口猥切，与"傀"音同。《字汇博义》"口猥切，又音傀"之"又"衍，当删。

4.㳿 p4612 字汇博义式轨切；又音水。

㳿，《集韵》数轨切，与水为同一个小韵的韵字；《五音集韵》式轨切，与水为同一个小韵的韵字，即"式轨切、音水"相同。《字汇博义》"式轨切；又音水"之"又"衍，当删。

5.媞 p4617 字汇博义时髓切，又音菙，又于避切。

媞，《广韵》时髓切，与菙为同一个小韵的韵字、又於避切；《集韵》是捶切，与菙为同一个小韵的韵字、又於避切；《五音集韵》时髓切，与菙为同一个小韵的韵字、又於避切。即时髓切、音菙相同。《字汇博义》"时髓切，又音菙"之"又"衍，当删。

6.蕞 p4625 字汇博义子罪切，又音摧，又音诈。

蕞，《集韵》祖猥切，与摧为同一个小韵的韵字，又助驾切；《五音集韵》子罪切，与摧为同一个小韵的韵字，又锄驾切。即子罪切、音摧相同。《字汇博义》"子罪切、又音摧"之"又"衍，当删。

7.蔿 p4625 字汇博义又音斛。

蔿，《五音集韵》同音，即委切；蔿，《五音类聚》即委切。蔿，仅有一音。《字汇博义》"又音斛"之"又"衍，当删。

8.烓 p4627 字汇博义丘癸切，又音跬。

烓，《集韵》犬橤切，与跬为同一小韵的韵字；《五音集韵》丘癸切，与跬为同一小韵的韵字，即"丘癸切、音跬"相同。《字汇博义》"丘癸切，又音跬"之"又"衍，当删。

9.忚 p6080 字汇博义呼计切，又霁韵，欺慢之貌。

忚，《广韵》呼计切；《集韵》显计切；《五音集韵》呼计切。三书仅一音，均为霁韵字。《字汇博义》"呼计切，又霁韵"之"又"衍，当删。

10.悇 p6422 字汇博义音絮，又怀忧也。

悇，《广韵》抽据切，憛悇，忧也；《集韵》楮御切，忧也；《五音集韵》抽据切，憛悇，忧也。三书皆仅一个义项。《字汇博义》"又怀忧也"与"忧也"义同，因此"又"字衍，当删。

11. 艬 p7297 字汇博义又士陷切,音傀,船也。

艬,《集韵》仕憾切(鉴韵),一音;《五音集韵》士陷切(陷韵)(鉴陷二韵合并),也仅一音。两书并无又音,《字汇博义》"又士陷切"之"又"衍,当删。

12. 躃 p7298 字汇博义又士陷切。

躃,《集韵》仕憾切(鉴韵),一音;《五音集韵》士陷切(陷韵)(鉴陷二韵合并),也仅一音。两书并无又音,《字汇博义》"又士陷切"之"又"衍,当删。

13. 隵 p7298 字汇博义又士陷切。

隵,《集韵》仕憾切(鉴韵),一音;《五音集韵》士陷切(陷韵)(鉴陷二韵合并),也仅一音。两书并无又音,《字汇博义》"又士陷切"之"又"衍,当删。

14. 犧 p7298 字汇博义又士陷切。

犧,《集韵》仕憾切(鉴韵),一音;《五音集韵》士陷切(陷韵)(鉴陷二韵合并),也仅一音。两书并无又音,《字汇博义》"又士陷切"之"又"衍,当删。

(二)字形形似而误。

1. 啡 p1441 字汇博义芳杯切,音杯。

《集韵》啡,铺枚切(滂纽)、杯,晡枚切(帮纽);《五音集韵》啡,芳杯切(滂纽)、杯,布回切(帮纽)。"芳杯切,音杯"一为反切,一为直音,二者应相同,但二者实不相同,且"啡"无帮纽又音。疑"杯"为"抔"字形似而误,《集韵》《五音集韵》"抔"与"啡"为同一小韵的韵字。

2. 阫 p1442 字汇博义方回切,小阜也。

阫,《集韵》冈甫切,平原;《五音集韵》文甫切,平原;又方遇切,丘名。《五音类聚》方句切,丘名,又小阜也。"方遇切"与"方句切"音同。《字汇博义》"方回切",当为《五音类聚》"方句切"之形似而误,当据改。"阫"为《洪武正韵》未收之字,《永乐大典》据《字汇博义》"方回切"折合为《洪武正韵》的"铺杯切",因而,"阫"音"铺杯切",《永乐大典》亦失察。

3. 刟 p1442 字汇博义孚主切,握也。

刟,《广韵》(芳武切)上同(弣,弓把中也),说文又方九切,刀握也;《集韵》(俯九切)说文刀握也,一曰以刀掘取物;《五音集韵》(芳武切)上同(弣,弓把中也),说文又方九切,刀握也;方久切,说文刀握也,一曰以刀掘取物。刟,《五音类聚》孚主切,刀握也或为弣。"刟"与"刟"同,"芳武切"与"孚主切"音同。因而,《字汇博义》"孚主切"为"孚主切"形似而误,当据改。

四 《字溙博义》及其失误记略　337

4.箐 p3485 字溙博义七冈切,又丁羊切,通作篖。

箐,《集韵》千冈切,竹名或作箐,又千羊切、《五音集韵》同。《字溙博义》"又丁羊切"应为"千羊切"之误,当据改。

5.瘭 p3742 字溙博义攴廃切,病也。

瘭,《集韵》蒸之上声,骨瘭病也、《五音集韵》支廃切,音拯,骨瘭病也。"瘭"为章母字,与《字溙博义》"攴廃切"的滂母字不符,"攴廃切"为"支廃切"的形似而误,当据改。

6.栳 p4485 字溙博义他胡切。

栳,《广韵》力辍切、郎括切;《集韵》龙辍切、卢活切;《玉篇》力说切、力活切;《五音类聚》力说切、力活切;《五音集韵》郎古切、荒故切、郎括切、力辍切。"栳"仅有来母和晓母两读,未见透母一读。《五音类聚》:栳,他胡切。《字溙博义》"他胡切"为"栳"之音,非"栳"之音,误。

7.趡 p4626 字溙博义又睢氏切。

趡,《广韵》走也,又鲁地名,千水切;(以水切)走也,又千水切。《集韵》取水切,说文动也……;(愈水切)(雎趡)走貌,或从走。《五音集韵》(雎氏切)走,又鲁地名;(雎趡)(羊棰切),走也,又千水切。趡,仅有二个声纽:清纽和喻纽。《字溙博义》"又睢氏切","睢",《广韵》等韵书仅有二个声纽:晓纽和心纽。因而,"睢",与"千、取、雎"等不合,当为"雎"形似而误。"雎",《广韵》七余切,正合。

8.髦 p4626 字溙博义初委切,发好也。

髦,《广韵》等韵书未见。《集韵》楚委切有"鬌",发好貌。"楚委切"与"初委切"音同,义亦同。《五音集韵》初委切有"鬌",发好貌。《字溙博义》"髦"当为"鬌"形似而误,当据改。"髦"为《洪武正韵》未收之字,《永乐大典》据《字溙博义》初委切折合为《洪武正韵》的千水切,而对字形失察。

9.鄳 p4826 字溙博义音管,县名。

鄳,《广韵》《集韵》《五音集韵》《五音类聚》等辞书均未见。但《五音类聚》有一字与"鄳"字形近似,为"鄳,音盲,县名。"意义相同,但音不同。而《五音集韵》与"盲"同音的且字形近似的仅有"鄳"字,"鄳,县名,在江夏。"而《集韵》"县名,在江夏"与"盲"音同的为"鄳"字。是否可以解释为:《集韵》的"鄳"字左为"黽",《五音集韵》讹为"黽",而《五音类聚》又讹为"黾",即上为"四"、下为"电",而《字溙博义》再讹为"黾",即上为"四"、下为"电"。《字溙博义》"音管",

可能是"筲"的形似而误。"䉼"为《洪武正韵》未收之字,《永乐大典》据《字溇博义》音管折合为《洪武正韵》的古缓切,而对字形失察。

10. 𦈢 p4612 字溇博义又音捶、𦈢;又符遇切。

𦈢,《广韵》之累切,与捶同音,又旨兖切;《集韵》(𦈢)主蘂切,又主兖切;《五音集韵》(𦈢𦈢)之累切,又旨兖切。𦈢𦈢二字为异体,"𦈢",右上为"更"。三书仅二音:纸韵和狝韵,未见遇韵。而上述三书符遇切有"𦈢","𦈢",右上为"甫",与音合。《字溇博义》把"𦈢、𦈢"混而为一,误。周祖谟先生《广韵校本》指出:"(遇韵)𦈢字当删。"余迺永先生《互注新校宋本广韵》有较详细的说明:"全王同。说文从专,云'小卮有耳盖也者',已见狝韵,市兖切,此讹从專,故有是音。"

11. 椒 p5243 字溇博义仓苟切;又则构、仕垢二切。

椒,《集韵》有三音:将侯切、仕垢切、此苟切;《五音集韵》亦有三音:子侯切、仕垢切、仓苟切。《五音类聚》有二音:七垢切、侧尤切。三书不管是二音、还是三音,仅有上声和平声,未见去声音。因此,《字溇博义》"则构切"当有误,"构"可能为平声的"拘或枸"形似而误。

12. 羫 p5662 字溇博义古送切;又羊腔也,通作羫、腔;又驱羊切;又江韵枯江切。

《集韵》:(江韵)羫腔羫,三字为异体,枯江切;(送韵)羫腔,二字为异体,苦贡切。《五音集韵》:(江韵)腔,苦江切;羫,上同;羫,古文;(送韵)羫腔,苦贡切。《五音类聚》:羫,苦弄、苦江二切;羫,苦江切;腔,去江切。三书仅有溪纽和江、送两韵,未见见纽和阳韵。《字溇博义》"古送切"之"古"当为"苦"之夺;"羫"当为"羫"之讹;"驱羊切"不知出自何处。

13. 綼 p6042 字溇博义将计切,音闭。

《字溇博义》"将计切,音闭",一为反切,一为直音,二者前后应一致,但"将计切"与"音闭"所注音不同。"綼",《广韵》有二切:北激切和卑吉切。"綼",《集韵》必计切,切上字均为帮纽,又"音闭"亦为帮纽,因此,"将计切"之"将"误,当为帮纽某字之讹。

14. 鑱 p7297 字溇博义又芳万切,匹偶也。

鑱,《广韵》锄衔切、士懴切,《集韵》锄衔切、仕懴切,《五音集韵》士懴切、士咸切,均与《字溇博义》芳万切不同。而嬎,《集韵》孚万切,匹偶也;《五音类聚》芳万切,匹偶也,与《字溇博义》"鑱,又芳万切,匹偶也"相符。因此,《字溇博义》"镤,又芳万切,匹偶也",应为"孆"字之误,当据改。

15. 螸 p7372 字滙博义虚谷切,穋,同上。

螸,《广韵》卢谷切,《五音类聚》音禄,虫似蜥蜴,《五音集韵》卢谷切,且与"穋"为同一小韵,《字滙博义》"虚谷切"为"卢谷切"之误,当据改。

16. 萴 p7375 字滙博义音蚮,草也。

萴,《五音类聚》音蓖,草也。《康熙字典》"按蓖即毘字之讹。"《字滙博义》把"蓖"误作"蓎",又改为"蚮"。

17. 屐 p7402 字滙博义屐,音局,行促也。

屐,《集韵》有三切:津垂切、祖回切、藏戈切,无"局"音,且释义与《字滙博义》均不合;而"屐",《集韵》衢六切,行促迫也;《类篇》衢六切,行促迫也;《五音集韵》渠玉切,行促迫也。三书音义均与《字滙博义》相近。因此,《字滙博义》"屐"为"屐"形似而误,当据改。

18. 蹙 p7402 渠玉切。字滙博义其目切,你蹙,倒也。

蹙,《集韵》、《五音集韵》未见。《五音类聚》收录。"蹙,其月切,又作躩,倒也、跳也。""躩,渠月、居月、居卫三切,说文僵也。蹶同上。"《字滙博义》"其目切,你蹙,倒也"当为"其月切,又作躩,倒也"之讹。

19. 釔 p7595 字滙博义釔,音乙。

《广韵》《集韵》《五音集韵》与"乙"同音且释义为"贪"的是"釔"。《字滙博义》"釔"右为"乙",误,当为"乚"之讹。

(三)把相连的两个小韵(两个反切)误作一个小韵,而忽视了后一个反切的存在,从而出现张冠李戴的现象。

1. 芋 p3676 字滙博义又五到切。

芋,《广韵》(他丁切)草名;(他鼎切)蒳也,又秃铃切。《集韵》(汤丁切)草名,说文芋荧胸也;(他顶切)草名,尔雅蒳芋荧。《五音集韵》(他丁切)草名;(都挺切)草名;(他鼎切)蒳也,又秃铃切。《五音类聚》秃顶、他零二切(芋)荧也。仅《五音集韵》有端纽一读,其他均为透纽,未见"五到切"一读。但《五音集韵》提供了一条线索。端纽小韵,即都挺切的前一个小韵为疑纽小韵,即五到切。《字滙博义》可能误认为芋与睈(五到切)为同一个小韵,而忽视了都挺切小韵反切的存在。

2. 夻 p6876 字滙博义奴带切。

作为地名的"夺",《集韵》杜外切;《五音集韵》杜外切。均为定纽,未见有泥纽一读。《五音集韵》定纽之后就是泥纽,其反切为"奴带切"。"夺"为《五音集韵》杜外切小韵的最后一个韵字,其后就是"奴带切"小韵。"夺奴带切"可能是《字㴎博义》误把杜外切小韵的韵字"夺"当作奴带切小韵的韵字所致。

(四)字形偏旁或衍或夺而误。

1. 逌 p4040 字㴎博义于救切,音由,循也。

《广韵》:因,以周切,气行貌,或作逌。《集韵》:因,夷周切,说文气行貌。《洪武正韵》于求切,均为平声尤韵。《字㴎博义》"于救切,音由",前为反切,后为直音,二者音应相同,"由"仅有平声尤韵一音,未见去声宥韵音。因此,"于救切"当为"于求切"之误。

2. 碞 p4189 字㴎博义疑咸切,咸韵,音岩,又鲁音切。

碞,《广韵》有两音:鱼金切、五咸切;《集韵》亦有两音:鱼音切、鱼枕切;《类篇》鱼音切,《玉篇》有两音:牛咸切、牛今切,《龙龛手鉴》亦有两音:五咸反、又音吟,《古今韵会举要》亦有两音:鱼音切、疑咸切。《洪武正韵》为鱼音、鱼咸两切。"碞",不论是咸韵,还是侵韵,其声母均为疑纽,《字㴎博义》"又鲁音切"应为"鱼音切"之误,当据改。

3. 站 p7189 字㴎博义竚,竹感切,坐立不动貌。

站,《广韵》陟陷切,俗言独立,又作竚;《集韵》知咸切,坐立不动貌,或从走;又陟陷切,久立也,或从人;《五音集韵》竹咸切,坐立不动貌。站,在《切韵》系韵书中仅有平声和去声二音,未见有上声。《字㴎博义》坐立不动貌与《集韵》平声释义相同,因此,《字㴎博义》竹感切应为竹咸切之误,当据改。

4. 辝 p7596 益悉切。字㴎博义以吉切,去也。

辝,《广韵》似兹切、《集韵》详兹切、《玉篇》似咨切、《类篇》似兹切、《五音集韵》似兹切、《五音类聚》似兹切,均为邪母字,而《字㴎博义》以吉切,为以母字。《字㴎博义》"辝,以吉切"应为"似吉切"之误,当据改。

(五)把非释义之信息误为释义之内容。

1. 霸 p5647 韩道昭五音集韵水浪急也,徐寅黄河赋云霑霸写铁围之比也。字㴎博义音洞,添也。

霸,《五音集韵》(徒弄切)水浪急也,徐寅黄河赋云霑霸写铁围之比也,昌黎子所添也。也就是说,"霸"字为韩道昭所著《五音集韵》时添加的,《集韵》无该字;《字潆博义》"音洞,添也",按其体例,前为注音,后为释义。"音洞"与徒弄切音同,是对的,但"添也"就错了。《字潆博义》把"昌黎子所添也"之"添也"误为"霜"之释义。

(六)把释义误作注音。

1. 楚 p6422 字潆博义心利切。

楚,在《广韵》等韵书中未见"心利切"一音。但《集韵》去声御韵提供了一条线索:憷,创剧切,心利也,通作楚。《五音集韵》可能更有说服力:楚,疮攄切,楚利,又木名,出历山,又疮所切,四。……憷,心利也,通作楚。《字潆博义》可能是把"憷、楚"的释义"心利"误作"楚"的反切注音。

(七)把同一小韵韵字的又音误作另一韵字的注音。

1. 岻 p6877 字潆博义戈税切。

岻,《广韵》《集韵》《五音集韵》均为杜外切,未见戈税切一读。但《广韵》小韵韵字的排列提供了一条线索:兑……杜外切五……锐,矛也,又弋税切。岻,山名。而《五音集韵》小韵的排列可能更有说服力:兑杜外切……十五字……锐鈗(小韵第四、五字,第三行的最后两个字),矛也,又弋税切(第四行最初释文)。岻(小韵第六个字,第四行的第一个韵字),山名……。《字潆博义》可能是把《五音集韵》"锐"的又音"弋税切"误作"岻"的反切,同时抄录时又把"弋"讹作"戈"。

(八)擅改反切下字,从而出现原非同音的变为貌似同音实又不同音现象。

1. 鏵 p1017 字潆博义户孤切,音吴,山名。

《字潆博义》"户孤切,音吴",前为反切,后为直音,二音应相同,但"户"为匣纽,"吴"为疑纽,二音不同。《集韵》:鋘鋙,锟鋙,山名……讹胡切;茦鋙鋘鏵,说文两刃臿,从木亇象形……胡瓜切;《五音集韵》:鋘鋙,锟鋙,山名……吾乎切;鋘,鋘鍪,鏵茦鋙并同上,户花切。不论是《集韵》,还是《五音集韵》,"鏵"与"鋘"为异体,与"鋙"为非异体。《五音类聚》:鋘,户瓜切,锹也,又音吴,山名。《五音类聚》始混同"鋘鋙鏵"三字,且视为异体,再误"鏵"为"鋘"。《字潆博义》改《五音类聚》"鋘"为"鏵",是,但擅改反切下字"瓜"为"孤",又夺"又"字。因而出现原非同音的误改为貌似同音实又不同音的情况。

(九)原书误,未加辨析、承袭而误。

1. 竹 p9278 字潆博义又许竹切。

竹,《字潆博义》又许竹切的读音来源于《五音集韵》。《五音集韵》竹,许竹切。畜,《广韵》仅有一音张六切,《集韵》有两音:敕六切和许六切。敕六切小韵有蓄、畜、蠹、竹、苗等二十一个字;许六切有畜、蓄、苗等二十一个字。敕六切小韵二十一个字与许六切小韵二十一个字并不完全重合,如竹、蠹等只见于敕六切,而不见于许六切;勖、昍只见于许六切,而不见于敕六切。而《五音集韵》许竹切有二十六字,把《集韵》敕六切与蓄等同音字如竹、蠹等一同类化、视同连续式音变,为许竹切。《字漈博义》照录《五音集韵》之失误,未加考察。

五

赵谦《声音文字通》卷数及性质考辨

赵谦,字撝谦,初名古则,浙江余姚人,《明史》有传。赵谦学识广博,著述颇丰,郑晓《今言》云"凡三百余卷";有《声音文字通》《造化经纶图》《学范》《历代谱赞》《六书本义》《考古文集》《周易图说》《易学提纲》《童蒙习句》等,其著作大多散佚,现仅存《造化经纶图》《六书本义》《考古文集》和《声音文字通》四种。

《声音文字通》是一部以理数解释声韵、以声韵配合关系证明理数观念的著作,是对北宋邵雍《皇极经世·声音倡和图》和南宋祝泌《皇极经世解起数诀》的继承和发扬。现存《声音文字通》完全套用邵雍《声音倡和图》的框架,把声分为十类,把音分为十二类;同声的分为辟翕和平上去入,同音的分为清浊和开发收闭,用天象日月星辰配合平上去入四声的差异,以地象水火土石配合开发闭收发音的不同。十二音图每一音之内分为四位,每一位又分为开发收闭,所以应有192音,但音六、七、八、九没有"闭"音,音十、十一、十二没有"开、闭"两音,所以实为152音。十声图每一声之内有四位,每一位又有平上去入,所以应有160声,但声八、九、十全是无声无音位,所以实有112声。该书前十六卷以声为纲,与152音辗转相拼;后十四卷以音为纲,与此112声相拼,于声、音拼合处列音节代表字。这种拼合方式类似等韵图,耿振生先生(1998)称之为"准等韵图"。①

《声音文字通》现存两个版本:北京大学图书馆藏明钞本,存十四卷(卷一至卷八、卷十三至卷十八);中山大学图书馆藏清钞本即《四库全书存目》稿本,

---

① 耿振生《明清等韵学通论》,语文出版社,1998年,第238页。

存三十卷(卷一至卷三十),卷末有清曾钊所作跋。

《声音文字通》的卷数,据史载有如下几种:

《明史·艺文志》卷九十六:

"赵古则声音文字通一百卷。"

《浙江通志·人物五·儒林中》卷一百七十六:

"洪武十二年征修《正韵》,别用为中都国子典簿。罢归,筑考古台,著《声音文字通》一百卷、《六书本义》十二卷。"

《余姚县志·艺文》十七卷:

"赵谦声音文字通　一百卷四库全书作七十二卷。"

黄虞稷《千顷堂书目》:

"赵古则声音文字通　一百卷洪武十一年戊午序。"

焦竑《国史·经籍志》卷二:

"声音文字通十二卷赵撝谦。"

《四库全书总目》云:

"《明史·艺文志》载是书为一百卷,此本尚存三十二卷,盖别本之流传者。"

曾钊《声音文字通·跋》云:

"《艺文志》及《千顷堂书目》《余姚县志》并言一百卷,焦氏《国史·经籍志》作十二卷,蒋氏《天一阁书目》三十二卷。考《文渊阁书目》称此书十三册,文渊阁书即当修大典时献者,以册数推卷数,则三十二卷近是。《国史·经籍志》盖夺'三'字,此本三十卷,则佚末二卷。至所云百卷,或并他书数之,否则误耳。"

耿振生先生(1998)在《明清等韵学通论》中对其有介绍,并把它定性为删并三十六字母而保存全浊声母的等韵音系。耿先生立论谨慎:

"本书篇帙浩繁,《明史·艺文志》载原有一百卷,但未曾刊布,《四库全书总目》著录三十二卷,且残缺卷首数页。今我们所见到的即为四库稿本,仅存十八卷,藏北京大学图书馆。"[1]

对《声音文字通》的版本、体例及内容作全面研究的是谷秀梅先生(2001)[2],谷先生说:"据曾钊所作的跋,我们可以了解到本书的版本情况,比较可靠的说法是《文字通》有三十二卷而非一百卷。"

关于《声音文字通》卷数,可以肯定的有三种说法:现存三十卷;在编《四库》时为三十二卷,《明史》记载一百卷。《明史》记载为一百卷,当是有根据的,也应是可信的,但《四库》馆臣只见到三十二卷,其叙述是客观的、真实的。《声音文字通》卷数究竟是一百卷,还是三十二卷,孰是孰非,聚讼纷纭,莫衷一是。除非有新的材料加以证明,否则还是不能断定其是非。其实《明史》已透露一点信息。

《明史·文苑》卷二百八十五:

"(赵谦)幼孤贫,寄食山寺,与朱右、谢肃、徐一夔辈定文字交。天台郑四表善《易》,则从之受《易》。定海乐良、鄞郑真明《春秋》,山阴赵俶长于说《诗》,迩雨善乐府,广陵张昱工歌诗,无为吴志淳、华亭朱芾工草书篆隶,㧑谦悉与为友。博究《六经》、百氏之学,尤精六书,作《六书本义》,复作《声音文字通》,时目为考古先生。洪武十二年命词臣修《正韵》,㧑谦年

---

[1] 耿振生《明清等韵学通论》,语文出版社,1998年,第238页。
[2] 谷秀梅《〈皇极声音文字通〉简述》,《山东师大学报》第1期,2001年,第68页。

二十有八,应聘入京师,授中都国子监典簿。久之,以荐召为琼山县学教谕。二十八年,卒于番禺。其后,门人柴钦,字广敬,以庶吉士与修《永乐大典》,进言其师所撰《声音文字通》当采录,遂奉命驰传,即其家取之。"

上述中与本文相关的最重要的一句话当是"其师所撰《声音文字通》当采录",《永乐大典》是否采录,从"遂奉命驰传,即其家取之"来看,当是采录。但实际情况如何,只要查阅《永乐大典》便可知晓。

《永乐大典》是以《洪武正韵》八十韵为韵目(宁忌浮 2003)[1],按八十韵下所收字分列,在每一字下详注该字音韵、训释。《洪武正韵·凡例》(八十韵本)第三条云:

"旧韵(案:指七十六韵本)元收九千五百九十字,毛晃增二千六百五十五字,刘渊增四百三十六字。今一依毛晃所载,有阙略者以它韵参补之。"

按其"凡例",《洪武正韵》应收一万二千六百八十一字(或以上),但这一数字其实是错的。宁忌浮先生(2003)对这一"凡例"曾加以疏证:

"这一条旨在交待《正韵》的韵字来源……《正韵》的韵字几乎完全录自《增韵》,前三句旨在揭示《增韵》韵字构成。《增韵》韵字由三个部分组成:《礼部韵略》元收九千五百九十字,毛晃增加二千六百五十五字,毛居正重增一千五百一十一字。《正韵·凡例》竟把毛居正重增一千五百一十一字丢掉了,更奇怪的是,硬把刘渊拉了进来。"[2]

因此,《洪武正韵》应收一万三千七百五十六字。《永乐大典》应首先对这一万三千七百五十六字中的每一字详注其音韵、训释和篆、隶、楷、草各种书体。但《永乐大典》现存数只约占原卷数的百分之四,因而,所存注释的单字数与原单字数相比也要大为减少。现存《永乐大典》每册所注释的单字及引用

---

[1] 宁忌浮《洪武正韵研究》,上海辞书出版社,2003年,第14页。
[2] 同上书,第56页。

《声音文字通》的单字次数如下表：

《永乐大典》册数	所注释的单字数	引用《声音文字通》的单字数
1	91	27
2	219	42
3	138	26
4	85	26
5	241	55
6	314	59
7	82	26
8	198	31
9	107	27
海外新发现十七卷（一册）	11	9
总计	1486	328

《永乐大典》单字注释引用《声音文字通》的次数为 328 例。现以《海外新发现永乐大典十七卷》3 字为例，开列于下：

卷之一万一百十二　二纸

　　1. 只 p291 洪武正韵……魏柔克正字韵纲……赵谦声音文字通照已切，从口指气出而下引之形；亦借止，诗曷又怀止，冠緌双止，作旦，非；又唯独之词。韵会定正……

　　2. 坁 p300 洪武正韵……字漾博义……赵谦声音文字通泜，照已切，方音见平声，坁亦从土，盖着土而止之义，俗混坻，当辨。韵会定正……

　　3. 痄 p318 洪武正韵……字漾博义……赵谦声音文字通照已切，详见痄，方音平声；又音侈，不出……

据所引用的内容，我们可以看出赵谦《声音文字通》的注释体例：一、反切注音，二、释义，三、说明字形讹变，四、注明又音及方音。从这一角度看，该书这一部分内容与《广韵》等韵书的性质相近。

现存三十卷《声音文字通》是一部准等韵图，其实就是一部音节表。中山大学藏本共收录 4624 个字，比北京大学藏本少了 266 个字，其中北大本有而中大本没收的有 329 个字，中大本有而北大本没收的有 63 个字。除此之外，两个版本所收的字基本相同。(谷秀梅 2001)现存《永乐大典》所注释的单字数为 1486 个字,而引用《声音文字通》的仅有 328 个字,差距很大,其原因有三种可能:一是该字《声音文字通》未收;二是《声音文字通》收,而《永乐大典》未收;三是与《永乐大典》引用的体例有关,《永乐大典》所引用某书的内容一定与已引用的书的内容不相同,即所引用要有新的信息。如果《声音文字通》对某字注释的内容与前人一致,那《永乐大典》就不加引用。如:

  咫 洪武正韵诸史切,中妇人手长八寸。贾逵云八寸曰咫。许慎说文𠬶,周尺也,从尺只声,诸氏切。徐锴通释曰国语楛砮矢实之其长尺有咫,长短适中,真彼反。陆法言广韵咫尺。丁度集韵或作𦐖、𦔀。释行均龙龛手鉴音纸。韩道昭五音类聚之尔切。杨桓六书统照母𠬶统声,咫隶,𦐖,或从止声,𦔀隶,𦔁,此字与胑同用假借。熊忠韵会举要次商清音。字溁博义诸市切,又掌氏切。赵谦声音文字通照已切,作𦐖、𦔀,非。韵会定正字切知已,知真毡咫。

  现存《声音文字通》共收有四千多字,这四千多字只是每一同音(声韵调完全相同)字组的代表字。虽然该书实收多少字,没法统计,但比现存的字数要多是可以肯定的。《明史》记载该书一百卷,但在编四库时仅有三十二卷。我们认为这亡佚了的六十八卷应是对单字逐一从形音义加以注释说明的内容,应是一部韵书,因为上述九字就是一组同音字组。

  又,从现存三十卷《声音文字通》的内容来看,耿振生先生认为该书是一部"准等韵图",这无疑是正确的。但如果我们的论证成立的话,即后六十八卷的《声音文字通》应是一部韵书。那么一百卷的《声音文字通》从语言学的角度看,应是韵图韵书合编型辞书,该书应与江苏教育出版社出版的《宋本广韵·永禄本韵镜》合刊影印的性质相当。

六

从《韵会定正》论《洪武正韵》的得失

——兼论明太祖"中原雅音"的性质

《洪武正韵》为明代官修韵书,有两个本子:七十六韵本和八十韵本(宁忌浮 2003)。[①] 七十六韵本由翰林院编纂,于洪武八年刊刻,该书可能为未定稿而仓促付梓(平田昌司 2005);[②] 七十六韵本成书之后,太祖"万几之暇,审阅观览,以其中尚有未谐协者,乃于洪武十二年秋复敕中书右丞相汪广洋总裁其事……重加校正,补前书之未备而益详焉……总十六卷,计八十韵"。八十韵本是对七十六韵本修订增补而成。按理说,明太祖对八十韵本的《洪武正韵》应该比较满意,但事实并不如此。

《明实录·太祖实录》卷二百五:

"(洪武二十三年十月)戊寅,诏刊行《韵会定正》。时《洪武正韵》颁行已久,上以其字义音切未能尽,命翰林院重加校正。学士刘三吾言:'前太常博士孙吾与所编韵书,本宋儒黄公绍《古今韵会》,凡字切必祖三十六字,音韵归一。'因以其书进,上览而善之,赐名曰《韵会定正》,命刊行焉。"

周宾所《识小编》:

"(洪武二十三年)《洪武正韵》颁行已久,上以其字义音切尚多未当,

[①] 宁忌浮《洪武正韵研究》,上海辞书出版社,2003 年,第 12 页。
[②] 平田昌司《中国古代文学文献学国际学术研讨会论文集》,凤凰出版社,2005 年,第 417—418 页。

命词臣再校之。学士刘三吾言:'前后韵书,惟元国子监生孙吾与所纂《韵会定正》音韵归一,应可流传。'遂以其书进,上览而善之,更名《洪武通韵》,命刊行焉。今其书不传,仍行《正韵》。"

《罪惟录·艺文志》:

"(洪武二十三年)十月,以《正韵》音切未尽,学士刘三吾采前元太常博士孙吾与所编本宋儒黄公绍《古今韵会》,诏更名《通韵》刊行之。"

从上述记载可以看出,明太祖对八十韵本的《洪武正韵》也不满意。不论是七十六韵本,还是八十韵本的《洪武正韵》均是以明太祖"壹以中原雅音为定"的要求加以编纂的。但明太祖朱元璋对什么是中原雅音未作明确的说明,明太祖心目中的"中原雅音"是通行于其家乡的中原雅音,还是真正意义上的中原雅音呢?我们认为应该是前者。理由有二:一是明太祖为凤阳人,童年时他未走出过自己的小村庄,十七岁作为游方僧离开故乡,其足迹亦未出淮西,三年中所到过的地方,除合肥外,口音与其家乡没有太大的差异;同其一道起事的,如郭子兴、徐达等人,多为凤阳府人。今学术界将凤阳话归入中原官话,但可以肯定的是它不完全等同于中原官话。二者是有差异的,更何况六百多年前的凤阳话才正在向中原官话靠拢。二是八十韵本与七十六韵本相比较是有显著区别的,这些特点与中原雅音完全一致(宁忌浮 2003),也就是说八十韵本更接近于中原雅音,按理说明太祖应该比较满意,可事实并不如此。这只能说明一个问题,明太祖心目中的"中原雅音"与中原雅音是有所不同的。

为什么?这只有一种可能:八十韵本有些特点是得到明太祖认可的,有些是得不到其认同的。但哪些特点是其认可的,哪些是其不认可的,从《洪武正韵》本身得不到证明。他对八十韵本《洪武正韵》不满意,却对《韵会定正》比较满意,说明他对《韵会定正》的音系特点应该是认可的。所以,如果以《韵会定正》为标准,衡量八十韵本《洪武正韵》的音系特点,就可以知道明太祖认可与否的内容。即《洪武正韵》与《韵会定正》相同的特点,应是明太祖所认可的;不同的,应是为他所否定的。也就是说,"壹以《韵会定正》为定"以考证明太祖对韵书的标准和要求,从而可以辨明其心目中的"中原雅音"与中原雅音的区别之所在。

但问题是在 1997 年之前，学术界并不知道《洪武正韵》有七十六韵本与八十韵本之分。八十韵本为宁忌浮先生于国家图书馆所发现，传本绝少，得一寓目亦非易事；而《韵会定正》在周宾所时代（明万历年间）就已不传。

孙吾与的生平仕履，正史无传。仅《同治丰城县志·仕绩》卷十二略加记载：

"孙子初，名吾与，以字行，同造人。少博及群书。初仕元为翰林待制，中山王入燕，选送京。上命新殿编写《大学衍义》，问所引《鹿鸣》诗义，称旨，授太常博士。奉命作陵号，议迄归。赐小车优，给米。复选充殿试考官。授靖宁侯叶升章句，为著《直说孝经》。升征四川、云南，子初参其军，归卒。著有《韵会定正》，升以闻，锓板应天，颁学宫。"

黄虞稷《千顷堂书目》：

"吾与，字子初，丰城人。前元翰林待制，归明授太常博士。随靖宁侯叶升征南。归。卒。"

据史料，孙吾与随叶升征南，回到南京后即辞世。叶升在洪武二十年到二十五年一直带兵于外，孙吾与当与之转战南北，二人关系应非同一般。叶升于"二十五年八月坐交通胡惟庸事觉，诛死"。

叶升既"复以玉败追坐，名隶两党"，受到株连的决不止是他的亲属。其属官、幕僚、密友等也当在所难免。在当时"诬罔诛蔓甚众"的政治环境下，像孙吾与这样在事发前与叶升常年交往，且伴随其左右征战的幕僚，很难想象不被卷入这场祸难。孙吾与的"归卒"很可能与叶升案的株连有关。因此，我们推测孙吾与的卒年应不晚于洪武二十六年（公元 1393 年）。

《同治丰城县志》卷八选举记载，孙吾与乃元朝元统元年（公元 1333 年）进士。因此，他的主要活动当在公元 1333 至 1393 年之间，经历元末明初两朝。

据目录文献记载，孙吾与的著作共有四种：

杨士奇《文渊阁书目》：

"孙吾与《纲目音释》一部一册阙、《韵会定正》一部二册完全、《韵会定正》一部二册阙、《韵会定正》一部二册完全、《韵会定正字切》一部一册阙。"

焦竑《国史经籍志》卷二：

"《韵会定正》四卷了，元孙吾与。"

张萱、孙能传等《内阁藏书目录》卷五：

"《韵会定正》二册。宋丰城孙吾与著，据黄公绍《古今韵会》成说编次，其分韵与《韵会》稍异。凡四卷。"

钱溥《秘阁书目》：

"《韵会定正》二、《定正字切》一。"

晁瑮《晁氏宝文堂书目》：

"《韵会定正》。"

叶盛《箓竹堂书目》：

"《韵会定正》二册、《韵会定正字切》一册。"

钱谦益《绛云楼书目》：

"孙吾与《韵会定正》一册。"

《同治丰城县志·书目》卷二十四：

"《韵会定正》、《通鉴纲目音释》一集、《孝经注解》俱孙子初著。"

吕维奇《同文铎》卷首《采证音韵书目》：

"《洪武通韵》，即孙吾与所编《韵会定正》，赐今名。"

上述著述，皆不传世。

所幸的是《永乐大典》保存了这两书的部分内容。"《永乐大典》用《洪武正韵》韵部统字，韵序、字序、反切、注释均以八十韵本为准"（宁忌浮 2003），[①]它所引小学辞书中一般第一种就是《洪武正韵》，而最后一种就是《韵会定正》。《永乐大典》原为二万多卷，现仅存八百多卷，因而现存于《永乐大典》中的《洪武正韵》与《韵会定正》也不是完帙。但所引有《韵会定正》的一般都有《洪武正韵》，如此两者就可资比较。

在《永乐大典》中，除了《韵会定正》之外，还引用有《韵会定正字切》和《字切》的内容。它们三者是何种关系呢？

据所引内容，可以看出三个特点：

一、《韵会定正字切》和《字切》对单字的注释只有注音而无释义，注音的方式是反切（无"切"字），后为四个双声字，其中第一是反切上字，二三是作者认为是相同声母的两个字，四为被切字。

二、同一个单字下不会既引用《字切》，又引用《韵会定正字切》，只会出现其中一种。

三、《字切》只出现在《韵会定正》之后。

《韵会定正字切》与《字切》应是同一部书。《字切》是为了叙述的简洁而承前省略"韵会定正"四字后的略称。这也可以从上述目录书中未见《字切》一书而得到佐证。

清钱曾《读书敏求记》卷一：

"孙吾与《韵会定正》四卷。国初阁本影钞。丰城孙吾与撰。平声不分上下，别作一公、二居、三舤、四江等二十五韵；上声别作一矿、二矩、三古、四港等二十五韵；去声别作一贡、二据、三固、四绛等二十五韵；入声别作一榖、二觉、三葛、四夏等十三韵。反切不用沈约韵母，时露西江土音。

[①] 宁忌浮《洪武正韵研究》，上海辞书出版社，2003 年，第 14 页。

予未之敢以为允也。吾与,字子初,国初为太常博士。今《题名录》以字行,并为正之。"

因此,《韵会定正》应是一部韵书。

《永乐大典》所引《韵会定正字切》的内容只有反切注音,没有释义,与《韵会定正》不同。这说明《韵会定正字切》的体例和性质与《韵会定正》当有所不同。不同之处在于《韵会定正字切》注音是反切的形式,而没有"切"字,而且注音后有四个双声字。这种情形与历史上的助纽字性质相当。

现存载有助纽字的文献主要有涵芬楼影印元本《玉篇》"三十六字母切韵法"、《切韵指掌图》"三十六字母图"、《四声等子》"七音纲目"、《韵镜》"归纳助纽字"、元刻本《玉篇》"切字要法"、元刻《事林广记》"切字要法"、元末明初陶宗仪《南村辍耕录·射字法》、明代《字学集要·切字要法》、章黼《韵学集成》和清代《切法辨疑》等。如《南村辍耕录·射字法》云:"如欲切'春'字,清谆,清清千春……'夏'字平声为'霞',盈麻,盈盈延霞……"

《韵会定正字切》所出现的汀天、新鲜、真毡、经坚、轻牵、因烟等 27 组双声字应是助纽字。现存《永乐大典》中同一个单字下同时引用《韵会定正》和《韵会定正字切》的共 77 例,其中 76 例反切相同,仅有 1 例反切下字稍有差别,即卷一万九千七百四十三卷"逯……《韵会定正》来匊切,又趋逯。《字切》来谷,来零连逯。"因此,《韵会定正字切》可以当作是为了直观反映《韵会定正》反切的韵图,或为具有韵图性质的韵书,二者的关系应相当于《韵镜》与《广韵》。因此,《韵会定正字切》或《字切》的反切与《韵会定正》的反切是一致的。

现存《永乐大典》每册所注释的单字及引用《韵会定正》《韵会定正字切》和《字切》的单字次数如下:

《韵会定正》《韵会定正字切》《字切》被引字数表:

《永乐大典》册数	所注释单字数	《韵会定正》字数	《韵会定正字切》字数	《字切》字数
1	91	5	22	5
2	219	9	35	11
3	138	4	27	4
4	85	8	16	8

续表

《永乐大典》册数	所注释单字数	《韵会定正》字数	《韵会定正字切》字数	《字切》字数
5	241	13	36	14
6	314	9	40	7
7	82	7	20	7
8	198	14	23	14
9	107	6	19	6
海外新发现	11	4	6	4
合计	1486	79	244	80

从反切注音的角度，我们辑得《韵会定正》的反切为325条，同一个小韵中的韵字为同一个反切，因而除去重复，实有反切110个；释义的仅68条，其中《洪武正韵》未收的有5字，分别为"94 裩、95 訛、116 岯、146 蕾、271 逯"，同时见于两书的计有63字，又"乳""注见燕字"、"陌""注见阡字"、"蟠""注见楝字"，两书释义可以比较的实60字。释义的内容比较少，这是由于《永乐大典》引书体例的缘故，后引一种辞书必须是前引辞书所不同或没有的新息信。因而今《韵会定正》的释义一般是《洪武正韵》所没有的。与《洪武正韵》相比，《韵会定正》的释义有如下几个特点：

一、不仅解释某字为某义，而且解释某字为何有某义。

韵字	1. 终 p42
洪武正韵	极也，穷也，死也，毕也，春秋无终山，戎国名。
韵会定正	君子死曰终，谓循理终身，能终其事也，古作𦧶。

韵字	244. 兑 p6828
洪武正韵	貤易也，通也，穴也，又易兑为泽，泽者，水中之中锺聚也，又成蹊也，如杨倞之说，则卦名，亦有队音，又悦也，直也……
韵会定正	卦名，一阴居二阳之上，故卦德为说。

韵字	297. 侀 p9009
洪武正韵	同上，又成也，记侀者，成也
韵会定正	刑也，见於形也，故曰侀者，成也。

二、解释某字所指有何作用，释义更具体。

韵字	16. 瓠 p718
洪武正韵	瓢也，亦作壶、瓳；又暮韵。
韵会定正	康瓠，空匏也，可浮渡。

韵字	57. 伾 p1435
洪武正韵	有力也，众也，书至于大伾。
韵会定正	伾伾，马以车有力也。

韵字	58. 秠 p1435
洪武正韵	一秠二米，黑黍也；又尤、贿二韵。
韵会定正	秠，人以之为秠者。

韵字	72. 枚 p1442
洪武正韵	众枝，又姓，毛诗传枝曰条，干曰枚，左传南蒯枚筮之，杜预曰不指其事，泥卜吉凶，枚卜功臣，周礼有衔枚氏，颜师古注汉书枚状如箸，横衔之，繣絜於项，繣结凝也，絜绕也，又马樾，左传襄十八年以枚数阖。
韵会定正	枚卜、枚筮，谓一个二个，卜之、筮之也，又衔枚，衔之於口，以止语也。

韵字	106. 苍 p3482
洪武正韵	深青色，又姓，春曰苍天……
韵会定正	天青色也。

韵字	148. 傀 p4606
洪武正韵	傀儡
韵会定正	傀儡子，木偶人戏，从葬俑类，本作魁。

韵字	220. 咥 p6077
洪武正韵	笑声，诗咥其笑矣；又质、屑二韵。
韵会定正	笑貌。

韵字	231. 絮 p6422
洪武正韵	调羹。
韵会定正	就豆羹中再加调和也。

韵字	257. 钁 p7297
洪武正韵	广韵钁,土具也;又见覃韵。
韵会定正	出菜根器。

韵字	275. 服 p7425
洪武正韵	……又车中央夹辕者,曰两服,又五服,盖言服天子之事也,周分为九服,……
韵会定正	服牛马於车辕也,又五服,三年、期九月、五月、三月,以布粗细为序也。

韵字	280. 职 p7711
洪武正韵	掌也、主也、常也、等也。
韵会定正	执掌事业也。

韵字	285. 莫 p7852
洪武正韵	安静也,定也,左传说诗德正应和曰莫,诗君妇莫莫……,
韵会定正	清静也,诗莫其德音,谓清静其德音,使无非闲之言。

三、反映新义或常用义。

韵字	22. 湖 p726
洪武正韵	说文大陂。
韵会定正	今地理称湖广、湖南、湖北者皆指洞庭湖言, 而宫亭、彭蠡、彭泽,则皆鄱阳湖之别名。

韵字	164. 牂 p4622
洪武正韵	越牂,古印都国,武帝元鼎年间始置郡名,有牂水,言越此水,以章休盛也。
韵会定正	水名。

四、增加义项。

韵字	28. 乌 p1021
洪武正韵	黑也,何也,亦作恶。
韵会定正	三足乌,俗以名日中暗虚。

韵字	30. 洿 p1050
洪武正韵	浊水不流,一曰窊下,亦作污、汙;又暮韵,监本注作窳下,误。
韵会定正	又捼莎,以去衣之污曰污,与洿同,又作污。

韵字	55.坏 p1434
洪武正韵	未烧陶瓦,又见下。
韵会定正	鲁颜阖闻使至,凿坏而遁,即垒坏,墙也。

韵字	93.夭 p2402
洪武正韵	夭夭和舒貌,又少好貌,又盛貌,书厥草惟夭,字本作芺,经典误以芺折之芺为夭,后世相承,不敢改也;又筱、巧二韵。
韵会定正	注,其色愉也。

韵字	114.烝 p3738
洪武正韵	火气上行,一曰君也,进也,众也,久也,熏蒸也,炊也,殽烝也,下淫上也……
韵会定正	盛也。

韵字	118.精 p3946
洪武正韵	真气也,熟也,细,的也,专一也,灵也,凡物之纯至者曰精,古人谓玉为精,国语祀以一纯二精,又择也,神观也,精光英华,精凿也,目精也,水精也;又敬韵,从月误。
韵会定正	米极细也,择极辨也。

韵字	120.油 p4032
洪武正韵	说文水出武陵,孱陵西东南入江,一曰膏也,一曰油油,和谨貌,又司马相如传云之油油,又礼记云油然生矣。
韵会定正	又油然,盛貌。

韵字	138.嵒 p4189
洪武正韵	借差,书畏于民嵒,又侵韵,喦、嵒二字即古岩字,崭嵒义与岩岩同,借嵒亦取嵒石,上陵之义,但借嵒与岩字可以重押。
韵会定正	又险也。

韵字	163.霢 p4622
洪武正韵	玉篇露也,广韵霢霂,草木弱貌,韩愈城南联句春游轹霢霂;又药韵。
韵会定正	又霢霢,细貌。

韵字	174.藻 p4896
洪武正韵	水草,通作薻,又与缲同,又文辞曰藻,谓藻有文而辞如之,又华饰曰黼藻,谓如衣裳之绣,藻火黼黻也,杜诗传士卒凫,注和睦欢悦如凫之戏于水藻也,礼记玉藻,注以藻紃贯玉为冕饰,杂采曰藻,天子五采,亦作璪。
韵会定正	今屋藻,井名,藻井者藻取其清洁,有文且以厌火烛,故画之,井则言其形似也。

六 从《韵会定正》论《洪武正韵》的得失

韵字	176. 广 p5010
洪武正韵	大也,阔也,辟也,播也,又度广,又广轮,广袤,东西曰广,南北曰轮、曰袤,檀弓广轮揜坎,注轮,从也,从音子容切,据此则是横量曰广,从量曰轮,又兵车左右广,又副车曰贰广,见左传襄二十三年。
韵会定正	横阔也,又古百粤地,秦立南海郡,至隋置广州。

韵字	178. 鼎 p5068
洪武正韵	法象,宝器,易鼎卦,象曰鼎,象也,序卦曰革物者莫若鼎,杂卦曰鼎取新也,又方也,贾谊传天子春秋鼎盛,又当也,康衡传康鼎来,言康且来也。
韵会定正	烹饪器也,禹铸九鼎,象神奸形,其上使人不逢不若,三鼎,豕、鱼、麋。

韵字	184. 走 p5245
洪武正韵	趋走也,指趋走之体而言之也;又宥韵。
韵会定正	骏奔也,又谦称谓驰走之人,见马迁传。

韵字	207. 致 p5790
洪武正韵	极也,送至也,使之至,趣也,从至从夂,夂音绥,俗作致,大学致知。
韵会定正	推致也。

韵字	241. 介 p6791
洪武正韵	大也,助也,副也。阅也,佐佑也,耿介也,系也,甲也,闲厕也,古者主有摈,客有介……又因也,……又细故曰纤介……亦作芥,又几微也……又侧畔也……又微间貌……又一夫曰一介……又与芥同……又辖韵。
韵会定正	分辨也。

韵字	242. 价 p6800
洪武正韵	善也,节也,诗介人维藩,荀子作价人,又仍价,与介同。
韵会定正	价人,大人也。

韵字	296. 形 p8984
洪武正韵	体也,容也,常也,现亦作侀,故作刑。
韵会定正	形质,又著见也。

韵字	316. 只 p291
洪武正韵	起语辞,诗乐只君子,又语已辞,诗母也天只,又专辞;又质韵,佩觿集曰乐只之只本翻之尒,今读若质。
韵会定正	又但也。

韵字	324. 轵 p314
洪武正韵	毂末一曰车轮,所穿为道,汉书绁子婴于轵途。
韵会定正	县名,在长安东十二里,即子婴降处, 又车毂末,大驭祭处,古作軹县,又作枳县。

五、标明同一语义不同字形之间的关系。

韵字	33. 呜 p1053
洪武正韵	又暮韵。(暮韵:叹声,后汉袁安传噫呜流涕,音一故切;又模韵。)
韵会定正	呜呼,叹声,亦作呜嘑,於戏、於虖、於乎、乌虖、 乌呼、恶虖,又呜呜,歌呼,声也,亦作乌乌。

韵字	92. 枛 p2402
洪武正韵	木少盛貌。
韵会定正	通作夭。

韵字	139. 岩 p4190
洪武正韵	险也,左传制,岩邑也,又峻也,董仲舒传舜游岩廊,又嶄岩,高貌, 又石窟曰岩,深通曰洞,亦作巖嵓,通作礧礧,又见下。
韵会定正	亦曰殿岩,或省作严,又疑兼切。

韵字	177. 顶 p5034
洪武正韵	头颠。
韵会定正	头顶也,或作頱,古作頂,籀作顀,见十七景韵。

韵字	180. 瞍 p5240
洪武正韵	目无眸子。
韵会定正	本作俊。

韵字	181. 薮 p5240
洪武正韵	大泽,亦作槱。
韵会定正	或作槱,亦作蓃。

韵字	322. 坻 p300
洪武正韵	止也,左传物乃坻伏;又支、济二韵。
韵会定正	著止也,或作泜,亦作汝、渚。

六　从《韵会定正》论《洪武正韵》的得失　361

六、以通语解释词义。

韵字	10.廱 p185
洪武正韵	辟廱,学名;说文作辟廱,尔雅廱廱,和也,通作雝雍,天子曰辟廱,诗笺辟廱者,筑土雝水之外,圆如璧,四方来观者均辟雍与廱。
韵会定正	韵会定正影弓切,辟廱,在天子讲学行礼之地,以水环丘如璧,以节观者,故名。

韵字	36.酥 p1123
洪武正韵	酪属,又酴酥,酒名,药名,或作䣩,亦作苏。
韵会定正	酥油也,駞駞、牛羊乳为之。

韵字	119.僧 p4017
洪武正韵	沙门也。
韵会定正	释氏徒。

韵字	124.榆 p4039
洪武正韵	白枌,诗山有枢,湿有榆,枢音讴,则榆音由;又鱼韵。
韵会定正	懒榆木。

韵字	150.蕗 p4606
洪武正韵	马蓼,似蓼而大,又见下及灰韵。
韵会定正	红龙之大者。

韵字	192.洚 p5651
洪武正韵	洪水,水不遵道;又东、阳、漾三韵。
韵会定正	洚洞,水无涯也。

韵字	193.横 p5651
洪武正韵	不以理也,又作户孟切;又东韵。
韵会定正	逆理也。

韵字	203.种 p5720
洪武正韵	蓺也,本作稑;又东、董二韵。
韵会定正	播种也。

韵字	234.辅 p6704
洪武正韵	车辅两旁,夹车木也,又颊颧也,形如车辅,故曰辅车,又毗辅也,扶也,弼也。
韵会定正	又车辅,斜缚杖,又扶助也。

韵字	249. 镦 p6875
洪武正韵	礼记进矛戈者前其镦,注平底曰镦,取其镦地,俗作镦。
韵会定正	矛戟柄尾也。

韵字	267. 睵 p7369
洪武正韵	视貌,宋玉九辨蛾眉曼睵目腾光,俗作睐。
韵会定正	目睐也。

韵字	268. 甪 p7369
洪武正韵	兽角,汉四皓甪里先生
韵会定正	汉甪里先生,四晧之一也。

韵字	273. 伏 p7403
洪武正韵	……又三伏日,释名伏者金气伏藏之日也,金畏火,故三伏皆庚日,历忌曰四气伏谢,皆以相生,至於立秋以金代火,金畏于火,故庚日必伏……
韵会定正	秋以金承夏之火土,微金畏老火,故秦於其间三庚日立三伏日。

韵字	276. 乙 p7593
洪武正韵	十干名甲乙,东方木行,月令春三月其日甲乙,尔雅岁在乙曰旃蒙,月在乙曰橘……
韵会定正	阴木干也。

韵字	281. 檄 p7769
洪武正韵	说文以木简为书,长尺二寸,以号召也,后汉纪为封长檄,犹今长牒也,魏武帝奏事曰若有急,则插鸡羽谓之羽檄,言如飞之疾也。
韵会定正	喻告之书。

韵字	284. 貊 p7851
洪武正韵	北方国,豸种……
韵会定正	北裔种。

韵字	320. 砥 p295
洪武正韵	石细于砺……
韵会定正	柔石可利刃锋者。

《洪武正韵》是对旧韵书按照一定的原则加以校正而成,其释义也应大多承袭旧韵书而来,因而,"书卷气"较重;对一些词的常用义、新义未及时增

收；又不论是引书，还是释义，多为文言，而非当时的通语。《洪武正韵》虽是韵书，但同时应具备字书和义书的功能，对于行伍出身的明太祖而言，它的实用性可能就差一些。这可能是明太祖认为《洪武正韵》的"字义未能尽、未能当"的一个原因吧。而《韵会定正》就不同，从上述几个特点可以看出，不仅释义有从俗、从众、从新的倾向，而且所使用的语言也通俗易懂，易于理解和接受。

《韵会定正》的声类主要根据《韵会定正字切》的助纽字加以归纳，同时辅以反切系联法和审音法。《韵会定正字切》助纽字共有27组，现开列于下：

宾边　娉偏　民眠　丁颠　汀天　亭田　宁年　零连　精笺　清千　秦前　新鲜　饧涎　真毡　称焯　澄緾　声膻　神禅　人然　经坚　轻牵　擎虔　迎妍　因烟　兴掀　形贤　寅延

凡使用相同助纽字的单字属同一声类，因此可以依据这些助纽字来考求《韵会定正》的声类系统。现辑录标有"韵会定正字切"或"字切"的为324个字，除"职"字缺切下字和助纽字外，其中318个字的注音都使用助纽字，可以归纳为27声类：帮、滂、明、端、透、定、泥、来、精、清、从、心、邪、知、彻、澄、审、禅、日、见、溪、群、疑、影、晓、匣、喻。其余6个字，以"奉"为反切上字，在该标注助纽字之处留下空白，或注原缺，分别为：

卷之一万四千九百十二　六暮
236. 誧 p6699……韵会定正字切奉固，奉　　誧。
237. 滏 p6704……韵会定正字切奉固，奉原缺滏……
238. 辅 p6704……韵会定正奉固切……字切奉固，奉原缺辅。

卷之一万九千七百八十三　一屋
273. 伏 p7403……韵会定正奉谷切……。字切奉谷，奉　　伏。

卷之一万九千七百八十四　一屋
274. 虑 p7423……韵会定正字切奉谷。奉　　虑。

卷之一万九千七百八十五　一屋
275. 服 p7425……韵会定正奉谷……字切奉谷，奉　　伏。

参照《广韵》，这六个字应自成一类：奉。

辑自《洪武正韵笺》的 8 个单字：伻、崩、祊：帮公切；玤、埲、烹：滂公切；朋：并公切；顷：溪雄切。其中帮、滂、溪与《韵会定正字切》切上字同，当为一类；参照《广韵》，"朋"自成一类：并。

因此，《韵会定正》计有 29 个声类。

其声类特点有二：

一、保留全浊声类：并、奉、定、澄（澄床禅）、禅（禅床三）、从、邪、群、匣，但将许多全浊声母字归入了清音。

《韵会定正》浊音清化表：

单字	广韵（或集韵）	古今韵会举要	洪武正韵	韵会定正
玤	蒲庚	蒲庚	蒲红	滂公
埲	蒲庚	蒲庚	蒲红	滂公
伾	符悲	贫悲	铺杯	滂圭
邳	符悲	贫悲	铺杯	滂圭
坯	贫悲	铺枚	铺杯	滂傀
缔	特计	丁计	丁计	端计
啍	徒浑	他昆	他昆	透昆
蹻	巨娇	丘妖	丘妖	溪骁
頯	渠追	犬蘂	犬蘂	溪已
烘	胡贡	呼贡	呼贡	晓贡
哄	胡贡	胡贡	胡贡	晓贡
洚	胡贡	胡贡	胡贡	晓贡

以上 12 个字都属于中古的全浊声母字。玤、埲和哄、洚 4 例在《古今韵会举要》和《洪武正韵》中都以并类字"蒲"和匣类字"胡"作切上字。伾和邳 2 例，《古今韵会举要》以并类字"贫"作切上字。仅坯、缔、啍、蹻、頯、烘 6 例在《古今韵会举要》中读作清音，坯、缔、啍、蹻、頯、烘、伾、邳 8 例在《洪武正韵》中读作清音，这些都是雅音的反映。而在《韵会定正》中，这 12 个字都用清音字作切上字。据此，可以推断《韵会定正》全浊声类字的数量应大大少于《古今韵会举要》和《洪武正韵》。也就是说《韵会定正》浊音清化的程度更接近于"中原雅音"。在这点上，《洪武正韵》相对保守。

二、知照组声类合并，澄、禅相混，床三和禅合并，《韵会定正》与《洪武正韵》同。

《韵会定正》澄、床三、禅合流表：

单字	广韵	洪武正韵	韵会定正
成	是征	驰征	澄经 （助纽字：澄繩）
谥	神至	时至	禅计 （助纽字：神禅）

韵类考察，除助纽字归纳法以外，还运用蒋希文师的"枚举归纳法"，对实同类但不能系联的加以归并。如：《韵会定正》的"弓"组和"雄"组不能系联。"弓"组6个字"雖"、"灈"、"廱"、"饔"、"壅"、"痈"，共享一个反切"影弓切"；"雄"组4个字"顷"，溪雄切；"蓉"、"溶"、"庸"共享一个反切"喻雄切"。除"顷"以外，这两组字同属《广韵》东韵合口三等，从中古到近代在通语里其韵类基本没有变化，在《洪武正韵》中同属东韵细音，在《古今韵会举要》中同属弓字母韵，为一类，因此，把这两组合并。"顷"字的情况属于中古清韵合口三等牙音见母字，到近代并入东韵合口三等，这种现象也同样出现在《洪武正韵》和《古今韵会举要》里，所以也一同并入。依据同样的方法，"贡"组和"供"组、"己"组和"几"组、"圭"组和"傀"组、"匮"组和"轨"组、"模"组和"觚"组、"固"组和"故"组、"甘"组和"緘"组等分别合并为一类。

"规"组只有一例"跬"，《韵会定正》窥规切。此字《广韵》丘弭切、《洪武正韵》犬蘂切、《古今韵会举要》犬蘂切，均为上声；意义也基本一致，"半步一举足"。《永乐大典》所引《韵会定正》却用平声字"规"作切下字，前代韵书中未见到有平声一读。因此，"规"字或许当作"轨"，属音近而误，暂将其与"轨"组和"匮"组合并。

韵书所载"逯"字读音有两种：来母屋韵一等和来母烛韵三等。《说文解字系传》"行谨逯逯也，从辵录声，卢木反"，这属于屋韵一等；《广韵》"力玉切，谨也……又姓……"，这属于烛韵三等。更多的情况是将两读并收，如《集韵》屋韵"卢谷切，说文行谨逯逯也"，烛韵"龙玉切，《博雅》逯逯，众也，一曰行谨也，亦姓"。《博雅音》、《大广益会玉篇》和《五音集韵》等也是如此。《韵会定正》来匊切；《字切》来谷，来零连逯。《韵会定正》和《字切》对同一个被切字分别用屋韵一等字和烛韵三等字作切下字，情况有些特殊。《韵会定正》很可能像《集韵》等韵书一样将两读并收，而《永乐大典》撰修者只著录《韵会定正》"来匊切"一读，放弃了另一读"来谷切"，引用《字切》的情况正好相反，所以造成了不一致。

因此,不能认为中古来母屋韵一等和烛韵三等在《韵会定正》中混而为一。事实上,"菊"和"谷"在《韵会定正》中是洪音和细音不同的两类。依据"来菊切",把"逯"归入"菊"类。

因此,《韵会定正》计有 37 个韵类。现将 37 韵类及其所辖单字和反切开列于下(反切都省去"切"字):

一、公类

伻、崩、祊:帮公;踒、搒、烹:滂公切;朋:並公(以上 7 例辑自《洪武正韵笺》);终、螽、众、霥:知公。共 11 例。

二、雄类

顷:溪雄(此例辑自《洪武正韵笺》);蓉、溶、庸:喻雄;雝、灉、廱、饔、壅、痈:影弓。共 10 例。

三、贡类

湩:端贡;恸、挏、动:定贡;咔、桄、弄:来贡;中、种、衷:知贡;倥、鞚、控、空:溪贡;烘、哄、泽:晓贡;偅、窮:溪供;横:弘供。共 20 例。

四、基类

郭、尸、屍:审基。共 3 例。

五、已类

疻、底、抵、咫、枳、坻、轵、只、砥:知已;死:斯已;頯、頿:溪已;抵:知几。共 13 例。

六、计类

贲、痹、波、狈:帮计;缔、寁、蒂、螮、嚏:端计;棣、替、褅、鬄、殢、薙、涕、屦:透计;置、制、致:知计;致:澄计;谧、嗜、致、莳:禅计;冀:见计;臮:群计;嘻、咥、黠、忾、瘱、炶、鶨、咥:晓计;系、禊:匣计。共 37 例。

七、圭类

卑、罴、箄、裨、籠、錍:帮圭;駓、伾、狉、鈚、豾、怀、邳、鉟、破、被、狓、旇、伍、秕、丕、披:滂圭;醅、肧、伾、坯:滂傀;梅、枚:明傀。共 29 例。

八、轨类

蕾:来轨;觜、雌:精轨;趡:清轨;瀡、髓、蘂、蘳、蒍、藙:心轨;棰、捶、锤:知轨;蘳:禅轨;鱉、藥:日轨;峀、蘱:窥轨;腰、餒:泥傀;魋、魏、傀:溪傀;跬:窥规。共 23 例。

九、侩类

蔚、刬、队、靰、霎、憝、夺、锐、兑、镦、骰:定侩。共 11 例。

十、介类

诚、喊、价、介:见介。共 4 例。

十一、踞类

著、翥:知踞;处、絮:彻踞;树:禅踞;语:疑踞。共 6 例。

十二、模类

初、刍:彻觚;梧、浯、鼯、部:疑觚;泸:来模;麤:清模;麻、稣、酥:心模;梳、蔬、練、疏、苏、辵:审模;於、杇、恶、呜、乌、洿:影模;壶、箶、弧、醐、餬、瑚、瓠、湖:匣模。共 31 例。

十三、古类

房、橹、卤、橹、卤:来古。共 5 例。

十四、固类

誧:滂固;䩗、溢、辅:奉固;铺:滂故。共 5 例。

十五、遵类

遵、僎:精遵。共 2 例。

十六、昆类

暾、燉、吞、贛、涒、啍:透昆;軘、纯、屯、忳、庉:定昆;鹌、尊:精昆;村:清昆。共 14 例。

十七、坚类

烟、燕:影坚。共 2 例。

十八、管类

惜、痯、斡:见管。共 3 例。

十九、骁类

辽:来骁;锹、幧:清骁;蹻、橇、趫、骄:溪骁;茯、夭、褑、柸、訞:影骁。共 12 例。

二十、杲类

老:来杲;藻:精杲。共 2 例。

二十一、冈类

仓、鸧、沧、苍:清冈。共 4 例。

二十二、光类

妆、装、桩:知光。共 3 例。

二十三、广类

广：见广。共1例。

二十四、经类

兵：帮经；鞓、汀、朾：透经；精：精经；帪、烝、胥：知经；成：澄经；馨、兴：晓经；形、俐：匣经。共13例。

二十五、景类

顶、鼎：端景。共2例

二十六、拖类

僧：心拖。共1例。

二十七、鸠类

鰍、扰、游、莸、藗、斿、游、榆、油：喻鸠。共9例。

二十八、九类

友：影九。共1例。

二十九、考类

走：精考；趣：清考；睋、喥：心考。共4例。

三十、缄类

喦、壘、岩：疑缄；函、諴、嗛、衔、咸、蚶：匣缄。共9例。

三十一、甘类

䤴、涵：匣甘。共2例。

三十二、监类

蘸：照监；湛、赚、詀、镶：床监；钐：审监。共6例。

三十三、匊类

逯：来匊；竹：知匊；局：群匊。共3例。

三十四、谷类

翌、霂、鹜、榢、沐、蚞、目：明谷；伏、服、處：奉谷；骦、攂、睩、角：来谷。共14例。

三十五、吉类

疾：从吉；夁、乙：影吉。共3例。

三十六、格类

蓍、駓、麦、貘、佰、百、貊、陌、莫：明格。共9例。

三十七、亟类

职:照亟;席:邪亟;檄:匣亟。共 3 例。

其韵类及声调特点如下:

一、止摄开口心、章、船、书、禅、知、澄母字仍读舌面元音。止摄开口精、章、知组字共 21 个,蟹摄祭韵章母字 1 个(制)。

《韵会定正》止摄开口精、章、知读舌面元音表:

韵字	中原音韵	古今韵会举要	洪武正韵	韵会定正
	支思	羁	支	基
尸	支思	羁	支	基
郗		羁	支	基
死	支思	紫	纸	已
疻		已	纸	已
厎	支思	已	纸	已
抵		已	纸	已
呮	支思	已	纸	已
枳		已	纸	已
坻		已	纸	已
轵		已	纸	已
只		已	纸	已
砥		已	纸	已
抵		已	纸	已
制	齐微	寄	寘	计
谥	支思	寄	寘	计
嗜	支思	寄	寘	计
跂	支思	寄	寘	计
莳	支思	寄	寘	计
置	齐微	寄	寘	计
致	齐微	寄	寘	计
致		寄	寘	计

以上共 22 字,《中原音韵》收 12 字,除"制"、"置"、"致"尚在齐微韵外,其他都归入支思韵;除"死"字外,《古今韵会举要》都保持旧读;《洪武正韵》全都由细变洪,归入"支"、"纸"、"寘"三韵,成为舌尖元音;《韵会定正》全都保持细音。在这点上,《洪武正韵》超前了。

二、《广韵》庚、耕、清、青、登韵的一二等唇音字、牙喉音合口字与东韵一等字在《韵会定正》中合并；庚三、清、青韵牙喉音合口字与钟韵、东韵三等字在《韵会定正》中合并。

《韵会定正》曾、梗二摄与通摄合流表：

韵字	广韵	中原音韵	古今韵会举要	洪武正韵	韵会定正
伻	耕		拽	东	公
崩	登	东钟　庚清	拽	东	公
祊	庚		拽	东	公
趽	庚		拽	东	公
搒	庚		拽	东	公
烹	庚	东钟　庚清	拽	东	公
朋	登	庚清	公　拽	东	公
横(去)	庚(去)	东钟　庚清(去)	公(去)	东(去)	公(去)
彭	庚	东钟	公　拽	东	公
盲	庚	东钟　庚清	公	东	公
横	庚	东钟　庚清	公	东	公
宏	耕	东钟　庚清	公	东	公
肱	登	东钟　庚清	公	东	公
弘	登	东钟　庚清	公	东	公
绷	登	东钟　庚清	拽	东	公
顷	清		雄	庚	雄
荣	庚	东钟　庚清	弓	东	雄
莹	庚		弓	庚	雄　庚(中古)
蝾	庚		弓	东	雄
䁀	庚		弓	东	雄
扃	青	庚清	雄	东	雄
倾	清	东钟　庚清	雄	东	雄
琼	清	庚清	雄	东	雄
荧	青	庚清	雄	庚	雄

注："横"以下16字辑自《洪武正韵笺》，只有对这些字归韵情况的叙述，没有反切。

以上24字，《中原音韵》多为东钟和庚清两收，《古今韵会举要》并入东韵的趋势越来越明显，除了合口三、四等的一部分字，如"营、萤、倾、顷、憬、颖"等仍留在庚梗敬外(宁忌浮2003)，[①]《洪武正韵》都归入东韵，《韵会定正》除"莹"

[①] 宁忌浮《洪武正韵研究》，上海辞书出版社，2003年，第136页。

字有两读外,其他都归入东韵,而在现代官话中,庚韵合口字及唇音一二等字多与东韵混同(宁忌浮 2003),①可以推断中古梗、曾两摄的一二等唇音字和牙喉音合口字绝大多数在《韵会定正》中与东韵合并。在这点上,《洪武正韵》相对滞后。

三、部分全浊上声字变为去声。

《韵会定正》浊上变去表:

韵字	广韵(或集韵)	中原音韵	古今韵会举要	洪武正韵	韵会定正
挏	董		贡	送	贡
动	董	东钟(去)	贡 董	送	贡
语	语	鱼模(去)	据	御	踞
鬴	麌		古	暮	固
溎	麌		古	暮	固
辅	麌	鱼模(去)	古	暮	固
湛	豏	监咸(去)	感	勘	监

以上 7 例,《中原音韵》有四字"动"、"语"、"辅"、"湛"变为去声,"挏"、"鬴"、"溎"三字未见;《古今韵会举要》有"挏"、"语"、"湛"三字变为去声,"动"上去两读,"鬴""溎""辅"仍读上声;《洪武正韵》全归入去声,《韵会定正》与之相同。但"八十韵本的浊上归去是不彻底的,并入去声的多是常用字,上声韵里仍有全浊小韵"(宁忌浮 2003),②《韵会定正》应该像《洪武正韵》一样仍然在上声韵里保留全浊小韵,如"菙,禅轨切"。在这点上,《洪武正韵》与《韵会定正》是相同的。

可以看出,明太祖对《洪武正韵》不满意,并不是认为《洪武正韵》一无是处,而是为其所否定的多于认同的;他对《韵会定正》比较满意,并非认为它毫无瑕疵,而是为他所认同的多于否定的。

明太祖为今安徽人,孙吾与为今江西人,刘三吾为今湖南茶陵人③。孙吾与所编韵书并不是因明太祖的需求而编,其应无功利性。但孙书为明太祖和刘三吾等认可而接受,说明其音系的特点应大多与明太祖心目中的"中原雅

---

① 宁忌浮《洪武正韵研究》,上海辞书出版社,2003 年,第 134—137 页。
② 同上书,第 120—125 页。
③ 茶陵方言为赣语。(中国社会科学院和澳大利亚人文科学院合编《中国语言地图集》1987)

音"相符,也就是说,明太祖心目中的"中原雅音"并不仅限于其家乡凤阳及周边地区,而应更具有广阔的空间和普遍性。明太祖心目中的"中原雅音"与中原雅音有一定的距离,与明太祖、孙吾与的方言肯定也不相同,那应是受中原雅音影响比较大,但又带有吴语特征的"南方中原雅音"①②③。所以,汪广洋等以中原雅音校正七十六韵本而得出的八十韵本《洪武正韵》注定是得不到明太祖的认可的。

---

① 鲁国尧先生(1988)指出吴语区本北抵淮河。即今江淮方言原为吴语的区域,而且今江淮方言仍有一些吴语的特征。丁邦新先生(1966)指出如皋方言就带有吴语的底层。

② 我们说"南方中原雅音",并不是说"中原雅音"有南北两个,这与近代汉语两官话、两基础方言的看法(吕叔湘1985、黎新第1995、李立成2002)不同。我们同意张玉来先生(2007)的观点,"作为共同语的近代官话不存在两种官话,官话只能是一种。""中原雅音"只有一种,但"中原雅音"内部南北是有差异的。这与今天南方人讲的普通话与北方人讲的普通话是有所区别的、但都是普通话的道理应是相同的。这一状况,文献多有记载。[日]僧文雄(1700—1763)《韵镜余论·中原雅音有两种》卷下:"中原雅音者,亦云河南音、中州音、官话、汉音。此有二种,一如原书云'《韵学集成》《中州音韵》等载:更浊音、悉为清,更入声作或平或上去'者,是也;一虽清浊混,存入声,《直图》音、《字汇》音等,是也。"高静亭《正音撮要》卷四:"除各处乡谈、土语、习俗侏漓不计外,其能通行者,是谓官话。既为官话,何以有南北之称? 盖话虽通晓,其中音、声、韵仍有互异,同者十之五六,不同者十之三四。"

③ "南方中原雅音"是中原雅音,具有中原雅音的特征,因而中原雅音区的人可以接受;同时又具有包括吴语在内的南方多数方言所共有特点,即浊音和入声,所以也可以为南方人所接受,因此,我们所得出的"南方中原雅音"与今江淮官话的前身应有密切的关系。江淮官话又名蓝青官话,即不纯正的官话。虽然其人口比例小、本身区域不是很广,但具有不南不北或又南又北的特征,加之明朝特殊的政治原因,这是其他方言所不具备的优势,因此,"南方中原雅音"可以通行全国。明成祖朱棣是在南方长大,于洪武十三年前往北京时二十一岁,跟随其来北京的大多数是江淮官话区的人,他的后继者也应是在这一语言环境中成长。在此基础上,南京话很有可能成为明朝官话的标准音。(鲁国尧1985)"北京周边地区的方言中至今还保留着《中原音韵》的一些特点,恰恰说明了'大北京地区'的方言才是《中原音韵》的基础。"(唐作藩2007),唐先生的观点是有道理的,但同时从另一角度也说明了从明代始北京城区话已发生了变化,所以《中原音韵》的一些特点仅保留在北京周边地区的方言中。吕坤《交泰韵》所批评的是七十六韵本的《洪武正韵》,其没有见过也不知道八十韵本(宁忌浮2003):"万历中,余侍玉墀,见对仗奏读,天语传宣,皆中原雅音。"我们认为吕坤笔下的"中原雅音"应是"南方中原雅音",而非中原雅音。因为吕坤《交泰韵·凡例·辨古今》云:"去集成之繁芜,就正韵之简净,准中原之雅音。"《交泰韵》最显著的特点是入声分阴阳,而中原雅音无入声,有入声的是"南方中原雅音"。

七

宛委别藏《集篆古文韵海》为删节本考

《集篆古文韵海》，北宋杜从古著。该书每半叶八行，行以古文大字五字为主，各附小楷释文。版框高廿一公分，宽十五公分，乌丝、白口，页心写"古文韵海卷乂"，下写页数。卷首有序文三页，末署"宣和元年九月二十八日朝请郎尚书职方员外郎臣杜从古序"。卷首无目录，正文内容依韵书常例编次，即按声调分为五卷：卷一，上平声，二十八韵；卷二，下平声，二十九韵；卷三，上声，五十五韵；卷四，去声，六十韵；卷五，入声，三十四韵，计二百六韵。但卷二下平声夺韵目"二仙"，卷三上声夺韵目"二十阮"和"二十一混"。各卷韵目用字及次第多依《广韵》，各韵内单字则主要依据《集韵》次序排列，不同于《集韵》把真轸震质/谆准稕术、文吻问物/欣隐焮迄、痕很恨/魂混慁、寒旱翰曷/桓缓换末、歌哿箇/戈果过等韵中个别小韵开合混置。

《集篆古文韵海》是继郭忠恕《汗简》和夏竦《古文四声韵》之后又一部集录当时所见传抄古文和出土器铭的文字汇编。《集篆古文韵海》为《续修四库全书》所收录，这是目前最常见的一个本子。《续修四库全书》的版本来源是影印宛委别藏本，而宛委别藏又是影摹旧抄本。《宛委别藏》为清代学者阮元巡抚浙江所搜访《四库全书》未收 175 种书之结集，该名为嘉庆皇帝亲笔所赐。也就是说，目前所能见到的《集篆古文韵海》最晚也应是清朝中期的一个抄本。

关于杜从古及其《集篆古文韵海》的著录，较早的仅见于阮元《四库未收书提要》卷三。《集篆古文韵海五卷提要》云：

"杜从古，字唐稽，里居未详。陶宗仪云：'从古官至礼部郎。'自序称朝议郎尚书职方员外郎，盖指其作书时而言。是编藏书家未见著录，此依旧钞影摹。从古以郭忠恕《汗简》、夏竦《古文四声韵》二书阙佚未备，更广搜博采以成之。序云：'比集韵则不足，较韵略则有余，视竦所集，则增广数十倍矣。'案《书史会要》云：'宣和中，从古与米友仁、徐兢同为书学博士。高宗云：先皇帝喜书，设学养士，独得杜唐稽一人。今观其书，所誉良不虚也。'"

阮元称"是编藏书家未见著录"是有根据的，因为在他之前或同时期的学者均未见过杜氏此书。吴玉搢云：

"今并《(集篆)古文韵海》亦不可见，翻此碑……笔法未善，视郭忠恕、僧梦英已当三舍避之……"

毕沅亦云：

"……《古老子》云出《(集篆)古文韵海》，《宋史·艺文志》无此书。字体奇诡失实，非古人之遗也……"

直至近代，著名的版本目录学家缪荃孙《艺风藏书续记》始有该书版本、目录情况的介绍。卷一云：

"(《集篆古文韵海》五卷）明景宋钞本。宋杜从古撰。宋高宗《翰墨志》云：'先皇帝喜书，立学养士，惟得杜唐稽一人。'陶九成《书史会要》云：'从古，字唐稽，官至礼部侍郎。宣和中，与米友仁、徐兢同为书学博士。'此书诸家皆不著录，止见《平津馆鉴藏书画记》。前有杜从古自序，后有'时嘉靖癸未岁仲秋吉旦，假钞本订正重录。武陵伯子龚万钟识'一行正书。

桂氏手跋曰：'序载《永乐大典》一万五千九百七十八卷，九震韵。初，宋芝山出示此本，疑北笤姓名不类，访之周林汲，言《大典》作杜从古。因就四库馆互勘一过，原书十五卷，后人损为五卷而削其《目录》《音义》，使前人条贯不复可寻，深为惋惜。世间或有原本，存此可雠校也。戊戌九月十一日曲阜桂馥。'"

七 宛委别藏《集篆古文韵海》为删节本考

从缪荃孙《艺风藏书续记》可知，《集篆古文韵海》不仅有宋钞本，而且有明钞本。明钞本有一行正书"时嘉靖癸未岁仲秋吉旦，假钞本订正重录。武陵伯子龚万钟识"，但不见于宛委别藏本，这说明宛委本为明龚万钟钞本后的又一个钞本；从桂馥手跋可知，《集篆古文韵海》原为十五卷，后因人删减而为五卷。

桂馥手跋"《集篆古文韵海》原为十五卷，后人损为五卷"能否得到实证？

与《汗简》《古文四声韵》相比，《集篆古文韵海》最大的不同之处在于所录字形没有标明出处。其序云："其所标出处之目，则不尽收其书，且以《汗简》诸书为证，复以四声编之，分为五卷，名之曰'集篆古文韵海'"。据此，《集篆古文韵海》原本有标目，而今则无，且以《汗简》等书以弥补未全收所标出处之书的不足。《汗简》和《古文四声韵》在书前对采用书目均有所交代，而且在每一个古文之后均列其出处，而《集篆古文韵海》在书前未见采用书目，在每一个古文字之后也未列出处；而且据其序言"比《集韵》则不足，较《韵略》则有余；视竦所集，则增广数十倍矣"可知，《集篆古文韵海》收字应比《古文四声韵》多得多，但十六开本的《古文四声韵》有八十四页，而同样十六开本的《集篆古文韵海》也仅有九十四页，虽然每页的字数不完全相同，但恐怕与"增广数十倍"还是有一定的距离。① 因此，我们认为桂馥的看法是有道理的，即《集篆古文韵海》可能为删节本。

但问题是宛委别藏《集篆古文韵海》是目前惟一能见到的一个全本，因而无法直接比较其异同。值得庆幸的是《永乐大典》保存了部分杜从古《集篆古文韵海》的内容，这就使比较有了可能。

关于《永乐大典》对各种书体的引用情况，下举一例说明：

成 p9010 洪武正韵……篆书 [篆字] [篆字] [篆字] 并古论语 [篆字] 古孝经 [篆字] 大篆 [篆字] 小篆 [篆字] 芝英篆 [篆字] 瓔珞篆 并见姚敦临二十体篆 [篆字] [篆字] 并赵盦 [篆字] 宋公鼎 [篆字] 齐

---

① 对"比《集韵》则不足，较《韵略》则有余"，我们认为"较《韵略》则有余"应指《韵略》的韵字。《韵略》当为景祐《礼部韵略》，(宁忌浮 1997)《古今韵会举要·凡例》云："《礼部韵略》元收九千五百九十字"，而《集篆古文韵海》字头为 11988 个，不管原收字头是多少，但《集篆古文韵海》现所收字头确实是少于《集韵》，而多于《韵略》。对"视竦所集，则增广数十倍矣"，我们认为"所集"应指篆体，《古文四声韵》收篆体计 7306 个，而《集篆古文韵海》收篆体计 13644 个，二者相较，不到两倍，与"增广数十倍"相距较大。这是否也可以说明宛委别藏《集篆古文韵海》的篆体被大量地删除？

钟■季媜鼎■古文并见杨鉤钟鼎集韵■厚趞父鼎■季妘彝■■并敔敦■秦诅楚文■■并秦权■古孝经■古老子■王庶子碑■■并唐韵■莲勺宫鼎盘■度世古元歌■绛碧落文■泽碧落文■古文并见杜从古集篆古文韵海■■并徐铉篆韵■■■■并六书统　隶书■老子铭■刘宽碑■魏臣奏■唐仙人碑■青衣尉碑■西狭颂■张公神碑■孔耽碑■成王画像并洪迈汉隶分韵■孟郡碑■华山庙碑■羊窦道碑■周憬铭■梁相碑■熊君碑并汉隶字源　真书■智永■欧阳询■颜真卿■柳公权　行书■■并王羲之■王献之■智果■颜真卿■褚遂良■萧瑀■苏轼■■并米芾■赵子昂　草书■■并章草■皇象■■并王羲之■王献之■智永■张旭■苏轼■鲜于枢■■并赵子昂

《永乐大典》"成"字下有五种书体，分别为篆、隶、楷、行、草，篆书、隶书主要引自汇编作品，楷体、行体、草体主要引自历代书法家的作品，其中篆书有姚敦临《二十体篆》、杨鉤《钟鼎集韵》、杜从古《集篆古文韵海》、徐铉《篆韵》、杨桓《六书统》五种，隶书有洪迈《汉隶分韵》、娄机《汉隶字源》两种，真书取自四家书法作品，行书取自九家书法作品，草书取自九家书法作品。

《永乐大典》引用杜从古《集篆古文韵海》共有348字，表明引用的内容来源于《集篆古文韵海》的主要为"见"和"并见"两种。如果仅有一个字形，则注明为"见"如：

　　旋 p1439 洪武正韵……篆书■义云章见杜从古集篆古文韵海。

"■"来源于《义云章》，《永乐大典》所引并非直接来源于《义云章》，而是转引自杜从古《集篆古文韵海》。

如果是多个字形，往往注明为"并见"，如：

　　游 p4041 洪武正韵……篆书……见杨鉤钟鼎集韵■古文■古尚书■郭昭卿字指■■并云台碑■■并崔希裕篆古■■并集韵■古老子并见杜从古集篆古文韵海。

七 宛委别藏《集篆古文韵海》为删节本考 377

"并见"表示从"㊀古文"到"㊁古老子"均转引自杜从古《集篆古文韵海》。也有少数情况例外,虽为多个字形,但也只用"见",如:

遵 p2150 洪武正韵……篆书㊂集韵㊃郭昭卿字指㊄汗简㊅并义云章㊆泽碧落文㊇并王存乂切韵见杜从古集篆古文韵海。

虽然没有"并"字,但从"㊂集韵"到"㊇并王存乂切韵"均转引自杜从古《集篆古文韵海》。其理由是宛委别藏本该字有四个篆体:"㊇遵",与大典的汗简、义云章、王存乂切韵分别相同。"㊇并王存乂切韵",表面看来似乎仅此二形中后者引自《集篆古文韵海》,但这样宛委本的前三个字形就无法解释;而且从引书体例也可以断定,虽没有"并"字,但这些字形均采自杜从古《集篆古文韵海》是没有问题的,因为《永乐大典》的篆书、隶书的字形均转引自汇编作品,而从未有一例直接引用原书。

《永乐大典》所引《集篆古文韵海》348 字与宛委别藏本《集篆古文韵海》相比,有如下几个方面的不同:

一、大典有字头、篆体,而宛委本字头、篆体皆未见,计 45 字,开列于下:(括号内数字为《永乐大典》的页码,下同)

1.(霁 p62)㊀说文
2.(溶 p82)㊁说文
3.(灘 p184)㊂集韵
4.(p185)㊃说文
5.(壅 p196)㊄㊅并集韵
6.(痈 p196)㊆㊇并集韵
7.(瓮 p198)㊈㊉并集韵
8.(甕 p198)㊊集韵
9.(褌 p1429)㊋古论语㊌说文㊍集韵
10.(錍 p1430)㊎说文
11.(椑 p1430)㊏说文
12.(襹 p1430)㊐㊑并集韵
13.(秕 p1435)㊒(夺原始出处,下同。以下径称夺出处)
14.(駓 p1435)㊓(夺出处)
15.(鈚 p1436)㊔(夺出处)
16.(邳 p1436)㊕(夺出处)
17.(豼 p1439)㊖说文㊗古史记㊘石经
18.(犤 p1439)㊙(夺出处)
19.(魾 p1440)㊚马日碑集韵㊛集韵
20.(髬 p1440)㊜集韵

378　下编　问学

21.（皱 p1440）䯂马日碑集䯂集韵　　22.（鋻 p1441）鎣集韵
23.（眦 p1441）䀹集韵　　　　　　　24.（焯 p2151）焯张平子碑焯集韵
25.（鼛 p2418）鼛集韵　　　　　　　26.（妆 p2590）妝隆叔禺妝说文妝妝妝并集韵
27.（簹 p3483）簹（夺出处）　　　　28.（扰 p4039）扰说文
29.（膴 p4484）膴集韵　　　　　　　30.（儜 p4604）儜儜并集韵
31.（癟 p4605）癟集韵　　　　　　　32.（尰 p4607）尰尰尰并集韵
33.（秌 p4611）秌汗简　　　　　　　34.（箾 p4622）箾箾并集韵
35.（牅 p4623）牅牅牅并集韵　　　　36.（悾 p5661）悾集韵
37.（仳 p6041）仳仳（夺出处）　　　38.（繄 p6085）繄王维恭黄庭经繄集韵
39.（滏 p6704）滏集韵　　　　　　　40.（镦 p6875）镦集韵
41.（蘸 p7189）蘸集韵　　　　　　　42.（虙 p7423）虙王存乂切韵
43.（陌 p7848）陌说文　　　　　　　44.（貘 p7852）貘集韵
45.（尸 p8607）尸古论语尸汗简尸古文

上述45字的字头及相应的篆体当被宛委本所删。

二、大典有字头、篆体，而宛委本仅有字头，无篆体，计53字，说明篆体当被删。开列于下：

大典	（暾 p2151）暾暾、（屯 p2153）屯集韵、（庉 p2171）庉集韵
宛委本	暾暾屯軘庉 p378（数字为《续修四库全书》第236册的页码，下同）
注释	"暾"为"暾"之篆体，而非后三字之篆体，而三字附于其后，说明三字篆体当被删，因为大典"屯、庉"二字有篆体。又大典"暾"亦夺出处

大典	（袄 p2402）袄、（天 p2402）天古论语天说文
宛委本	袄袄天 p382
注释	"袄"为"袄"之篆体，非"天"之篆体，而"天"附于其后，说明该字篆体当被删，因为大典"天"字有篆体。又大典"袄"亦夺出处

七　宛委别藏《集篆古文韵海》为删节本考　379

大典	（沧 p3483）[篆][篆][篆]并集韵[篆][篆]并古尚书、（鸽 p3483）[篆]集韵
宛委本	[篆]沧鸽 p386
注释	"[篆]"为"沧"之篆体，非"鸽"之篆体，而"鸽"附于其后，说明该字篆体当被删，因为大典"鸽"有篆体

大典	（僧 p4017）[篆]集韵
宛委本	[篆]棱骰凌薐僧䎵 p390
注释	"[篆]"为"棱"之篆体，而非"僧"等五字之篆体，而"僧"五字附于其后，说明包括"僧"字在内的后五字篆体当被删，因为大典"僧"有篆体

大典	（油 p4032）[篆]集韵
宛委本	[篆]由[篆]同上油 p390
注释	"[篆]""[篆]"为"由"之篆体，非"油"字篆体，而"油"字附于其后，说明"油"字篆体当被删，因为大典"油"有篆体

大典	（錋 p4186）[篆]集韵
宛委本	[篆]逦錋䪴 p393
注释	"[篆]"为"逦"之篆体，非"錋䪴"之篆体，而"錋"字附于其后，说明"錋"字篆体当被删，因为大典"錋"有篆体

大典	（溼 p4604）[篆][篆][篆]并集韵、（糵 p4604）[篆]集韵
宛委本	[篆]蘗溼糵唯漕 p397
注释	"[篆]"为"蘗"之篆体，非"溼"等后四字之篆体，而四字附于其后，说明"溼"等四字篆体当被删，因为大典"溼、糵"有篆体

大典	（諴 p4181）[篆]古尚书
宛委本	[篆][篆][篆]咸諴 p394
注释	"[篆]"为"咸"之篆体，非"諴"之篆体，而"諴"附于其后，说明该字篆体当被删，因为大典"諴"有篆体

大典	（婑 p4609）[篆] 集韵
宛委本	[篆][篆]婑 p401
注释	"[篆]"，非"[篆]"等之篆体，篆体后夺字头"腰"，当据补；而"[篆]婑"二字附于其后，说明二字之篆体当被删，因为大典"婑"有篆体，《集韵》"婑矮"为异体

大典	（蔫 p4622）[篆] 集韵
宛委本	[篆][篆]蔫 p396
注释	"[篆]"，为"[篆]"之篆体，非"蔫"之篆体，而"[篆]"附于其后，说明"蔫"之篆体当被删，因为大典有篆体

大典	（頿 p4627）[篆] 说文
宛委本	[篆][篆][篆]同上頿 p396
注释	"[篆]"，为"[篆]"之篆体，非"頿"之篆体，"頿"字附于其后，说明其篆体当被删，因为大典有篆体

大典	（斡 p4825）[篆] 集韵、（痯 p4825）[篆] 集韵
宛委本	[篆]盤痯斡 p404
注释	"[篆]"为"盤"字篆体，非"痯斡"之篆体，而二字附于其后，说明二字之篆体当被删，因为大典"痯、斡"二字有篆体

大典	（睉 p5240）[篆] 集韵
宛委本	[篆]叟睉 p412
注释	"[篆]"为"叟"之篆体，非"睉"之篆体，《集韵》"睉、睉"为异体，说明"睉"之篆体当被删，因为大典"睉"有篆体

大典	（嗾 p5243）[篆][篆] 并集韵、（薮 p5243）[篆] 集韵、（瞍）p5243 [篆] 集韵
宛委本	[篆]嗾薮瞍 p412
注释	"[篆]"为"嗾"字篆体，非"薮瞍"之篆体，而二字附于其后，说明二字之篆体当被删，因为大典"薮、瞍"二字有篆体

七 宛委别藏《集篆古文韵海》为删节本考 381

大典	（恸 p5646）▨▨▨并古论语▨说文
宛委本	▨衕詷恸恫 p414
注释	"▨"为"衕"之篆体，非"詷恸恫"三字之篆体，而三字附于其后，说明三字之篆体当被删，因为大典"恸"有篆体

大典	（哷 p5649）▨集韵
宛委本	▨弄哷 p414
注释	"▨"为"弄"之篆体，《集韵》"挵弄"为异体，非"哷"之篆体，而该字附于其后，说明字篆体已被删，因为大典"哷"有篆体

大典	（蕻 p5659）▨集韵、（控 p5660）▨集韵、（䅽 p5660）▨集韵
宛委本	▨蕻控䅽桱 p414
注释	"▨"为"蕻"之篆体，非"控䅽桱"三字之篆体，而三字附于其后，说明三字之篆体当被删，因为大典"控、䅽"有篆体

大典	（緻 p5790）▨
宛委本	▨澂緻 p416
注释	"▨"为"澂"之篆体，非"緻"之篆体，而"緻"附于其后，说明该字之篆体当被删，因为大典"緻"有篆体。又大典夺出处

大典	（嬉 p6073）▨集韵
宛委本	▨憙▨上同嬉 p418
注释	"▨"为"憙"之篆体，非"嬉"之篆体，而"嬉"附于其后，说明该字之篆体当被删，因为大典"嬉"有篆体

大典	（气 p6074）▨▨并古论语▨▨并大篆▨义云章▨淮南子升仙记▨绛碧落文▨▨并说文▨▨并集韵、（氕 p6076）▨、（燝 p6076）▨、（氜 p6077）▨▨
宛委本	▨▨▨▨▨上同气燝氜 p418
注释	"▨"等为"气"之篆体，非"氕燝氜"三字之篆体，而三字附于其后，说明三字之篆体当被删，因为大典"氕、燝、氜"有篆体

大典	（鯀 p6077）🔲 集韵
宛委本	🔲 季🔲 上同鯀 p417
注释	"🔲"为"季"之篆体，非"鯀"之篆体，而"鯀"附于其后，说明该字篆体当被删，因为大典"鯀"有篆体

大典	（系 p6081）🔲🔲 并籀文 🔲 汗简 🔲 结 并集韵、（係 p6086）🔲 集韵
宛委本	🔲 系🔲 上同系 p421
注释	"🔲"为"係"之篆体，非"系"之篆体，而"係"字附于其后，说明该字篆体当被删，因为大典"係"有篆体

大典	（絮 p6422）🔲 集韵
宛委本	🔲 㡰絮 p419
注释	"🔲"为"㡰"之篆体，非"絮"之篆体，而"絮"附于其后，说明该字篆体当被删，因为大典"絮"有篆体

大典	（慛 p6422）🔲 集韵
宛委本	🔲 㷟慛 p419
注释	"🔲"为"㷟"之篆体，非"慛"之篆体，而"慛"附于其后，说明"慛"之篆体当被删，因为大典"慛"有篆体

大典	（诚 p6779）🔲 古老子 🔲 集韵、（惥 p6779）🔲 说文
宛委本	🔲 诚🔲 上同惥 p424
注释	"🔲"为"诚"之篆体，非"惥"之篆体，而"惥"附于其后，说明该字篆体当被删，因为大典"惥"有篆体

大典	（兑 p6828）🔲 大篆🔲 集韵、（剙 p6876）🔲 集韵、（鞙 p6876）🔲 集韵、（锐 p6876）🔲🔲 并集韵
宛委本	🔲 兑剙鞙锐 p423
注释	"🔲"等为"兑"之篆体，非"剙鞙锐"三字之篆体，而三字附于其后，说明三字之篆体当被删，因为大典三字有篆体

七　宛委别藏《集篆古文韵海》为删节本考　383

大典	（駾 p6874）[篆]
宛委本	[篆]衃娧蜕駾 p423
注释	"[篆]"为"衃"之篆体，非"駾"等三字之篆体，而三字附于其后，说明三字之篆体当被删，因为大典"駾"字有篆体。又大典亦夺出处

大典	（雩 p6874）[篆][篆]集韵、（尌 p6874）[篆]
宛委本	[篆]雩[篆]上同尌 p424
注释	"[篆]"为"雩"之篆体，非"尌"之篆体，而"尌"附于其后，说明该字篆体当被删，因为大典"尌"有篆体，又大典"尌"亦夺出处

大典	（站 p7189）[篆]集韵、（詀 p7297）[篆]集韵[篆]同上
宛委本	[篆]站詀 p439
注释	"[篆]"为"站"之篆体，非"詀"之篆体，而"詀"附于其后，说明该字篆体当被删，因为大典"詀"有篆体

大典	（谗 p7297）[篆]集韵
宛委本	[篆]巉谗 p439
注释	"[篆]"为"巉"之篆体，非"谗"之篆体，而"谗"附于其后，说明该字篆体当被删，因为大典"谗"有篆体

大典	（沐 p7300）[篆]集韵、（羃 p7305）[篆]集韵
宛委本	[篆]木沐羃 p440
注释	"[篆]"为"木"之篆体，非"沐羃"二字之篆体，而二字附于其后，说明二字篆体当被删，因为大典"沐、羃"二字有篆体

大典	（鹜 p7305）[篆]说文、（蚞 p7306）[篆]集韵
宛委本	[篆]鹜蚊 p440
注释	"蚊"为"蚞"字之讹，因为《集韵》"鹜"字之后为"蚞"。"[篆]"为"鹜"之篆体，非"蚞"之篆体，而"蚞"字附于其后，说明该字篆体当被删，因为大典"蚞"有篆体

大典	（蹑 p7372）[篆] 集韵
宛委本	[篆] 䟪蹑 p440
注释	"[篆]"为"䟪"之篆体，非"蹑"之篆体，而"蹑"附于其后，说明该字篆体当被删，因为大典"蹑"有篆体

大典	（虉 p7853）[篆] 说文
宛委本	[篆] 貊虉 p452
注释	"[篆]"为"貊"之篆体，而非"虉"之篆体，而"虉"附于其后，说明该字之篆体当被删，因为大典"虉"有篆体

大典	（烟 p8797）[篆]古文[篆]说文[篆]集韵[篆][篆]并崔希裕纂古、（燕 p8801）[篆]汗简
宛委本	[篆]烟[篆]同上燕 p380
注释	"[篆]"等为"烟"之篆体，非"燕"之篆体，而"燕"附于其后，说明该字篆体当被删，因为大典"燕"有篆体

大典	（缔 p9160）[篆] 集韵
宛委本	[篆] 缔 p421
注释	"[篆]"，非"缔"之篆体，而"缔"附于其后，"缔"之篆体当被删，因为大典"缔"有篆体

大典	（剃 p9173）[篆]集韵 [篆]同上 [篆]古文、（涕 p9182）[篆]说文[篆]朱育集字[篆]集韵
宛委本	[篆][篆]掵涕 p421
注释	《集韵》"剃[篆]"为异体，"[篆]"为"剃"之篆体，非"掵涕"二字之篆体，而二字附于其后，说明二字之篆体当被删，因为大典"涕"有篆体

大典	（薙 p9186）[篆] 集韵、（鬀 p9187）[篆] 集韵
宛委本	[篆] 禘薙[篆] p421
注释	"[篆]"为"禘"之篆体，非"薙[篆]"之篆体，而二字附于其后，说明二字之篆体当被删，因为大典"薙、鬀"二字有篆体

大典	（㜯 p9186）[篆]集韵、（䅹 p9187）[篆]集韵

续表

宛委本	狱樀 p421
注释	《集韵》"㴽"与"狱"为异体,"㴽"当为"㴽狱"之篆体,非"樀"之篆体,而"樀"附于其后,说明"樀"字之篆体当被删,因为大典"樀"有篆体

大典	(抵 p293)㧎狐脏并集韵、(砥 p294)砳集韵
宛委本	抵砥 p396
注释	"㧎"为"抵"之篆体,非"砥"之篆体,而"砥"附于其后,说明该字之篆体当被删,因为大典"砥"有篆体

大典	(枳 p301)枳说文、(轵 p314)轵轵家釜、(疷 p318)疷说文
宛委本	枳轵疷 p396
注释	"枳"为"枳"之篆体,非"轵疷"二字之篆体,而二字附于其后,说明二字之篆体当被删,因为大典二字有篆体

上述53字的篆体及出处当被宛委本所删。

三、大典与宛委本字头、篆体均相同,计有116(117)字。开列于下：

大典	(蓉 p82)蓉说文
宛委本	蓉 p370
注释	同

大典	(雝 p198)雝集韵
宛委本	雝雍 p370
注释	《集韵》"雝雍"为异体,同

大典	(拥 p199)擁集韵
宛委本	擁拥 p370
注释	《集韵》"拥擁"为异体,同

| 大典 | (鞿 p199)鞿鞿并集韵 |

续表

宛委本	㸚㸚鞭 p370
注释	同

大典	（壶 p668）登 汗简 登 仲考壶
宛委本	登壶登同上 p373
注释	同

大典	（梧 p943）栚 集韵
宛委本	栚梧 p373
注释	同

大典	（初 p1127）㓝 伯硕父鼎 㓝 义云章
宛委本	㓝初㓝同上 p373
注释	同

大典	（胚 p1433）𦛴
宛委本	𦛴胚 p374
注释	同，但大典亦夺出处

大典	（虾 p1433）䖳
宛委本	䖳虾 p374
注释	同，但大典亦夺出处

大典	（醅 p1434）酥
宛委本	酥酥 p374
注释	大典为"醅"，宛委本为"酥"，《集韵》二字为异体，同。但大典亦夺出处

大典	（豾 p1435）豾豾
宛委本	豾豾豾 p372

七　宛委别藏《集篆古文韵海》为删节本考　387

续表

| 注释 | 同,但大典亦夺出处 |

大典	(㔶 p1438)㔶
宛委本	㔶㔶 p372
注释	同,但大典亦夺出处

大典	(玻 p1439)㩧
宛委本	㩧玻 p371
注释	同,但大典亦夺出处

大典	(旎 p1439)旎 义云章
宛委本	旎旎 p371
注释	同

大典	(僕 p2151)僕
宛委本	僕僕 p376
注释	同,但大典亦夺出处

大典	(㸋 p2152)㸋
宛委本	㸋㸋 p378
注释	同,但大典亦夺出处

大典	(憝 p2153)憝 集韵
宛委本	憝憝 p378
注释	《集韵》:"憝敦"为异体,同

大典	(蟓 p2153)蟓 集韵
宛委本	蟓蟓 p378
注释	《集韵》:"蟓蟳"为异体,同

大典	（浧 p2153）㳠 集韵
宛委本	㳠浧 p378
注释	同

大典	（辽 p2318）㙑
宛委本	㙑辽憭料 p381
注释	同，大典亦少引出处，宛委本篆体后有三个字头，但篆体非后两字的篆体，后两字的篆体当被删

大典	（袄 p2402）袄
宛委本	袄袄夭 p382
注释	同，大典亦少引出处，宛委本篆体后有两个字头，但篆体非后一字的篆体，后一字篆体当被删

大典	（鹨 p2406）䳎 集韵
宛委本	䳎鹨翘 p382
注释	同，"䳎"为"鹨"之篆体，非"翘"之篆体，而附于其后，说明该字篆体当被删

大典	（褃 p2407）褃 集韵
宛委本	褃褃 p382
注释	同

大典	（蹻𨇮 p2408）𨇮 集韵
宛委本	𨇮𨇮 p382
注释	同，《集韵》"𨇮"与"蹻"为异体，篆体同，宛委本仅有"𨇮"，而无"蹻"，大典既有"𨇮"，又有"蹻"，大典重出

大典	（繻 p2419）繻 集韵
宛委本	繻繻 p382
注释	同，《集韵》"繻繻"为异体

大典	（鄬 p2419）🔣 集韵
宛委本	🔣 鄬 p381
注释	同

大典	（訂 p3676）🔣 集韵
宛委本	🔣 訂 p389
注释	同

大典	（胚 p3741）🔣 说文
宛委本	🔣 胥 p389
注释	同，《集韵》"胚胥"为异体

大典	（怔 p3741）🔣 集韵
宛委本	🔣 怔 p388
注释	同，《集韵》"怔怔"为异体

大典	（荿 p4038）🔣 集韵
宛委本	🔣 荿 p391
注释	同

大典	（蘇 p4039）🔣 说文
宛委本	🔣 蘇 p391
注释	同

大典	（迶 p4040）🔣 古文
宛委本	🔣 迶 p391
注释	同

| 大典 | （鲰 p4040）🔣 集韵 |

续表

宛委本	鲉 p391
注释	同，《广韵》"鲉鲛"为异体

大典	（咸 p4181）义云章
宛委本	咸 p394
注释	同

大典	（嗛 p4188）古文
宛委本	嗛 p394
注释	同

大典	（嵒 p4189）古文
宛委本	嵒 p394
注释	同

大典	（晷 p4189）古尚书
宛委本	晷 p394
注释	同

大典	（虙 p4485）集韵
宛委本	虙 p400
注释	同

大典	（菡 p4485）集韵
宛委本	萏怒弩笯 p400
注释	同，《集韵》"菡萏"为异体，""为"萏"之篆体，非后三字之篆体，而三字附于其后，说明三字篆体当被删

| 大典 | （蜼 p4603）集韵 |

续表

宛委本	䧹蜼 p397
注释	同

大典	（䢉 p4605）䢉集韵
宛委本	䢉䢉 p401
注释	《集韵》"䢉沫"为异体，同

大典	（岿 p4606）岿集韵
宛委本	岿岿 p397
注释	同

大典	（䐜 p4608）䐜集韵
宛委本	鯦婝 p401
注释	"䐜"为"䐜"之篆体，而非"鯦""婝"二字之篆体，宛委本夺字头"䐜"，而二字附于其后，说明二字篆体当被删

大典	（䙍 p4612）䙍集韵
宛委本	䙍䙍 p396
注释	同

大典	（菙 p4618）菙集韵
宛委本	菙菙 p396
注释	《集韵》："垂菙"为异体，同

大典	（瀡 p4622）瀡集韵
宛委本	瀡瀡 p396
注释	同

大典	（蘳 p4622）蘳集韵

续表

宛委本	蘁蘁寓 p396
注释	同，但"寓"之篆体当被删

大典	（獮 p4623）🗚集韵
宛委本	🗚獮 p396
注释	同

大典	（趑 p4626）🗚集韵
宛委本	🗚跰 p397
注释	篆体同，但字头不同，大典是，《集韵》"趑、跰"为同一小韵的两个字，二者非异体

大典	（惛 p4826）🗚集韵
宛委本	🗚惛 p404
注释	同

大典	（脘 p4826）🗚集韵
宛委本	🗚脘 p404
注释	同

大典	（趣 p5244）🗚集韵
宛委本	🗚趋 p412
注释	同，《集韵》"趣、趋"为异体

大典	（取 p5244）🗚🗚并古孝经
宛委本	🗚取🗚同上鱡 p412
注释	同，"🗚、🗚"为"取"字篆体，非"鱡"字篆体，而"鱡"附于其后，说明该字篆体当被删

| 大典 | （騋 p5244）🗚集韵 |

续表

宛委本	【字】骒 p412
注释	同

大典	(韻 p5647)【字】集韵
宛委本	【字】韻 p414
注释	同

大典	(躘 p5649)【字】集韵
宛委本	【字】躘 p415
注释	同

大典	(㤞 p5649)【字】集韵
宛委本	【字】㤞 p414
注释	同

大典	(哄 p5650)【字】集韵
宛委本	【字】哄 p414
注释	同

大典	(閧 p5650)【字】集韵
宛委本	【字】閧 p414
注释	同

大典	(浲 p5651)【字】集韵
宛委本	【字】浲 p414
注释	同

大典	(横 p5651)【字】集韵
宛委本	【字】横 p435

续表

注释	同

大典	（萆 p5659）萆 集韵
宛委本	萆控䪎桱 p414
注释	同，"萆"为"萆"之篆体，非"控䪎桱"三字之篆体，而三字附于其之后，说明三字的篆体当被删

大典	（鞥 p5660）鞥 集韵
宛委本	鞥鞥 p414
注释	同

大典	（鞠 p5660）鞠
宛委本	鞠鞃 p435
注释	《集韵》："鞠鞃"为异体，同，大典亦无出处

大典	（空 p5661）宆 王存乂切韵
宛委本	宆空 p414
注释	同

大典	（謗 p5661）謗 集韵
宛委本	謗呺 p414
注释	同，《集韵》"呺"通作"謗"

大典	（衷 p5720）衷 集韵
宛委本	衷衷 p414
注释	同

大典	（赟 p5931）赟 集韵
宛委本	赟赟波 p416

续表

注释	同,"诐"之篆体当被删

大典	（𧍪 p5994）𧍪 张仲医 𧍪 晋姜鼎
宛委本	𧍪 𧍪 𧍪 上同 p417
注释	同

大典	（痹 p5995）痹
宛委本	痹 痹 p417
注释	同,大典亦夺出处

大典	（徲 p6040）徲 徲
宛委本	徲 徲 徲 上同 p417
注释	同,《集韵》"趡、徲、跸"为异体,大典亦夺出处

大典	（秘 p6041）祕 唐古韵 祕 绛碧落文
宛委本	祕 秘 祕 上同 毖 p417
注释	同,"祕"为"秘"之篆体,非"毖"之篆体,而"毖"附于其后,说明该字的篆体当被删

大典	（欷 p6073）欷 集韵
宛委本	欷 欷 p418
注释	同

大典	（咥 p6077）咥 集韵
宛委本	咥 咥 p417
注释	同

大典	（眉 p6078）眉 集韵 眉 咥 同上
宛委本	眉 眉 p417

续表

注释	同,《集韵》"眉睎"为同一小韵的两个字,大典不仅重出,眉眉, 而且把"睎"字篆体误作为"眉"

大典	(獛 p6078)獛 集韵
宛委本	獛獛 p417
注释	同,《集韵》"獛獛"为异体

大典	(呎 p6079)睰 集韵
宛委本	睰呎 p417
注释	同

大典	(嘻 p6079)嚋 集韵
宛委本	嚋嘻 p418
注释	同

大典	(氥 p6079)䚇 集韵
宛委本	䚇氥 p418
注释	同

大典	(伵 p6080)伵 集韵
宛委本	伵伷 p418
注释	同,《集韵》:"伵伷"为异体

大典	(脿 p6090)脿 集韵
宛委本	脿脿瘦揉 p421
注释	同,"脿"非"瘦揉"二字之篆体,而二字附于其后,说明二字之篆体当被删

大典	(御 p6337)御 集韵
宛委本	御御 p419

续表

注释	同

大典	（悰 p6422）[篆] 集韵
宛委本	[篆] 悰 p419
注释	同

大典	（閈 p6422）[篆] 集韵
宛委本	[篆] 閈 p420
注释	同

大典	（箸 p6423）[篆] 王庶子碑
宛委本	[篆] 箸 p419
注释	同

大典	（蠹 p6433）[篆] 集韵
宛委本	[篆] 蠹 p419
注释	同

大典	（诫 p6779）[篆] 古老子 [篆] 集韵
宛委本	[篆] 诫 [篆] 上同慽 p424
注释	同，"[篆]"非"慽"之篆体，而附于其后，说明该字篆体当被删

大典	（率 p6821）[篆] 秦诅楚文
宛委本	[篆] 率 p416
注释	同

大典	（霨 p6874）[篆] 覆 集韵
宛委本	[篆] 霨 [篆] 上同蔚 p424
注释	同，"[篆]"非"蔚"之篆体，而附于其后，说明该字篆体当被删

大典	(黴 p6876) 黴 集韵
宛委本	黴黴 p424
注释	同

大典	(站 p7189) 帖 集韵
宛委本	帖站詀 p439
注释	同，"帖"非"詀"之篆体，而附于其后，说明该字篆体当被删

大典	(膹 p7297) 爊 集韵
宛委本	爊膹 p439
注释	《集韵》"膹爊"为异体，同

大典	(撕 p7298) 撆 集韵
宛委本	撆撕 p439
注释	同

大典	(桀 p7305) 桀 说文
宛委本	桀桀 p440
注释	同

大典	(鹜 p7305) 鹜 说文
宛委本	鹜鹜蚊 p440
注释	同，"蚊"为"蚨"字之讹，"蚨"字附于其后，说明该字篆体当被删

大典	(搣 p7370) 搣 集韵
宛委本	搣搣 p440
注释	同

大典	(鳒 p7371) 鳒 集韵
宛委本	鳒鳒 p440

续表

注释	同

大典	（聝 p7372）⿰耳叕 集韵
宛委本	⿰耳叕 聝 p440
注释	同，《集韵》："聎通作聝"

大典	（䙴 p7373）⿰ 集韵
宛委本	⿰ 䙴 p440
注释	同

大典	（皾 p7373）⿰ 集韵
宛委本	⿰ 皾 p440
注释	同

大典	（粿 p7373）⿰ 集韵
宛委本	⿰ 粿 p440
注释	同

大典	（踘 p7400）踘 南岳碑
宛委本	局踘 局 p443
注释	同，但宛委本夺"踘"之字头，且体例不一致，其次序应为"局局踘踘"

大典	（騧 p7401）騧 集韵
宛委本	騧 騧 p442
注释	《集韵》"騧騧"为异体，同

大典	（伏 p7403）伏 云台碑 伏 古老子 庐 王存乂切韵 庐 或如此 候 华岳碑 候 义云章
宛委本	伏 伏 庐 庐 伏 伏 上同 p441
注释	同

大典	（橄 p7769）🈳 说文
宛委本	🈳 橄椴蔽 p455
注释	同，但"🈳"非后二字之篆体，而二字附于其后，说明二字之篆体当被删

大典	（寺 p9128）🈳 集韵
宛委本	🈳 寺 p418
注释	同

大典	（嚔 p9159）🈳 古文🈳 集韵
宛委本	🈳 嚔🈳 上同 p421
注释	同

大典	（疐 p9159）🈳 集韵
宛委本	🈳 疐 p421
注释	同

大典	（柢 p9159）🈳 集韵
宛委本	🈳 柢 p421
注释	同

大典	（脐 p9161）🈳 集韵
宛委本	🈳 脐 p421
注释	同

大典	（躋 p9161）🈳 集韵
宛委本	🈳 躋 p421
注释	同

大典	（偙 p9161）🈳 集韵
宛委本	🈳 偙 p421

续表

注释	《集韵》："偙偛"为异体,同

大典	（鍉 p9162）鍉集韵
宛委本	鍉螮 p421
注释	同,《集韵》"鍉螮"为异体

大典	（殩 p9186）殩集韵
宛委本	殩歽稿 p421
注释	同,《集韵》"殩、歽"为异体,"殩"当为"殩、歽"之篆体,非"稿"之篆体,而附于其后,说明"稿"字的篆体当被删

大典	（厎 p298）厎集韵
宛委本	厎厎 p397
注释	同

大典	（枳 p300）枳说文
宛委本	枳枳疧 p396
注释	同,"枳"非"枳、疧"二字之篆体,而附于其后,说明二字之篆体当被删

以上116字（《集韵》"趣"与"蹽"为异体,篆体同,宛委本仅有"趣",而无"蹽",大典既有"趣",又有"蹽",大典重出,虽有117字,实有116字）,大典与宛委本的字头、篆体虽相同,但大典篆体字形后几乎都有出处,而宛委本无,这说明篆体字形后的出处当被宛委本所删。

四、大典与宛委本字头相同,但宛委本篆体少于大典,计有120字。开列于下：

大典	（终 p42）宍昊敦宀籴鼎宀鳖仲鼎宍古孝经宍道德经陕古文宍古尚书絹宀并绛碧落文昷肙肙宀并集韵憘崔希裕纂古
宛委本	宀食终 p369
注释	宛委本同集韵3、4两字,夺十一字

大典	（蠡 p60）▨石经▨汗简▨▨▨并集韵
宛委本	▨▨蠡 p369
注释	宛委本同石经、汗简，夺三字

大典	（颂 p81）▨古论语▨集韵▨史
宛委本	▨颂诵 p415
注释	宛委本同集韵，夺二字，"诵"之篆体当被删，大典"史"后当有夺

大典	（庸 p96）▨石鼓文▨▨并秦诅楚文▨王存乂切韵▨▨并同上▨汗简▨义云章▨尚书古文▨集韵
宛委本	▨▨▨▨庸 p370
注释	宛委本同石鼓文、王存乂切韵2、汗简、集韵，夺六字

大典	（饔 p195）▨▨王存乂切韵▨汗简▨集韵
宛委本	▨▨饔 p370
注释	宛委本同王存乂切韵2、汗简，夺二字

大典	（羆 p1415）▨▨并牧子文▨▨▨并集韵
宛委本	▨▨羆 p371
注释	宛委本同牧子文，夺三字

大典	（卑 p1417）▨郭昭卿字指▨张揖集▨▨并石经
宛委本	▨卑 p371
注释	宛委本同▨，夺三字，大典两字夺出处

大典	（丕 p1433）▨集韵▨▨并王存乂切韵▨▨并郑伯姬鼎▨秦钟
宛委本	▨▨▨丕 p372
注释	宛委本同集韵、王存乂切韵，夺三字

大典	（坏 p1434）▨▨▨

续表

宛委本	坏 p374
注释	宛委本同 3，夺二字，但大典亦夺出处

大典	（伾 p1435）
宛委本	坏 p374
注释	《集韵》"伾、坏"为同一小韵中的两个字，非异体，宛委本误；宛委本同 1，夺一字，但大典亦夺出处

大典	（披 p1438） 古史记 石经 郭忠恕永安院殿记
宛委本	披 p371
注释	宛委本同郭忠恕永安院殿记，夺三字，《广韵》披又作掓

大典	（梅 p1447） 并集韵 同上本某字 古尚书 并说文
宛委本	梅 p374
注释	宛委本同集韵 2、3、古尚书，夺三字，但"枼"为大典所无

大典	（鱒樽 p2103） 龙敦 牧敦 父乙彝 伯邵彝 厚趠父盉 伯櫋虘敦 虞彝 宝彝 虢姜敦 伯庶父敦 师寰父敦 彝盖 甋宝彝 丁宝彝 臼伯彝 梓父癸彝 宝尊彝 同上 文王彝 季妘彝 孟金父敦 并父丁宝彝 父戊尊 杜嫚簠 伯戎彝 古彝 并祖乙宝彝 晋姜鼎 公诚鼎 木彝 周卣 叔宝彝 高姜鬲 乙鼎 召公尊 父癸卣 诸旅鬲 小子师彝 邢敦 蘁鼎 父丁彝 篆带彝 父癸方彝 虢叔鬲 同上 叔段鬲 米鬲 朝事尊 雁侯敦 师淮父卣 史彝 师臣彝 父乙尊 亚仲父彝 古尊 幽姬彝 车马父乙彝 祖己甋 祖已卣 仲父鬲 祖戊尊 伯卣 刀子厨彝 父丁举爵 并蜼尊 古父丁彝 父乙鼎 乙公鼎 父乙虎彝 鼈仲鼎 敔敦 木形父丁彝 象彝 父乙尊 史张父敦 隆叔鬲 集韵 并同上 王维画记 广韵 古孝经 石经 并古老子 华岳碑 绛碧落文 泽碧落文 并汗简
宛委本	尊 p378

续表

注释	宛委本同父戊尊、罟伯彝、小子师彝、幽姬彝、乙公鼎、汗简2,夺八十八字,但"󰀀",此形宛委本前漏列,为大典所无

大典	(遵 p2150)󰀀集韵󰀀郭昭卿字指󰀀汗简󰀀󰀀并义云章󰀀泽碧落文󰀀󰀀并王存乂切韵
宛委本	󰀀󰀀󰀀󰀀遵 p376
注释	宛委本同汗简、义云章、王存乂切韵2,夺四字

大典	(暾 p2151)󰀀󰀀
宛委本	󰀀暾屯䡅庬 p378
注释	宛委本同1,夺一字,后三字篆体当被删,大典亦夺出处

大典	(啍 p2151)󰀀󰀀
宛委本	󰀀啍 p378
注释	宛委本同1,夺一字,但大典亦夺出处

大典	(訣 p2407)󰀀古老子󰀀同上
宛委本	󰀀訣 p382
注释	《集韵》"訣䛍"为异体,宛委本同1,夺一字

大典	(橘 p2408)󰀀集韵󰀀同上
宛委本	󰀀橘 p382
注释	宛委本同集韵1,夺一字

大典	(鳌 p2420)󰀀󰀀󰀀󰀀并集韵
宛委本	󰀀斛 p382
注释	《集韵》"斛鳌"为异体,宛委本同集韵1,夺三字

大典	(幔 p2420)󰀀󰀀集韵

续表

宛委本	惕幬 p382
注释	宛委本同集韵1，夺一字

大典	（雠 p2420）[篆][篆]集韵[篆]同上
宛委本	[篆]雠 p382
注释	宛委本同集韵2，夺二字

大典	（仓 p3342）[篆]古老子[篆][篆]并汗简[篆]古尚书[篆]王维恭黄庭坚
宛委本	[篆]仓[篆]同上 p386
注释	宛委本同汗简2、古尚书，夺三字

大典	（苍 p3482）[篆]古文[篆]林罕集
宛委本	[篆]苍 p386
注释	宛委本同古文，夺一字

大典	（沧 p3483）[篆][篆][篆]并集韵[篆][篆]并古尚书
宛委本	[篆]沧鸧 p386
注释	宛委本同集韵2，夺四字，"鸧"字篆体当被删

大典	（玎 p3607）[篆]说文[篆][篆]并集韵
宛委本	[篆]汀 p389
注释	宛委本同集韵1，夺二字，《集韵》"玎汀"为体

大典	（鞡 p3675）[篆][篆]并集韵
宛委本	[篆]鞡 p389
注释	大典同集韵1，夺一字

大典	（馫 p3678）[篆][篆]并义云章[篆]说文
宛委本	[篆]馨 p389

续表

注释	《洪武正韵》"羶、馨"同。宛委本同义云章1，夺二字

大典	（兴 p3680）▢秦诅楚文 ▢说文 ▢义云章 ▢石经遗字
宛委本	▢兴▢同上 p389
注释	宛委本同秦诅楚文，夺三字，"▢"下笔画当残脱

大典	（烝 p3738）▢师旂敦 ▢说文
宛委本	▢烝 p389
注释	宛委本同师旂敦，夺一字

大典	（兵 p3856）▢古孝经 ▢▢并古老子铭 ▢▢并义云章 ▢古文
宛委本	▢兵▢▢同上 p387
注释	宛委本同古老子铭1、义云章2，夺四字，但"▢"为大典所无

大典	（斿 p4040）▢说文 ▢石鼓文 ▢▢并集韵
宛委本	▢斿 p390
注释	宛委本同石鼓文，夺三字

大典	（游 p4041）▢古文 ▢古尚书 ▢郭昭卿字指 ▢▢并云台碑 ▢▢并崔希裕纂古 ▢▢并集韵 ▢古老子
宛委本	▢游▢同上 p390
注释	宛委本同古尚书、古老子，夺八字

大典	（函 p4182）▢南岳碑 ▢▢▢并集韵
宛委本	▢函▢ p394
注释	宛委本同南岳碑、集韵3，夺二字

大典	（涵 p4185）▢▢并集韵
宛委本	▢涵▢▢ p394

七 宛委别藏《集篆古文韵海》为删节本考 407

续表

| 注释 | 宛委本同集韵1,夺一字,"錭頹"篆体当被删 |

大典	(衔 p4186) ▨▨并集韵 ▨ 古文
宛委本	▨ 衔 p394
注释	宛委本同集韵1,夺二字

大典	(岩 p4190) ▨▨并义云章 ▨ 石经 ▨▨ 并集韵
宛委本	▨▨▨ 岩 p394
注释	宛委本同义云章1、集韵,夺二字

大典	(死 p4300) ▨ 寅簋 ▨ 公缄鼎 ▨ 师誥敦 ▨ 秦泰山石刻 ▨▨ 并石经 ▨ 古孝经 ▨ 汗简 ▨ 涒 并古老子 ▨
宛委本	▨ 死 ▨▨ 同上 姊秭 p397
注释	宛委本同"▨"、石经2、古孝经、古老子2,夺七字,"姊秭"二字之篆体当被删;又大典"▨"夺出处

大典	(虏 p4458) ▨ 古文四声韵 ▨ 张楫集 ▨ 集韵
宛委本	▨ 虏 ▨ 上同 p400
注释	宛委本同古文四声韵、张楫集,夺一字

大典	(卤 p4482) ▨▨ 汗简 ▨ 文王鼎 ▨ 周公鼎
宛委本	▨ 卤 ▨ 上同 p400
注释	宛委本同汗简2、文王鼎,夺二字

大典	(橹 p4483) ▨▨ 集韵
宛委本	▨▨ p400
注释	《集韵》"橹樐櫓"为异体,宛委本同集韵1,夺一字

| 大典 | (獵 p4603) ▨▨▨▨ 并集韵 |

续表

宛委本	󰀀獵 p397
注释	宛委本同集韵1,夺三字

大典	（巇 p4604）󰀀󰀀󰀀󰀀并集韵
宛委本	󰀀嶊㰈譪诔 p397
注释	《集韵》"巇、嶊"为异体,宛委本同集韵3,夺三字;后三字之篆体当被删

大典	（餒 p4608）󰀀󰀀并古论语󰀀󰀀󰀀并集韵
宛委本	󰀀餧 p416
注释	宛委本同古论语1,夺四字,《广韵》"餒、餧"为异体

大典	（騷 p4611）󰀀󰀀并籀文
宛委本	󰀀騷 p396
注释	宛委本同籀文2,夺一字

大典	（揣 p4612）󰀀古老子󰀀󰀀并古文
宛委本	󰀀揣󰀀同上 p396
注释	宛委本同古老子、古文2,夺一字

大典	（髓 p4618）󰀀󰀀󰀀󰀀并集韵󰀀茅君传
宛委本	󰀀髓󰀀同上 p396
注释	《集韵》髓、䯝为异体,宛委本同集韵4、茅君传,夺三字

大典	（摧 p4625）󰀀󰀀并集韵
宛委本	󰀀󰀀 p401
注释	"榷",非"󰀀"之篆体,为"摧"之篆体,篆体后夺字头"摧",当据补;宛委本同集韵1,夺一字;"󰀀"之篆体当被删

| 大典 | （跬 p4626）󰀀󰀀󰀀󰀀󰀀并集韵 |

七 宛委别藏《集篆古文韵海》为删节本考　409

续表

宛委本	〿 跬 p396
注释	宛委本同集韵2，夺四字

大典	（藻 p4897）䕬 古论语 䕬䕬 并集韵 䕬䕬 史籀文 䕬 说文
宛委本	䕬 藻 p407
注释	《集韵》："藻藻"为异体，宛委本同史籀文2，夺五字

大典	（老 p4919）䒾 秦诅楚文 䒾䒾 孝经 䒾䒾 并古老子 䒾䒾 并汗简 䒾 崔希裕篆古 䒾 郭忠恕永安院殿记
宛委本	䒾䒾䒾䒾䒾 老栳轑橑 p407
注释	宛委本同古老子2、汗简1、孝经、汗简2、崔希裕篆古，夺三字，"栳轑橑"三字篆体当被删

大典	（广 p5010）䧹 集韵 䧹 义云章 䧹 郭忠恕永安院殿记 䧹 古孝经 䧹 郭忠恕经音序
宛委本	䧹䧹䧹 广 p410
注释	宛委本同义云章、古孝经、郭忠恕永安院殿记，夺二字

大典	（顶 p5034）䪻 王存义切韵 䪻 朱育集字 䪻䪻䪻 并集韵
宛委本	䪻 顶 p410
注释	宛委本同朱育集字，夺四字

大典	（鼎 p5068）鼎 晋姜鼎 鼎 公誡鼎 鼎 妘氏鼎 鼎 孔文父饮鼎 鼎 子韦鼎 鼎 幽姬鼎 鼎 师虘敦 鼎 师父窑鼎 鼎 宋夫人鍊铏鼎 鼎 象形鼎 鼎 鼎 鼎 并㱿仲簠 鼎 叔夜鼎 鼎 隹叔鼎 鼎 大叔鼎 鼎 龙主鼎 鼎 乙公鼎 鼎 庚申鼎 鼎 伯殷鼎 鼎 鼃仲鼎 鼎 鼎 并淲阴侯鼎 鼎 好畤供厨鼎 鼎 莲勺宫鼎盎 鼎 鼎 并汗简
宛委本	鼎鼎鼎鼎鼎 鼎 p411
注释	宛委本同宋夫人鍊铏鼎、子韦鼎、象形鼎，夺二十五字，但"鼎鼎鼎"三字为大典所无

大典	(友 p5156)✲汗简 ✲老子铭 ✲大夫始鼎 ✲左亚鬲 ✲蔡姬彝 ✲歫仲簠 ✲寅簋 ✲师虎敦 ✲鄎子钟 ✲并诸友盉 ✲嘉仲盉 ✲苟子铭 ✲并古文 ✲石经遗字或如此 ✲分宁钟 ✲古孝经 ✲汗简
宛委本	✲✲✲✲友✲✲上同 p411
注释	宛委本同大夫始鼎、左亚鬲、诸友盉、蔡姬彝、苟子铭、遗字、古孝经,夺十三字

大典	(薮 p5240)✲✲并集韵
宛委本	✲薮 p412
注释	宛委本同集韵1,夺一字

大典	(籔 p5243)✲✲并集韵
宛委本	✲籔 p412
注释	宛委本同集韵2,夺一字

大典	(嗾 p5243)✲✲并集韵
宛委本	✲嗾薮瞍 p412
注释	宛委本同集韵2,夺一字,"薮瞍"之篆体,已被删

大典	(走 p5245)✲石鼓文 ✲师臣彝 ✲孝经 ✲✲并宝和钟 ✲古老子 ✲汗简
宛委本	✲走✲上同 p412
注释	宛委本同孝经、古老子,夺五字

大典	(动 p5637)✲✲✲并古论语 ✲✲✲并老子 ✲✲✲并古尚书 ✲裴光远集缀 ✲阴符经 ✲✲✲并古文 ✲✲并汗简
宛委本	✲✲✲✲✲动 p395
注释	宛委本同老子1、老子2、古论语3、阴符经、汗简,夺十一字

大典	(弄 p5648)✲义云章 ✲集韵
宛委本	✲弄 p414
注释	宛委本同集韵,夺一字

七 宛委别藏《集篆古文韵海》为删节本考 411

大典	（窭 p5650）[篆] 并集韵
宛委本	[篆]上同 p414
注释	宛委本同集韵 1、2，夺一字

大典	（种 p5720）[篆]说文 [篆]集韵
宛委本	[篆]种 p415
注释	宛委本同说文，夺一字

大典	（重 p5730）[篆][篆][篆]并集韵
宛委本	[篆]湩 p415
注释	宛委本同集韵 3，夺二字，《集韵》"湩穜穜"为异体，《洪武正韵》湩，乳汁，或作重

大典	（僮 p5730）[篆][篆]并集韵
宛委本	[篆]踵 p415
注释	宛委本同集韵 1，夺一字，《集韵》"僮踵"为异体

大典	（谥 p5739）[篆][篆]并集韵 [篆]唐古韵 [篆]怀后磬
宛委本	[篆] p416 [篆]谥恚烓 p415
注释	宛委本同集韵 1，见于至韵，同怀后磬，见于寘韵，夺二字，后二字篆体当被删

大典	（致 p5790）[篆][篆]并天台经幢 [篆]绛碧落文
宛委本	[篆]致[篆]上同 p416
注释	宛委本同天台经幢，夺一字

大典	（制 p5805）[篆]古文 [篆]古孝经 [篆]古尚书 [篆]汗简 [篆][篆]并古文 [篆] 郭忠恕永安院殿记 [篆][篆]并秦权 [篆]注水匜
宛委本	[篆][篆][篆]制 p422
注释	宛委本同古尚书、古文 2、汗简，夺七字

大典	（皕 p6041）[篆] 堆叔鼎 [篆] 汗简

续表

宛委本	〇丽 p417
注释	宛委本同汗简,夺一字

大典	(氕 p6074)〇〇并古论语〇〇并大篆〇义云章〇淮南子升仙记〇绛碧落文〇〇并说文〇〇并集韵
宛委本	〇〇〇〇上同氕〇〇 p418
注释	宛委本同大篆1、义云章、淮南子升仙记、绛碧落文,夺七字

大典	(塈 p6077)〇大篆〇集韵〇古尚书〇籀文〇集韵
宛委本	〇塈〇上同 p418
注释	宛委本同大篆、集韵,夺三字

大典	(呬 p6078)呬〇并集韵
宛委本	〇呬 p417
注释	宛委本同集韵2,夺一字

大典	(系 p6081)〇〇并籀文〇汗简〇〇并集韵
宛委本	〇系〇上同系 p421
注释	宛委本同籀文,夺三字,"系"之篆体当被删

大典	(楔 p6086)〇集韵〇古文
宛委本	〇楔妎 p421
注释	宛委本同古文,夺一字,"妎"之篆体当被删

大典	(巽 p6307)〇父辛旅彝〇冀师季敦〇绛碧落文〇唐古韵〇泽碧落文〇贝丘长碑〇古尚书〇冀师舟〇冀卣
宛委本	〇冀〇〇〇上同 p417
注释	《集韵》"巽冀"为异体,宛委本同父辛旅彝、冀师舟、唐古韵、古尚书,夺五字

七 宛委别藏《集篆古文韵海》为删节本考 413

大典	（语 p6385）⿰ 古孝经 ⿰ 裴光远集缀
宛委本	⿰ 语 p419
注释	宛委本同裴光远集缀，夺一字

大典	（㪍 p6385）⿰ ⿰ 并集韵
宛委本	⿰ ⿰ p419
注释	宛委本同集韵1，夺一字，《集韵》"㪍𢻻"为异体

大典	（树 p6385）⿰ 石鼓文 ⿰ 大篆 ⿰ ⿰ 并古尚书 ⿰ 云台碑 ⿰ ⿰ 古文 ⿰ 弥勒像记 ⿰ 绛碧落文
宛委本	⿰ ⿰ ⿰ ⿰ ⿰ 树 p420
注释	宛委本同大篆、古尚书1、云台碑、古文2、弥勒像记，夺五字

大典	（处 p6408）⿰ 集韵 ⿰ 古文 ⿰ 唐古韵
宛委本	⿰ 处 ⿰ 上同 p419
注释	宛委本同古文、唐古韵，夺一字

大典	（瘒 p6474）⿰ ⿰ 集韵
宛委本	⿰ 瘒 p420
注释	宛委本同集韵1，夺一字

大典	（𩛕 p6699）⿰ 甫 古史记 ⿰ ⿰ 并说文 ⿰ 集韵 ⿰ 液庭甋釜
宛委本	⿰ 𩛕 ⿰ 上同 p399
注释	宛委本同液庭甋釜、古史记，夺三字

大典	（辅 p6704）⿰ ⿰ ⿰ 并集韵
宛委本	⿰ 辅 ⿰ 上同 p399
注释	宛委本同集韵2，夺二字，但"⿰"为大典所无

| 大典 | （介 p6791）⿰ 大篆 ⿰ 汗简 ⿰ ⿰ 并古老子铭 ⿰ 华岳碑 ⿰ 绛碧落文 |

续表

宛委本	中㱿尒介 p424
注释	宛委本同大篆、汗简、古老子铭2,夺三字

大典	（队 p6823）隊南岳碑隊集韵
宛委本	隊队 p424
注释	宛委本同南岳碑,夺一字

大典	（兊 p6828）兊大篆門集韵
宛委本	兊兊剕鞔锐 p423
注释	宛委本同集韵,夺一字,后三字之篆体当被删

大典	（憨 p6874）憨大篆憨唐古韵憨㺫憨集韵
宛委本	憨憨㺫上同 p424
注释	宛委本同大篆、集韵2,夺三字

大典	（錞 p6875）錞大篆錞錞并集韵錞师誩敦
宛委本	錞錞錞上同 p424
注释	宛委本同师誩敦、集韵2,夺二字

大典	（湛 p7296）湛古尚书湛湛并老子
宛委本	湛湛 p414
注释	宛委本同古尚书,夺二字

大典	（目 p7306）目古论语目禾耳鬲目目并古老子目汗简目古文
宛委本	目目目目 p441
注释	宛委本同禾耳鬲、古老子1、2、古文,夺三字

大典	（录 p7370）录汗简录仲驹文敦

七 宛委别藏《集篆古文韵海》为删节本考 415

续表

宛委本	彔录 p440
注释	宛委本同仲驹文敦，夺一字

大典	（綠 p7373）▨▨ 并集韵
宛委本	▨綠 p440
注释	宛委本同集韵1，夺一字

大典	（服 p7425）▨▨ 戢敦 ▨ 寅簋 ▨ 彝盖 ▨▨▨▨ 并古老子 ▨ 古文
宛委本	▨▨▨▨▨ 服 ▨ 上同 p441
注释	宛委本同敦1、寅簋、彝盖、古老子3、敦2、古老子1，夺三字

大典	（壹 p7592）▨ 秦诅楚文 ▨▨ 并秦权 ▨ 汗简
宛委本	▨▨壹 p444
注释	宛委本同秦诅楚文、秦权1，夺二字

大典	（乙 p7593）▨ 父乙彝 ▨ 祖乙爵 ▨ 父乙爵 ▨ 祖乙彝 ▨ 晋姜鼎 ▨ 女乙觚 ▨ 乙鼎 ▨ 蜼尊 ▨ 识敦 ▨ 师誼敦 ▨ 父乙彝、（乞 p7595）▨ 说文 ▨ 郭昭卿字指
宛委本	▨▨▨乙同上 ▨ 乞 p444
注释	宛委本同祖乙爵、郭昭卿字指、父乙彝，夺十字，但"▨▨"两字为大典所无。《集韵》"乞或通作乙"，大典"乙、乞"为两字两词，宛委本为两字一词

大典	（噎 p7596）▨▨ 并集韵
宛委本	▨噎 p444
注释	宛委本同集韵1，夺一字

大典	（疾 p7597）▨▨▨ 古论语 ▨ 李斯峄山碑 ▨ 寅簋 ▨▨ 庞敦 ▨ 牧敦 ▨▨ 并秦权 ▨ 秦泰山石刻 ▨ 籀文 ▨ ▨▨ 并集韵
宛委本	▨▨ ▨ ▨ 疾 p444
注释	宛委本同庞敦2、寅簋、集韵1、3，夺十一字

大典	(夕 p7630) 【■】寅簋 【■】龙敦 【■】牧敦 【■】伯冏父敦 【■】秦盉和钟 【■】汗简 【■】单冏父癸彝
宛委本	【■】夕 p453
注释	宛委本同寅簋、汗简，夺七字

大典	(职 p7711)【■】【■】并古孝经【■】王庶子碑【■】集韵
宛委本	【■】职【■】同上 p455
注释	宛委本同古孝经2、王庶子碑，夺二字

大典	(貇 p7851)【■】古论语【■】义云章【■】古尚书
宛委本	【■】貇 p452
注释	宛委本同义云章，夺二字

大典	(貉 p7851)【■】【■】并古论语【■】集韵
宛委本	【■】貉 p452
注释	宛委本同古论语2，夺二字

大典	(麦 p7854)【■】义云章【■】古孝经【■】汗简
宛委本	【■】麦【■】同上 p453
注释	宛委本同义云章、汗简，夺一字

大典	(烟 p8797)【■】古文【■】说文【■】集韵【■】【■】并崔希裕纂古
宛委本	【■】烟【■】同上燕 p380
注释	宛委本同崔希裕纂古1、古文，夺三字，"燕"字之篆体当被删

大典	(形 p8984)【■】【■】并古老子【■】说文【■】【■】并华岳碑
宛委本	【■】形 p388
注释	宛委本同古老子1，夺四字

七　宛委别藏《集篆古文韵海》为删节本考　417

大典	（成 p9010）[篆]厚趠父鼎 [篆]季妘彝 [篆][篆]并敔敦 [篆]秦诅楚文 [篆][篆]并秦权 [篆]古孝经 [篆]古老子 [篆]王庶子碑 [篆][篆]并唐韵 [篆]莲勺宫鼎盘 [篆]度世古元歌 [篆]绛碧落文 [篆]泽碧落文 [篆]古文
宛委本	[篆][篆][篆]成 p388
注释	宛委本同厚趠父鼎、古孝经、古老子，夺十四字

大典	（莳 p9130）[篆][篆][篆]并集韵 [篆]同上
宛委本	[篆]莳[篆]上同 p418
注释	宛委本同集韵2、4，夺二字

大典	（赦 p9131）[篆][篆][篆]并林罕集
宛委本	[篆]赦 p415
注释	《集韵》"赦敊"为异体，宛委本同林罕集1，夺二字

大典	（嗜 p9135）[篆][篆][篆][篆]并集韵 [篆]同上 [篆][篆]并古尚书
宛委本	[篆]嗜[篆][篆][篆]上同 p416
注释	宛委本同集韵1、4、5、古尚书，夺二字

大典	（氏 p9160）[篆]大篆 [篆]集韵
宛委本	[篆]氏缔 p421
注释	宛委本同大篆，夺一字，"缔"之篆体当被删

大典	（蒂 p9160）[篆][篆]大篆 [篆]古老子 [篆]石经
宛委本	[篆]蒂[篆]上同 p421
注释	宛委本同古老子、石经，夺二字

大典	（蝽 p9161）[篆][篆][篆]并集韵
宛委本	[篆]蝽 p421
注释	宛委本同集韵1，夺一字

大典	（捫 p9161）㨍古文𢱢𢱢并集韵
宛委本	㨍𢱢上同 p421
注释	宛委本同古文、集韵1，夺一字

大典	（替 p9163）㬱大篆朁唐古韵朁石经朁朁并说文朁
宛委本	㬱朁朁上同 p421
注释	宛委本同大篆、唐古韵，夺四字

大典	（剃 p9173）剃集韵剔同上𣃈古文
宛委本	剔鬀掞涕 p421
注释	《集韵》"剃鬀剔"为异体，宛委本同集韵2，夺二字，"掞涕"二字之篆体当被删

大典	（鬄 p9186）鬄鬄并大篆髯说文
宛委本	鬄鬄髯上同 p421
注释	宛委本同大篆1、说文，夺一字

大典	（裼 p9186）襘古文裼集韵钖同上
宛委本	襘神裼禧 p421
注释	《集韵》"神裼禧"为异体，宛委本同集韵，夺二字，"裼禧"二字之篆体当被删

大典	（屜 p9186）屜屣并集韵
宛委本	屜屣 p421
注释	《集韵》"屜屣"为异体，宛委本同集韵1，夺一字

大典	（竹 p9278）竹汗简个个云台碑
宛委本	个个竹 p441
注释	宛委本同云台碑，夺一字

大典	（只 p291）闋汗简只集韵
宛委本	只只上同 p396

续表

| 注释 | 宛委本同集韵,夺一字,但"穴"为大典所无 |

大典	（咫 p292）猟 岯 并集韵
宛委本	岯咫 p396
注释	宛委本同集韵2,夺一字

大典	（抵 p293）拯 㧕 䏻 并集韵
宛委本	㧕 抵砥 p396
注释	宛委本同集韵2,夺二字,"砥"之篆体当被删

上述120字的篆体,宛委本均少于大典,少则一字,多则八十八字,与大典相比,宛委本所少的字形及出处当被删。

五、宛委本篆体字形有脱落,计3例。分别为：

大典	（捶 p4609）棰 集韵
宛委本	桂棰 p396
注释	宛委本篆体字形有夺落,《集韵》"捶棰"为异体

大典	（箠 p4610）𥰠 集韵
宛委本	𥫗箠 p396
注释	宛委本篆体字形有夺落

大典	（秕 p6041）𥝣
宛委本	夕秕 p417
注释	宛委本篆体字形有夺落,大典夺出处

宛委本篆体后无出处,当被删。

六、宛委本篆体误,计2例,分别为：

| 大典 | （鹩 p2149）鶹 |

续表

宛委本	鶻鷷 p376
注释	《集韵》"鶻蹲"为同一小韵的两个字,非异体,宛委本字头为"鷷",是;篆体为"鶻",非,大典是

大典	(装 p2593)装 集韵
宛委本	裝装 p386
注释	"装"下为"衣",而非"女",宛委本非,大典是

宛委本篆体后无出处,当被删。

七、宛委本篆体多于大典的,计2例,为:

大典	(鸟 p1021)絛 云台碑 肔 义云章
宛委本	綟 似 肔 鸟 p373
注释	宛委本同云台碑、义云章,但"似"为多出之字

大典	(駉 p7852)狛 集韵
宛委本	貊 駉 狛 貊 p452
注释	"貊",误,当为"駉",《集韵》"狛駉"为异体。宛委本"狛"同大典

宛委本所多出字形,也可能是来源不同。宛委本篆体后无出处,当被删。

八、大典与宛委本字数相同,但字形不完全同,计2例,分别为:

大典	(枚 p1442) 枒 古文 枝 说文
宛委本	枒 枚 枝 同上 p374
注释	均为两字,宛委本第一字同古文,第二字与说文不同

大典	(吞 p2152)㕦 泽碧落文 𠦝 古文
宛委本	㕦 㕦 吞 p378
注释	均为两字,宛委本第一字同泽碧落文,第二字与古文不同

两本不相同,或为大典所误,或为宛委本所误,暂阙而不论。宛委本篆体

后无出处,当被删。

九、宛委本、大典均有误,计1例,为:

大典	(蕊 p4613)❏❏❏并集韵
宛委本	❏❏❏同上 p396
注释	大典三个篆体在《集韵》中对应的楷体分别为:蕊、蘂、橤,蘂橤可为异体,与蕊非异体,大典误把两字的篆体合二为一,三个篆体当为两个词的篆体,即蕊❏❏、橤❏❏。宛委本两个篆体相应的楷体为蘂橤,二字可为异体,但与蕊非异体,宛委本把蕊误为橤,当为❏蕊❏同上。

宛委本篆体后无出处,当被删。

十、大典、宛委本字头同,但篆体不同,计1例,为:

大典	(棐 p5995)❏古论语 ❏籀文
宛委本	❏棐 p417
注释	《集韵》:"棐棐琲"为异体,宛委本与大典无一对应

宛委本篆体少于大典,且无出处,当被删。

十一、大典、宛委本字头相同、篆体有部分相同,部分不同,计2例,为:

大典	(中 p5718)❏❏❏并古论语❏古孝经❏文丁宝彝❏石鼓文
宛委本	❏中❏❏❏❏ p414
注释	宛委本同石鼓文、文丁宝彝,古论语1,宛委本❏❏❏❏为大典所无;大典古论语23、古孝经为宛委本所无

大典	(置 p5799)❏天台经幢❏❏并云台碑❏崔希裕篆古❏❏并集韵
宛委本	❏❏❏❏❏❏ p418
注释	宛委本3同云台碑2、4同崔希裕篆古、5同集韵1、1近似天台经幢和集韵2;宛委本2为大典所无、云台碑1为宛委本所无

宛委本无出处,当被删。

《永乐大典》虽仅存348字的《集篆古文韵海》的内容,但通过348字与宛

委别藏本相比,可以发现如下几点:

一、大典在来源于同书的篆体字形后均有出处,应与《古文四声韵》相同,但宛委本均无,这应是在传钞过程中而加以删除。(大典也有数例无出处,或为原书就无出处,或为大典传钞过程中所夺,阙而不论)

二、大典有部分字(字头及相应的篆体)在宛委本中无相应的字,这应是宛委本在传钞过程中而加以删除。

三、大典有字头及相应的篆体,而宛委本仅保留其字头,这一部分的篆体应为宛委本所删。

四、大典与宛委本字头相同,而大典篆体要多于宛委本,这多出的篆体,应为宛委本所删。

当然大典也有极少部分或讹、或夺、或衍,但与宛委本相比,失误要少一些。虽然大典也仅保存《集篆古文韵海》348 条的内容,但通过这 348 条的比较,应该可以一窥《集篆古文韵海》的原貌,而宛委本《集篆古文韵海》为删节本当可无疑。[1]

---

[1] 对《集篆古文韵海》加以引用和研究的主要是徐在国先生和郭子直先生。徐在国先生的两部大著分别为《传抄古文字编》和《隶定古文疏证》,郭子直先生的大作为《记元刻古文〈老子〉碑兼评〈集篆古文韵海〉》。徐在国先生在《传抄古文字编》中指出:"由于此书所收录古文形体无出处,又没有好的整理本子,使用起来应当十分小心,不要轻易引以为证,当有所鉴别。我们在编纂字编时,发现该书存在以下问题:(1)该书部分字形下没有字头……(2)该书部分字写错了……"郭先生在比较元刻本《老子》与《集篆古文韵海》的关系后对该书的评价为:"今天看来这书的贡献,在于补出了《集韵》里许多重文的古文写法……吸收了前人的研究成果……本书在体例上也明显地暴露一些缺陷,其中最引人非议的,当首推所列古文各形,均未注明出处……是书原来有否板刻,今已无考。现所见影钞本时有阙讹。"两位先生的论述很有见地,但拙稿所论之处,两位先生尚未涉及,不当之处祈请两位先生及方家批评指正。

八

新发现集篆写本:姚敦临《二十体篆》

汉字的发展史可分为两个阶段:一是秦朝前的古文字阶段,一是西汉后的隶楷阶段。在古文字阶段,篆体是一种通行的字体,在不同的历史时期,有不同的表现形式。在晚商甲骨文、西周金文发现之前,对字形的演变作总结的当首推许慎,许慎《说文解字·叙》云:

"周礼八岁入小学,保氏教国子,先以六书……及宣王太史籀著大篆十五篇,与古文或异,至孔子书六经,左丘明述春秋传,皆以古文,厥意可得而说,其后诸侯力政,不统于王,恶礼乐之害己,而皆去其典籍,分为七国,田畴异亩,车涂异轨,律令异法,衣冠异制,言语异声,文字异形。秦始皇帝初兼天下,丞相李斯乃奏同之,罢其不与秦文合者。斯作仓颉篇,中车府令赵高作爰历篇,太史令胡毋敬作博学篇。皆取史籀大篆,或颇省改,所谓小篆者也。"

上述中的"古文"非许慎所认为的比籀文更为古老的文字,实为六国文字的遗存。也就是说,篆体在西周表现为大篆(籀文),在东周各国为古文,秦统一后为小篆。这一时期篆体的功能主要还是表现为记录语言的书写符号,即体现了实用性。但同时在春秋中晚期,装饰性篆体,如鸟虫篆亦已出现,也就是说,篆体的艺术性也日渐显露。特别是从秦至新莽二百余年间,虫书、鸟虫书、摹印、缪篆、刻符、署书、殳书等应用艺术篆得到了多元应用,从而成为其后篆体艺术性进一步发展的基础和源头。艺术篆体得到充分的发展是在隶楷书阶段的东汉、魏晋南北朝及隋唐时期。

东汉是艺术篆体的自觉反省期,"好异尚奇之士"在篆体的基础上往往附加"美术"的设计而玩"体势多方",呈现竞奇务博的趋势,其中杰出的代表当为左中郎将蔡邕,他不仅题书《五经》石碑于太学,而且能"为古今杂形"。江式《论书表》云:"诸方献篆,无出邕者"。

南北朝是艺术篆体的兴盛期,江式著《古今文字》一书,惜书不存,从其《论书表》可知一二:

"有六书之谊者,以类编联,文无重复,统为一部。其古籀、奇字、俗隶诸体,咸使班于篆下,各有区别。诂训假借之谊,各随文而解……号为《古今文字》,凡四十篇,大体依许氏为本,上篆下隶。"

同样亡佚的还有宋王愔《文字志》,幸赖唐张彦远《法书要录》保留其书体目录,现转录于下:

"古书有三十六种:古文篆、大篆、象形篆、科斗篆、小篆、刻符篆、摹篆、隶书、署书、殳书、缪篆、鸟书、尚方篆、凤篆、鱼书、龙书、麒麟书、龟书、蛇书、仙人书、云书、芝英书、金错书、十二时书、垂露篆、倒薤篆、偃波篆、蚊脚篆、草书、楷书、飞白书、填书、蒿书、行书、虫书、悬针书。"

除了隶书、草书、行书、蒿书外,其余虽然有的为"篆"、有的为"书",但多为艺术篆体应无疑义。梁庾元威《论书》更是记录当时书体之盛,"南宋齐末王融图古今杂体,有六十四书,少年崇仿,家藏纸贵,而凤、鱼、虫、鸟是七国时书,元常皆作隶书,故贻后来所诘。湘东王遣沮阳令韦仲定为九十一种,次功曹谢善勋又增加九法,合为百体";庾元威曾以墨、彩两色各五十种书为正阳侯书十牒屏风。百体之外,"复有大篆、小篆、铭鼎、摹印、刻符、石经、象形、篇章、震书、倒书、反左书等",及宋中庶宗炳出九体书,"删舍之外,所存一百二十体"。不论是六十四书、九十一种、百体,均不见其目;庾元威百体目录虽尚存墨色四十一种、彩色四十八种,不足百数,但无具体的字形样貌,因而难知其详。然而从梁庾肩吾《书品》对南北朝追求书体务奇炫博盛况的描述,可略知梗概:

"若乃鸟迹孕于古文,壁书属于科斗。符陈帝玺,摹凋蜀漆,铭题礼器。鱼犹舍凤,鸟已分虫。仁义起于麒麟,咸形发于龙虎。云气时飘五色,仙人还作两童。龟若浮溪,蛇如赴穴,流星疑烛,垂露似珠,芝英转车,飞白掩素。参差倒薤,既思种柳之谣;长短悬针,复相定情之制。蚊脚傍人,或巧能售酒,或妙令鬼哭。"

及唐朝,韦续搜罗各种书体,著《五十六种书》,不仅详列各书体的名称,而且说明各书体的来历,这是关于说明各书体创制时代或作者的最早记载,其中属于篆书的凡三十二种、隶草行书的二十二种、外族文字二种(游国庆2007)。[①] 三十二种篆书可分为正篆(大篆、小篆)二种和艺术篆三十种。唐朝唐玄度仿作古书十体,为古文、大篆、小篆、鸟书、倒薤书、悬针书、垂露书、飞白、八分、散隶。这是集篆兼隶的作品(亦已不传),尚非纯粹的集篆写本。所谓集篆写本,即以古文字阶段通行篆体(除甲骨文、金文)与隶楷阶段的艺术篆体为书写字体的作品。目前所能见到的集篆写本主要集中在宋、清两朝。

宋代两种。一是释梦英的《十八体篆书碑》(现存西安碑林),该碑写于宋太祖乾德五年(967),每一体五字,共九十字。十八体为:

一古文、二大篆、三籀文、四回鸾籀、五柳叶篆、六垂云篆、七雕虫篆、八小篆、九填篆、十飞白书、十一芝英篆、十二剪刀篆、十三薤叶篆、十四龙爪篆、十五科斗篆、十六璎珞篆、十七悬针篆、十八垂露篆。

一是成书于宋真宗景德年间(1001—1007)释道肯的《集三十二篆体金刚般若波罗密多经》。每章一体,并注明各体源流。各种抄本和刻本于明代永乐、万历、崇祯年间流布,今北京摩诃庵壁间的六十块大白石所书的《集三十二篆体金刚般若波罗密多经》应是这一时期的翻刻作品。该书是清乾隆十三年之前影响最大、流传最广的集篆作品。三十二体为:

一玉筋篆、二奇字、三大篆、四小篆、五上方大篆、六坟书、七穗书、八

---

① 游国庆《宋梦英集篆十八体书碑及其相关问题》,《书画艺术学刊》第 3 期,2007 页,第 95—168 页。

倒薤篆、九柳叶篆、十芝英篆、十一转宿篆、十二垂露篆、十三垂云篆、十四碧落篆、十五龙爪篆、十六鸟迹书、十七雕虫篆、十八科斗书、十九鸟篆、二十鹄头书、二十一麟书、二十二鸾书、二十三龟书、二十四龙书、二十五剪刀篆、二十六缨络篆、二十七悬针篆、二十八飞白书、二十九殳篆、三十金错书、三十一刻符篆、三十二钟鼎篆。

另外，宋英宗第四子益端献王赵頵创制二十六体篆，《宣和书谱》云：

"（赵頵）留意翰墨，而飞白篆籀皆造其妙。尝效唐玄度、梦英作篆籀十八体。又复出众体之外作八体，学者多宗之……内府藏其所作二十六体篆一件。"

但其作品已不传。

集篆作品的集大成者为清《乾隆御制三十二体篆书盛京赋》。《盛京赋》，清高宗撰。赋文三千三百九十余字。三十二体即释道肯所书三十二篆体（原三十二体中无"篆"字者均加"篆"字，如"龙书"为"龙书篆"），每一体为一册，每一册均为《盛京赋》的全文，计三十二册。《乾隆御制三十二体篆书盛京赋》为乾隆十三年武英殿刊本，台北故宫藏二套，一套全本上下两函共三十二册。大陆出版的《乾隆御制三十二体篆书盛京赋》为乾隆十三年武英殿本之影印，但其三十二体的排序与台北故宫本不同。（游国庆 2006）[①]各篆体字形流传至清并非皆有三千三百余字，有相当部分当为儒臣"或援古以证今，或准今以协古"自编而成。

目前学术界所能见到的集篆写本当不出上述三种，而我们在《永乐大典》中又发现一种——姚敦临《二十体篆》。

《永乐大典》引用姚敦临《二十体篆》计有十五个韵字，现以三字为例，开列于下：

卷之四百八十九　一东

1. 终 p42 洪武正韵……篆书 ![] ![] 并古论语 ![] ![] 并古孝经 ![] ![] 并

[①] 游国庆《古汉字与杂体篆——以三十二体篆书盛京赋为例》，《书画艺术学刊》第1期，2006年，第71—94页。

柳叶篆▨叠篆▨▨并宝带篆见姚敦临二十体篆……见杨鉤钟鼎集韵……

　　卷之一万一千九百三　十八养

2. 广 p5010 洪武正韵……篆书▨苍颉古文篆▨见史籀大篆▨费氏科斗篆▨韦诞剪刀篆▨刘德升璎珞篆并见姚敦临二十体篆……见杨鉤钟鼎集韵……

　　卷之八千二十二　十九庚

3. 成 p9010 洪武正韵……篆书▨▨▨并古论语▨古孝经▨大篆▨小篆▨芝英篆▨璎珞篆并见姚敦临二十体篆……见杨鉤钟鼎集韵……

姚敦临,正史无传,仅笔记等文献略有记载:

宋张世南《游宦纪闻》卷六:

"秦会之当轴时,几务之微琐者,皆欲预闻,此相权之常态。然士夫投献,必躬自披阅,间有去取。吾郡德兴士人姚敦临,字公仪,能篆书,秦喜之,令作二十家篆孝经,上表以进,时绍兴十一年二月十九日也。许授以文资,未降旨间,会之招饮,姚喜,忘其敬,不觉振股,以此恶之。寻得旨,令充枢密院效士,辨验篆文而已。"

元陶宗仪《书史会要·宋》卷六:

"姚敦,字公仪,江左人,潜心篆学,得前古遗意。"

这一记载还见于《御定佩文斋书画谱》和倪涛《六艺之一录》。

张世南,字光叔,鄱阳人,约为南宋宁宗(1195—1224)和理宗(1225—1264)间人,其事迹已无从详考。

陶宗仪,字九成,号南村居士,浙江黄岩人,为元明之际著名学者,著述颇丰。《辍耕录》卷十九"钱武肃铁券"条:

"吾乡钱叔琛……尝出示所藏铁券……时余就录券词一通,叔琛又出武肃当日谢表稿并录之。昨晚检阅经笥,偶得于故纸中,转首已三十余年矣。"

其时当已是半百之人。《明史》本传云:"洪武二十九年率诸生赴礼部试,读大诰,赐钞归,久之卒。"其《己卯元日》诗有"凤历新颁纪建文"句,是年为1399年,陶氏当已年过八十(鲁国尧1988)。①

《游宦纪闻》中"姚敦临"与《书史会要》中"姚敦"应是同一人。《书史会要》中"姚敦"可能为"姚敦临"所夺而误,而《御定佩文斋书画谱》和《六艺之一录》又以讹传讹,因为《永乐大典》所引也是"姚敦临"。

从上述记载可知,姚敦临为宋高宗时人,善篆书,曾著集篆作品,但书名是否就是《二十家篆孝经》及二十家篆是指哪二十种等问题,随着《永乐大典》所引材料的发现而能略解一二。

姚敦临《二十体篆》可能并非如张世南所说的是以《孝经》作为书写对象,因为上述十五字中就有三字不见于《孝经》,三字分别为"颂"、"精"、"壹";而且诚如张世南所说的话,《永乐大典》所引自《二十体篆》中的每一个字均应有二十种篆体字形,事实上不是如此。

如果严格按照"见"、"并见"所指,《二十体篆》现存十四体,分别为:宝带篆、古文篆、垂露篆、变古篆、小篆、薤叶篆、大篆、科斗篆、剪刀篆、璎珞篆、悬针篆、垂云篆、雕虫篆、芝英篆。实际上,按照引书体例,柳叶篆和叠篆也应是其中的两种,因此,《二十体篆》实存十六体。现存十六体与释梦英十八体和释道肯三十二体比较就可以看出其特点:

篆名	柳叶	垂露	小篆	雕虫	大篆	科斗	剪刀	芝英	悬针	垂云	璎珞	薤叶	古文	叠篆	变古	宝带
二十	柳叶	垂露	小篆	雕虫	大篆	科斗	剪刀	芝英	悬针	垂云	璎珞	薤叶	古文	叠篆	变古	宝带
十八	柳叶	垂露	小篆	雕虫	大篆	科斗	剪刀	芝英	悬针	垂云	璎珞	薤叶	古文	填篆	无	无
三十二	柳叶	垂露	小篆	雕虫	大篆	科斗	剪刀	芝英	悬针	垂云	缨络	倒薤	无	无	无	无

---

① 鲁国尧《鲁国尧语言学论文集》,江苏教育出版社,1988年,第483页。

"璎珞篆"与"缨珞篆"只是字形偏旁的区别,实指相同。

"十八体"中"大篆"与"籀文"为两种,而"二十体"中"史籀大篆"与"大篆"应为一种。

释梦英《十八体书》:

"薤叶篆者,仙人务光之所作。务光辞汤之禅,去往冷清之陂,植薤而食。轻风时至,见其精叶交偃,则而为书,以写《紫真经》三卷,见行于世。其为状也,若翕风远望、寒云片飞。世绝人学矣。"

释道肯《集三十二篆体金刚般若波罗密多经》:

"倒薤篆,仙人务光见薤偃风而作。"

唐韦续《五十六种书》:

"殷汤时仙人务光作倒薤书,今薤叶篆是也。"

因此,"倒薤篆"与"薤叶篆"为异名同实。

"填篆",王愔《文字志》目录有"填书",韦续《五十六种书》:

"填书,周媒氏作。魏韦诞用题宫阙,王廙、王隐皆好之。"

释梦英《十八体书》:

"填篆者,周之媒氏,以仲春之月判会男女,则以此书表信往来。及魏明帝使京兆韦仲将,点定芳林苑中楼观。王廙、王隐皆云'字间满密',故云'填篆',亦曰'方填书'。至今图书印记,并用此书。"

因此,"填书"即"填篆"。"字间满密",即笔画方整多叠,填满空间。十八体的"填篆"与二十体的"叠篆"字形相比较,两者相同,"叠篆"即"填篆"。从目前的材料看,最早记录"填篆"为"叠篆"的当为姚敦临《二十体篆》。

"变古篆"和"宝带篆"仅见于姚敦临《二十体篆》,在姚敦临之前、之后,其他文献尚未有这两种字体的记录和见到这两种字体的字形。更为难能可贵的是,《二十体篆》还载有"宝带篆"的创制人——沈仲昌。

《金石录》:"(沈仲昌)肃宗时人,善正书,至德二载(公元757)尝书沈务本撰写乌程令韦君德政碑。"

《全唐诗》:"(沈仲昌)临汝人,登天宝九年进士第。"

史载沈仲昌善写楷书,未见有其精于篆书的记录。唐代精于书法者颇多。行书、楷书,则推欧阳询、虞世南、褚遂良、颜真卿、陆柬之、徐浩等;草书,则推张旭、怀素、裴行俭、孙虔礼等;分书,则推韩择木、韩秀实、史惟则、张从申等;篆书,首推李阳冰,次则王绍、瞿令问、李康、唐玄度等。沈仲昌于篆书虽不能与点画竦杰、风骨特秀而名噪一时的李阳冰相提并论,但跻身于篆书名家的行列应无异议。姚敦临《二十体篆》虽仅存"宝带篆"三字四形,但吉光片羽,更显珍贵。

    周祖谟先生指出:"籀篆之学自六朝即已日趋衰微,下至唐代,通习古篆者,多喜诡更旧文,自炫奇巧,虽名之为古文,而实昧远流,无所依据。"(《问学集》)

姚敦临的二十体是渊源有自,还是变化古篆而揣摩编造?在古文字出土之前,《说文解字》所收录的"古文"、"籀文"等古文形体五百余字多来源于壁中书。《说文·叙》:"今叙篆文,合以古、籀。"

比较《说文解字》中"古、籀"与《二十体》中的"古文、史籀大篆",可以考察二者的异同。《二十体篆》标为"古文"、"大篆"计有六字,分别为"颂"、"精"、"广"、"箸"、"壹"、"成",而《说文解字》"精"、"广"、"箸"、"壹"四字无"古、籀"字形,二者可比较的仅两字:"颂"、"成"。但问题是:"颂",《二十体篆》为古文,而《说文解字》为籀文,"朎";"成",《二十体篆》为(史籀)大篆,而《说文解字》为古文,"𢦩"。可以说,《二十体篆》的"古文、(史籀)大篆"与《说文解字》的"古文、籀文"应无关系。随着大量的古文字出土及整理,"六国文字",即"古文"的发现及释读也越来越深入,其中集大成者当属何琳仪先生的《战国古文字典》。《二十体篆》中的"古文"有三字:"颂、广、著",现将三字与战国古文字进行比较:

	颂	广	著
二十体古文			
战国古文			

"二十体"三字"古文"与战国"古文"无一字形相合，这是否可以说，《二十体篆》中的"古文"并非直接源于战国文字。

《二十体篆》与《十八体篆书碑》体名完全相同的有十四体。篆名虽同，再比较二者的书写形体是否完全一致。但问题是《十八体篆书碑》仅有九十字，《二十体篆》现存十五字的三十四个篆形，比较的也仅能为同篆而非同字：

篆名	柳叶	垂露	小篆	雕虫	大篆	科斗	剪刀	芝英	悬针	垂云	璎珞	薤叶	古文	叠篆
十八	佳	大	宝	月	西	因	膏	怅	长	露	干	绮	门	瑶
二十	终	箸	成	服	成	广	广	尊	友	制	广	兵	颂	终

游国庆先生（2006）对《盛京赋》研究后，①指出其篆形创制有三：

"一为起收笔轻重变化，二为起收处加饰，三为线条变化或加饰。"

游先生的归纳同样适用于"二十体篆"。"二十体"与"十八体"比较后，可以看出：起收笔轻重变化不同，如"薤叶"、"古文"、"科斗"；起收处加饰不同，如"柳叶"、"垂云"；线条变化或加饰不同，如"剪刀"、"芝英"、"垂露"。二者也有相同的，如"小篆"、"大篆"、"悬针"、"叠篆"等，但总的看来，二者的不同要多于相同，这是否可以认为"二十体"与"十八体"篆名相同的部分也不是直接源于"十八体"？二者的不同是否可以理解为释梦英和姚敦临均未见过其之前众多

---

① 游国庆《古汉字与杂体篆——以三十二体篆书盛京赋为例》，《书画艺术学刊》第1期，2006年，第71—94页。

的美术篆,只不过是二人同样"潜心篆学,得前古遗意"加以揣摩而成?

虽然如此,《二十体篆》在集篆作品发展史中可以占有一席之地,姚敦临及其《二十体篆》也应得到学术界的认可和重视。在传抄转写过程中,现存集篆作品虽不免或刻意造假、或类化讹写、或自我作古等情形,但艺术篆为篆体大家庭中一支重要的组成部分是不可否认的,其价值及作用在古文字越来越得到重视的今天理应得到重新的审视和深入的研究。

附：历代书体、艺术篆体资料汇编

西周史籀——周宣王太史籀作史籀篇十五篇《说文解字·叙》

秦书八体——自尔秦书有八体：一曰大篆，二曰小篆，三曰刻符，四曰虫书，五曰摹印，六曰署书，七曰殳书，八曰隶书。《说文解字·叙》

汉兴六体——汉兴，萧何草律，曰：太史试学童，能讽书九千字以上，乃得为史。又以六体试之，课最者以为尚书、御史、史书、令史。其六体者：古文、奇字、篆书、隶书、缪篆、虫书，皆所以通知古今文字、摹印章、书幡信也。《汉书·艺文志》。段玉裁谓萧何课试学童，应为秦书八体。《说文解字·叙注》

新莽六书——及亡新居摄，使大司空甄酆等校文书之部，自以为应制作，颇改定古文，时有六书：一曰古文，孔子壁中书也；二曰奇字，即古文而异者也；三曰篆书，即小篆，秦始皇帝使下杜人程邈所作也；四曰佐书，即秦隶书；五曰缪篆，所以摹印也；六曰鸟虫书，所以书幡信也。《说文解字·叙》

后汉三体——熹平四年，灵帝乃诏诸儒正定五经，刊于石碑，为古文、篆、隶三体书法，以相参验。《后汉书·儒林列传》

晋人四体——晋卫恒以"古文 篆 隶 草"为四体。《四体书势》

刘宋二十四体——南朝 宋 宋炳复于屏风上作杂体篆二十四种。唐张彦远《法书要录》卷二"梁庾元威论书"

宋三十六种书——古书有三十六种：古文篆、大篆、象形篆、科斗篆、小篆、刻符篆、摹篆、隶书、署书、殳书、缪篆、鸟书、尚方篆、凤篆、鱼书、龙书、麒麟书、龟书、蛇书、仙人书、云书、芝英书、金错书、十二时书、垂露篆、倒薤篆、偃波篆、蚊脚篆、草书、楷书、飞白书、填书、藁书、行书、虫书、悬针书。唐张彦远《法书要录》卷一收录"宋王愔《文字志》三卷"，题下注云："未见此书，唯见其目，今录其目。"

宋百二十六种书——"王愔叙百二十六种书体，于行草之外，备极殊诡。"

清康有为《广艺舟双楫·原书第一》

齐六十四书——齐末王融图古今杂体,有六十四书。唐张彦远《法书要录》卷二"梁庾元威论书"引

齐萧子良《篆隶文体》"五十二篇、六十一名""……南齐萧子良撰古文之书五十二种:鹄头、蚊脚、悬针、垂露、龙爪、仙人、礠英、倒薤、蛇书、虫书、偃波、飞白之属,皆状其体势而为之名。虽义涉浮浅,亦书家之前流也,近代小篆、八分、草书、行书等,并见施用,余多不行。"唐封演《封氏闻见记》卷二

徐坚《初学记》卷廿一:"萧子良《古今篆隶文体》有藁书、楷书、蓬书、悬针书、垂露书、飞白书、填书、奠书、鸟书、虎爪书、偃波书、鹤头书、象形书、尚方大篆、凤鸟书、科斗虫书、龙虎书、仙人书、礠英书、十二时书、倒薤书、龟书、麒麟书、金错书、蚊脚书、凡数十种,皆出于六义八体之书,而因事生变者也。"

梁九十一种与百体书——"齐末王融图古今杂体,有六十四书,少年崇仿,家藏纸贵,而凤、鱼、虫、鸟是七国时书,元常皆作隶书,故贻后来所诘。湘东王遣沮阳令韦仲定为九十一种,次功曹谢善勋增其九法,合成百体"。唐张彦远《法书要录》卷二"梁庾元威论书"

梁百体书——梁庾元威曾以墨、彩两色为正阳侯书十牒屏风,其百体为:悬针书、垂露书、秦望书、汲冢书、金鹊(错)书、玉文书、鹄头书、虎爪书、倒薤书、偃波书、幡信书、飞白篆、古颉书、籀文书、奇字、缪篆、制书、列书、日书、月书、凤书、云书、星隶、填隶、虫食叶书、科斗书、署书、胡书、蓬书、相书、天竺书、转宿书、一笔篆、飞白书、一笔隶、飞白草、草书、古文隶、横书、楷书、小科隶,此五十种皆纯墨;玺文书、节文书、真文书、符文书、芝英隶、花草隶、幡信隶、钟鼎隶(一作钟鼓隶)、龙虎篆、凤鱼篆、麒麟篆、仙人篆、虫篆(一作科斗虫篆)、云星篆(一作重星篆、云篆)、虫篆、鱼篆、鸟篆、龙篆、龟篆、虎篆、鸾篆、龙虎隶、凤鱼隶、麒麟隶、仙人隶、科斗隶、云隶、虫隶、鱼隶、鸟隶、龙隶、龟隶、鸾隶、蛇龙文、隶书、龟文书、鼠书、牛书、虎书、兔书、龙草书、蛇草书、马书、羊书、猴书、鸡书、犬书、豕书,此十二时书,已上五十种皆彩色。唐张彦远《法书要录》卷二"梁庾元威论书"

梁百二十体书——于百体书之外,"复有大篆、小篆、铭鼎、摹印、刻符、石经、象形、篇章、震书、倒书、反左书等",及宋中庶宗炳出九体书,"删舍之外,所存犹一百二十体"。唐张彦远《法书要录》卷二"梁庾元威论书"

隋书五变——自苍颉讫于汉初,书经五变:一曰古文,即苍颉所作;二曰大篆,周宣王时史籀所作;三曰小篆,秦时李斯所作;四曰隶书,程邈所作;五曰草书,汉初作。《隋书·经籍志》

唐字五易——字有五易:苍颉变古文,史籀制大篆,李斯制小篆,程邈制隶书,汉代作章草是也。唐韦续《墨薮》卷一

唐时三体——唐瞿令问于永泰二年作"阳华岩铭",为大篆、小篆、八分三体书,亦石经之遗。

唐五体书——唐校书郎正字掌雠校典籍、刊正文字,其体有五:一曰古文,废而不用;二曰大篆,惟石经载之;三曰小篆,印玺旛碣所用;四曰八分,石经碑碣所用;五曰隶书,典籍表奏、公私文疏所用。《唐六典》

唐八体书——其八体者,更加刻符、摹印、虫书、署书、殳书、传信,并大、小篆是也。唐韦续《墨薮》卷一

唐八体书——晋二王重变行、隶及藁体,为八体书。唐韦续《墨薮》卷一:"字有古文 大篆 小篆 隶书 章草"五易,至晋加行书、隶真楷体以及今草藁体,则书体演变全矣。古文、大篆、小篆、隶书、章草、行书、楷体、今草,共八体书。

唐十体书——古文、大篆、籀文、小篆、八分、隶书、章草、行书、飞白、草书,为十体。唐张怀瓘《书断》卷上

唐十体书——唐玄度仿作古书十体:古文、大篆、八分、小篆、飞白、倒薤篆、散隶、悬针书、鸟书、垂露书。宋朱长文《墨池编》卷一录唐玄度之"十体书"。宋王应麟《小学绀珠》卷四"艺文"所录十体书同。

唐十体书——古文、大篆、小篆、八分、飞白、薤叶、垂针、垂露、鸟书、连珠十体。《宣和书谱》卷二"唐玄度条"

唐五十六种书——唐韦续著《五十六种书》,并说明来历。

唐百体书——唐段成式录百体书,谓:"百体中有悬针书、垂露书、秦王破冢书、金鹊书、虎爪书、倒薤书、偃波书、幡信书、飞白书、籀书、缪篆书、制书、列书、日书、月书、风书、署书、虫食叶书、胡书、蓬书、天竺书、楷书、横书、芝英隶、钟隶、鼓隶、龙虎篆、麒麟篆、龟篆、虫篆、鸟篆、鼠篆、牛书、兔书、草书、龙草书、狼书、犬书、鸡书、震书、反左书、行押书、槭书、景书、半草书。"唐段成式《酉阳杂俎》卷十一"广知"

宋人五体——士人作字,有真、行、草、隶、篆五种。宋高宗《翰墨志》

宋人八体——自仓、史逮皇朝,以古文、大篆、小篆、隶书、飞白、八分、行书、草书,通为八体,附以杂书。宋周越《古今法书苑·序》

宋人八体——句中正,字坦然,华阳人也。精于篆籀,兼真行草,太平兴国献八体书。宋朱长文《墨池编》卷十"续书断"

宋十八体书——释梦英,衡州人,效十八体书。宋朱长文《墨池编》卷十"续书断":古文、大篆、籀文、回鸾篆、柳叶篆、垂云篆、雕虫篆、小篆、填篆、飞白书、芝英篆、剪刀篆、薤叶篆、龙爪篆、科斗篆、璎珞篆、悬针篆、垂露篆。"南岳宣义大师梦英十八体书"碑。

宋二十六体篆——宋英宗第四子——益端献王。赵頵"留意翰墨,而飞白篆籀皆造其妙。尝効唐玄度、梦英作篆籀十八体。又复出众体之外作八体。学者多宗之。"宋"内府藏其所作二十六体篆一件"。《宣和书谱》卷二

宋三十二体篆——宋灵隐寺僧莫庵道肯集篆书金刚经(宋真宗景德年间1004—1007)

1.玉筯篆,李斯作,李阳冰善此体,至今用之。2.奇字,甄丰定。3.大篆,史籀变古文为此体。4.小篆,胡毋敬作。5.上方大篆,程邈饰李斯之法。6.坟书,周媒氏配合男女书证。7.穗书,神农因上党生嘉禾作。8.倒薤篆,仙人务光见薤偃风作。9.柳叶篆,卫瓘作。10.芝英篆,陈遵因芝生汉殿作。11.转宿篆,司星子韦作。12.垂露篆,曹喜作。13.垂云篆,黄帝因庆云见作。14.碧落篆,唐韩王元嘉子李譔作。15.龙爪篆,羲之见飞字龙爪作。16.鸟迹书,苍颉观鸟迹,始制文字。17.雕虫篆,鲁秋胡妻春居玩蚕作。18.科斗书,源出古文,或云颛顼制。19.鸟篆,史佚因赤雀、丹鸟二祥作。20.鹄头书,汉家尺一之简如鹄首。21.麟书,获麟,弟子为素王纪瑞作。22.鸾书,少皞以鸟纪官作。23.龟书,尧因轩辕时龟负图而作。24.龙书,太皞获景龙之瑞作。25.剪刀篆,韦诞作。26.璎珞篆,刘德升夜观星宿作。27.悬针篆,曹喜作。28.飞白书,蔡邕见人以垩帚字作。29.殳篆,伯氏所职,故制此。30.金错书,韦诞作,古钱名也。31.刻符篆,秦坏古文定八体,此其一。32.钟鼎书,三代以此体刻铭钟鼎。

宋三百六十体书——王南宾《存乂切韵》,首列三百六十体,多失部居,不可依据。清《佩文斋书画谱》卷二"宋郭忠恕论王南宾三百六十体"

明三十六体篆——三十六篆:王世贞集昙阳子授仙篆三十六,其不可考

者,天圆地方、采阳元元、含珠、竹叶、松书而已。清姚之骃《元明事类钞》卷22清三十二体篆御制盛京赋——汉篆三十二体,满篆三十二体。

清九体篆——乾隆十三年起,帝后宝玺与各级官印改镌为"右汉篆、左清篆"形式,有玉箸篆、芝英篆、上方大篆、小篆、钟鼎篆、垂露篆、柳叶篆、殳篆、悬针篆九种。

清九体篆——鸳锦云章"循连环",以九种篆体刻石章暨印谱:初读,玉箸篆,唐李阳冰善作此体,至今用之印章。二读,奇字,前汉甄丰定古文六体,此其一也。三读,古文,亦黄帝史仓颉之所作也。四读,诅楚文,秦穆公时祀巫咸神文用此体。五读,小篆,秦时所作,比史籀大篆颇改省。六读,钟鼎篆,三代刻铭钟鼎,俱用此体。七读,尚方大篆,秦程邈所述,后人饰之以为法。八读,秦玺篆,秦李斯所作,此仿永昌玉印文体。九读,汉印篆,汉高祖时仿秦缪篆而为之。

清四十二体篆——玑仙藻四十二种篆体篆刻石章暨印谱"御制九字回文,得三句者二十四首,二句者四首,四句者十首,七句者四首,凡四二十读"。上"长祥康、崇庆享、丰明昌",下"熏荃芬、怜心新、频欣春"。

九

《学书韵总》作者及性质考辨

《学书韵总》,作者不详,原书已佚,仅杨士奇《文渊阁书目》和叶盛《箓竹堂书目》保存其书名。

《文渊阁书目·昃字厨》:

"学书韵总一部四册。"

《箓竹堂书目》:

"学书韵总四册。"

从书名字面上及在《文渊阁书目·昃字厨》分类来看,《学书韵总》应是一部韵书,但是一种什么韵书,不得而知。

杨士奇,名寓,号东里,江西泰和人。生于元至正二十五年(公元1365),卒于明正统九年(公元1444),卒赠太师,谥文贞。杨士奇不仅是有明一代著名的政治家、文学家,而且是一位杰出的目录学家、文献学家。

明灭元后,在元都"收其秘阁所藏典籍","致之南京"。所收之书均系宋元金三朝旧藏,其中多为宋元刻本和抄本。永乐十九年(公元1421),北京文渊阁落成后,这批书又随都"百柜运致北京"。明英宗正统六年(公元1441),杨士奇奉旨主持将这批书贮于文渊阁,并将阁中藏书逐一清理,厘定部类,编置书字号,编成《文渊阁书目》。《文渊阁书目》不仅打破四部成规,开明朝目录编制的新风气,《脉望馆书目》《箓竹堂书目》等著名书目均仿照其体例,按书厨编号

九 《学书韵总》作者及性质考辨

分类,而且对于了解当时的图书状况和保留遗失典籍等方面具有非常高的参考价值。《四库全书总目》云:

"今以《永乐大典》对勘,其所收之书,世无传本者,往往见于此目。亦可知其储度之富……今阅百载,已散失无余。惟籍此编之存,尚得略见一代秘书之名数,则亦考古所不废也"。

《四库全书总目》不仅评价较为公允,而且指出了治学的门径,即对"世无传本",仅书名见于《文渊阁书目》者,应在《永乐大典》中查勘,可得略知其面貌之一二。

但问题是《永乐大典》流传至清乾隆时期尚基本保存,四库馆臣可得以寓目,而今天,原两万多卷的《永乐大典》仅存八百多卷,因而,"世无传本"的多数在《永乐大典》中也已无法查验。值得庆幸的是《学书韵总》为韵书,当属于"小学"辞书。因而,作为辞书的《学书韵总》很有可能在《永乐大典》某些字的注释中被引用而保存一二。所以,我们在现存八百多卷的《永乐大典》中逐一核查,果然辑得 42 条有关《学书韵总》的一些信息。现以三字为例,开列于下:

卷之四百八十九　一东

1. 终 p42 洪武正韵……篆书……徐铉篆韵 ▨▨ 并高勉斋学书韵总　隶书……

卷之一万三千八十二　一送

2. 动 p5630 洪武正韵……篆书……并徐铉篆韵 ▨▨▨ 并高勉斋学书韵总……并六书统　隶书……

卷之一万三千九百九十二　三未

3. 既 p6076 洪武正韵……篆书 ▨▨▨▨▨▨ 并高勉斋学书韵总……并六书统　隶书……

从上述 3 条的信息可知,《学书韵总》的作者为高勉斋,史书未见记载,因而其生平只得阙而不论;《学书韵总》所学之书应为"篆书",不仅 42 条均为篆终 p42 洪武正韵……篆书 ☒☒ 古论语 ☒☒ 并古孝经 ☒☒ 并柳叶篆 ☒ 叠篆 ☒☒ 并宝带篆见姚敦临二十体篆 ☒☒ 并栾鼎 ☒ 史頣鼎 ☒☒ 并屡敦见杨鉤钟鼎集韵 ☒ 屡敦 ☒ 甗鼎 ☒ 鳌仲鼎 ☒ 古孝经 ☒ 道德经 ☒ 古文 ☒ 古尚书 ☒☒ 并绛碧落文 ☒☒☒☒ 并集韵 ☒ 崔希裕篆古并见杜从古集篆古文韵海 ☒☒ 并徐铉篆韵 ☒☒ 并高勉斋学书韵总　隶书……

初 p1127 洪武正韵……篆书 ☒☒ 并始鼎 ☒ 伯硕父鼎 ☒ 仲考壶 ☒☒☒ 并散季敦 ☒ 师虘敦 ☒ 宰辟敦 ☒ 邓仲盘并见杨鉤钟鼎集韵 ☒ 伯硕父鼎 ☒ 义云章并见杜从古集篆古文韵海 ☒ 李斯绎山碑 ☒☒ 徐铉篆韵 ☒☒☒☒ 并高勉斋学书韵总 ☒☒☒☒ 并见六书统　隶书……

《学书韵总》既为《永乐大典》所征引，故其成书时间应在《永乐大典》编纂之前，也就是在明初之前。在 42 条中，它均被列于徐铉《篆韵》之后、杨桓《六书统》之前，未见例外。因而，《学书韵总》成书时间很可能在《六书统》之前。

《学书韵总》既然命名为"学书"，那么高勉斋"所书之字"总得有学习的对象或依据。如果能了解其学习的对象或依据，那么，《学书韵总》的性质也就较为清晰。因为高勉斋所学之书为"篆书"，"篆书"属于古文字，自汉以降，可见的古文字材料主要有传抄古文和青铜器铭文两类。传抄古文是汉以后历代辗转抄写的古文字（主要指战国文字），又可分为两种：一种是字书，另一种是古体写本（包括石刻）。目前所能见到的传抄古文主要有：《说文解字》《石经古文》《碧落碑》《阳华岩铭》《汗简》《古文四声韵》《三体阴符经》《集篆古文韵海》《宋古文砖》《宋志》《大乡记碑》《金志》等，集大成者当属徐在国先生《传抄古文字编》；青铜器铭文汇编主要有《考古图释文》《钟鼎篆韵》等。

高勉斋学书对象的成书时间应早于高勉斋的《学书韵总》，而在明初之前，宋元时期的传抄古文及青铜器铭文文字编主要有徐铉《说文解字篆韵谱》、郭忠恕《汗简》、夏竦《古文四声韵》、杜从古《集篆古文韵海》以及杨鉤《钟鼎篆韵》。因此，我们以《学书韵总》与上述诸书相比较，以观其异同：

九 《学书韵总》作者及性质考辨　441

	钟鼎篆韵	集篆古文韵海	学书韵总	注释
终				第一形与诸书近，第二形未见

	说文	学书韵总	注释
颂			相近

	汗简	古文四声韵	集篆古文韵海	学书韵总	注释
庸					第一形与前三书近，第二形与集篆古文韵海第二字近

	篆韵	学书韵总	注释
雕			第一形与篆韵同，第二形未见

	篆韵	集篆古文韵海	古文四声韵	学书韵总	注释
壶					第一形与古文四声韵近，第二形与篆韵、集篆古文韵海近

	集篆古文韵海	学书韵总	注释
乌			相近

	汗简	集篆古文韵海	古文四声韵	钟鼎篆韵	学书韵总	注释
初						仅"衤"未见，其他与诸书近，"衤"即"衣"形之小误

	汗简	钟鼎篆韵	集篆古文韵海	学书韵总	注释
疏					无一相近，"眂"即"𥄑"形之讹；"蹂"即"疏"，汉隶"㐬"或讹作"束"，此以隶为篆

	篆韵	钟鼎篆韵	学书韵总	注释
黑				第一形与篆韵近，第二形与钟鼎篆韵近

	古文四声韵	钟鼎篆韵	斋学书韵总	注释
卑	〇	〇	〇	两形与两书相近

	古文四声韵	学书韵总	注释
丕	〇	〇	相近

	汗简	集篆古文韵海	学书韵总	注释
遵	〇	〇	〇	第一形与汗简近，第二形与集篆古文韵海近

	篆韵	学书韵总	注释
辽	〇	〇	相近

	汗简	集篆古文韵海	学书韵总	注释
仓	〇	〇	〇	相近

	汗简	集篆古文韵海	古文四声韵	学书韵总	注释
沧	〇	〇	〇	〇	相近

	篆韵	学书韵总	注释
玎	〇	〇	相近

	古文四声韵	汗简	集篆古文韵海	学书韵总	注释
兴	〇	〇	〇	〇	两形与诸书近

	汗简	集篆古文韵海	钟鼎篆韵	学书韵总	注释
兵	〇	〇	〇	〇	两形与诸书近

	古文四声韵	学书韵总	注释
精	〇	〇	相近

	古文四声韵	学书韵总	注释
遒	〇	〇	相近

九 《学书韵总》作者及性质考辨 443

	古文四声韵	学书韵总	注释
咸	(字形)	(字形)	相近

	古文四声韵	学书韵总	注释
房	(字形)	(字形)	相近

	集篆古文韵海	学书韵总	注释
老	(字形)	(字形)	相近

	集篆古文韵海	钟鼎篆韵	学书韵总	注释
顶	(字形)	(字形)	(字形)	无一相近,"酊"即"酊"字,《学书韵总》以为"顶"古文,非是

	集篆古文韵海	钟鼎篆韵	学书韵总	注释
鼎	(字形)	(字形)	(字形)	第一形与两书相近,后两形在诸书中未见,二形不见于现存传抄古文字编,要么另有所据,要么为高勉斋臆造

	古文四声韵	学书韵总	注释
动	(字形)	(字形)	相近

	集篆古文韵海	学书韵总	注释
阒	(字形)	(字形)	相近

	集篆古文韵海	学书韵总	注释
贡	(字形)	(字形)	相近

	古文四声韵	篆韵	集篆古文韵海	学书韵总	注释
既	(字形)	(字形)(暨)	(字形)	(字形)	七形中有五形相近,"旡、飵"未见;"旡",《说文》古文作"旡","旡"即"旡"之小变;"飵"即"饩(氕)"字,《学书韵总》以为"既"古文,非是

	篆韵	学书韵总	注释
忾			相近

	说文解字	学书韵总	注释
憨			第一形近，后二形未见，后二形即从"旡"古文作"㞢"类推而来

	集篆古文韵海	学书韵总	注释
槊			相近

	集篆古文韵海	学书韵总	注释
絮			相近

	集篆古文韵海	学书韵总	注释
介			相近

	集篆古文韵海	学书韵总	注释
憨			无一形相近，"𡴆"即"对"字，《学书韵总》以为"憨"古文，非是

	集篆古文韵海	学书韵总	注释
锐			相近

	集篆古文韵海	学书韵总	注释
目			相近，"囧"虽为多出，但与"目"近

	集篆古文韵海	学书韵总	注释
虑			不同

	篆韵	学书韵总	注释
服			相近

	集篆古文韵海	学书韵总	注释
麦	麦麦	麦麦	相近

	篆韵	学书韵总	注释
尸	尸	尸	相近

	集篆古文韵海	学书韵总	注释
烟	凰烟	烟凰	相近

通过比较，可以得出如下几点：

一、42个字头计81个篆体中，"寧终"、"雞雛"、"初初"、"眠睞睞"、"酊顶"、"兄晁鼎"、"枣餰既"、"憋楚愍"、"峕憨"、"寍虑"14个篆体在现存的古文中未见，除少数确有可能另有所本外，多数字形当是《学书韵总》之误，同时不排除作者伪造的可能。

二、其他67个篆体与现存传抄古文相比，或相同或相近，其中"初初"为"初"形之讹，"雞"实从《说文》古文"雞"形讹变而来，"寍"即《汗简》"寍"形、《古文四声韵》"寍"形之变，只有"戻"与庚壶"戻"形相同，应当是承青铜器铭文文字编而来。

三、与传抄古文字相比，《学书韵总》所书之字规整匀称的程度稍有提高，如"尸"、"尸"、"辩"等，或把某些线条作适度的改变或调整，如"烟"与"烟"、"麦"与"麦"等。也就是说，高勉斋所书之字有其创作成分。还应考虑到《永乐大典》的编者特别是抄手为美观、整齐计，将字形调整、美化的因素。

十

《汉隶分韵》成书时代及作者考

《四库全书总目提要·经部小学类二·字书》：

"《汉隶分韵》七卷，不著撰人名氏，亦无时代。考其分韵，以一东、二冬、三江等标目，是元韵，非宋韵矣。其书取洪适等所集《汉隶》依次编纂，又以各碑字迹异同缕列辨析。"

关于《汉隶分韵》的作者及时代，《四库全书总目提要》观点具有代表性，对后世的影响也较大，《中国丛书综录》应该就是对这一观点的直接继承：

"汉隶分韵七卷　（元）□□撰　格致丛书　四库全书·经部小学类。"

四库馆臣断定《汉隶分韵》是元代的作品，主要根据其韵目为一东、二冬、三江，就认定其所依据的韵书为一百零六韵的《平水韵》。但考其韵目为一百零八韵，而非一百零六韵。一百零八韵的韵目为：

平声上　一东、二冬、三江、四支、五微、六鱼、七虞、八齐、九佳、十灰、十一真、十二文、十三元、十四寒、十五删

平声下　一先、二萧、三肴、四豪、五歌、六麻、七阳、八庚、九青、十蒸、十一尤、十二侵、十三覃、十四盐、十五咸

上声　一董、二肿、三讲、四纸、五尾、六语、七麌、八荠、九蟹、十贿、十一轸、十二吻、十三阮、十四旱、十五潸、十六铣、十七筱、十八巧、十九晧、

二十哿、廿一马、廿二养、廿三梗、廿四迥、廿五拯、廿六有、廿七寝、廿八感、廿九琰、三十豏

去声 一送、二宋、三绛、四寘、五未、六御、七遇、八霁、九泰、十卦、十一队、十二震、十三问、十四愿、十五翰、十六谏、十七霰、十八啸、十九效、二十号、廿一箇、廿二祃、廿三漾、廿四敬、廿五径、廿六证、廿七宥、廿八沁、廿九勘、三十艳、卅一陷

入声 一屋、二沃、三觉、四质、五物、六月、七曷、八黠、九屑、十药、十一陌、十二锡、十三职、十四缉、十五合、十六叶、十七洽

一百零八韵中平声三十、上声三十、去声三十一、入声十七。与一百零六韵（平声三十、上声二九、去声三十、入声十七）相比，《汉隶分韵》多了两韵：上声廿五拯、去声廿六证，其他均相同。《平水韵》把上声廿五拯并至廿四迥、去声廿六证并至廿五径中，则为一百零六韵。《平水韵》刊行于金正大六年（公元1229），是金元明清四代的考试用书，也是文人用韵的依据（宁忌浮1997）。①如果《汉隶分韵》成书于元代，那么作者用韵应依据一百零六韵，而不可能是一百零八韵。因此，我们认为《汉隶分韵》的成书时代应在元代之前，而不是元代。

《广韵》为二百零六韵。唐宋时《广韵》同用独用的数目不同，在景祐四年（公元1037）之前，根据同用独用的规定加以归并的话，则应有一百一十七韵。王应麟《玉海》：

"景佑中，直讲贾昌朝请改《礼部韵略》，其窄韵凡十有三，听学者通用之。"

许观《东斋记事》：

"景佑四年，诏国子监以翰林学士丁度所修《礼部韵略》颁行，其韵窄者十三处，许令附近通用。"

---

① 宁忌浮《古今韵会举要及相关韵书》，中华书局，1997年，第157页。

据钱大昕考证，附近通用的十三韵为"殷与文同用也、隐与吻同用也、焮与问同用也、迄与物同用也、废与队代同用也、严与盐添同用也、凡与咸衔同用也、俨与琰忝同用也、范与豏槛同用也、酽与艳㮇同用也、梵与陷鉴同用也、业与叶贴同用也、乏与洽狎同用也"。窄韵十三归并后，一百一十七韵又少了九韵，为一百零八韵。《汉隶分韵》一百零八韵与《礼部韵略》同用独用完全一致。现以入声十六叶为例，《平水韵》十六叶包括《广韵》叶帖业三韵。在每字后附《广韵》韵目。

十六叶　叶（叶）、馌（叶）、楫（叶）、萎（叶）、捷（叶）、摄（叶）、䐑（叶）、愶（叶）、涉（叶）、䎎（叶）、聂（叶）、蹑（叶）、牒（帖）、叠（帖）、协（帖）、汁（帖）、燮（帖）、业（业）、邺（业）、胁（业）、刦（业）

《汉隶分韵》不仅在韵目的数目上与《礼部韵略》同用独用的规定相吻合，而且在各韵内小韵排列先后及每一小韵各同音字的排列先后也大致相同。试以东韵为例，在其后附上隶书的形体数。

东13通9同4童2僮1桐1潼1铜1橦1苳1/蓬1梵1蒙5蒙1/葱5/洪2鸿8空2公13功8工2攻1翁2/丰11酆1沣1风11冯2/嵩2终7戎2崇3/中7仲1衷1忠1冲2种1隆7融6肜1/雄4熊4弓1躬4宫1穹8

我们现以三十六字母指称各小韵，并与《礼部韵略》相比。《汉隶分韵》收录的是一个字的隶书形体，如果该字未见隶体，《汉隶分韵》则没有收录，与《礼部韵略》相比，在小韵及每一小韵的韵字数量都要少。

礼部韵略	端透定来	並明	心清精从	匣晓溪见影疑	敷非奉微	心穿照日床	知彻澄来喻	匣见群影
汉隶分韵	端透定来	並明	清	匣溪见影	敷非奉	心照日床	知澄来喻	匣见群

同一发音部位的声母排在一起，唇、齿、舌、喉、牙，大体不乱。各韵的开头小韵以韵目的读音而定，东韵就是以舌音端母开始，其他各韵也莫不如此。就全书而言，每一韵的排列次序有这样的一个趋势：滂帮並明/敷非奉微/心清精邪从/审穿照禅床日/端透定来泥/知彻澄娘喻四/晓匣溪见群喻三影疑。这样的排列次序与《礼部韵略》《集韵》是一致的（宁忌浮1997）。①

---

① 宁忌浮《古今韵会举要及相关韵书》，中华书局，1997年，第75—77页。

《汉隶分韵》中的一个韵如果是据《礼部韵略》的同用合并而来,虽然只用一个韵目,但其韵内仍保留原先各韵的疆界,如十六叶,还没有根据音同加以重新整合。这种情形与《新刊韵略》又基本相同,但二者有无关系及孰先孰后,就不得而知;所不同的是《汉隶分韵》中无反切,而《新刊韵略》中有反切(宁忌浮 1997)。①

笺注本《切韵》卷第四去声(P3696)第四十二韵、宋濂跋本王仁昫《刊谬补缺切韵》去声第四十二韵、《唐韵》残卷(蒋斧印本)去声第四十五韵的韵目均为"敬",而《广韵》《集韵》去声第四十三韵的韵目为"映",且对"敬"及其同音字均缺笔,这是为避宋太祖祖父翼祖(名敬)讳。而除翼祖讳在绍兴末年,《宋史·礼志》卷一〇八:

"绍兴三十二年正月,礼部太常寺言:钦宗祔庙,翼祖当迁。以后翼祖皇帝讳,依礼不讳。诏恭依。"

绍兴三十二年,即公元 1162 年。而《汉隶分韵》去声廿四与唐五代时韵书的韵目相同,为"敬",而不是"映"。因此,我们认为《汉隶分韵》的成书时代应在景祐四年(公元 1037)之后,再确切一点,应是绍兴三十二年(公元 1162 年)之后。

四库馆臣说《汉隶分韵》是"取洪适等所集《汉隶》依次编纂"。《汉隶分韵》卷一"天下碑录"从"济阴太守孟郁修尧庙碑"到"张平子碑"与洪适《隶释》前十九卷的目录及次序基本相同,从"郎中王政碑"到"晋右军将军郑烈碑"与洪适《隶续》前四卷的目录及次序也基本上一致。所不同的是:《汉隶分韵》在"故吏应酬残题名"后有"胶东令王君庙门碑",但《隶释》第十八卷末无是篇,而见于《续隶》第十一卷末;《汉隶分韵》在"龙门禹庙宗季方题名"之后到"魏三体石经左传遗字"之前有七篇,分别为"武君阙铭"、"韩敕孔庙后碑两侧题名"、"朱浮墓残画像"、"雍丘令残画像"、"成王周公画像"、"会稽东部都府路君阙铭"、"频阳令宋君残碑",《续隶》卷三最后一篇为"龙门禹庙宗季方题名",卷四第一篇为"魏三体石经左传遗字",七篇未见其中,但"韩敕孔庙后碑两侧题名"见于

---

① 宁忌浮《古今韵会举要及相关韵书》,中华书局,1997 年,第 114—117 页。

《续隶》第十二卷第一篇,"雍丘令残画像"、"成王周公画像"见于第八卷,而其他四篇未见。《续隶》阙九、十两卷,这四篇是否就在其中,也不得而知。当然《汉隶分韵》与《隶释》和《续隶》在目录上个别字上也是有出入的,但从总体上看,四库馆臣所说的是有道理的。如果四库馆臣所言不差,那《汉隶分韵》成书时间应在《隶释》和《续隶》之后。《隶释序》为洪适书,写于乾道三年正月八日,《续隶序》为洪迈书,写于乾道三年十二月十八日,乾道三年为公元1167年。

虽然现存最早的《汉隶分韵》是元刻本,分别藏于北京图书馆、北京大学图书馆、上海图书馆、南京图书馆(仅存后三卷),但早在宋代《汉隶分韵》就有刻本。清吴寿旸《拜经楼藏书题跋记》卷一云:

> "宋本《汉隶分韵》七卷。纸墨古雅,'敦'字缺笔,余不避。[按:"敦"与宋光宗(1190—1194)名"惇"字同音,故缺笔。]有吾研斋吴郡赵颐光家经籍图记。先君子跋云:'右隶韵七卷,盖宋刻而元时翻雕者。顷周大霱大令以见遗,楮墨既精,古香可爱,阅其图记,知为明赵寒山故物。书侧题识,尚其手笔,想见陆卿子翠袖摩抄时,觉鹿门之高风,去人未远。松霭尝有跋,刻小学余论,予别作古风一章,见《拜经续稿》。嘉庆戊辰中夏识。'"又"元刻本《汉隶分韵》三册,亦松霭先生所赠。纸色稍不及宋本,而墨气颇佳,字画较肥。'敦'字亦缺笔。前有国子监印字印,惜缺首卷及末后二叶,先君子书云:'岁乙巳冬日,周霱松大令偶得此不全《汉隶分韵》,特以见遗,余旧有写本甚精,似从此本传录,虽不及松霭所藏宋椠之佳,然视近来万氏刻本,则有上下床之分矣。'"

综上所述,《汉隶分韵》的成书时间应在公元1167年(含)之后、元代之前。《汉隶分韵》的作者究竟是谁,在中国传世目录文献中未见著录,但《永乐大典》则有明确记载,为洪迈。

《永乐大典》引用《汉隶分韵》计有一百个单字。现以《海外新发现永乐大典十七卷》中的4字为例,开列于下:

卷之一万一百十二　二纸

1. 砥 p295 洪武正韵……隶书 砥 衡方碑 砥 刘熊碑 砥 郭旻碑并洪

迈汉隶分韵 㞑 熊君碑见汉隶字源　草书……

    2. 厎 p300 洪武正韵……隶书 厎 唐扶颂见洪迈汉隶分韵　草书……

    3. 枳 p301 洪武正韵……隶书 枳 张纳碑阴见洪迈汉隶分韵 枳 刘熊碑见汉隶字源　草书……

    4. 轵 p316 洪武正韵……隶书 軹 州辅碑见洪迈汉隶分韵　草书……

《永乐大典》所引用的《汉隶分韵》与传世文献《汉隶分韵》(文渊阁四库全书本)的内容完全一致,仅有些排列的次序略有区别。因此,我们认为《永乐大典》所指的《汉隶分韵》应该就是传世文献中的《汉隶分韵》。

上述一百字中仅第四十一字的作者为洪遵,可能是笔误,其他的均为洪迈。《永乐大典》为现存《汉隶分韵》的作者是谁提供了大量的史实。

洪适为洪迈之兄。洪适除了《隶释》和《隶续》之外,还著有《隶缵》《隶韵》和《隶图》,惜其不存。洪迈《续隶序》云:

"……(洪适)空篋,中得所藏碑百八十有九,译其文,又述其所以然,为二十七卷,曰《隶释》。书法不必同,人视之无如也。则皆毛举十数字刊诸石,曰《隶缵》;其字同,其体异,参差不可齐,则倚声而汇之,曰《隶韵》;龙龟爵麟九尾之狐,琮璜璋圭名物怪奇,凡见于篇颜者,各肖其象,曰《隶图》。亦既释之,而又得之,则刊于廿七卷以往,曰《隶续》……"

后洪迈为娄机《汉隶字源》作序时,则又指出洪适《隶韵》一书最终未完成。《汉隶字源序》:

"……忆吾兄文惠公自壮至老,耽癖弗懈,尝区别为五种书:曰《释》、曰《缵》、曰《韵》、曰《图》、曰《续》。四者备矣,唯韵书不成,以为蠹。竭目力于摹写至难膺,旦旦而求之,字字而仿之。虽众史堵墙,孙甥鱼贯,不堪替一笔也。功之弗就……"

在上述一百例中,第四十五、五十八、七十九、八十三、八十四、八十七、八十九、九十四的作者及书名均为洪迈《隶韵》,也就是说《隶韵》就是《汉隶分韵》,《隶韵》与《汉隶分韵》的关系是一书二名,《永乐大典》也为此提供了充分的证据。洪适《隶韵》一书最终未能完成,洪迈为其兄续竟,应该说《隶韵》或《汉隶分韵》一书是由洪适和洪迈二人共同完成的,但洪适与洪迈在该书中各做了多少工作就不得而知了。

虽然宋刻本、元刻本均不著撰人名氏,但《永乐大典》辑录之典籍,皆是据明初文渊阁所藏宋、金、元旧本缮写(胡道静 2003)。① 在《永乐大典》中,《汉隶分韵》的作者为洪迈,其说应是有所依据的,也应是可信的;而且在隶书所引诸书中,《汉隶字源》的作者娄机及《六书统》的作者杨桓从未出现,但《汉隶分韵》的作者从未遗漏,这是否也可以说明《汉隶分韵》的作者在明初乃至之前已不为人所了解?

《切韵》系韵书在不同的发展时期,虽然其音系没有质的变化,韵目数和名称却多有不同。现可知的有:一、一百九十三韵,其代表为陆法言《切韵》;二、一百九十五韵,其代表为宋濂跋本王仁昫《刊谬补缺切韵》;三、一百九十九韵(实一百九十四韵),其代表为日本源为宪《口游·书籍门》所著录韵目;四、一百四十四至一百五十韵,其代表为颜元孙《干禄字书》(所据为唐时行用本);五、二百零三韵,其代表为徐锴《说文解字篆韵谱》(所据为《切韵》);六、二百一十韵,其代表为夏辣《古文四声韵》(所据为《唐切韵》);七、二百零七韵(或二百零八、或二百零九),其代表为李舟《切韵》;八、二百零六韵,其代表为陈彭年等《广韵》;九、一百零六韵,其代表为王文郁《平水新刊韵略》;十、一百零七韵,其代表为刘渊《壬子新刊礼部韵略》;十一、一百六十韵,其代表为韩道昭《五音集韵》。除此以外,我们认为在汉语韵书史上应该有一种一百零八韵的韵书。一百零八韵的雏形成于景祐四年,《汉隶分韵》应该是根据某种一百零八韵的《韵略》加以编纂的,退一步讲,即便不是如此,《汉隶分韵》本身就是一种按一百零八韵编排的隶体字书。② 可以认为,一百零八韵韵书在《切韵》系韵书中应占

---

① 胡道静《海外新发现〈永乐大典〉十七卷·序》,上海辞书出版社,2003 年,第 1 页。
② 娄机《班马字类》其实也是一百零八韵,其中上平声十五韵、下平声十五韵、上声三十韵、去声三十一韵、入声十七韵。但与《汉隶分韵》不同的是:《汉隶分韵》是采用《广韵》中一百零八个韵目来表示其一百零八韵的音系[如上平声"二冬",是用一个韵目,所指为一韵(相当于《广韵》二冬、三钟两韵)],而《班马字类》是仍然沿用《广韵》二百零六个韵目来表示其一百零八韵的音系[如上平声"二冬三钟",是用两个韵目,所指为一韵(相当于《广韵》二冬、三钟两韵)]。

有一席之地。

  我们同意宁忌浮先生（1997）的观点：景佑《韵略》与景德《韵略》无传承关系，《新刊韵略》是景德《韵略》的改并与增补，与《礼部韵略》无传承关系。景德《韵略》为二百零六韵，根据其同用独用的规定合并应为一百一十七韵；《礼部韵略》为二百零六韵，根据同用独用的规定合并应为一百零八韵；《新刊韵略》为一百零六韵，宁先生认为这一百零六韵是文献上拼合。我们的问题是：《新刊韵略》一百零六韵是根据一百一十七韵直接拼合而来，还是吸收了《礼部韵略》所允许的窄韵十三处通用这一规定后在一百零八韵的基础上再拼合而成。①

---

  ① 魏建功先生对此有一解释："凡此皆一遵礼部颁定标准也。又有坊间流行便俗应用，径依同用独用例合并韵部之作。是为《韵略》变流，并出《韵会》。

  贾昌朝景佑时奏改同用十三处，并无合并之事。合并之事，盖起于民间；且为当时北人剽窃所为也。"

十一

《草书集韵》为《草书韵会》的增补本及辑佚

最早著录《草书集韵》的为明杨士奇《文渊阁书目》,卷三:

《草书集韵》一部二册、《草书集韵》一部一册。

该书现仅存二卷,内容为下平声和去声,为明刻本,今藏中国国家图书馆(以下简称"国图"),后为《四库全书存目丛书》收录。《四库全书总目·草书集韵五卷提要》:

"不著编辑者名氏,取汉章帝以下至元人草法依韵编次,每字之下各注其人,其编次用《洪武正韵》,盖明人作也。"

《草书韵会》,金张天锡编。明陶宗仪《书史会要》卷八:

"张天锡,字君用,号锦溪老人,河中人,官至机察。真字得柳诚悬法,草师晋宋,亦善大字。道陵诸殿宇匾,皆其所题,有《草书韵会》行于世。"

《草书韵会》现存两种刻本:二册本(藏早稻田大学)、一册本(藏筑波大学),均为重刻明洪武二十九年(公元 1396 年)本。《草书韵会·跋》的题记为"正大辛卯岁季夏望日樗轩老人题,洪武二十九年丙子日卒刊"。樗轩老人为金世宗孙、越王完颜永功长子完颜璹(1172—1232)的号。完颜璹,本名寿孙,世宗赐字仲实,一字子瑜。《金史》卷八五有传。北京大学图书馆、辽宁省图书

十一 《草书集韵》为《草书韵会》的增补本及辑佚　455

馆和宁夏大学图书馆所藏《草书韵会》与早稻田大学本同,大连图书馆所藏《草书韵会》与筑波大学同。

最早说明《草书集韵》与《草书韵会》二者关系的为明杨慎。其《墨池琐录》卷三云：

"金张天锡君用号锦溪,尝集古名家草书一帖,名曰《草书韵会》。其所取历代诸家,汉由章帝、史游……金则王竞、高士谈、任询、党世杰、赵沨、王庭筠、赵秉文、史公奕、王仲元、张瑞童、王万庆。闲闲居士赵秉文为之序曰：'草书尚矣。由汉而下,崔、张精其能;魏晋以来,钟、王擅其美。自兹以降,代不乏人……然非高人胜士,胸中有数百卷书,笔下无一点尘,不能造微入妙。君用素工书翰,故能成此。'余犹及金人板刻,其精妙神彩,不减法贴。至元末,好事者又添鲜于枢字,改名《草书集韵》,刻已不精。洪武中,蜀邸又翻刻,并赵公序及诸名姓皆去之,刻又粗恶。前辈作事多周详,后辈作事多阙略,信然。"

杨慎认为《草书集韵》是元末人添加鲜于枢之字于《草书韵会》,并改名而成。此发明对后世的影响至深、至远。《中华书学大辞典·草书韵会》：

"五卷。金张天锡辑。是编集拓古代名书家之草字,所集自汉章帝（刘炟）、史游至金人王万庆,凡二百五十七家,共一万三千余字。按辽、金时礼部颁行之韵会纂辑。上平、下平、上、去、入各一卷。草字下附以楷书释文,各字悉标书家之名。原刻神彩精妙,不减法贴。元末好事家之翻印,益以鲜于枢一家之字,易名《草书集韵》,刻已不精。前载赵秉文撰文。原刻早佚无传,明洪武中蜀邸翻刻本,编次用《洪武正韵》,刻更粗恶。近人余绍宋《书画书录题解》列是书入未见类。日本复刻本有安庆四年（1651）本、文政八年（1825）本。"

董运来（2005）在《四库全书总目补正十则》指出《草书集韵》系元末人改编张天锡《草书韵会》而成。① 其依据为杨慎《墨池琐录》卷三所载之内容。

---

① 董运来《〈四库全书总目〉补正十则》,《图书与情报》第 1 期,2005 年,第 76—78 页。

今见日本筑波大学藏本《草书韵会》一册，计121页。首页和末页为封面和封底。2至4页为"草书韵会引"，4至9页按朝代详列善草书人姓名，在此之前有一段文字尚未引起学者关注，"历代善草书人数二百五十八人，道迹在者一百一十三人。"也就是说在张天锡之前，或包括张天锡在内草书名家有258人，但张天锡能收集到的，或能确知某字为某人的实有113人。其中汉12人、魏9人、蜀1人、吴2人、晋59人、前赵2人、后魏9人、宋15人、南齐10人、北齐2人、梁15人、陈20人、后周2人、隋5人、唐69人、五代3人、宋11人、金11人，实载257人，我们认为第258人当为张天锡本人，但他未署其名。又杨慎《墨池琐录》实载254人，夺三人，分别为魏钟繇、陈谢朓和陈伯智。9至31页为上平声，31至55页为下平声，55至75页为上声，76至101页为去声，101至118页为入声，118至120页为跋。

《草书韵会》按106韵进行排列，上平声为东一、冬二、江三、支四、微五、鱼六、虞七、齐八、佳九、灰十、真十一、文十二、元十三、寒十四、删十五；下平声为先一、萧二、肴三、豪四、歌五、麻六、阳七、庚八、青九、蒸十、尤十一、侵十二、覃十三、盐十四、咸十五；上声为董一、肿二、讲三、纸四、尾五、语六、麌七、荠八、蟹九、贿十、轸十一、吻十二、阮十三、旱十四、潸十五、铣十六、筱十七、巧十八、皓十九、哿二十、马廿一、养廿二、梗廿三、迥廿四、有廿五、寝廿六、感廿七、琰廿八、豏廿九；去声为送一、宋二、绛三、寘四、未五、御六、遇七、霁八、泰九、卦十、队十一、震十二、问十三、愿十四、翰十五、谏十六、霰十七、啸十八、效十九、号二十、箇廿一、祃廿二、漾廿三、敬廿四、径廿五、宥廿六、沁廿七、勘廿八、艳廿九、陷三十；入声为屋一、沃二、觉三、质四、物五、月六、曷七、黠八、屑九、药十、陌十一、锡十二、职十三、缉十四、合十五、叶十六、洽十七。106韵目与王文郁《新刊韵略》的韵目相同。王国维先生认为"是一百六部之目并不始于王文郁。盖金人旧韵如此，王、张皆用其部目耳。"

每字先列楷体字头后列草书形体，有些草书形体的右下方注书家姓氏。但所注书家姓氏的比例较小，而麻（一半）、阳、庚、青、蒸、尤、侵、覃八韵书家姓氏一个未注。

杨士奇《文渊阁书目》卷三所载《草书集韵》有一部二册和一部一册两种。国图所藏明刻本《草书集韵》半叶八行，行草书七字，四周双栏，黑口，对鱼尾。每字先列草书形体，下右方以阳文注历代书家姓氏，但张天锡（锦）、鲜于枢

（鲜）均以阳文注于下左方，下右方以阴文注楷体字头。该本仅存二卷，内容为下平声和去声。韵目及韵字的排列次序均依据《洪武正韵》七十六韵本。下平声为十一先、十二萧、十三爻、十四歌、十五麻、十六遮、十七阳、十八庚、十九尤、二十侵、二十一覃、二十二盐；去声为一送、二寘、三霁、四御、五暮、六泰、七队、八震、九翰、十谏、十一霰、十二啸、十三效、十四个、十五祃、十六蔗、十七漾、十八敬、十九宥、二十沁、二十一勘、二十二艳。国图所藏《草书集韵》应为五卷，即上平、下平、上、去、入各一卷。

天一阁亦藏《草书集韵》，残存去声一卷，版式与国图藏本相近。黄裳（1979）在《天一阁被劫书目》指出：①

"（《草书集韵》）此明初刻，黑口，四周双边。半叶八行，行大小俱七字，写刻。薛目卷三著录。每大字草书下以阴文注楷体，阳文注书家姓氏，有'鲜''史''锦''素''右''索''孙''贺''米'等字样。起一'送'，迄'二十二艳'。"

"起一送、迄二十二艳"当为《洪武正韵》七十六韵本去声二十二韵韵目，即一送、二寘、三霁、四御、五暮、六泰、七队、八震、九翰、十谏、十一霰、十二啸、十三效、十四个、十五祃、十六蔗、十七漾、十八敬、十九宥、二十沁、二十一勘、二十二艳，与国图藏本去声韵目同。据薛福成《天一阁见存书目》所载《草书集韵》为四卷。天一阁藏本当为四卷，即平声不分卷，平、上、去、入各一卷。韵目应亦依据《洪武正韵》七十六韵本。国图藏本、天一阁藏本，二者版式虽相近，但行格间所注小字微别，字体笔划亦有差异，故当为的版本。这与《文渊阁书目》著录相吻合，同时也可解答黄裳先生（2006）"不知即是一刻否"的疑惑。②

《千顷堂书目》所载"《草书集韵》5卷，蜀□王撰"和李盛铎所藏"明成化蜀

---

① 黄裳《天一阁被劫书目》，《文献》第二辑，1979年，第260页。
② 黄裳《来燕榭书跋辑存》（四），《收藏家》第6期，2006年，第38—42页。"草书集韵　明初黑口本，残存去声一卷，薛福成《天一阁见存书目》著录时即云'残存去声一卷'，即此本。徐乃昌旧藏。每字先用草体刻成，下用阴文著楷书原字，更记所出书家姓氏。《中国古籍善本书目》子部有'草书集韵□卷，明刻本。存二卷，平声下、去声'一条，今藏国家图书馆。不知即是一刻否。按薛目，书为四卷，并云'不著撰人'，尝见祝允明评书帖，录赵秉文《草书集韵》序，书当是赵氏所著。"

藩刊本《草书集韵》五卷,尾有天启改元洛阳吕元肇手写题识",应与国图藏本为同一系列。

因为《草书韵会》和《草书集韵》中的萧韵所包括的韵字相同,即相当于《广韵》的萧、宵两韵。现以萧韵为例,比较《草书韵会》与《草书集韵》的异同,二者的关系也就得以揭示。

《草书韵会》萧韵有99个楷体字头:萧3(3表示萧有3个草书形体,下同)、箫1、潇1、儵1、挑2、貂2、琱2、凋2、雕2、鹛2、雕2、迢2、条3、髫2、苕1、调1、骁2、枭1、浇2、憿2、佻1、聊1、辽3、憀2、寥4、撩2、寮2、镣1、哓1、佷1、怊1、葽1、宵2、消1、霄2、逍2、销1、超2、朝2、鼂2、晁3、潮1、嚣3、樵2、憔2、谯1、骄2、娇1、焦1、蕉1、瞧1、鹪1、椒2、饶2、桡1、荛1、烧2、遥4、徭1、繇1、飘3、窑1、铫1、姚2、摇2、谣1、轺1、陶2、瑶2、韶1、馨1、昭2、招2、钊2、飙1、标2、杓1、镳1、瀌1、穮2、瓢2、飘4、藻1、描1、要2、腰5、乔4、桥2、锹1、妖2、夭1、蹻2、漂2、慓1、翻2、翘2、趬1、橇1、鞒1。其中条、枭、憀、寥、消、霄、鼂、晁、嚣、遥、飘、姚、馨、杓、飘、腰、锹十七字草书下注书家姓氏,其它字均未注。

《草书集韵》萧韵有186个楷体字头:萧3+1(3表示《草书韵会》的草书形体数,1表示《草书集韵》所增加的草书形体数,下同)、箫1+1、箾1、潇1+1、彌1、宵2+1、消2+2、霄2+2、逍2+1、痟1、绡1、销2+1、哨1、蛸1、儵1+1、髾1、捎1、貂2+1、鹛2+1、雕2+1、琱2+1、凋2+2、雕1、弴1、船1、刁1、桃2、庞1、蕲1、桃1、佻1、挑2+1、迢2+1、跳1、髻1、髫2+1、调1+1、鞗1、条3+1、苕1+1、蜩1、鲦1、聊1+1、膋1、嚓1、飂1、僚1、寮2+1、寥4+1、嫽1、辽3+2、憀2+1、料1、敹1、镣1+1、撩2+1、漻1、鹩1、獠1、骁2+1、枭1+1、浇2+1、佻1+1、饶1、憿1、憿2、骄2+2、憍1、稀1、娇1+1、鹪1、幺1、怊1+1、要2+1、腰3+1、膋2、邀1、哩1、葽1+1、纱1、妖2+1、夭1+1、袄1、杓1+1、訞1、橇1+1、趬1+1、蹻2、锹1+1、籸1、幰1、焦1+1、燋1、颤1、蕉1+1、瞧1+1、鐎1、椒2+1、鹪1、樵2+1、谯1+1、憔2、众1、飙1+1、标2+1、杓1+1、幖1、熛1、飘4+1、彭1、旐1、镳1+1、臕1、鹿1、穮2+1、膘1、麃1、漂2+1、慓1+1、彩1、翻2+1、剽1、僄1、瓢2+1、藻1+1、苗1、猫1、缃1、描1+1、烧2+1、弨1、超2+1、怊1、昭2+1、轺1、招2+1、钊2+1、朝2+2、鼂2+1、韶1+1、磬1、侶1、饶2+1、桡1+1、荛1+1、潮1+1、晁4、尧2+1、峣1、垚1、遥4+1、儥1、徭1+1、繇1+1、飘3+1、窑1+1、蘨1、鳐1、姚2+

十一 《草书集韵》为《草书韵会》的增补本及辑佚　459

1、摇 2+1、谣 1+1、轺 2+1、鳐 1、瑶 2+1、珧 1、铫 1、陶 2+2、榆 1、鹞 1、桥 2+1、茇 1、劭 1、乔 4+2、侨 1、翘 2+1、鞽 1、鹠 1、嚣 3+1、枵 1、歊 1、馨 1、獢 1、藨 1、熛 1、膮 1、虓 1+1

《草书韵会》99 个字头全部被《草书集韵》收录，相对应的草书也被基本收录，其余的 87 个字头应是《草书集韵》所增。《草书集韵》与《草书韵会》在萧韵的不同之处主要表现在以下几个方面：

1. 凡《草书韵会》未注明书家姓氏的在《草书集韵》中均已注明，多为"锦"（张锦溪）。

2. 增补《草书韵会》所夺的书家姓氏。

草书韵会					
草书集韵					
注释	补"贺"	补"右"、增"锦"	补"颠"，增"锦"	补"闲"，增"锦"	补"晋光"

这一情形，在《草书韵会》"麻（一半）、阳、庚、青、蒸、尤、侵、覃八韵"相应的《草书集韵》中表现得尤为突出，因为这八韵在《草书韵会》中未注一个张锦溪之前的书家姓氏，而在《草书集韵》中随处可见，这应是《草书集韵》所补。

3. 改正书家姓氏。

草书韵会		
草书集韵		
注释	改第一个"素"为"索"，是，出自同一个书家的两字或以上的均相连，且书家的先后顺序是以其生活的时代为先后，增"锦"	"腰""䙅"为异体，《草书韵会》仅列一个字头，而《草书集韵》据《洪武正韵》列两个字头，改"陡"为"陆"，增"锦"两形

4.所增加的字头及形体主要是鲜于枢的,但除此之外,还有张锦溪的。除上述之外,再列三字。

草书韵会	[草书图]		[草书图]
草书集韵	[草书图]	[草书图]	[草书图]
注释	形体相同,仅列书家姓氏,增"锦"	字头、形体均为新增	增"锦"

5.两书相比,字头及草书主要是增加,但也有删减的。

草书韵会	[草书图]	[草书图]
草书集韵	[草书图]	[草书图]
注释	《草书韵会》第一草书不见于《草书集韵》,当被删	《草书韵会》草书不见于《草书集韵》,当被删

上述五种情况在《草书集韵》现存的其他各韵中也同样存在。

因此,《草书集韵》是以《草书韵会》为蓝本,对之进行增补、删减和修订而成,从草书编纂的角度而言,《草书集韵》较《草书韵会》更加完善,虽然字形的精彩神妙不及《草书韵会》,但不可否认,《草书集韵》是《草书韵会》的增补本。其编辑者虽不可考,但该书同样融入了编辑者的思想和心血,而不应简单地如杨慎所言是好事者添加鲜于枢字后改名而成。

关于《草书集韵》的成书时代,杨慎认为在元末。元代书坛的"巨擘"鲜于枢和赵孟頫被并称为"二妙"、"二杰"。二位彼此互相推重,赵孟頫曾云:

"余与伯机同学草书,伯机过余远甚,极力追之而不及,伯机已矣,世乃称仆能书,所谓无佛出称尊尔。"

鲜于枢《困学斋杂录》云:

"子昂篆、隶、真、行、颠草为当代第一,小楷又为子昂诸书第一。"

《元史》：

"孟頫篆籀分隶真行草无不冠绝古今，遂以书名天下。"

但赵孟頫为南宋遗逸因出仕元朝而招致"薄其人遂薄其书"。这一情况到元末应有所改变，编辑者应该会考虑赵孟頫书法成就而加以收录，但《草书集韵》只收鲜于枢而未收赵孟頫。鲜于枢生卒年为1246—1302，赵孟頫生卒年为1254—1322。因此，我们认为《草书集韵》成书可能会在元朝中前期。

《草书集韵》最早被引用的见于《永乐大典》。《永乐大典》共引用了293个字头的草书，主要是来自《草书集韵》，但其来源又要多于《草书集韵》。《永乐大典》引用的草书最早的为汉章帝，最晚的为赵子昂（即赵孟頫）。因此，《永乐大典》引用的草书一种注明书家姓名且注明源自《草书集韵》、一种只列书家姓名而未注明来自何书。现举两例：

卷之九千七百六十三　二十二覃

岩 p4190 草书𡿨王羲之𡿨智永𡿨贺知章𡿨并高闲𡿨张旭𡿨怀素𡿨裴行俭𡿨柳公权𡿨苏轼𡿨张锦溪𡿨鲜于枢𡿨赵子昂

卷之二千三百四十七　六模

恶 p1050 草书 𡿨𡿨𡿨𡿨𡿨𡿨𡿨𡿨 并王羲之草书集韵

《草书集韵》现仅存下平声和去声两卷，《永乐大典》今仅存八百多卷，但其中平、上、去、入的字都有。通过比较下平声和去声引自《草书集韵》的，两者相同的有85个字头，现开列于下：

1. 卷 4908 燕 p8801
2. 卷 5268 祆 p2402
3. 卷 5268 柇 p2402
4. 卷 5268 天 p2403
5. 卷 5268 橇 p2408
6. 卷 5268 㬰 p2408
7. 卷 5268 蹻 p2408
8. 卷 5268 筱 p2420
9. 卷 5268 幰 p2420
10. 卷 6523 装 p2593
11. 卷 6524 桩 p2596
12. 卷 7518 苍 p3482
13. 卷 7518 沧 p3483
14. 卷 7518 鸧 p3484

15. 卷 7889 汀 p3607
16. 卷 8021 烝 p3738
17. 卷 8021 胥 p3740
18. 卷 8706 僧 p4017
19. 卷 8841 油 p4032
20. 卷 8841 犹 p4038
21. 卷 8841 蘓 p4039
22. 卷 9762 函 p4181
23. 卷 9762 涵 p4185
24. 卷 9762 錋 p4186
25. 卷 9763 岩 p4189
26. 卷 9763 皋 p4189
27. 卷 13083 㚿 p5646
28. 卷 13083 咔 p5649
29. 卷 13084 哄 p5650
30. 卷 13084 哄 p5650
31. 卷 13084 洚 p5651
32. 卷 13084 横 p5651
33. 卷 13084 烘 p5659
34. 卷 13084 控 p5660
35. 卷 13084 鞚 p5660
36. 卷 13084 空 p5661
37. 卷 13194 湩 p5730
38. 卷 13345 谥 p5739
39. 卷 13340 寺 p9128
40. 卷 13340 莳 p9130
41. 卷 13341 敊 p9131
42. 卷 13341 嗜 p9135
43. 卷 13872 贡 p5931
44. 卷 13992 嬉 p6073
45. 卷 13992 欯 p6073
46. 卷 13992 饩 p6074
47. 卷 13992 既 p6076
48. 卷 13992 气 p6076
49. 卷 13992 熂 p6077
50. 卷 13992 䉒 p6077
51. 卷 13992 摡 p6077
52. 卷 13992 塈 p6077
53. 卷 13992 鮘 p6077
54. 卷 13992 屓 p6078
55. 卷 13992 禊 p6078
56. 卷 13993 糸 p6081
57. 卷 13993 禊 p6086
58. 卷 14383 徛 p6305
59. 卷 14124 嚏 p9159
60. 卷 14124 毫 p9159
61. 卷 14124 柢 p9159
62. 卷 14124 氐 p9160
63. 卷 14124 缔 p9160
64. 卷 14124 蒂 p9160
65. 卷 14124 螮 p9161
66. 卷 14124 替 p9163
67. 卷 14125 剃 p9173
68. 卷 14125 涕 p9182
69. 卷 14125 裼 p9186
70. 卷 14125 鬀 p9186
71. 卷 14464 语 p6385
72. 卷 14545 蓄 p6433
73. 卷 14574 铺 p6435
74. 卷 15075 怴 p6791

十一 《草书集韵》为《草书韵会》的增补本及辑佚 463

75. 卷 15075 价 p6800　　　　76. 卷 15139 率 p6821
77. 卷 15140 兑 p6828　　　　78. 卷 15143 駃 p6874
79. 卷 15143 䮃 p6874　　　　80. 卷 15143 蓻 p6874
81. 卷 19416 蘸 p7189　　　　82. 卷 19426 赚 p7296
83. 卷 19426 谦 p7297　　　　84. 卷 19426 鞿 p7297
85. 卷 19426 韉 p7297

有 4 字《永乐大典》注明为《草书集韵》，但现存《草书集韵》该字未见：

1. 哐 p6077 草书 哐 鲜于枢见草书集韵

2. 饀 p6079 草书 饀 鲜于枢见草书集韵

3. 系 p6086 章草 你 鲜于枢见草书集韵

4. 围 p6385 草书 围 张锦溪见草书集韵

有 6 字《永乐大典》未注明为《草书集韵》，但《草书集韵》与《永乐大典》所引相同：

永乐大典	（枣 p5720）枣枣 并张锦溪 枣 鲜于枢
草书集韵	（枣 p594）枣枣 锦 枣 鲜
注释	同

永乐大典	（憝 p6874）憝憝 并张锦溪 憝 鲜于枢
草书集韵	（憝 p602）憝憝 锦 憝 鲜
注释	同

永乐大典	（镦 p6875）镦 张锦溪 镦 鲜于枢
草书集韵	（镦 p602）镦 锦 镦 鲜
注释	同

永乐大典	（剟 p6876）剟 鲜于枢
草书集韵	（剟 p602）剟 鲜
注释	同

永乐大典	（靴 p6876）靴 鲜于枢
草书集韵	（靴 p602）靴 鲜
注释	同

永乐大典	（锐 p6876）锐锐 并张锦溪 铤 鲜于枢
草书集韵	（锐 p602）锐锐 锦 铤 鲜
注释	同

上述95个字头中，91个字相同，4个字现存《草书集韵》未见，这可能是再刻时所夺，可以认为《永乐大典》所引《草书集韵》与现存的《草书集韵》的来源应是相同的。因此，现据《永乐大典》所引时注明为《草书集韵》的而加以汇辑，计122字，开列于下：

1. 卷 490 螽 p60
2. 卷 490 霖 p63
3. 卷 540 颂 p81
4. 卷 540 溶 p82
5. 卷 540 蓉 p82
6. 卷 661 灉 p184
7. 卷 662 廱 p185
8. 卷 662 饔 p195
9. 卷 662 壅 p196
10. 卷 662 痈 p196
11. 卷 909 郱 p8608
12. 卷 910 尸 p8609
13. 卷 2254 壶 p668
14. 卷 2259 瑚 p722
15. 卷 2259 餬 p724
16. 卷 2259 醐 p724
17. 卷 2259 弧 p725
18. 卷 2259 箶 p726
19. 卷 2344 鄐 p1015
20. 卷 2344 齬 p1016
21. 卷 2345 乌 p1021
22. 卷 2347 恶 p1050
23. 卷 2347 洿 p1050
24. 卷 2347 杇 p1051
25. 卷 2405 稣 p1123
26. 卷 2405 麻 p1123
27. 卷 2406 刍 p1133
28. 卷 2406 蔬 p1139
29. 卷 2406 梳 p1144
30. 卷 2408 疎 p1146
31. 卷 2755 罴 p1415
32. 卷 2806 裨 p1429
33. 卷 2806 錍 p1430
34. 卷 2807 胚 p1433
35. 卷 2807 怀 p1433
36. 卷 2807 坏 p1434

十一 《草书集韵》为《草书韵会》的增补本及辑佚　465

37. 卷 2807 醅 p1434　　　38. 卷 2807 伾 p1435
39. 卷 2807 秠 p1435　　　40. 卷 2807 駓 p1435
41. 卷 2807 豾 p1435　　　42. 卷 2807 鉟 p1436
43. 卷 2807 披 p1438　　　44. 卷 2807 秛 p1439
45. 卷 2807 翍 p1439　　　46. 卷 2807 旇 p1439
47. 卷 2807 耚 p1439　　　48. 卷 2807 剫 p1439
49. 卷 2807 硊 p1440　　　50. 卷 2807 魾 p1440
51. 卷 2807 枚 p1442　　　52. 卷 3579 村 p2077
53. 卷 3585 鷷 p2149　　　54. 卷 3585 僎 p2151
55. 卷 3586 噋 p2151　　　56. 卷 3586 啍 p2151
57. 卷 3586 焞 p2151　　　58. 卷 3586 屯 p2153
59. 卷 3587 軘 p2171　　　60. 卷 3587 庉 p2171
61. 卷 10112 咫 p292　　　62. 卷 10112 抵 p293
63. 卷 10112 砥 p294　　　64. 卷 10112 厎 p298
65. 卷 10112 坻 p300　　　66. 卷 10112 枳 p300
67. 卷 10112 枳 p314　　　68. 卷 10112 疷 p318
69. 卷 10876 虏 p4458　　70. 卷 10877 卤 p4482
71. 卷 10877 鹵 p4482　　72. 卷 10877 櫓 p4484
73. 卷 10877 櫓 p4484　　74. 卷 10877 擄 p4485
75. 卷 14092 鬴 p6699　　76. 卷 14092 釜 p6700
77. 卷 14092 辅 p6704　　78. 卷 11076 蕤 p4603
79. 卷 11076 獳 p4603　　80. 卷 11076 蕾 p4604
81. 卷 11076 傀 p4606　　82. 卷 11076 崔 p4606
83. 卷 11076 藟 p4606　　84. 卷 11076 餒 p4608
85. 卷 11076 捶 p4609　　86. 卷 11076 棰 p4610
87. 卷 11077 縈 p4613　　88. 卷 11077 蕊 p4613
89. 卷 11077 華 p4617　　90. 卷 11077 髓 p4618
91. 卷 11077 濰 p4622　　92. 卷 11077 蘤 p4622
93. 卷 11077 蔿 p4622　　94. 卷 11077 喡 p4623
95. 卷 11077 菁 p4623　　96. 卷 11077 越 p4626

466　下编　问学

97. 卷11077 跬 p4626　　98. 卷11077 頍 p4627
99. 卷11313 瘖 p4825　　100. 卷11313 斡 p4825
101. 卷11313 悃 p4826　　102. 卷11602 藻 p4897
103. 卷11951 顶 p5034　　104. 卷12148 瞍 p5240
105. 卷12148 薮 p5240　　106. 卷12148 籔 p5243
107. 卷12148 嗾 p5243　　108. 卷12148 蔌 p5243
109. 卷12148 趣 p5244　　110. 卷12148 取 p5244
111. 卷19426 湛 p7296　　112. 卷19636 霖 p7305
113. 卷19636 棽 p7305　　114. 卷19636 鹥 p7305
115. 卷19636 蚙 p7306　　116. 卷19782 局 p7400
117. 卷20309 氝 p7595　　118. 卷22180 陌 p7848
119. 卷22180 貊 p7851　　120. 卷22180 駂 p7852
121. 卷22180 貘 p7852　　122. 卷22180 蓩 p7853

有一字书家姓氏不同，二者当有一误。

永乐大典	（锹 p2420）𨰲 鲜于枢
草书集韵	（锹 p577）𨰲 锦
注释	二者当有一误

只列书家姓名、未注明来自何书的有 73 个字头，但通过比较下平声和去声，《永乐大典》虽未注明《草书集韵》，但其中包含《草书集韵》的内容，计 30 字。开列于下：

永乐大典	（烟 p8797）烟 谢灵运 悭 黄庭坚 烓烟 并张锦溪 烓烟 并鲜于枢
草书集韵	（烟 p575）烓烟 锦 烓烟 鲜
注释	张锦溪、鲜于枢同

永乐大典	（辽 p2318）逺 智永 逺逺逺 并张锦溪 逺逺 并鲜于枢 逺 赵子昂
草书集韵	（辽 p577）逺逺逺 锦 逺逺 鲜
注释	张锦溪、鲜于枢同

十一　《草书集韵》为《草书韵会》的增补本及辑佚　467

永乐大典	（妆 p2590）妆苏轼妆张锦溪妆鲜于枢
草书集韵	（妆 p583）妆鲜
注释	鲜于枢同

永乐大典	（仓 p3342）仓右并章草仓史游仓王羲之仓张锦溪仓仓并鲜于枢
草书集韵	（仓 p584）仓史仓右仓锦仓仓鲜
注释	史游、王羲之、张锦溪、鲜于枢同

永乐大典	（馨 p3678）馨智永馨张旭馨怀素馨鲜于枢馨赵子昂
草书集韵	（馨 p587）馨颠馨素馨鲜
注释	张旭、怀素、鲜于枢同

永乐大典	（兴 p3680）兴苏轼兴兴并米芾　章草兴章草兴兴并王羲之兴智永兴张旭兴兴兴并怀素兴褚庭诲兴黄庭坚兴张锦溪兴兴兴并鲜于枢兴赵子昂
草书集韵	（兴 p588）兴右兴右兴右兴颠兴素兴素锦兴兴兴鲜
注释	王羲之、张旭、怀素、张锦溪、鲜于枢同

永乐大典	（兵 p3856）兵章草兵王羲之兵智永兵张旭兵怀素兵兵并鲜于枢兵赵子昂
草书集韵	（兵 p585）兵右兵颠兵锦素兵兵鲜
注释	王羲之、张旭、怀素、鲜于枢同

永乐大典	（形 p8984）形章草形皇象形智永形怀素形形并鲜于枢形赵子昂
草书集韵	（形 p587）形皇形素锦形形鲜
注释	皇象、怀素、鲜于枢同

| 永乐大典 | （成 p9010）成成并章草成皇象成成成并王羲之成王献之成智永成张旭成苏轼成鲜于枢成成并赵子昂 |

续表

草书集韵	(成 p587) 𥳎皇𥳎右𥳎右𥳎右𥳎颠锦𥳎鲜
注释	皇象、王羲之、张旭、鲜于枢同

永乐大典	(精 p3946) 精智永 精智果 精怀素 精米芾 精精精 并张锦溪 精精 并鲜于枢 精 赵子昂
草书集韵	(精 p586) 精精精锦精精鲜
注释	张锦溪、鲜于枢同

永乐大典	(游 p4041) 游游并章草游黄庭坚游米芾游张锦溪游鲜于枢
草书集韵	(游 p588) 游锦游鲜
注释	张锦溪、鲜于枢同

永乐大典	(遊 p4061) 遊智永遊怀素遊遊并张锦溪遊遊并鲜于枢遊赵子昂
草书集韵	(游 p588) 遊遊锦遊遊鲜
注释	张锦溪、鲜于枢同

永乐大典	(咸 p4181) 碱章草碱智永碱碱碱并张锦溪碱鲜于枢碱赵子昂
草书集韵	(咸 p591) 碱碱碱锦碱鲜
注释	张锦溪、鲜于枢同

永乐大典	(衔 p4186) 衔皇象衔张旭衔怀素衔黄庭坚衔鲜于枢
草书集韵	(衔 p591) 衔皇衔颠衔锦谷衔鲜
注释	皇象、张旭、黄庭坚、鲜于枢同

永乐大典	(岩 p4190) 岩王羲之岩智永岩贺知章岩岩并高闲岩张旭岩怀素岩裴行俭岩柳公权岩苏轼岩张锦溪岩鲜于枢岩赵子昂
草书集韵	(岩 p591) 岩右岩贺岩闲岩颠岩素岩裴岩坡岩锦岩鲜
注释	王羲之、贺知章、高闲、张旭、怀素、裴行俭、苏轼、张锦溪、鲜于枢同

十一 《草书集韵》为《草书韵会》的增补本及辑佚　469

永乐大典	(弄 p5648) 吴史游 弄 索靖 弄 怀素 弄 张锦溪 吴 鲜于枢
草书集韵	(弄 p594) 吴史 弄 弄 锦 索 吴 鲜
注释	史游、怀素、张锦溪、鲜于枢同

永乐大典	(中 5718) 中 王羲之 中 中 中 并张锦溪 中 中 并鲜于枢
草书集韵	(中 p594) 中 中 中 锦 中 中 鲜
注释	张锦溪、鲜于枢同

永乐大典	(种 p5720) 种 王羲之 种 种 并张锦溪 种 鲜于枢
草书集韵	(种 p594) 种 种 锦 种 鲜
注释	张锦溪、鲜于枢同

永乐大典	(致 p5790) 致 王导 致 致 并王羲之 致 王献之 致 智永 致 米芾 致 致 并张锦溪 致 致 赵子昂
草书集韵	(致 p595) 致 致 致 锦 致 鲜
注释	张锦溪、鲜于枢同

永乐大典	(置 p5799) 置 章草 置 置 置 并张锦溪 置 鲜于枢
草书集韵	(置 p595) 置 置 置 锦 置 鲜
注释	张锦溪、鲜于枢同

永乐大典	(制 p5805) 制 章草 制 王导 制 智永 制 黄庭坚 制 制 制 并张锦溪 制 赵子昂
草书集韵	(制 p595) 制 制 制 锦
注释	张锦溪同

永乐大典	(意 p6073) 意 章草 意 意 意 并张锦溪 意 意 并鲜于枢
草书集韵	(意 p596) 意 意 意 锦 意 意 鲜
注释	张锦溪、鲜于枢同

永乐大典	（巽 p6307）巽巽巽王廙巽王洽巽何氏巽巽并张锦溪巽鲜于枢
草书集韵	（巽 p598）巽巽锦巽鲜
注释	张锦溪、鲜于枢同

永乐大典	（树 p6386）树章草树智永树树并黄庭坚 树树并张锦溪树赵子昂
草书集韵	（树 p599）树树锦
注释	张锦溪同

永乐大典	（处 p6408）处张芝处谢安处处处处并王羲之处处 并王献之处张旭处智永处智果处怀素处黄庭坚 处处处处并米芾处处并鲜于枢处赵子昂
草书集韵	（处 p599）处芝处右处右处右处颠处素处锦谷处处鲜
注释	张芝、王羲之、张旭、怀素、黄庭坚、鲜于枢同

永乐大典	（著 p6423）著王羲之著著并张锦溪著鲜于枢
草书集韵	（著 p599）著著锦著鲜
注释	张锦溪、鲜于枢同

永乐大典	（诫 p6779）诫智永诫诫诫并张锦溪诫诫并鲜于枢诫赵子昂
草书集韵	（诫 p602）诫诫诫锦诫诫鲜
注释	张锦溪、鲜于枢同

永乐大典	（介 p6791）介章草介张锦溪介介鲜于枢介赵子昂
草书集韵	（介 p602）介锦介介鲜
注释	张锦溪、鲜于枢同

永乐大典	（队 p6823）队皇象队张芝队张锦溪队队鲜于枢
草书集韵	（队 p602）队锦队鲜

续表

| 注释 | 张锦溪同、鲜于枢同一 |

永乐大典	（錞 p6875）錞錞 并鲜于枢
草书集韵	（錞 p602）錞鲜
注释	同一

因此，我们认为上平、上、入三卷虽佚，《永乐大典》中虽未注明为《草书集韵》，但也应像下平、去声一样，所引草书应有《草书集韵》的内容，只不过没法证明哪些为《草书集韵》的，计43字。现开列于下：

1. 卷 489 终 p42
2. 卷 541 庸 p96
3. 卷 662 瓮 p198
4. 卷 718 瓠 p198
5. 卷 2260 湖 p762
6. 卷 2337 梧 p943
7. 卷 2344 麤 p1017
8. 卷 2344 粗 p1018
9. 卷 2347 於 p1018
10. 卷 2405 酥 p1123
11. 卷 2406 初 p1127
12. 卷 2408 疏 p1146
13. 卷 2408 綀 p1151
14. 卷 2755 龗 p1416
15. 卷 2755 卑 p1417
16. 卷 2806 椑 p1430
17. 卷 2806 萆 p1432
18. 卷 2807 丕 p1433
19. 卷 2808 梅 p1447
20. 卷 3518 门 p8776
21. 卷 3582 罇 p2103
22. 卷 3585 遵 p2150
23. 卷 3586 吞 p2152
24. 卷 13082 动 p5637
25. 卷 10112 只 p291
26. 卷 10309 死 p4300
27. 卷 11615 老 p4919
28. 卷 11903 广 p5010
29. 卷 11956 鼎 p5068
30. 卷 12015 友 p5156
31. 卷 12148 走 p5245
32. 卷 19636 沐 p7300
33. 卷 19636 目 p7306
34. 卷 19783 伏 p7403
35. 卷 19785 服 p7425
36. 卷 19865 竹 p9278
37. 卷 20309 壹 p7592
38. 卷 20309 乙 p7593
39. 卷 20310 疾 p7597
40. 卷 20478 职 p7711

41. 卷 20850 橄 p7769　　　42. 卷 22180 百 p7853
43. 卷 22181 麦 p7854

不论是《草书韵会》,还是《草书集韵》,有两字未见到:

卷之五千二百六十八　十三萧

1. 摚 p2421 草书 摚 谢灵运

卷之七千八百九十五　十九庚

2. 程 p3675 草书 程 章草

这两字当不为《草书集韵》所收。

十二

《通鉴》音义新发现：赵完璧《通鉴源委》

　　《资治通鉴》是我国第一部系统最完备的编年体史书，叙述了从战国至五代共计一千三百六十二年的历史。《资治通鉴》成书之后，形成了一种专门的学问——《通鉴》学，它肇始于司马光及其助手们，兴盛于宋元明清时期，成为我国古代史学领域的显学之一。近代学者张煦侯认为通鉴学主要包括四个方面的内容：踵纂派、考订派、评论派、注释派。

　　所谓注释派，就是对《资治通鉴》进行笺注，贯穿其原委，疏证其名物。提到注释派，人们自然会想到胡三省的二百九十四卷《资治通鉴音注》，这是通行最广、影响最大的注本，历代学者对它倍加赞赏和推崇。顾祖禹在编《读史方舆纪要》时称"尤所服膺，采辑尤备"，王鸣盛说胡三省是"《通鉴》之功臣，史学之渊薮矣"，《四库全书总目》谓胡注"于象纬推测、地形建置、制度沿革诸大端，极为赅备"。而早在胡三省一百多年前，南宋史炤就曾竭十年之力作《通鉴释文》三十卷。由于胡三省作音注及《通鉴释文辨误》十二卷，使得史氏释文遂以式微，"学者久束之高阁，近代藏书家遂鲜有著录者"，明以后传本甚稀，直到清代学者王鸣盛从一旧书商购得，加以刊印才得以流传。清代学者对史氏释文和胡氏音注各有褒贬：钱大昕云：

　　　　史注固不如胡氏之详备，而创始之功，要不可没。胡氏有意抑之，未免蹈文人相轻之习……景参以地理名家，而疏于小学，其音义大率承用史氏旧文，偶有更改，辄生罅漏，予故表而出之，俾后人知二书之不可偏废。

　　王鸣盛也说：

> 平心论之，炤诚不能无误，但首创音释，实属有功；胡自揣用力已深，其注足以传世，恨炤先有释文，既攘取之，又攻击之，隐善扬恶，用心私曲。

周中孚的评论为：

> 身之精于地理，而疏于小学，其音义大率承用史氏旧文，偶有更改，辄生罅漏，何得轻加诋议，以致史氏原本几于湮没无闻，岂非是书实阶之厉哉！

胡三省作《通鉴释文辨误》十二卷纠正史炤的失误，然而《资治通鉴》"网罗宏富，体大思精，为前古之所未有；而名物训诂，浩博奥衍，亦非浅学所能通"，其音注也不可能十全十美，胡氏自己也承认"人苦不自觉，前注之失，吾知之。吾注之失，吾不能知也"。清代陈景云《通鉴胡注举正》十卷、钱大昕《通鉴注辨证》二卷和赵绍祖《通鉴注商》都是对胡注疏误的考证和批评。

另南宋王应麟作《通鉴地理通释》十四卷，此书极为精审。四库馆臣云：

> 其中征引浩博，考核明确，而叙列朝分据战攻，尤一一得其要领，于史学最为有功。

而林伯桐在《问资治通鉴自元丰后为注释音义者共几家，各家优劣何如》一文中指出：

> 至如王伯厚（王应麟字伯厚）通鉴地理通释，虽所释者皆通鉴之地，但总括为类，而不以通鉴之文为次，此则别自成书，不必与通鉴注释音义专家较其孰优者也。

此书是专门注释《通鉴》地理的著作，不能算是完全意义上的注释之作。

从清朝至现代，研究《资治通鉴》的学者很多，然而在介绍明代之前通鉴学注释派时只提到史炤、王应麟、胡三省，认为只有他们三人为《资治通鉴》作过注。而我们在《永乐大典》中又发现一种成书于明代之前的《资治通鉴》注释：

赵完璧《通鉴源委》。

赵完璧，史书无传。因而，关于赵完璧的生平、籍贯，我们知之甚少。① 但其人其书在明人编著目录中是有记载的：

钱溥《秘阁书目》：

  通鉴源委　二十三

叶盛《竹堂书目》：

  源委　三十三册

焦竑《国史经籍志》：

  通鉴原委　八十卷　宋赵完璧

杨士奇《文渊阁书目》：

  通鉴源委　一部二十三册缺

孙能传、张萱《内阁藏书目录》：

  通鉴源委　二十三册全　元素轩赵完璧著，凡资治通鉴中字句皆纠集本注；其无注者，旁撮经史百家，详其出处；诸儒之议论切当者，皆附录焉；不能通者，亦标而阙之。八十卷

中外交通史亦有记载。朝鲜李世宗宪庄大王实录二乙卯十七年（明宣宗

---

① 为了考证赵完璧的生平、籍贯，我们一方面查阅、搜索相关文献，一方面向南京大学鲁国尧先生、复旦大学陈尚君先生、江苏大学刘达科教授、浙江传媒学院刘水云教授、商务印书馆徐从权博士和香港科技大学焦磊博士请教，谨向诸位先生致以诚挚的谢意。

宣德十年 1435 年）八月癸亥：遣刑曹参判南智如京师贺圣节，仍奏请胡三省音注《资治通鉴》、赵完璧《源委》及金履祥《通鉴前编》、陈桱《历代笔记》、丞相脱脱撰进《宋史》等书。①② 由此可知，《通鉴源委》在明代尚存，可惜的是该书在明末清初可能就亡佚了，《清人书目题跋丛刊》（1—10 册）已无该书的名称。钱大昕是元史大家，其在《元艺文志》中指出：

"予补撰元艺文志，所见元明诸家文集、志乘、小说，无虑数百种；而于焦氏经籍志、黄氏千顷堂书目、倪氏补金元艺文、陆氏续经籍考、朱氏经义考采取颇多。"

钱氏收集通鉴书目十六种，没有《通鉴源委》一书，恰好说明他没见过该书。我们从《永乐大典》中辑出《通鉴源委》近一万八千字。这对于八十卷的原书来说只是一鳞半爪，但对于了解、研究《通鉴源委》及《资治通鉴》却是弥足珍贵的材料。现以"梁武帝三"为例，开列于下：

永乐大典卷之六千五百六十四　　十八阳　梁武帝三 p2635　资治通鉴……

史炤《释文》……胡三省《辨误》……赵完璧《源委》：阐音昌善反。禺音丙。昉音放。西邸音底，事见齐武帝永明二年春。朏音斐。禅去声，下皆同。扣音口，发也，《论语》：孔子曰我扣其两端而竭焉。竖常雨反，僮仆之未冠者。谶符命之书。炳音丙。历数《书》曰：天之历数在汝躬。建牙樊沔，事见齐东昏侯二年十一月。建安之封，上年十二月封帝为建安郡公。徘徊傍徨不进之意也。约举手尚左此《南史》之文也，案梁书尚字作向，他本通鉴也有作向者，向左，盖谓左仆射，亦欺云也。去除也。眰③音质。送首东昏首也，见上年。余妃《释文》曰：余，姓也；《风俗通》曰：秦由余之后。沛音贝。累去声。赉赐也。鄱音婆。阉人阉，音掩，宦者。著音陟略反。襦音儒，短衣。蹋蹹上音聂，蹈也；下音脚。华姓也。天龙案《北史·萧宝寅传》云：文荣与

---

① 吴晗《朝鲜李朝实录中的中国史料》，中华书局，1980 年，第 236 页。
② 张伯伟先生所编《朝鲜时代书目丛刊》也未见该书的记录。
③ "眰"为"眰"之误。

天龙、惠连等三人。抵音底,至也。斩衰音崔。嗲音彦。夏侯祥事见东昏侯二年十一月末。憺①音淡。宪章《中庸》曰:宪章文武。孔疏云:宪,法也;章,明也,言夫子法明文武之德。玺绂音徒弗。兄懿为东昏侯所杀,帝以故举兵也,事见上永元二年冬十月。献王名孚,晋武帝祖叔父也,武帝泰始八年薨。宋汝阴王按齐太祖元年云奉宋顺帝为汝阴王。妣音比,父死曰考,母死曰妣。郗丑迟反,姓也。伟音革。恢苦回反。西解署名。摺折也。宝义东昏侯弟。子恪苦各反,齐武帝弟巘之子也,事见齐明帝末年秋。从容闲语曰,从,七容反。能去丘吕反,除也,下除去同。卿祖齐高帝也。湘东宋明帝也,名彧,孝武之弟。绝服按《礼记大传》云:四世而缌,服之穷也,五世袒免杀同姓也,六世亲属竭矣。注云:四世共高祖,五世高祖昆弟,六世以外亲尽无属名。建武齐明帝年号。涂炭谓诛高祖子孙,事见永泰元年春。雪洗涤也,谓报兄懿之仇。刘子舆即王郎也,事见后汉淮阳王元年。朏音斐。函音咸。横去声。浣音缓,亦濯也。溉音溉。鲁阳蛮事见上三月末。获炬音狄巨。南北披披音亦。观音贯,下王观同。洮音叨。典签七廉反,官名。绢音谓。造至也,下历造同。自疑事见上年十月末。讵音巨,字林,未知词也。闇古暗字。虎牙伯之之子。绩则历反,功也。藏才浪反。六合县名。见力见,胡甸反。荷上声。纂严纂,音祖管反,纂集戒严。听事听,平声。歃血歃,色洽反。冲音虫。人身不恶案下文《北齐·文宣帝》,高洋骂王昕曰:好门户,恶人身。盱眙郡名。菩萨音蒲撒。席卷上声。刘季连益州刺史。劳去声。语曰语,音御,告也。矫居小反,讬也。鼍音狸,理也。差强差,音叉,下皆同。饮古钟玉律按古律用竹,又用玉,汉末以铜为之。镈音博。虡音巨。而还为庶人事见齐明帝四年二月。太牢牛羊豕也。肈音兆。彝音夷。

《永乐大典》引书是按成书的时间先后顺序排列的,《通鉴源委》是排在史炤《释文》和胡三省《释文辨误》之后。炤《释文》成书时间在南宋,胡三省《释文辨误》在宋末元初;《源委》既被《永乐大典》所引,那么定在明初之前;鉴于此,该书成书时间当在元代,而不是焦竑所说的宋代。

《通鉴源委》和史炤《释文》一样,都是仿陆德明《经典释文》的体例,摘取《资治通鉴》中的字句作注,单集成本。注释内容丰富,大致有如下几类:

一、注音释义。《源委》对《通鉴》中许多难读、难懂的字注音释义,这是其

---

① "憺"为"憯"之误。

最主要的内容。注音采用反切和直音（包括读曰、读为、读与某同）；释义形式多样，有的直接注释，如：不逞敕郢反，不逞，不得志也；有的引用它书的注释，如：谣音遥，《尔雅》曰：徒歌谓之谣；有的先说明出处，再引用前人的注释，如：早为之所《左传·隐公元年》曰：不如早为之所。杜注云：使得其所宜。

二、注人物。司马光注某人是某人之子，某人是某人的孙子。胡三省注某人是某人之父，并注上在《通鉴》哪一卷。而赵完璧注释人物的内容比较复杂：有的注某人是某人的弟弟，如：康帝成帝弟；有的注某人是某人的儿子，如：子恪齐武帝弟嶷之子也；有的注某人是某人的孙子，如：李宝故凉王李暠之孙也；有的注某人是某人之父，如：献王名孚，晋武帝祖叔父也，武帝泰始八年薨。惠王名祯，英之父，穆泰之事见齐明帝建武三年冬；有的注明某人职位和身份，如：刘季连益州刺史。郭崇韬庄宗谋臣；有的注明人名的来历，如：李绍奇本姓夏，名鲁奇，后梁贞明元年七月，尝救庄宗与陈中，赐姓名曰李绍奇；有的讲述与人物有关的事情，如：公孙述汉光武初公孙述据蜀，或劝之降，述曰：自古岂有降天子邪。

三、注地名。注释地名是胡三省的特长，胡注对《通鉴》里最难懂的地名，哪怕是一个小村庄都作了详细的注释。《源委》注释地名要比胡注简约得多，仅指出是"县名"或是"郡名"，说明该地方古代属于哪个郡，现在是什么地方，如：六合县名。盱眙郡名。上邽县名，汉属陇西郡。碻磝津城名，今济州是也。

四、注典章制度。《通鉴》中的典章制度非常复杂，《源委》对此注释也很详细，如：门下即门下省也。按旧唐职官，门下省侍中二员。秦汉初置侍中，曾无台省之名，自晋始置门下省，南北朝皆因之。旧制宰相常于门下省议事，谓之政事堂。高宗永淳二年，中书令裴炎以中书执政事笔，遂移政事堂于中书省；开元十一年中书令张说改政事堂为中书门下，其政事印改为中书门下之印也。

五、考证史实记载的真伪。《通鉴》虽然精心审查、考辨史料，但由于所据史料差误或彼此互异，全部核查孰是孰非亦非易事，故出现错误也在所难免。《源委》对其中的错误也予以纠正。如：时浚生四年浚，音浚。予按：文帝十七年六月云魏皇孙浚生，至今十二岁矣，据北史亦同，后三年而已生子。此云浚生四年，其误明甚。

《通鉴源委》注释的特点可以归纳为如下几点：

一、注释广泛，旁征博引。《通鉴源委》一书释文范围很广，从人物、地名、典章制度到文化、宗教、民族等都作了注释，大大拓展了注史的范围，而且注文对人物、事件交代清晰，前后照应。注文博引《诗经》《尚书》《礼记》《字林》《说文》《汉书》《南史》《北史》《拾遗记》《翰苑新书》等典籍达三十多种,广征颜师古、孔颖达、杜预、赵歧等注释家之注。如"羽化"一词。

二、不仅作注,而且精于校勘。赵完璧在作注的同时,对《通鉴》中错误加以校正。校正之法既有根据理论和学识判断的"理校",也有以各种有关书籍为依据的"他校"。如:"世父"。

三、作注时偶有议论。胡三省在音注中随时发表感慨,注文中往往有"呜呼痛哉"、"天乎人乎"的沉痛呼声,充满爱国热情。《通鉴源委》中也间有议论,但不如胡注明显、强烈,而是引用别人对事件的评论。如《资治通鉴》卷125讲到崔浩因撰史而被夷族,《源委》引用吕祖谦、朱黼的话来作议论。

金无足赤,《通鉴源委》也有疏漏之处,如:曾音曾。攘音攘。恳康狼反。叱音昌粟反。这些错误也许是原文之错,也许是传抄之错。然瑕不掩瑜,《通鉴源委》和史炤《释文》、胡三省《音注》同样为研究《资治通鉴》提供了极有价值的史料。《通鉴源委》的发现必定会进一步推动《资治通鉴》及汉语语音史的深入研究。

十三

八十韵本《洪武正韵》校正本考

对《洪武正韵》作全面研究且成果最显者当推宁忌浮先生的《洪武正韵研究》,这是海内外的共识。宁先生指出:

"现在能见到的(《洪武正韵》)都是明代的官刻和藩府刻本,《中国古籍善本书目》收录(《洪武正韵》)二十八种一百五十部,分别藏于八十五家图书馆。其中注有刊刻时间或地点的一十二种,只注明刻本的十六种……按刊刻时间算,除去两部洪武原刊本,都是正德、嘉靖、隆庆、万历及崇祯本。建文、永乐、洪熙、宣德、正统、景泰、天顺、成化、弘治,均未见有重刊本传下来,或许这一百年间就真的很少或没有翻刻过……嘉靖及其以后的重刊本,行款、版式均与初刻本同,初刻本的错误亦未校正。衡庄王朱厚�说'敬遵式寿梓',这是重刊者共同遵守的规矩。"[①]

《洪武正韵》有洪武八年刊行的七十六韵本和洪武十二年刊行的八十韵本,其中八十韵本为宁忌浮先生所发现,现藏于北京图书馆。八十韵本的发现不仅有力地推动了对《洪武正韵》的深入研究,而且与其相关的好多悬而未决的问题都得以迎刃而解。如《永乐大典》与《洪武正韵》之韵部、字序等差异一直困扰着《永乐大典》的研究者,宁先生指出:

---

① 宁忌浮《洪武正韵研究》,上海辞书出版社,2003年,第11—12页。

《永乐大典》用《洪武正韵》韵部统字、韵序、字序、反切、注释均以八十韵为准。①

宁先生的研究使得两者扑朔迷离的关系得以全面揭示。嘉靖及其以后的重刊本均为七十六韵本，所以宁先生说：

就目前得到的材料看，流传下来的《正韵》，八十韵本只有一部……八十韵本很可能一直未重刊。②

现存《永乐大典》共注释一千四百八十六个韵字，其中引用《洪武正韵》的为420个，现列表如下：

《永乐大典》册数	所注释的韵字数	引用《洪武正韵》的韵字数
第一册	91	35
第二册	219	62
第三册	138	333
第四册	85	28
第五册	241	65
第六册	314	69
第七册	82	37
第八册	198	43
第九册	107	37
海外新发现	11	11
总计	1486	420

《永乐大典》所引《洪武正韵》韵字排列顺序，除一例外，与八十韵《洪武正韵》完全相同。①如果所依据的就是现存的八十韵《洪武正韵》，那么《永乐大典》所引的四百二十条《洪武正韵》的注释与现存八十韵的《洪武正韵》的注释应该完全相同，当然应当允许钞胥误写，但如果有，比例应当不会太高，而且失

---

① 宁忌浮《洪武正韵研究》，上海辞书出版社，2003年，第13页。
② 同上。

误应是以形讹为主。虽然现存《永乐大典》残卷为"嘉靖钞本",但重录时有严格的规章制度。据徐阶《处理重录大典奏疏三》:

> 其论叶数须以实写之字扣算……每人每日钞写三页,如遇有差错,发与另写,不拘一次二次,只算一页。

但事实上,今《永乐大典》所引用四百二十条的《洪武正韵》中有六十三条与今八十韵《洪武正韵》在注释上有差异,不同近15%,这一比例应是比较高的。现不惮烦琐,开列于下:

序号	韵目	韵字	大典	北图本	注
1	一东	螽	陆机疏	陆玑疏	北图本是
2	一东	庸	崴二十日	崴二十日	北图本是
3	一东	廱	天子曰辟廱	天子辟廱	大典是
4	六模	觚	左传觚口	左传觚口	北图本是
5	六模	弧	易弦木为弧,古史黄帝为弧矢之利,礼记桑弧,左传桃弧,史记㮯弧	易弦木为弧,礼记桑弧,左传桃弧,史记㮯弧	大典是
6	六模	殂	侵精者曰代	侵精者曰伐	北图本是
7	六模	粗	大精粗	小大精粗	北图本是
8	六模	乌	小而颈白不反哺者谓之雅	小而颈白不反哺者谓之鸦	两可
9	六模	梳	枅疏者曰梳、亦作梳、头蓬不暇疏	枅疏者曰梳、亦作疏、头蓬不暇梳	
10	八灰	羆	兽似熊而黄白色	兽似熊黄白色	大典是
11	八灰	卑	下贱也	下也,贱也	北图本是
12	八灰	埤	孟子为渊欧鱼	孟子为渊敺鱼	北图本是
13	八灰	錍	旗名	旗名	大典是
14	八灰	披	亦作被	亦作被	北图本是
15	八灰	枚	杜预曰不指其事,泛卜吉凶,枚卜功臣	杜预曰不指其事,泛卜吉凶,书枚卜功臣	北图本是
16	九真	旦	庄子有神宅而无情死、又翰韵	庄子有旦宅而无情死、又谏韵	北图本是
17	九真	鐏樽鵨	鐏樽洪武正韵租昆切。同上。鵨洪武正韵租昆切,西方雉名也	鐏樽鵨洪武正韵租昆切,西方雉名也	大典是
18	九真	贛	见檀弓	见檀弓篇	北图本是

续表

序号	韵目	韵字	大典	北图本	注
19	十三萧	锹	方言畚锹也,江淮南楚之间谓之臿	方言锹也,江南楚之间谓之臿	大典是
20	十八阳	装	亦作𧙕	亦作装	大典是
21	十九庚	膻	酰京切	酰经切	北图本是
22	十九庚	兵	又刀剑曰短兵,楚辞车错毂兮短兵接,范甯注谷梁传五兵,矛、戟、钺、刀、楯、弓、矢,兵本戎器,后世曰呼士卒为兵	又弓剑曰短兵,楚辞车错毂兮短兵接,范宁注谷梁传五兵,戈、戟、钺、弓、楯、刀、矢,兵本戎器,后世因呼士卒为兵	大典是
23	十九庚	精	凡物之纯至者曰精	几物之纯至者曰精	两可
24	二十尤	扰	或作㲅、揄、挑	或作㲅、揄、桃	大典是
25	二十尤	蓲	草盛貌	草成貌	大典是
26	二十尤	逌	逌尔,笑貌	逌尔,雅貌	大典是
27	二十尤	游	浮江	浮行	北图本是
28	六姥	卤	汉书血流漂卤,又卤莽,轻脱	汉书血流漂卤,又卤薄法从物数,又卤莽,轻脱	北图本是
29	八贿	鲛	亦作鲛鲛	亦作鲛鲛	北图本是
30	八贿	棰	路温舒棰楚之下	路温舒传棰楚之下	北图本是
31	八贿	纍	左传佩玉纍然,服饰备也,女水切,音义并同,重出误故去其一	左传佩玉纍然,服饰备也,汝水切,音义并同,重出误故去其一	大典是
32	八贿	蕊	又草木丛	又草木丛生貌,又聚也	北图本是
33	八贿	髓	汉邹阳传入于骨髓	汉邹阳传入于骨髓	北图本是
34	八贿	瀡	方言齐人谓滑曰瀡	方言齐人谓滑曰随	大典是
35	十八养	广	又度广又广轮广袤	又度广曰广又广轮广袤	北图本是
35	二十有	傁	左传傳傁晋大夫	左传傅傁晋大夫	北图本是
37	二十有	嗾	使犬声	使大声	大典是
38	一送	哄	两士相对	两土相对	大典是
39	一送	横	又作户孟切	又作反孟切	大典是
40	一送	鞚	苦贡切	苦贡切,马勒,通作控	北图本是
41	一送	中	郑司农曰治中谓治职薄书之要也	郑司农曰治中谓其治职薄书之要也	北图本是
42	二寘	置	又驿也,马递曰置,步递曰邮	又驿也,马递曰置	大典是
43	三未	堲	诗顷箱堲之	诗顷筐堲之	北图本是
44	三未	屓	赑屓,作力貌	赑屓,壮大貌,又作力貌	北图本是

续表

序号	韵目	韵字	大典	北图本	注
45	三未	盺	研计切	计研切	大典是
46	四霁	齮	俗作猗	俗作掎	大典是
47	五御	处	昌擄切	昌据切	北图本是
48	五御	絮	就食器中,调足盐梅,是嫌是恶	就食器中,调足盐梅,是嫌食恶	北图本是
49	七泰	侐	饰也	伤也	大典是
50	八队	兊	水中之中锺聚也,又成蹊也,从臼从儿,臼音沿,儿与人同象兑卦,又象人笑貌,亦作兊,凡从兊者皆然	水中之中锺聚也,又戍蹊也,臼从几,臼音沿,几与人同象兑卦,又象人笑貌,亦作兊,凡从兊者皆然	大典是
51	八队	駾	混夷駾矣	昆夷駾矣	两可
52	一屋	擁	礼大司马三鼓擁铎	礼大司马三鼓擁铎	北图本是
53	一屋	伏	愿忌日四气伏谢	历忌日四气代谢	北图本是
54	一屋	服	又盛弓弩器,亦作箙鞴、土俗因形名之曰服	又或弓弩器,亦作箙鞴、土俗因形名之曰鵩	当作"盛""鞴""鵩"
55	八陌	佰	汉志秦孝公开阡陌,古阡陌字也	汉志秦孝公开仟佰,古阡陌字也	北图本是
56	八陌	莫	左传说诗德正应和曰莫	左传说诗德应正和曰莫	大典是
57	八陌	貘	寝其皮辟温,图其形辟邪	寝其皮辟温,图其形辟邪	北图本是
58	八陌	百	后汉书注五百字为伍佰	后汉书注五百字本为伍佰	北图本是
59	十九庚	形	现亦作倗	现也亦作倗	大典是
60	四霁	毳	礼记枣李毳之,削瓜士毳之	礼记枣李毳之,削瓜士毳之	大典是
61	二纸	只	母也天只	毋也天只	大典是
62	二纸	厎	汉志曰官居卿以厎日,左传作厎	汉志曰官居卿以厎日,左传作厎	北图本是
63	二纸	坻	又支、济二韵	又支、济二韵	北图本是
64	二纸	疻	敺伤	敺伤	两可

上述六十四条的不同,确有形似而讹,如"被"与"披"、"崴"与"岁"、"鲦"与"鲛"等,但如果全以抄错解释,恐难令人信服。因为"嘉靖钞本"是全仿"永乐钞本",这不仅包括版式、尺寸、书法,更应包括其内容和字形,誊录官生应该是不管其正误对错,只需依葫芦画瓢,他们应没有时间、精力和可能核查原书的底本,也应不敢有如此的胆量擅改、擅补、擅删,更何况是对《洪武正韵》。现再举几例加以说明:

一、字序

卷之三千五百八十二　九真

尊，p2103 洪武正韵租昆切，尊卑也、又重也、高也、贵也、恭也、又酒器，说文作罇，从木者后人所加……

罇樽，p2103 洪武正韵租昆切。同上。（案：同上是指与"尊"同。）

卷之三千五百八十五　九真

鹲，p2149 洪武正韵租昆切，西方雉名也……

八十韵本：

尊，租昆切，尊卑也、又重也、高也、贵也、恭也、又酒器，说文作罇，从木者后人所加。罇樽鹲，西方雉名也……

七十六韵本（四库本）：

尊，租昆切，尊卑也、又重也、高也、贵也、恭也、又酒器，说文作罇，从木者后人所加。鹲，西方雉名也……

七十六韵本"尊"、"鹲"为两个韵字，也是两个词，"罇"、"樽"只在注释中出现，尚未从"尊"中独立出来，与"尊"构成一组异体字；八十韵本"罇"、"樽"已从注释中独立出来，本应与"尊"构成异体，但从形式上看，"罇"、"樽"与"鹲"构成异体，这当然是错的。即便读者可以接受"罇"、"樽"与"尊"为异体，但也不可否认八十韵本在这一点上是有失误的，因为八十韵本对待异体，在其下往往注上"同上"二字，如："蠡又见齐哿济三韵螺同上。"而《永乐大典》是对的，"罇"、"樽"独立，注明"同上"二字，与"尊"构成异体，"罇"、"樽"、"尊"为三个字，一个词，"罇"、"樽"、"尊"与"鹲"为四个字，还是两个词。

二、衍文

卷之二千二百五十九　六模

弧，p725 洪武正韵洪孤切，木弓。易弦木为弧，古史黄帝为弧矢之利，礼记桑弧，左传桃弧，史记麋弧……

八十韵本：

胡，洪孤切……弧，木弓。易弦木为弧，礼记桑弧，左传桃弧，史记麋弧……

　　七十六韵本：

　　胡，洪孤切……弧，木弓。易弦木为弧，礼记桑弧，左传桃弧，史记麋弧……

抄书有可能会出现衍文，如果为耳熟能详的句子，写了上句，不经意写出下句（如上表中的"置"，大典为"又驿也，马递曰置，步递曰邮"，而八十韵本为"又驿也，马递曰置"），这可以理解。但像这里多出的是一本书中的一个句子，或一个词，前后文之间没有必然的语义联系，如果没有一个正式的增补工作过程，恐怕难以有这样的结果。

　　卷之五千二百六十八　　十三萧
　　鍫，p2420 洪武正韵此遥切，方言舂鍫也，江淮南楚之间谓之臿……
　　八十韵本：
　　䥥，此遥切……鍫，方言鍫也，江南楚之间谓之臿……
　　七十六韵本：
　　䥥，此遥切……鍫，方言舂鍫也，江淮南楚之间谓之臿……
　　方言卷五：
　　臿，燕之东北朝鲜洌水之间谓之䦆，（汤料反，此亦锹声转也）宋魏之间谓之铧；或谓之鏅（音韦），江淮南楚之间谓之臿，沅湘之间谓之畚，赵魏之间谓之㮎（字亦作鍫也），东齐谓之梩（音骇，江东又呼鍫刃为鐷，普蔑反）。周祖谟先生校："臿，卢本改作鍫，非。广雅释器'鏅畚臿梩㮎，臿也'，本此。"

"鍫"作为被解释词，后直接加"也"字，永乐所据本觉得八十韵本语气不通，在"鍫"前又加了"舂"字。但这一改动与《方言》不同，这说明改动时没有参考《方言》原书；而与七十六韵本同，这说明改动时参考了七十六韵本。《永乐大典》在重抄时是否可能一边以八十韵本为准，一边又以七十六韵本为参考而随时改动？我们认为这一可能性很小，因为《永乐大典》所据本与七十六韵本《洪武正韵》也不完全相同（见其他几条的论述）。因此，这只能说明一个问题，即《永乐大典》所据本既非现存八十韵本,又非七十六韵本。

三、讹文

卷之二千四百七　六模

梳,p1144 洪武正韵山鉏切,栉疎者曰梳,细者曰枇,以梳理发,亦曰梳,杜甫诗一月不梳头,亦作疏,扬雄传头蓬不暇疏……

八十韵本:

蔬,山锄切……梳,栉疎者曰梳,细者曰枇,以梳理发,亦曰梳,杜甫诗一月不梳头,亦作疏,扬雄传头蓬不暇梳……

七十韵本:

蔬,山锄切……梳,栉疎者曰梳,细者曰枇,以梳理发,亦曰梳,杜甫诗一月不梳头,亦作疏,扬雄传头蓬不暇疏……

七十六韵本是,八十韵本及大典均误。永乐所据本把"疎、疏"的形符"疋"均改为"足",这是偏旁部首楷正。如果这一做法得到嘉靖钞本规定所认可的话,那么"貘"中"寝其皮辟温,图其形辟邪"与"寝其皮辟温,图其形辟邪"就难以解释。所以按理说,就连字形的偏旁部首亦不可加以楷正;而且"亦作梳",当为"亦作疏"。讹文中,应是形似而误。但"逌尔,笑貌"与"逌尔,雅貌"就字形看,两者相距甚远,难以以字形而讹加以解释。

既然上述的不同不能笼统地以抄错加以解释,那么二者为何不同,就值得我们思考。《永乐大典》所据八十韵《洪武正韵》会不会与现在所见到的八十韵《洪武正韵》不是同一个版本呢? 宁先生说"八十韵本很可能一直未重刊",从目前的材料看,我们同意这一观点。八十韵本虽未重刊,但不等于说它就没有其他的本子。从史料记载看,八十韵《洪武正韵》确有校正本存在的可能。

《明实录·太祖实录》卷二百五:

"(洪武二十三年冬十月)戊寅,诏刊《韵会定正》。时《洪武正韵》颁行已久,上以其字义音切未能尽当,命翰林院重加校正。学士刘三吾言:'前太常博士孙吾与所编韵书,本宋儒黄公绍《古今韵会》,凡字切必祖三十六字,音韵归一。'因以其书进,上览而善之,赐名曰《韵会定正》,命刊行焉。"

周宾所《识小编》：

> （洪武二十三年）《洪武正韵》颁行已久，上以其字义音切尚多未当，命词臣再校之。学士刘三吾言：'前后韵书，惟元国子监生孙吾与所纂《韵会定正》音韵归一，应可流传。'遂以其书进，上览而善之，更名《洪武通韵》，命刊行焉。今其书不传，仍行《正韵》。

从上述史料可以得出，明太祖于洪武二十三年命翰林院对《洪武正韵》加以校正是确有其事。我们认为不论校正是否最后实施，校正的对象当为洪武十二年的八十韵本，而非七十六韵本，这应是可以肯定的。根据《明实录》中的史料，台湾学者杨家骆先生推测《永乐大典》所据的《洪武正韵》为明太祖命令翰林院校正之本。杨先生说：

> 《大典》所据《正韵》，当系上引《实录》所记命翰林院重校后敕定之本。读画斋丛书本《文渊阁书目》卷十二著录之韵书，《洪武正韵》《韵会定正》后即次以《添补改正韵书》（书名下载：一部八册）。此《添补改正韵书》，疑即敕校《正韵》之定稿，殆以成书在建文间，内忧方亟，未克赐名刊布颁行，姑称之为《添补改正韵书》耳。以是除一见《文渊阁书目》外，别无著录之者；除《大典》一用外，世几不知有其书。至阁藏《添补改正韵书》，至迟当亡于万历三十三年孙能传、张萱等编《内阁藏书目录》前，以目中不复著录也……骆至今仍未得《韵会定正》确有刻本之证，盖有旨刊行而未果也。①

杨先生根据《文渊阁书目》著录韵书的排列次序，推测《添补改正韵书》为《洪武正韵》敕校之定稿，并解释其不存的原因。需要指出的是杨家骆先生并不知道《洪武正韵》有八十韵本，其所说的《添补改正韵书》当是由七十六韵本发展而来，而非对八十韵《洪武正韵》加以校正。② 但虞万里先生对这一说法

---

① 顾力仁《〈永乐大典〉及其辑佚书研究》，文史哲出版社，1985年，第87页。杨氏文未见，据顾力仁《〈永乐大典〉及其辑佚书研究》一书转引。
② 我们并不赞同杨先生认为《添补改正韵书》为《洪武正韵》校正之本之说，我们同意其怀疑《永乐大典》所据的《洪武正韵》为校正之本之说。

并不赞成：

> 《实录》此段文字主要叙述刊行《韵会定正》而附带叙及《正韵》。当时虽下了'重加校正'的命令，因为学士刘三吾的进言而刊行孙书，最后《正韵》是否'重加校正'，未有记录。倘若确实已'重加校正'，则杨氏之推测极有可能，只是《添补改正韵书》稿本不存，无从质正。既然无从质正，则杨氏谓'《大典》所据《正韵》，当系上引《实录》所记命翰林院重校后敕定之本'之说更难令人信从。①

虞先生不同意杨先生观点的主要理由是"《添补改正韵书》稿本不存，无从质正"。杨先生的提法发人深思，虞先生的批评也不无道理。孰是孰非，必须要有新的材料加以证明。我们细致辨析了《永乐大典》所据《洪武正韵》与现存八十韵《洪武正韵》二者之间在注释上的差异之后，可以明确提出：《永乐大典》所据《洪武正韵》为洪武十二年刊行的八十韵《洪武正韵》的校正本。这一校正本可能未及刊行，或许仅为写本。当然这一材料并非直接的材料，只希望能给杨、虞二先生的争论提供一些佐证材料。推论恰当与否，祈请博雅君子正之。

---

① 虞万里《有关永乐大典几个问题辨证》，《史林》第6期，2005第96页。

参 考 文 献

[汉]班　固　1975　《汉书》,中华书局。
[梁]顾野王　2004　《原本玉篇》残卷,中华书局。
[梁]顾野王　2004　《大广益会玉篇》,中华书局。
[梁]顾野王　1983　《宋本玉篇》,北京市中国书店。
[梁]庾肩吾　2003　《书品》,文渊阁四库全书,上海古籍出版社。
[北齐]魏　收　1974　《魏书》,中华书局。
[唐]封　演　赵贞信校注　2005　《封氏闻见记》校注,中华书局。
[唐]孙过庭　2003　《书谱》,文渊阁四库全书,上海古籍出版社。
[唐]徐　坚　2004　《初学记》,中华书局。
[唐]姚思廉　1972　《梁书》,中华书局。
[唐]张彦远　2003　《法书要录》,文渊阁四库全书,上海古籍出版社。
[宋]晁公武撰　孙猛校证　1990　《郡斋读书志》校证,上海古籍出版社。
[宋]陈彭年等　1983　《宋本玉篇》,中国书店。
[宋]陈彭年等　2005　《宋本广韵·永禄本韵镜》,江苏教育出版社。
[宋]丁　度等　2005　《宋刻集韵》,中华书局。
[宋]杜从古　2002　《集篆古文韵海》,续修四库全书,上海古籍出版社。
[宋]郭忠恕　夏　竦编,李　零　刘新光整理　1983　《汗简》《古文四声韵》,中华书局。
[宋]洪　适　1986　《隶释》《隶续》,中华书局。
[宋]娄　机　2003　《汉隶字源》,文渊阁四库全书,上海古籍出版社。
[宋]娄　机　2003　《班马字类》,文渊阁四库全书,上海古籍出版社。
[宋]史　照　1988　《通鉴释文》,《宛委别藏》,江苏古籍出版社。
[宋]司马光　1956　《资治通鉴》,中华书局。
[宋]王尧臣等　1985　《崇文总目》,中华书局。
[宋]王应麟　2003　《玉海》,广陵书社。
[宋]徐　铉　2003　《说文解字篆韵谱》,文渊阁四库全书,上海古籍出版社。

[宋]佚　　名　　2003　《宣和书谱》，文渊阁四库全书，上海古籍出版社。
[宋]张世南　　1985　《游宦纪闻》，中华书局。
[宋]章如愚　　1991　《群书考索》，书目文献出版社。
[宋]赵明诚著　金文明校证　2005　《金石录校证》，广西师范大学出版社。
[宋]周密辑、[清]查为仁厉鹗笺　1957　《绝妙好词笺》，中华书局。
[宋]朱长文　　2003　《墨池编》，文渊阁四库全书，上海古籍出版社。
[金]韩道昭著　宁忌浮校订　1992　《校订五音集韵》，中华书局。
[金]张天锡　　1851　《草书韵会》，日本筑波大学藏本。
[金]张天锡　　1851　《草书韵会》，日本早稻田大学藏本。
[元]程端礼　　1936　《程氏家塾读书分年日程》，商务印书馆。
[元]黄公绍　熊　忠　2003　《古今韵会举要》，文渊阁四库全书，上海古籍出版社。
[元]刘岳申　　2003　《申斋集》，文渊阁四库全书，上海古籍出版社。
[元]马端临　　1986　《文献通考》，中华书局。
[元]欧阳元　　2003　《圭斋集》，文渊阁四库全书，上海古籍出版社。
[元]脱　脱等　　1985　《宋史》，中华书局。
[元]吴　澄　　2003　《吴文正集》，文渊阁四库全书，上海古籍出版社。
[元]鲜于枢　　1986　《困学斋杂录》，《说郛》，中国书店。
[元]杨　鉊　　2002　《钟鼎篆韵》，《续修四库全书》，上海古籍出版社。
[元]佚　　名　　1995　《草书集韵》，四库全书存目丛书，齐鲁书社。
[明]方以智　　1990　《通雅》，中国书店。
[明]焦　竑　　1985　《国史·经籍志》，丛书集成初编，中华书局。
[明]焦　竑　　1986　《国朝献征录》，上海书店。
[明]潘之淙　　2003　《书法离钩》，文渊阁四库全书，上海古籍出版社。
[明]宋　濂等　　1976　《元史》，中华书局。
[明]宋　濂　　2003　《洪武正韵》，文渊阁四库全书，上海古籍出版社。
[明]孙能传　张　萱　2002　《内阁藏书目录》，续修四库全书，上海古籍出版社。
[明]陶宗仪　　1984　《书史会要》，上海古籍书店。
[明]汪广洋　　《洪武正韵》（明刻本），北京图书馆。
[明]解　缙等　　1986　《永乐大典》（十册），中华书局。
[明]解　缙等　　2003　《海外新发现永乐大典十七卷》（一册），上海辞书出版社。
[明]徐　阶　　2004　《处理重录大典奏疏》，明代基本史料丛刊，线装书局。
[明]杨　慎　　1991　《墨池琐录》，上海古籍出版社。
[明]杨士奇　　2003　《文渊阁书目》，文渊阁四库全书，上海古籍出版社。
[明]姚广孝等撰修　1962　《明实录》，[台北]中央研究院历史语言研究所。
[明]叶　盛　　1996　《菉竹堂书目》，四库全书存目丛书，齐鲁书社。
[明]赵　谦　　1997　《皇极声音文字通》，四库全书存目丛书，齐鲁书社。

［明］郑　晓　　　1984　《今言》，中华书局。

［明］周宾所　　　1998　《识小编》，说郛三种，上海古籍出版社。

［清］卞永誉　　　2003　《式古堂书画汇考》，文渊阁四库全书，上海古籍出版社。

［清］曹　寅　彭定求　沈三曾等　1986　《全唐诗》，上海古籍出版社。

［清］段玉裁　　　1981　《说文解字注》，上海古籍出版社。

［清］顾祖禹　　　2005　《读史方舆纪要》，中华书局。

［清］黄虞稷　　　2003　《千顷堂书目》，文渊阁四库全书，上海古籍出版社。

［清］缪荃孙　　　2007　《艺风藏书记》，上海古籍出版社。

［清］倪涛等　　　1978　《六艺之一录》，上海古籍出版社。

［清］钱大昕　　　1997　《嘉定钱大昕全集》，江苏古籍出版社。

［清］钱大昕　　　1983　《十驾斋养新录》，上海书店。

［清］钱大昕　　　2003　《洪文敏公年谱》，吴洪泽等主编《宋人年谱丛刊》，四川大学出版社。

［清］钱谦益　　　1935　《绛云楼书目》，商务印书馆。

［清］钱　曾　　　1983　《读书敏求记》，书目文献出版社。

［清］阮　元　　　1997　《学海堂集》，江苏教育出版社。

［清］阮　元　　　1965　《四库未收书提要》，《四库全书总目·附录》，中华书局。

［清］阮元校刻　　1980　《十三经注疏》，中华书局。

［清］万经　　　　2003　《分隶偶存》，文渊阁四库全书，上海古籍出版社。

［清］王聘珍　　　1983　《大戴礼记解诂》，中华书局。

［清］王鸣盛　　　2005　《十七史商榷》，上海书店出版社。

［清］吴　骞撰　吴寿旸辑录　1985　《拜经楼藏书题跋记》，丛书集成初编本，中华书局。

［清］徐松撰　孟二冬补正　2003　《登科记考补正》，北京燕山出版社。

［清］永　瑢等　　1965　《四库全书总目》，中华书局。

［清］永　瑢等　　2003　《汉隶分韵》，文渊阁四库全书，上海古籍出版社。

［清］永　瑢等　　2003　《原本广韵》，文渊阁四库全书，上海古籍出版社。

［清］张廷玉等　　1974　《明史》，中华书局。

［清］周中孚　　　1959　《郑堂读书记》，商务印书馆。

鲍明炜　　1990　《唐代诗文韵部研究》，江苏古籍出版社。

蔡　鸿　　2005　《魏晋河洛音注研究》，南京大学博士学位论文。

蔡梦麒　　2007　《说文解字字音注释研究》，齐鲁书社。

曹　洁　　2013　《裴务齐正字本〈刊谬补缺切韵〉研究》，上海古籍出版社。

陈鼓应　　2003　《老子注释及评介》，中华书局。

陈红彦　　2009　《永乐大典》六百年，《光明日报》9月17日。

储泰松　　2005　《唐五代关中方音研究》，安徽大学出版社。

戴震研究会等编纂　1991　《戴震全集》，清华大学出版社。

参 考 文 献

丁邦新　　1966　《如皋方言的音韵》,历史语言所集刊,36本下册。
董运来　　2005　《四库全书总目》补正十则,《图书与情报》第1期。
冯惠民等　1994　《明代书目题跋丛刊》,书目文献出版社。
高　峡主编　1999　《西安碑林全集》,广东经济出版社、深圳海天出版社。
耿振生　　1998　《明清等韵学通论》,语文出版社。
耿振生　　2007　《近代官话语音研究》,语文出版社。
古德夫　　1993　《汉语中古音新探》,江苏教育出版社。
顾力仁　　1985　《永乐大典》及其辑佚书研究,文史哲出版社。
谷秀梅　　2001　《〈皇极声音文字通〉简述》,《山东师大学报》第1期。
郭锡良　　2010　《汉字古音手册》,商务印书馆。
郭子直　　2001　《记元刻古文〈老子〉碑兼评〈集篆古文韵海〉》,《古文字研究》第二十一辑,中华书局。
何九盈　　2004　《音韵丛稿》,商务印书馆。
何九盈　　2006　《中国古代语言学史》,北京大学出版社。
何九盈　　2008　《中国现代语言学史》,商务印书馆。
何九盈　　2010　《古汉语音韵学述要》,中华书局。
何琳仪　　1998　《战国古文字典》,中华书局。
胡玉冰　　2009　《宁夏大学图书馆藏六种域外汉籍述要》,《中国典籍与文化》第4期。
黄德宽　陈秉新　2006　《汉语文字学史》,安徽教育出版社。
黄德宽　　2007　《古文字谱系疏证》,商务印书馆。
黄锡全　　1990　《汗简注释》,武汉大学出版社。
黄笑山　　1994　《试论唐五代全浊声母的"清化"》,《古汉语研究》第3期。
黄耀堃　　2004　《黄耀堃语言学论文集》,凤凰出版社。
黄　裳　　1979　《天一阁被劫书目》,《文献》第4期。
黄　裳　　2006　《来燕榭书跋辑存》(四),《收藏家》第3期。
黄　焯　郑仁甲　1997　《经典释文索引》,中华书局。
贾思勰著　缪启愉译注　2009　《齐民要术译注》,上海古籍出版社。
江苏古籍出版社编选　2002　《中国地方志集成·同治安仁县志》,江苏古籍出版社。
姜亮夫　　1990　《瀛涯敦煌韵书卷子考释》,浙江古籍出版社。
蒋希文　　1999　《徐邈音切研究》,贵州教育出版社。
柯亚莉　　2009　《天一阁藏明代文献研究》,浙江大学博士论文。
李光德编　2000　《中华书学大辞典》,团结出版社。
李劲松　　2001　《安仁(余江)倪镗其人、其族、其事考述》,《江西社会科学》第11期。
李立成　　2002　《元代汉语音系的比较研究》,外文出版社。
李　荣　　1956　《切韵音系》,科学出版社。
李　荣　　1982　《音韵存稿》,商务印书馆。

黎新第	1995	《南方系官话方言的提出及其在宋元时期的语音特点》,《重庆师院学报》,第1期。
李新魁	1983	《汉语等韵学》,中华书局。
梁春胜	2004	从《类玉篇海》到《四声篇海》,《中国典籍与文化》,第2期。
刘纶鑫	1999	《客赣方言比较研究》,中国社会科学出版社。
刘锦藻	1988	《清朝续文献通考》,浙江古籍出版社。
鲁国尧	2003	《鲁国尧语言学论文集》,江苏教育出版社。
罗常培	1961	《唐五代西北方音》,科学出版社。
陆志韦	1999	《唐五代韵书跋》,《陆志韦语言学著作集(二)》,中华书局。
陆志韦	1985	《古音说略》,《陆志韦语言学著作集》(一),中华书局。
吕浩	2007	《篆隶万象名义》校释,学林出版社。
吕叔湘等	1989	《语言文字学术论文集》,知识出版社。
吕叔湘	1985	《近代汉语指代词》,学林出版社。
莫友芝	1936	《唐写本说文解字木部笺异》,商务印书馆。
宁忌浮	1997	《古今韵会举要及相关韵书》,中华书局。
宁忌浮	2003	《洪武正韵研究》,上海辞书出版社。
宁忌浮	2009	《汉语韵书史·明代卷》,上海人民出版社。
潘悟云	2000	《汉语历史音韵学》,上海教育出版社。
裘锡圭	1988	《文字学概要》,商务印书馆。
裘锡圭	2004	《中国出土古文献十讲》,复旦大学出版社。
邵荣芬	1982	《切韵研究》,中国社会科学出版社。
邵荣芬	1997	《邵荣芬音韵学论集》,首都师范大学出版社。
四库全书存目丛书编纂委员会	1997	《四库全书存目丛书》,齐鲁书社。
王德毅	2003	《洪容斋先生年谱》,吴洪泽等主编《宋人年谱丛刊》,四川大学出版社。
王国维	2006	《观堂集林》,中华书局。
王 力	1982	《龙虫并雕斋文集》,中华书局。
王 力	1997	《汉语语音史》,中国社会科学出版社。
王 宁	2006	《甲骨文字构形系统研究》,上海教育出版社。
王 宁	2011	《训诂学与词汇语义学论集》,语文出版社。
王怀中	2006	《经典释文陆氏反切唇音声母考》,《中国语文》第5期。
王家杰	1998	《同治丰城县志》,江苏古籍出版社。
魏建功	2001	《魏建功文集》,江苏教育出版社。
吴 晗	1980	《朝鲜李朝实录中的中国史料》,中华书局。
徐朝东	2004	《蒋藏本唐韵异常音切考察》,《中国语文》第2期。
徐朝东	2006	《切韵系韵书中四种异常音切之考察》,《语言研究》第1期。
徐朝东	2007	《P2659为唐韵考》,《古籍整理研究学刊》第1期。

徐朝东	2012	《蒋藏本〈唐韵〉研究》,北京大学出版社。	
徐在国	2002	《隶定古文疏证》,安徽大学出版社。	
徐在国	2006	《传抄古文字编》,线装书局。	
徐在国	黄德宽	2007 《古老子文字编》,安徽大学出版社。	
阳海清	褚佩瑜	兰秀英 2002 《文字音韵训诂知见书目》,湖北人民出版社。	
杨宝忠	2005	《疑难字考释与研究》,中华书局。	
杨 军	2003	《七音略校注》,上海辞书出版社。	
杨 军	2007	《韵镜校笺》,浙江大学出版社。	
杨时伟	1997	《洪武正韵笺》,四库全书存目丛书,齐鲁书社。	
杨守敬	1997	《日本访书志》,《杨守敬集》,湖北人民出版社。	
游国庆	2006	《古汉字与杂体篆——以三十二体篆书盛京赋为例》,《书画艺术学刊》,第2期。	
游国庆	2007	《宋梦英集篆十八体书碑及其相关问题》,《书画艺术学刊》,第3期。	
于成龙	2009	《中国地方志集成·同治安仁县志》,凤凰出版社。	
俞 敏	1999	《俞敏语言学论文集》,商务印书馆。	
余乃永	2000	《新校互注宋本广韵》,上海辞书出版社。	
虞万里	2005	《有关永乐大典几个问题辨证》,《史林》第6期。	
查继佐	2006	《罪惟录》,北京图书馆出版社。	
张忱石	1986	《永乐大典史话》,中华书局。	
张富海	2007	《汉人所谓古文之研究》,线装书局。	
张 觉	1993	《周伯琦及其说文字原》,《辞书研究》第3期。	
张涌泉	1999	《旧学新知》,浙江大学出版社。	
张涌泉	2008	《敦煌经部文献合集》,中华书局。	
张涌泉	2010	《汉语俗字研究》,商务印书馆。	
张煦侯	1981	《通鉴学》,安徽人民出版社。	
赵万里	1929	《记永乐大典内之戏曲》,《北平北海图书馆月刊》第2卷第3、4号合刊。	
浙江府县志辑	1993	《中国志集成·光绪余姚县志》,江苏古籍出版社。	
浙江省地方志编纂委员会编	2001	清雍正朝《浙江通志》,中华书局。	
中国社会科学院和澳大利亚人文科学院合编	1987	《中国语言地图集》,(香港)朗文出版(远东)有限公司。	
中华书局编辑部	1995	《清人书目题跋丛刊》,中华书局。	
周祖谟	1983	《唐五代韵书集存》,中华书局。	
周祖谟	1993	《方言校笺》,中华书局。	
周祖谟	2004	《广韵校本》,中华书局。	
周祖谟	2004	《问学集》,中华书局。	
周祖譔	1992	《中国文学家大辞典》,中华书局。	
朱葆华	2004	《原本玉篇》文字研究,齐鲁书社。	

朱谦之　1963　《老子校释》,中华书局。

[瑞典]高本汉著　赵元任　罗常培　李方桂　合译　2003　《中国音韵学研究》,商务印书馆。
[日]高田时雄　2005　《敦煌·民族·语言》,中华书局。
[日]空海　1995　《篆隶万象名义》,中华书局。
[日]平田昌司　2005　胡蓝党案、靖难之变与《洪武正韵》,南大语言学,商务印书馆。
[日]上田正　1987　《切韵佚文の研究》,东京汲古书院。

后　　记

写作缘起

　　温州市政府要整理出版一套《温州文献丛书》，陈增杰先生任主编。陈先生给我一个任务，让我整理《刘黻集》，并告诉我《刘黻集》其他版本均为五卷本，唯有南京图书馆藏有十卷本，要我一定要到南京图书馆查验、校对。2004年暑假，我来到南京，在南图看好了《刘黻集》后，我就来到南京大学，拜访我的导师鲁国尧先生。这是我 2000 年毕业后，第一次回南京。鲁先生见到我，仔细询问我及家人情况，之后我向先生请教，主要是学业的一些问题和困惑。这一次谈了近两个小时，因车票已买好，只能向先生和师母告别了，在临别之际，先生说："别忙，我有一本书送给你。"他连忙回到书房，取出一本又大又厚的书。说："这本书送给你。"我接过一看，是《海外新发现永乐大典十七卷》。我就带着这本重重的书回到温州。

　　其前我也知道有这本书，是在一家书店看到的。这本书装帧很豪华，外面用一层塑料薄膜封好，而且价格不菲，标价四百八十元，这个价格在那时算是挺高的。因为看不到里面内容，又是那么贵，所以只好望洋兴叹了。

　　因为教学工作和自己手头还有一个课题要完成，书带回家，就放在书架上，一直没动它。到 2005 年暑假，我有时间了，才把那本书的塑料薄膜打开了。

写作过程

　　我读书不多，知识面也窄。我打开《海外新发现永乐大典十七卷》，翻到

291页，看到在字头下面有一连串的小学书名及内容，为《洪武正韵》、许慎《说文》、徐锴《通释》、丁度《集韵》、司马光《类编》、郑樵《六书略》、戴侗《六书故》、释行均《龙龛手鉴》、《孙氏字说》、杨桓《六书统》、熊忠《韵会举要》、周伯琦《说文字原》、魏柔克《正字韵纲》、赵谦《声音文字通》、《韵会定正》、《字切》、杜从古《集篆古文韵海》、徐铉《篆韵》、《六书统》。这些书中《说文》《集韵》《通释》《洪武正韵》等是经常要查找、翻检的，但有些连书名从前也不知道，如《孙氏字说》《正字韵纲》《声音文字通》《韵会定正》等。

我取出《中国丛书综录》，用《中国丛书综录》与《海外新发现永乐大典十七卷》中提到的小学书进行对比，看看它们的存佚情况。当读到"砥"字时：

砥 p294 洪武正韵……隶书 砥 衡方碑 砥 刘熊碑 砥 郭旻碑并洪迈汉隶分韵 砥 熊君碑见汉隶字源　草书……

我眼睛一亮，《中国丛书综录》有《汉隶分韵》一书，但无作者：

《汉隶分韵》七卷　（元）□□撰　格致丛书　四库全书·经部小学类。

再查《四库全书总目提要》，也作：

《汉隶分韵》七卷，不著撰人名氏，亦无时代。

后又发现《永乐大典》"氏""枳""轵"三字的"隶书"下也均述及洪迈《汉隶分韵》。这下心里就有底了。

材料有了，思路也清晰了，就动手写了。很快写好初稿《〈汉隶分韵〉成书时代及作者考》，经过反复校对，定稿。投给《中国语文》。投稿之后，一天突然想到一个问题，上海辞书出版社2003年出版的《海外新发现永乐大典十七卷》收了洪迈《汉隶分韵》，那么中华书局1986年出版的《永乐大典》也应该收有洪迈《汉隶分韵》。2003年，温州大学人文学院给每个老师发一千元，正好我路过一家书店，看到书在打折，一套中华书局版《永乐大典》十册售价一千元，就购买了。此时，我才把十册《永乐大典》搬来、拆包，查检后又发现洪迈《汉隶分韵》计九十六条。我于是把稿子再次作了修改。

关于《声音文字通》卷数,可以肯定的有三种说法:现存三十卷、在编《四库全书》时为三十二卷、《明史》记载一百卷。《明史》记载为一百卷,当是有根据的,也应是可信的,但《四库》馆臣只见到三十二卷,其叙述是客观的、真实的。《声音文字通》卷数究竟是一百卷,还是三十二卷,孰是孰非,聚讼纷纭,莫衷一是。

《明史·文苑》卷二百八十五:

> 其(赵谦)门人柴钦,字广敬,以庶吉士与修《永乐大典》,进言其师所撰《声音文字通》当采录,遂奉命驰传,即其家取之。

《永乐大典》是否采录,从"遂奉命驰传,即其家取之"来看,当是采录了。我们在《永乐大典》所见到的赵谦《声音文字通》是对单字释义、注音。耿振生先生认为三十卷《声音文字通》是一部"准等韵图",我们认为一百卷的《声音文字通》从语言学的角度看,应是韵图韵书合编型辞书。

稿子写成,投《浙江大学学报》。

《四库全书总目提要》云:

> 又考《永乐大典》,每字之下皆引顾野王《玉篇》云云,又引宋重修《玉篇》云云,二书并列,是明初上元本犹在。而其'篇'字韵中所载《玉篇》全部,乃仍收大广益会本,而不收上元旧本。

《永乐大典》在每字之下已引上元本,为避免重复,所以在"篇"字韵中仅引大广益会本,而不引孙强增字本。因此,《永乐大典》所引顾野王《玉篇》当为孙强增字本。

经过近一年时间的收集、整理、研究,初稿《顾野王〈玉篇〉孙强增字本考》草成,作为中国语言学年会(温州 2008)与会论文,后投《中国语言学报》。

其他诸篇均是按照上述思路进行研究写成的。

师携友扶

2006 年,我进浙江大学中国语言文学博士后流动站,与导师黄笑山先生商量出站报告的题目,当时选题有两个,一是《瓯语语音史研究》、一是《〈永乐大典〉所存小学考》。考虑到《瓯语语音史研究》的语料量大且分散,所以选择《永乐大典所存小学考》作为出站报告的题目。在浙大期间,黄先生对我关爱、督促和指导良多。一有疑惑,不管是白天还是深夜,向他请教,都能为我答疑解惑。

2007年,《〈永乐大典〉所存小学考》获得中国博士后基金一等资助。

2008年要出站,出站必须请专家写博士后研究成果评议意见,我请鲁国尧先生为成果鉴定。鲁先生的评语我复印一份,保存至今。现援引于下:

> 众所周知,吕叔湘先生在多个学术领域都有高度学术成就,其一是近代汉语语法的开拓。他曾自谦地说:"在别人不注意的领域我乘虚而入。"读了丁治民君《〈永乐大典〉所存小学考》,可以说丁君与吕先生的治学有相同之处。《永乐大典》为国之瑰宝,存世的八百余卷早就结集出版,其中引录的小学书至夥,而无一语言学人问津。至丁君方开掘这一宝藏,发现了不少不为人知的小学书,解决了若干悬而未决的问题,信而有征,令人信服,丁君可谓收获甚钜,足见丁君的科研能力与自主创新精神,吾为丁君贺。其成绩评为优秀自无疑义,望继续深挖,精加工,以收全功。

2008年出站答辩,主席为张涌泉先生。张先生在肯定报告的同时,不论巨细指出稿中存在的问题,最后告诉我,稿名在小学后需加一字,即《〈永乐大典〉所存小学书考》。

2009年,以《〈永乐大典〉所存小学书考》为题申报教育部哲学社会科学后期资助项目,获得资助。

宁继福先生把海内孤本八十韵本《洪武正韵》、张民权先生把日藏全本《礼部韵略》复印装帧惠赐于我。

2014年4月,我到杭州,把书稿送给鲁国尧先生,请先生为书稿写序。我们谈了很长时间,我要回苏州,鲁先生把我送到杭州北站,在车上,鲁先生说读者不仅要看研究,而且更希望读到辑佚的材料,材料与研究并重。于是我把题目改为《〈永乐大典〉小学书辑佚与研究》。

2014年,我拟申报国家哲学社会科学成果文库,其中一栏是两名同行专家推荐意见。

我向宁继福先生和张涌泉先生求教,两位先生一口允诺。现将两位先生的意见援引于下：

宁先生的推荐意见：

丁治民教授从现存八百一十四卷《永乐大典》中勾稽出 25 种小学逸书，计 3263 条。其中有多种失传六百余年，弥足珍贵。这些书是以单个字或句子形式被分散收藏在《大典》里的，丁治民花九年苦功，逐字、逐页、逐卷，翻破了 814 卷，勾稽出来。师友们对他的刻苦钻研精神，无不敬佩。在世风、学风浮躁的时代，这种傻子精神多么可贵。

丁治民的勾稽与研究很有价值。试举两例。

《字漈博义》是字书。已佚。丁治民勾稽出 383 字。他研究"竹，许竹切"，发现此切语源于《五音集韵》，从而论证韩道昭改并失误。丁治民的判断，令韵书史家重新审视《五音集韵》。

明初韵书《韵会定正》，乾隆间失传。此书的编纂体例，上承元代的《韵会》，下启明代的《并音连声韵学集成》、《类聚音韵》及清代的《音韵阐微》，在韵书史上占有重要位置。《韵会定正》的音系不是"中原雅音"，勾稽出来的一些条目所反映的语音现象，与今江西方言吻合，与晚于它一百五十年的《类聚音韵》一致。这两部书的作者都是江西人。整理它们，可以窥测十四至十六世纪赣方言。江西方言史的研究者必将《韵会定正》视为瑰宝。

师友同行期盼《〈永乐大典〉小学书辑佚与研究》早日出版。此书公开面世，一定受到文字、音韵、训诂以及方言研究者的欢迎。

张先生的推荐意见：

《永乐大典》是明永乐年间编纂的一部大型百科全书，保存了我国十四世纪以前的文学、史记、哲学、宗教和应用科学等方面的丰富资料，其中包括不少今已失传或与传本有异的小学类辞书，具有很高的辑佚和校勘价值。但一直董理无人。至本书方开掘这一宝藏，作者披沙拣金，或辑其遗佚，或辨其异同，或明其作者，或考其卷帙，新见胜义，纷呈迭出，解决了不少长期以来悬而未决的疑难问题；全书资料丰富，论证详明，结论类皆令人信服，确是一部有创见、高质量的学术著作。

特此郑重推荐。

在写作过程中，遇到问题向师友们请教，或初稿请师友们指正，他们不遗余力，满足我的请求。他们的大名是蒋希文先生、鲁国尧先生、黄笑山先生、宁继福先生、黎新第先生、张涌泉先生、刘利先生、杨亦鸣先生、杨军先生、乔全生先生、张民权先生、刘晓南先生、马贝加先生、金理新先生、刘水云先生、徐从权先生和徐朝东先生，在此谨向他们表示深深谢意。

每一步前行都离不开诸位师友的指导、匡正、帮助和支持。这部书稿如果有一点价值，这都深含他们的心智。

这部书稿从2005年算起，至今就是整整十年。这部书稿的主要内容是在温州大学期间写成。我在温州大学工作了十二年，前六年是一名教师，后六年兼点行政。不论是一名教师，还是兼职行政，我自认为尽心尽职。温州大学人文学院的学科、师资队伍、学位点等方面都有了长足的发展。如果能有一点成绩，这当归功于两方面：一是温州大学人文学院是一个融洽的团体，不论是年长的先生，还是年轻的同事，都奋勇争先、积极进取；二是温州大学有一个敢为人先、高瞻远瞩的领导集体，特别是校党委书记陈福生教授和校长蔡袁强教授。

2013年，我来到苏州大学。应该衷心感谢苏州大学文学院院长王尧教授，一是让我回到家乡，二是使我有一个更高的平台。

这部书稿有部分内容先后在《中国语文》《浙江大学学报》《语言科学》《语言研究》《中国语言学报》《文献》《书画艺术学刊》《传统中国研究集刊》、《民俗典籍文字研究》上发表；全国哲学社会科学规划办公室聘请的专家赐予很中肯的修改意见。在此，谨向各家杂志和各位专家对我的厚爱深表谢忱。

丁治民　谨识

2015年1月15日于苏州金鸡湖畔

图书在版编目(CIP)数据

《永乐大典》小学书辑佚与研究/丁治民著.—北京：
商务印书馆,2015
（国家哲学社会科学成果文库）
ISBN 978-7-100-11104-1

Ⅰ.①永… Ⅱ.①丁… Ⅲ.①古籍研究—中国
Ⅳ.①G256.1

中国版本图书馆 CIP 数据核字(2015)第 047067 号

所有权利保留。
未经许可,不得以任何方式使用。

《永乐大典》小学书辑佚与研究

丁治民 著

商 务 印 书 馆 出 版
（北京王府井大街36号 邮政编码 100710）
商 务 印 书 馆 发 行
北 京 冠 中 印 刷 厂 印 刷
ISBN 978-7-100-11104-1

2015 年 4 月第 1 版　　　开本 710×1000　1/16
2015 年 4 月北京第 1 次印刷　印张 32¾　插页 4
定价：99.00 元